海南省自然科学基金高层次人才项目"海南建设离岸金融中心的研
海南省教育厅教改课题"基于提升研究生创新能力的课程改革研究
海南师范大学教学改革课题"研究生课程教学方法、手段的改革与

甘小军◎著

古典货币非中性思想研究

中国财经出版传媒集团

经济科学出版社
Economic Science Press

·北 京·

图书在版编目（CIP）数据

古典货币非中性思想研究/甘小军著 . -- 北京：
经济科学出版社，2023. 12
ISBN 978 - 7 - 5218 - 4288 - 3

Ⅰ. ①古…　Ⅱ. ①甘…　Ⅲ. ①古代货币 – 经济思想史
– 研究 – 世界　Ⅳ. ①F821. 9

中国版本图书馆 CIP 数据核字（2022）第 217587 号

责任编辑：孙丽丽　撖晓宇
责任校对：隗立娜
责任印制：范　艳

古典货币非中性思想研究

甘小军　著

经济科学出版社出版、发行　新华书店经销
社址：北京市海淀区阜成路甲 28 号　邮编：100142
总编部电话：010 – 88191217　发行部电话：010 – 88191522
网址：www. esp. com. cn
电子邮箱：esp@ esp. com. cn
天猫网店：经济科学出版社旗舰店
网址：http: //jjkxcbs. tmall. com
北京季蜂印刷有限公司印装
710 × 1000　16 开　24 印张　420000 字
2023 年 12 月第 1 版　2023 年 12 月第 1 次印刷
ISBN 978 – 7 – 5218 – 4288 – 3　定价：108. 00 元
（图书出现印装问题，本社负责调换。电话：010 – 88191545）
（版权所有　侵权必究　打击盗版　举报热线：010 – 88191661
QQ：2242791300　营销中心电话：010 – 88191537
电子邮箱：dbts@esp. com. cn）

▶ 目 录 ◀

第一编　重商主义时期的货币非中性思想

第二编　古典货币非中性思想研究

导　论

一、问题的提出

长期以来，由于缺乏对古典学派货币理论的系统研究，经济学界在研究货币对实体经济的影响时，对古典货币理论存在一定的误解——认为古典货币理论就是货币中性论，持这种观点的人主要受"古典二分法"和"萨伊定律"的影响，他们认为"古典二分法"就是古典学派研究经济问题的主要方法，该方法把整体经济划分为实体经济与货币经济两个互不关联的部分，实体经济生产什么商品、生产多少数量由各种商品之间的相对价格变动来决定，瓦尔拉斯证明了在这种相对价格体系下，经济能够达到一般均衡；而整体经济一般物价水平的变动则用货币数量论来进行解释，货币数量的变化会导致物价水平同比例变化，但并不改变各商品之间相对价格的比例关系，因此，货币数量的变化不会影响实体经济运行，货币是披在实体经济上的一层面纱。"萨伊定律"也被认为是古典学派代表性经济理论之一，该理论认为产品总是用产品来购买，买者同时也就是卖者，买卖是完全统一的，资本主义经济不会出现产品过剩的经济危机，商品买卖实质上是商品交换，货币只在一瞬间起媒介作用，因此货币数量的变化并不能引起产出与就业变化。受以上两种理论影响，一些经济学者理所当然地认为古典学派货币理论就是货币中性论。比如杰格迪什·汉达（2005）就写道："古典范式代表了短期宏观经济学中最悠久的传统，这一范式的微观经济学基础存在于瓦尔拉斯模型中……在均衡中，这一范式的模型表明经济中存在充分就业和充分就业产出，因此没有必要实施财政政策或货币政策去改善已经完美的经济运行。此外，在这些模型的均衡状态下，货币通常是中性的，因此中央银行改变货币供给在均衡中没有实际作用。"[①] 在他之前，实际上很多学者都从不

---

① 杰格迪什·汉达：《货币经济学》，中国人民大学出版社 2005 年版，第 353 页。

同角度表达了古典货币中性的观点。凯文·霍弗（1988）用垂直的总供给曲线形象地表述了这一观点，他写道："垂直的总供给曲线充分概括了古典货币思想，货币存量的变化能够改变一般价格水平变化……相对价格与就业产出水平将不会受到影响。"① 大卫·格拉斯纳（1989）从经济波动的角度间接表达了这一观点，他写道："在古典经济学家们所设想的经济体中，货币部门不可能成为经济不稳定的来源，经济的扰动只可能来源于实体部门。"② 20 世纪 50 年代兴起的新古典经济增长理论，无论是否考虑内生经济增长，都更加重视引起经济持久增长的长期因素，该学派设想的长期因素包含技术、物资资本、人力资本等，而货币完全被摆到了一个微不足道的位置，索洛（1956）、罗默（1986）等为该理论发展做出重要贡献的经济学家的研究方法被认为是回归以斯密为代表的古典传统。20 世纪 70 年代之后兴起的新古典宏观经济学信奉"李嘉图等价"与"货币中性"定理，突出对影响经济的"真实变量"的研究，在理性预期的假定下，声称货币不仅是在长期，而且在短期也是中性的，并旗帜鲜明地号称这一研究方法就是对古典经济理论的回归，其代表人物卢卡斯与莫地利安利（1990）写道："在古典经济学理论体系中，货币的作用很简单，它的数量变化只会引起名义收入的变化。根据古典学派的货币理论，在相对价格迅速调整下，所有商品市场和劳动力要素市场能够迅速出清，经济恢复一般均衡，资源达到了充分利用，社会总产出水平与就业率由偏好、生产技术与要素禀赋决定，货币并不能引起相对价格变化，也就不能引起产出与就业等真实变量变化，因此，货币是中性的，是披在实体经济上的一层面纱。"③ 还有其他很多知名学者，比如基德兰和普雷斯科特、华莱士、萨金特、胡佛等学者，甚至当时一些流行的教科书也都表达过古典货币理论就是货币中性论的观点。当前经济学发展的趋势正如道斯泰勒和马瑞斯（2000）所说，"正统经济学试图创建一种没有货币的科学"④。

　　本书认为上述经济学者对古典学派的货币理论存在误解，古典学派的货币理论并不完全是"货币中性论"，古典学派的经济学家从未达成货币中性

　　① Hoove, Kevin D. 1988. *The New Classical Macroeconomics：A Skeptical Enquiry*. New York：B. Blackwell, pp. 9 – 10.

　　② Glasner, David. 1989. *Free Banking and Monetary Reform*. New York：Cambridge University Press, pp. 59 – 60.

　　③ Papademos, Lucas, Franco Modigliani. 1990. *The supply of money and the control of nominal income*. New York：North – Holland, pp. 406 – 407.

　　④ 约翰·史密森：《货币经济学前沿：争论与反思》，上海财经大学出版社 2004 年版，第 3 页。

的共识。事实上，货币中性与非中性的争论贯穿整个古典经济学时期，例如，在古典学派初期，休谟就发现了经济中存在的价格刚性现象，他认为从货币增加到商品价格普遍上涨之间不是瞬间完成的，而是需要很长一段时间，在这段时间内，货币的增加会对经济产生促进作用。同样，在古典经济学中期，桑顿还发现了经济中存在的工资刚性现象，认为当货币数量减少时，工资会滞后于价格的下跌，会造成企业普遍经营困难，他写道："我们知道，工资的变化并不像商品的价格那样容易变动。因此，有理由担心我们刚才所说的银行纸币数量突然大幅度减少带来的短暂萧条以及由此造成的价格下跌会打击制造业。"[①] 在古典学派后期，主要代表人物庇古（1933）就吸收了桑顿工资刚性理论，明确把失业问题归因于货币工资刚性原因，这实际上是否认了"古典二分法"中货币数量变化不能改变商品与要素之间相对价格的结论，承认了货币非中性。

二、研究现状与研究目的

广泛查阅国内外相关文献可以发现，研究货币非中性问题的文献很多，但只有很少一部分专门研究古典时期货币非中性问题。长期以来，学术界对古典货币非中性理论的研究既不系统也不深入，这也是大量经济学者把古典学派货币理论误认为货币中性理论的主要原因。从这些少量的研究文献来看，对古典货币非中性理论的研究主要集中在专题、个体、群体三个方面。在专题方面，早在1932年，哈耶克就研究了"强制储蓄理论"的发展与演变，他考证发现古典经济学家边沁最先提出了该理论，他写道："尽管现在不可能明确杰里米·边沁形成这一观点之后是怎样传播的，在我看来，很显然关于这一理论最早、最明确以及最详尽的陈述是在他的著作中找到的。"[②] 随后哈耶克还在马尔萨斯、穆勒、瓦尔拉斯等的著作中发现了该理论，他还认为该理论对奥地利学派以及凯恩斯的货币理论都产生过重要影响。帕廷金（1969）研究了古典时期固定费用理论，并认为在古典时期，"很多经济学者提出了成本变动的趋势比弹性的销售价格要慢"[③]，使得货币供给与流通

---

① Thornton, Henry. 1802. *An Enquiry into the Nature and Effects of the Paper Credit of Great Britain*. London, Hatchard, pp. 82 – 83.

② Hayek, Frederich A. Von. 1932. A Note on the Development of the Doctrine of "Forced Saving". *Quarterly Journal of Economics*, November 47, pp. 123 – 133.

③ Patinkin, D. 1969. The Chicage Tradion, the Quantity Theory, and Friedman. *Journal of Money, Credit and Banking*, 2（1）, pp. 46 – 70.

速度变动时能够对经济产生实际影响。再比如莱琼霍夫德（1968）和莱德勒（1990）对"名义刚性理论"的起源进行了研究，认为人们对名义刚性的研究起源于凯恩斯是错误的，早在古典时期，就有很多学者提出了名义刚性的现象，从而给予了古典货币理论更加公正的评价，莱德勒写道："在解释短期货币非中性时，人们习惯地把名义刚性看成是凯恩斯主义的重要基石，但一直以来名义刚性都是古典经济学对暂时背离充分就业的解释的一部分，而凯恩斯的研究只不过使该理论更广为人知。"① 在个体方面，罗伯特（1987）、斯卡格斯（1995，2003）等研究了桑顿的货币思想，认为桑顿基于工资刚性、流通速度的可变性等新观点提出的货币非中性思想具有一定的先见性，不仅深刻影响了维克赛尔和凯恩斯，还影响了当时英国的银行学派。皮克（1978）的研究甚至还能证明桑顿的货币非中性思想在一定程度上影响了李嘉图。约翰·史密森（2004）研究了休谟的货币理论，认为他是最早明确提出价格刚性问题的经济学家，他写道："对短期名义刚性的阐述，可以追溯到 18 世纪中期休谟关于货币数量论的论述。"② 同时，他也研究了桑顿的货币理论，认为他是较早提出工资刚性的经济学者。同样，陈岱孙和厉以宁（1991）在研究休谟与桑顿的外汇思想时，也提到了他们的货币非中性思想。从群体的角度来看，汉弗莱（1991）着重研究了桑顿、托马斯、阿特伍德等古典经济学家群体的货币非中性理论对古典以后货币理论的影响，他发现在凯恩斯主义、货币主义、理性预期学派等主流学派的货币理论中或多或少都能找到古典货币非中性思想的印迹。廖尧麟（2002）发现坎蒂隆的货币非中性思想对古典货币理论产生了重要影响，使得古典货币理论呈现出非中性特征。在他看来，基于"坎蒂隆效应"和"金融结构"的古典货币理论传统，不仅仅能够一劳永逸地证明货币非中性问题，还提出了如何通过金融制度和金融政策来确保金融结构促进经济增长的问题。樊苗江和柳欣（2006）分析了货币数量论发展的三个阶段，认为在第二阶段（古典经济学时期），一些古典经济学家已经提出了货币变动的非中性效应，但是为了反击重商主义前辈的原始通货膨胀主义，以李嘉图、穆勒为首的权威式人物刻意淡化了它们的重要性。

从以上研究文献可以看出，许多学者已经发现古典货币理论中包含丰富的非中性思想，并且这些非中性思想对 20 世纪货币理论的发展产生了重大

---

① Laidler, D. E. W. 1990. Taking Money Seriously and Other Essays. London: Philip Allan, P. 15.
② 约翰·史密森：《货币经济学前沿：争论与反思》，上海财经大学出版社 2004 年版，第 60 页。

影响，可惜这些学者对这一问题的研究没有深入，还有一些其他缺陷也相当明显。从专题研究的角度来，研究的专题内容并不全面，已有研究只是从强制储蓄、名义刚性等专题对货币非中性问题进行了分析，而对固定费用理论、名义货币利率理论、货币创新理论、分工理论等其他货币影响经济途径的专题研究几乎没有。从个体的角度来看，多数学者只研究了休谟、桑顿等少数人物的货币非中性思想，而对其他重要人物比如边沁、马尔萨斯、阿特伍德、托伦斯、穆勒等的货币非中性思想研究很少，而这些人的货币理论中包含了丰富的货币非中性思想。从群体的角度研究更显得十分粗糙，汉弗莱（1991）是这类研究中最出色的，但他也只是简单地罗列了古典时期一些学者的货币非中性思想，研究的深度明显不够，而且没能系统地说明古典货币非中性思想对货币理论发展的影响；而廖尧麟（2002）的研究就略显狭隘，他只是基于"坎蒂隆效应"对古典货币非中性理论发展的影响，就得出了古典货币非中性的结论，而对古典货币非中性理论的其他影响途径只字未提；樊苗江和柳欣（2006）的研究只是表达了古典货币理论并不完全属于中性论的事实，但并没展开对古典货币非中性问题的研究；还有一些研究文献首先默认了古典货币呈中性的前提条件，然后再对个别古典货币非中性理论进行研究，很显然，这种研究方法是不科学的，从一开始就带有明显的偏见，因为古典经济学者从没形成古典货币中性的共识。总而言之，这些文献中几乎没有系统研究货币非中性理论的研究成果，目前缺少一部专门系统研究古典货币非中性思想的著作，而从人们对古典货币理论的一些错误认识来看，对本书继续进行深入研究十分必要。本书试图较为全面地介绍古典时期对货币非中性理论有过重要研究的经济学者的货币非中性思想，从他们的理论中凝练出货币影响经济的全部路径，从而勾勒出古典货币非中性理论的基本框架，并试图找出古典货币非中性理论对促进货币理论发展的线索。

三、古典货币非中性思想的基本特点

（一）古典货币非中性思想的形成与英国特定的社会历史环境有关

通过系统研究货币理论的文献可以发现，英国作为古典经济学的发源地与完成地，同样也是古典货币非中性理论的发源地与完成地。18 世纪中期到 19 世纪中期是英国古典经济学发展的鼎盛时期，涌现出了像亚当·斯密、大卫·李嘉图、约翰·穆勒这样一批著名的古典经济学家，这一时期同样也是古典货币理论发展的黄金时期，大量的货币非中性思想就是在这一时期产生的。当然，这样表述显然忽视了像法国、德国、奥地利等其他国家学者对货币非中性理论发展所做的贡献，但从货币非中性理论演变的历史来看，显然这一时期英国学者提出的货币非中性思想最具影响力，甚至可以说是独树一帜的。

之所以这一时期在英国产生如此丰富的货币非中性思想，与当时美洲发现大量金银在欧洲产生的广泛影响以及英国国内复杂的货币经济政策环境密切相关。首先，16世纪以来，美洲发现了大量金银矿产资源，其中银矿资源尤为丰富，在西方国家的武力掠夺与非法贸易下，金银贵金属源源不断地流入欧洲，极大地增加了欧洲金银货币总量，对欧洲经济发展产生了重要影响，为古典时期经济学家研究货币与经济问题提供了丰富的研究素材。其次，拿破仑战争发生以来，英格兰银行自1797年开始暂停银行券兑换黄金，直到1819年才再次恢复兑换，1844年，英国国内又颁布了著名的"比尔条例"。可以说，这一时期既是英国历史上经济发展波动幅度最大、经济危机发生频率最高的时期，也是货币政策变更最频繁、最不稳定以及货币制度改革最无序、最艰难的时期。这也诱发了大量英国国内经济学家去关注、研究货币问题，也为他们思考货币问题提供了现实经济基础。根据熊彼特的观点，当代货币理论的基础都是由这一时期的思想家们奠定的。他写道："大家公认，今天（或昨天）的货币科学的基础，是由这样一些作家奠定的：他们处于从《限制法》（1797年）直到19世纪50年代的黄金通货膨胀这一时期，讨论了该时期英格兰的货币与银行政策。"[1]。我们的研究也表明，正是17世纪到18世纪中期货币理论的整体发展带动了货币非中性理论的发展，为了解释某一货币政策与当时经济现象存在的复杂联系，说服政府采用自己所倡导的货币政策，或者出于对其他人提出的货币理论进行反驳的需要，这一时期很多古典经济学家们都系统地研究了货币对经济的影响问题，产生了大量货币非中性思想。这些人中比较突出的有休谟、边沁、马尔萨斯、桑顿、托伦斯、阿特伍德、麦克库洛赫、穆勒等，本书的研究还发现从这些人物中发掘出的货币非中性思想基本构成了古典时期货币非中性理论的基本框架，之后有关货币非中性理论的研究都是在这些人的基础上展开的，因此，对这些人物货币非中性思想的研究构成了本书研究古典时期货币非中性思想的主要内容。在古典经济学后期，"比尔条例"的实施使得英国国内

---

[1] 约瑟夫·熊彼特：《经济分析史》第2卷，商务印书馆2010年版，第482页。

货币政策进入相对稳定期，货币问题开始逐渐淡出人们的视角，更多经济学者开始把注意力转向实体经济研究，对货币问题的研究开始陷入低潮。

（二）古典货币非中性思想是在与货币中性思想的争论中发展的

1797 年暂停货币兑换以来，围绕着国内货币政策变化以及货币政策调整之后对物价、产出、汇率等经济变量的影响问题，英国国内展开了激烈的辩论，其中最著名的就是 19 世纪初的"金块论战"以及英国 19 世纪中前期的通货学派与银行学派论战，这些论战的实质其实是围绕货币中性与非中性问题展开。主张货币中性的学者坚信货币数量论，认为货币数量的增加必然会造成价格水平的同比例上涨，不会对产出产生任何影响，他们把英国国内经历的物价上涨、黄金市价高于金币铸价、英镑汇率下跌等原因都归因于货币发行过多；而主张货币非中性的学者认为，如果英格兰银行紧缩货币，必然会使英国经济陷入衰退。货币非中性理论正是在与货币中性理论的争论中不断发展的。早在 1800 年，英国国内黄金价格上涨了，物价也差不多上涨了 10%，英镑汇率也下降了 10%，波也特就认为这是暂停货币兑换后，英格兰银行超发纸币造成的，主张英格兰银行紧缩货币，恢复 1797 年之前的可兑换制度，桑顿在他出版的《对大英帝国纸币信用的性质与影响的研究》对这种观点进行了反驳，他认为物价上涨、汇率下跌是由于谷物减产、贸易受阻、国内军费开支加大等原因造成的，他还基于工资刚性等理论提出了减少货币供应必然会进一步打击英国经济，使英国经济陷入衰退的结论。马尔萨斯不仅反对实施紧缩的货币政策，而且还提出了增加货币可以通过强制储蓄效应促进资本积累，从而有利于经济发展的观点，主张增加英国国内货币供应以振兴英国经济。主张货币中性的最权威代表当属李嘉图，1809 年英国黄金市价高出金币法价 20%，国内物价也差不多上涨了 20%，面对这种不利形势，英国国内引起了更激烈的争议，引发了第二次"金块论战"，李嘉图先后在 1809 年、1810 年分别发表了《关于黄金价格》《黄金的高价》，系统阐明了英格兰银行纸币发行过多是物价上涨、汇价下跌的原因，他既不同意桑顿基于工资刚性提出的紧缩货币会使经济陷入衰退的观点，又对马尔萨斯提出的增加货币可以通过强制储蓄效应促进资本积累从而有利于经济发展的货币非中性观点进行了反驳，他认为强制储蓄只会引起财富转移，并不会促进资本积累；而工资刚性存在的时间很短，由此造成的影响基本可以忽略不计。因此，为抑制物价上涨，稳定英镑汇率，他提出英格兰银行必须紧缩货币，恢复到 1797 年之前的纸币兑换制度。之后，英国还经历了通货学派与银行学派论战。在与货币中性观点的争论中，除了桑顿、马尔萨斯以外，还涌现出了图克、阿特伍德、麦克库洛赫、托伦斯等学者，他们积极寻找货币影响经济的诸多途径，为货币非中性理论的发展做出了贡献。

（三）持货币非中性观点的多为银行家

在古典货币非中性理论的发展中，银行家们对货币非中性理论的发展做出了重要贡献，他们既具有深厚的理论基础，又深处货币金融领域的第一线，对银行系统的了解比一般人更加深入，这也使他们更能了解货币与经济的复杂而又紧密的联系，本书的研究也发现，在银行领域有过实际经验的经济学家普遍持货币非中性观点，由于职业原因，他们更加清楚货币对经济发展的重要性，一般都主张维持经济体系宽松的货币环境，对收缩货币保持慎重的态度。而没有在银行领域有过实际经验的经济学者一般都从严格的货币数量论出发，认为货币呈中性，即使他们认为货币呈非中性，也把货币当成经济波动的一种扰动项来处理。主张货币非中性的银行家代表有约翰·罗、坎蒂隆、桑顿、阿特伍德、博赞克特等。主张货币中性的代表人物是斯密和李嘉图，他们高举自由竞争的旗子，对重商主义时期过度重视货币，轻视物质财富生产的倾向进行了尖锐的批评，同时也为古典货币理论发展埋下了货币中性的种子，影响了人们对货币非中性的看法。李嘉图算得上是一个特例，他既是一位博学的理论家，又是一位在货币金融领域有过丰富实践经验的证券经纪人，据称其通过在金融市场上不断的债券套利赚取了约 70 万英镑。但是，李嘉图是一个坚实的货币中性论者，这可能与他缺少银行从业经验有关，正是由于他的权威，才使得古典货币非中性影响大为减少。

四、研究创新之处

本书的创新之处表现为三个方面：

一是首次系统梳理了古典时期货币非中性思想。在本书的研究之前，尽管有部分学者对休谟、桑顿等人物的货币非中性思想进行了简单介绍，但研究边沁、马尔萨斯、托伦斯、阿特伍德、麦克库洛赫、穆勒等的货币非中性思想的文献几乎没有，而这些人物的经济理论中包含有大量的货币非中性思想，因此先前对古典货币非中性问题的研究是残缺不全的，没能反映古典货币非中性理论的全貌，也没有产生一部专门研究货币非中性理论演变的著作。本书通过深入研究休谟、边沁、马尔萨斯、桑顿、托伦斯、阿特伍德、麦克库洛赫、穆勒等重要人物的货币非中性理论，系统梳理了古典时期货币非中性思想，构建了古典时期货币非中性理论的基本构架。

二是首次系统提炼了古典时期货币非中性思想，构建了古典时期货币非中性理论的基本构架。本书深入分析了休谟、边沁等重要人物的货币非中性思想，从他们的理论中至少提炼出了十种货币影响产生的途径。分别是：（1）价格刚性效应（休谟）；（2）强制储蓄效应（马尔萨斯、边沁、桑顿、穆勒）；（3）工资刚性效应（休谟、桑顿、马尔萨斯、托伦斯）；（4）信心效应（桑顿、阿特伍德、麦克库洛赫、托伦斯）；（5）固定费用效应（阿特伍德、麦克库洛赫、马尔萨斯）；（6）利率效应（马尔萨斯、托伦斯、穆勒）；（7）创新效应（马尔萨斯）；（8）货币幻觉理论（穆勒）；（9）分工效应（托伦斯）；（10）维持存货比例不变效应（桑顿）。在古典后期人们对货币问题的研究日益沉寂的环境下，经济学者对货币非中性理论的研究也处于相对停滞状态，可以说，正是这一时期这些学者的研究形成了货币非中性理论的基本构架，构成了货币非中性理论的相对完整体系，这些货币非中性理论对古典学派后期以及古典主义之后的货币理论发展产生了重大影响。

三是首次简要地分析了古典货币非中性思想对20世纪以来货币理论发展产生的影响。第一次世界大战期间，西方国家纷纷脱离金本位制，打破了之前由英国主导的全球金融体系，一战期间如何采取最有利于本国的货币政策？一战之后全球金融体系如何重建？20世纪初期在西方各国频繁发生的经济危机与货币政策是否存在必然联系？对这些问题的研究与争论使得人们再次聚焦于货币领域，对货币问题的研究进入新一轮黄金周期，涌现出了许多不同观点的货币学说，哈耶克、凯恩斯、弗里德曼等提出的货币理论都引领了各自所属的时代。我们研究发现，尽管这一时期的货币理论是根据新的社会背景产生的，具有很强的创新性，但从整体上看，古典货币非中性思想对这一时期货币理论的发展产生了广泛的影响，在20世纪以后具有影响力的货币理论中，都能找到古典货币非中性理论的痕迹。比如米塞斯和哈耶克利用古典强制储蓄理论解释了经济周期。弗里德曼把休谟的价格刚性理论引进交易方程式 MV = PQ，提出了货币短期非中性的作用机制。凯恩斯提出了货币影响利率进而影响产出的作用机制，体现了古典货币供求利率论，此外，他还借用古典刚性货币工资理论解释了由货币波动如何引起真实工资波动进而引起产出与就业波动的机制。卢卡斯继承并发展了约翰·穆勒提出的混淆相对价格与名义价格变动的货币非中性理论。但是很少有人去进行这种理论上的追根溯源研究，以至于很多初学者甚至是具有一定深厚理论背景的人都会产生前文提到的一些误解。

五、研究框架及研究思路

一般来说，经济思想史或经济学说史的著作研究，可以以某一思想、理论和学说产生、形成、发展的时间为线索，或以主要历史人物、学派为线索，或将二者结合来建立分析与研究的框架体系，还可以以某一专题为中心展开，以专题为中心建立分析与研究的框架体系。马克思的《剩余价值学说史》就是以时间为顺序，再以某一个时间段内某一个或几个重要历史人物为线索展开叙述。当代一些研究者也采用专题写作方法，由某一个理论展开研究，如赵晓雷博士编著的《中华人民共和国经济思想史纲》就是采用这种建立框架体系方法写作而成的。当然也可能是时间线索、人物线索和专题研究三者的结合。例如熊彼特的《经济分析史》，一方面是按照时间线索顺序展开，另一方面是以专题为中心展开，最后在专题中列举主要历史人物的且与这个专题紧密相关的思想。本书吸收借鉴了前人的分析思路，在遵循古典货币非中性发展规律的前提下，采用时间线索、人物线索和专题研究三者紧密结合的方式对不同思想家的货币非中性理论进行研究，进而确立了研究框架。

具体来看，本书分导论、第一编、第二编三大部分。在导论部分介绍了本书的写作目的、写作方法、现有研究的不足；本书的创新以及本书的基本框架。正文部分按时间顺序分为两编。

第一编主要研究了重商主义时期的货币非中性思想，共分为三章。第一章和第二章分别研究了约翰·罗与坎蒂隆的货币非中性思想，并从个体角度分析了他们各自的货币非中性思想对古典以及古典以后货币非中性思想的影响。之所以选择这两位人物的货币非中性思想进行研究，是因为在重商主义时期他们最早开始了对货币非中性问题的系统研究，其研究成果也具有广泛的代表性，并对古典时期甚至古典以后的货币非中性思想的发展产生了巨大影响。本编中第三章从整体角度分析了重商主义时期货币非中性思想对货币非中性理论发展的影响。

第二编主要研究了古典时期的货币非中性思想，18 世纪中期～19 世纪中期是古典时期货币非中性理论发展的最繁荣时期，可以说，这一时期的研究成果基本上形成了货币非中性理论的基本构架，构成了货币非中性理论的

相对完整体系，因此，对古典时期货币非中性思想研究选取的重点研究人物
也应主要集中在这一时期。在本编中第四章先是系统分析了古典货币非中性
思想产生的历史背景，然后从第五章到第十二章按照时间顺序逐一介绍了这
一时期对货币非中性理论做出重要贡献的经济人物的货币思想，这些经济人
物包含休谟、边沁、桑顿、马尔萨斯、麦克库洛赫、托伦斯、阿特伍德、穆
勒。之所以选择研究这八位人物的货币非中性思想，不仅仅是因为在他们论
著中发现了大量货币非中性思想，还因为这些学者的货币非中性思想具有广
泛的代表性，要么开创性地提出了货币影响产出的新的作用机制，要么对先
前一些学者提出的作用机制进行了重要补充与创新，对货币非中性理论的发
展起到了重要推动作用。第十三章以专题研究的形式对古典货币非中性思想
进行了系统的提炼，分析了这一时期古典货币非中性理论取得的主要成就。
第十四章专门分析了马克思货币理论中的非中性思想及古典货币非中性思想
对其的影响。第十五章分析了古典货币非中性理论对 20 世纪一些重要人物
经济思想的影响，这些人物包括费雪、庇古、凯恩斯、哈耶克、弗里德曼、
卢卡斯等。

六、研究方法

本书以马克思辩证唯物主义和历史唯物主义为思辨武器，特别注重运用
马克思经济学中的制度分析、阶级分析等研究和分析方法，并在此基础上借
鉴西方经济学的研究方法，对古典货币非中性理论进行了全面梳理和系统研
究。具体来说，主要采用以下几种研究方法：

（1）运用"结构"方法，抓住不同时代、不同历史人物或学派的研究
视角、研究方法、理论范畴，再现其货币非中性思想的理论内涵，力求客
观、准确、系统和完整地勾勒古典货币非中性理论。顾海良在《马克思的
〈资本论〉及其经济学手稿》一文中提出，研究马克思经济思想历程的方法
应把握两个关键词："过程"和"结构"。在马克思经济学中，"结构"有
三层含义：对象的结构，即研究的对象；思想、思维的结构，即"经济范
畴、经济概念和经济运动过程的内在联系和内部组织"；理论体系结构，即
理论体系的外在形式。它们之间的关系是：思想、思维的结构是对象结构在
思维上的再现，而理论体系结构是展示思想、思维结构的手段和工具。从这
个意义上讲，"结构"的发展是以经济学研究对象、研究视角、研究范围、
经济范畴、理论体系的发展为基础的。因而，"结构""在思想史的研究中

是十分重要的，对经济思想史的研究更是如此。经济思想的形成和发展，往往通过理论的发展、体系的形成和最终成果的完成来体现"①。由于古典货币思想是马克思货币理论的重要来源，因此，研究古典经济学货币非中性理论，我们也采用这一方法，探索如何把握不同时代、不同历史人物或学派的古典货币非中性理论。

根据"结构"方法，研究古典货币非中性理论史，应当从以下几个方面进行：一是从不同时代、不同历史人物或学派的研究视角把握其理论内涵。不同时代背景、不同研究目的和任务，决定了不同研究视角。而研究视角不同，研究者的研究重点、内容也并不必然相同。因此，如前文所述，每个学者对币非中性的研究可能是从某一个视角进行，而忽略另一个视角，因而每个学者的思想截然不同。因而，要客观把握研究者的思想内涵，必须从其研究视角出发，厘清研究者的时代背景及其研究目的和任务，以发现研究者在哪些方面发展了货币非中性理论。二是因为研究视角不同，研究者可能采用不同的研究方法，而对研究方法的发展，也是货币非中性理论史的重要方面。因此，很有必要根据研究者所采用的研究方法来考察他们对货币非中性理论的创新和发展。

（2）在"结构"方法基础上，运用"分析"方法，以马克思主义经济学经济范畴和话语系统为基础，并借鉴现代经济学范畴和术语解读，评述不同时代、不同历史人物或学派的古典货币非中性理论，提炼出不同历史时代、不同历史人物或学派的货币非中性理论中的"经济学"要素及其"科学成分"，并将其表述为一个"形式化的理论系统"。这一方法是本书建立分析框架时所采用的"过程"方法的延伸，也是上述"结构"方法基础上的进一步拓展。上述"结构"方法虽然帮助我们很好地把握不同时代、不同历史人物或学派的理论内涵，但是，如果把他们作为一个整体来看，就必须提炼出"科学"的、"经济学"的要素，否则就难以形成一个为大家所共同认可的和理解的"理论系统"。这要求用人们所熟悉的、特定的经济范畴和话语系统来描述不同时代、不同历史人物或学派的货币非中性理论。老一辈经济思想史学家胡寄窗先生在谈到"中国经济思想史"研究方法问题时指出："任何一种思想史必然有一些它自己的特殊的理论范畴，只有在阐述其特殊理论范畴的发展过程条件下，才能显示它本身的特色。"因此，以某

---

① 顾海良：《马克思的〈资本论〉及其经济学手稿》，载《武汉大学学报》（社会科学版）2003 年第 6 期。

一个学科的特定范畴作为建立该学科思想史框架体系的基础，"是各种学科的思想史所必须采取的表达形式，所不同的只是各学科自有其应阐述的特有范畴而已"①。与此同时，胡老还强调，要用当时代人们所熟悉的思维方法和经济范畴来建立"中国经济思想史"的"学科体系"。因此，经济思想史研究方法应该符合分析思维特性，从思想材料中分析提炼出经济学要素，并且将陈述安排成一个形式化的理论系统，目的是要通过对理论要素的提炼、理论演进的累积和理论线索的勾勒，揭示出随时间运动而演化的经济思想"过程"的节奏和脉络，从而提升经济思想史的科学品质。本书在研究古典货币非中性理论史时，一方面，应当用马克思主义经济学经济范畴和话语系统，诠释休谟、边沁等的货币非中性理论；另一方面，我们也要借鉴现代西方经济学中的经济范畴和话语系统，如用价格刚性、货币幻觉等范畴，对不同时期和不同研究者的货币非中性理论加以诠释，以期建立比较完善的且容易被现时代人们所理解的理论体系和形式。

（3）充分运用"比较"研究法，挖掘不同时代、不同历史人物或学派之间货币非中性的理论内涵及其相互关系，以实现经济学的"综合创新"。各个人物之间的思想既有联系，也有区别。因此，只有通过比较研究方法，对各种思想之间的联系与区别加以分析，才能准确掌握其思想内涵。

---

① 胡寄窗：《中国经济思想史研究方法论歧见》，载《学术学刊》1986 年第 3 期。

第一编 重商主义时期的货币非中性思想

从西欧经济出现资本主义萌芽开始，重商主义逐渐取代基督教经济学，成为 17～18 世纪西方主流经济学说，从发展阶段来看，经历了从早期重商主义向晚期重商主义的逐渐过渡，但总体而言，这一时期的经济思想展现出了前后一致性。在资本主义发展初期，西欧各国普遍忽视工农业的生产，重视发展商业与对外贸易，并视之为增加财富的主要手段，所以重商主义经济学者从一开始就重视对流通领域的研究，认为财富只能来源于商业流通领域。早期重商主义者直接把一国的财富等同于金属货币，主张通过鼓励进口、限制出口的方式来增加一国的金银财富，而晚期重商主义意识到了这种财富观的错误，他们将货币等同于资本，认为一国货币数量越多，从事商业经营的资本就越多，货币的借贷利息率就越低。因此，他们认为一国货币量的增加能促进一国的就业与经济增长。这也表明，在重商主义时期，很多学者就已经表达了货币非中性思想，这些思想在约翰·罗与理查德·坎蒂隆的经济理论中表现得尤为明显，也更具代表性。约翰·罗还首次提出了发展信用货币的理论，认为当一国金银货币不足时，可以通过发行信用货币的方式来进行弥补。

第一章　约翰·罗的货币非中性思想

约翰·罗于 1671 年出生在一个苏格兰银行家庭，其父亲是一个珠宝商人兼高利贷者，通过耳濡目染，他从小学习到了很多货币银行知识，后成为欧洲重商主义向古典主义过渡时期重要的货币金融学家，被称为信用货币的创造人。约翰·罗有关货币理论的著作主要有《论货币和贸易——兼向国家供应货币的建议》《关于货币的考察》《论数字和商业》等。在《论货币和贸易——兼向国家供应货币的建议》中，约翰·罗系统探讨了货币供给与价格、贸易、就业、收入之间的关系。他针对苏格兰国内货币数量不足的问题，提出了以土地为抵押物，通过发行信用货币以刺激经济发展的政策建议。他提出通过增加货币不仅可以增加一国资本，使一国的闲散人员都能被雇用，还能降低利率，刺激人们去从事工商业，在经济学发展史上较早地表达出了货币非中性思想。约翰·罗的货币学说体系具有很强的前瞻性和内在一致性，他认为金属货币数量受一国金矿数量限制，不可能根据经济发展的需要来调节货币数量，因此他从反金属本位制的立场出发，较早地提出了发行信用货币的观点，相比金属货币，他认为通过发行信用货币可以克服一国货币短缺，在未充分就业状态下，政府可以根据需要来增加货币供给以达到刺激贸易和实现经济发展的目标。

在约翰·罗之前，也有一些人提出过发行信用货币的想法，威廉·波特在《财富的关键》一书中，提出过以土地或者其他财富为担保发行票据，再用票据代替货币流通的想法，并认为这是一种增进贸易的安全、便利、迅速和有效方法。和约翰·罗同时期的商人威廉·佩特森提出过以政府债券为担保发行纸币的思想，但这些思想意识都比较模糊，对发行纸币的作用与方法都没有进行深入的论述，而约翰·罗则在《论货币和贸易——兼向国家供应货币的建议》等著作中深入分析了这些问题，同时，他还得到了法国政府的支持，在人类历史上首次以国家的名义在全国范围内发行了信用货币，他也因此被公认是人类历史上首次系统提出摆脱金银等贵金属，主张采用信用货币制度的第一人。但约翰·罗的货币思想在当时并没有完全体现出它的价值，这主要是由于自古罗马帝国以来，世界各国都普遍接受了把金银当成货币的习惯，这一理论在当时具有明显的超前性，再加之他在法国发行信用货币的失败，使得他提出信用货币制度，被人们视为危险的游戏，迅速被学界与政府所抛弃，直到进入 20 世纪，世界各国相继抛弃金本位制，采用信用货币制度，人们才意识到约翰·罗货币理论的价值，从而给予其公正的评价。

第一节　约翰·罗对货币非中性的描述

一、货币增加对经济的影响

（一）增加货币能促进贸易发展与经济增长

约翰·罗认为一个国家的强盛是由该国的人口和财富总量决定的，而人口和财富总量又取决于一国货币量的多少，只要一个国家货币数量增加，就可以增加就业，吸引更多他国人口流入，从而促进一国生产更多的商品，他写道："国家的实力和财富，是由人口和国内外货物的储存量构成的。人口和货物储存量依赖于贸易，而贸易又依赖于货币。由此可见，要比其他国家富强，就要比其他国家拥有更多的货币，因为倘若没有货币，法律再好也不能使人得到雇佣，也不能使农业、制造业和贸易得到发展。"① 并且在他看来，货币积累与财富积累是可以相互促进的，因为一国商品数量因货币数量增加之后，既可以繁荣国内贸易，也可以繁荣国外贸易，贸易的繁荣反过来又可以为生产者创造更多的利润，积累更多的货币，这样增加的货币又可以为国家创造更多财富，形成货币积累与财富积累的良性循环。

从货币促进国内生产角度来看，约翰·罗认为国内贸易就是在一国内部雇佣工人从事生产并相互交换商品，如果货币数量增加了，能够雇佣的人就越多，生产的社会财富就越多，整个国家能够交换的商品也就越多；相反，如果一国缺乏货币，就不能支付更多劳动者的工资，也就不能雇佣更多人工作。在他看来，由于货币能产生利息，一国增加货币之后，人们必然不会把

---

① 约翰·罗：《论货币与贸易》，商务印书馆 2009 年版，第 43 页。

它留在手里，而是会立刻把它投入到生产，从而生产更多商品。他写道：
"增加货币可以增加国家拥有的价值，只要货币产生利息，就会被利用，而
被利用的货币将带来利润，虽然利用者可能会遭受损失。"[①] 他还举例说，
如果增加的货币能够增加雇佣 50 人，每天支付给他们 25 先令的工资，而他
们每天创造的财富只值 15 先令。尽管这种情况下，雇佣这些工人的雇主在
每个工人上会遭受 10 先令的损失，但对整个国家而言，每一个工人却多增
加了 15 先令的财富，而如果每个工人创造的财富值 40 先令，则雇佣这些工
人的雇主在每个工人上会得到 25 先令的利润，国家就能够增加 40 先令的财
富，而对每个工人来说，他们都获得了 25 先令的工资，他们的生活比以前
更富有了。因此，他得出结论，"增加货币的数量，无论雇主得利与否，都
会增加国家的财富，都会相应减少穷人和懒人，使他们生活有所改善，和其
他人一起分享国家的财富"[②]。他认为苏格兰本身相对欧洲其他国家在发展
制造业上有许多优势，比如劳动力的生活费用低、制造业原材料丰富等，但
由于货币数量少，工人得不到雇佣，来料得不到加工，导致贸易不发达，经
济得不到发展。他以羊毛为例，苏格兰每年生产的羊毛可供 5 万人来加工，
由于缺少货币，该国只能雇佣 2 500 人来从事毛纺业，不得不将大量的羊毛
低价出口到荷兰等国，不仅把本可以赚钱的好机会拱手让给了荷兰人，而且
使得荷兰的毛纺业在国际市场上比苏格兰更具竞争力。他还估算了当时的苏
格兰增加货币后能够增加的总产量，他认为当时在苏格兰至少有 10 万人没
有工作，如果增加足够多的货币能够使其中的一半得到雇佣，再假定每个工
人日工资为 3 便士，比雇佣前每天多增加 1 便士的消费，为雇主每天带来 3
便士额外价值，这样，只需要半年，苏格兰的年产值就可以增加近 19 万镑。
约翰·罗还认为，增加的货币也不会提高物价水平，因为一旦产出增加，又
会对货币形成进一步的需求。

从货币促进国外贸易角度来看，他把国外贸易主要分为以下三种，分别
是：（1）出口国内剩余商品，进口国内紧缺商品；（2）从价格低的国家进
口商品再向价格高的国家销售；（3）从外国进口原材料，加工成产品后再
出口。约翰·罗认为，只要增加货币，一国就能从这三类贸易中获得好处。
对于第一类贸易，一国货币越多，能够雇佣的劳动越多，生产出的出口商品
就越多，从外国获得的净收入就越多。相反，如果货币数量减少了，一部分

---

① 约翰·罗：《论货币与贸易》，商务印书馆 2009 年版，第 8 页。
② 约翰·罗：《论货币与贸易》，商务印书馆 2009 年版，第 9 页。

人就会被解雇，出口商品的生产就会减少，外国人就会获得贸易盈余。对于第二类和第三类贸易，约翰·罗认为，如果一国的货币数量越多，则这个国家借款的利率就会越低，这个国家在从事来料加工与转口贸易时就有成本上的优势。此外，由于该国货币多，该国还可以以更低的利润率来进行这种转口贸易，因为只要每一件商品上能获得很少的一点利润，由于购买的产品数量多，所以获得的利润合起来也会很可观，这些优势使得货币数量充足的国家可以在国际市场上以更低的价格销售商品，从而垄断这两类贸易。他还用上述理由解释了为什么荷兰的贸易要远比苏格兰发达，在经济发展条件上，他认为苏格兰要比荷兰拥有的经济发展条件优越得多，苏格兰不仅国土辽阔，疆土易保，人口充足，气候宜人，矿产丰富，农业发达，鱼虾充裕，而且地理位置优越，拥有绵长的海岸，靠近开展大宗商品贸易的河道，方便在东部和西部开展贸易活动；而荷兰国土狭窄，土地贫瘠，农作物生产困难，矿产资源贫乏，而且海拔低，每天要花巨资建造防护堤以防海水流入内陆等。但是荷兰国内流通的货币数量远比苏格兰多，使得它可以用较低的成本广泛地开展贸易，从而垄断了整个世界的贸易，获得了大量利润。在货币借贷成本上，由于荷兰国内货币充足，荷兰商人可以按 3 厘或 4 厘借到资金，而苏格兰商人却要以 7 厘以上的代价才能借到资金，此外，荷兰商人由于资金雄厚，可以平均一次性购买 10 000 英镑的商品再进行转售，而苏格兰商人由于货币短缺平均只能购买 500 英镑商品，荷兰商人就可以把每一件商品的售价定得更低一些，也可以获得足够的利润，而苏格兰商人则不行，他认为正是这些原因使得荷兰的转口贸易十分发达，远甚于苏格兰。此外，他也把苏格兰经济落后于英格兰的原因归因于苏格兰国内的货币不足，当时英格兰的人口是苏格兰的 6 倍，而年产值则是苏格兰的 28 倍，同样，约翰·罗认为苏格兰的地理条件与资源禀赋并不比英格兰差，导致苏格兰人均年产值低于英格兰的主要原因还是苏格兰缺少货币。

（二）增加货币能促进就业

约翰·罗还认为一国劳动力的增减也取决于货币，如果一个国家货币数量多，他就可以雇佣更多的劳动力，由于工作机会多，很多外国人也会被吸引到该国来定居，使得该国的劳动力人数增加，创造的财富也会增多。他在分析增加货币对英格兰的影响时，提出了这一观点，他认为货币增加得越多，一国能够雇佣的工人就越多，对英格兰就越有利，即便是货币已经多到能够使所有人都得到雇佣，再增加货币也可以吸引国外的人来英格兰工作，从而增加英格兰的财富。他写道："据计算，英格兰拥有价值 1 400 万镑的黄金和白银，与此同时还拥有大量纸币；可是英格兰却一直没有足够多的货币使所有人都得到雇佣，即便有 5 000 万镑货币，英格兰的境况也不会得到最大限度的改善。即便所有人都得到了雇佣并发挥了最大才能，增加货币也会把其他国家的人吸引来。"①

二、货币减少对经济的影响

约翰·罗认为如果一国缺少货币，与货币丰富国家相比会表现出更多的劣势，这些劣势主要表现为资本缺乏、资金的借贷成本高，不能规模化生产。此外，他还认为缺少货币会使经济陷入恶性循环，与货币丰富的国家经济发展差距越来越大，其主要原因是，货币丰富的国家借助资金成本低、规模化生产的优势，可以生产出数量更多、成本更低的商品，除供本国消费外，还有大量剩余商品可供出口，在国际上更具有竞争力。而货币稀少的国家由于资本缺乏、资金的借贷成本高，不能规模化生产等原因，导致其生产的商品数量少、成本高，制造业落后，生产的商品满足不了本国国内需求，需要从外国进口，这样货币较多的国家就会出口更多商品给货币较少国家，形成贸易盈余，而货币较少的国家不得不为贸易差额支付黄金，这就会导致货币较多的国家货币愈加丰富，经济会因货币增加发展更快，而货币较少的国家货币会变得更加稀缺，经济发展会因货币减少发展更慢。他写道："贸易和货币是相互依赖的；贸易衰落，货币便减少，货币减少，贸易便衰弱。实力和财富就是人口，以及所拥有的住宅和外国商品；这些都取决于贸易，而贸易又取决于货币。所以贸易和货币是互为因果的，一方对另一方有直接的影响，也就是说，其中任何一方遭到损害，两者都必然受到影响。"②

约翰·罗认为通过颁布法律禁令阻止金银货币流出是行不通的，一些国家为了阻止金银货币流出，颁布了严格的金银货币输出禁令，约翰·罗认为这种方法不仅无济于事，还会加速货币流出，这主要是因为如果阻止贸易逆差国用黄金、白银等金属货币支付贸易差额，就会导致贸易逆差国的货币贬值幅度更大，汇率下降后，贸易逆差国需要出口更多数量的商品才能换回汇率下降前同等数量的商品，造成贸易逆差国更大的损失。而且在他看来，这

---

① 约翰·罗：《论货币与贸易》，商务印书馆 2009 年版，第 85 页。
② 约翰·罗：《论货币与贸易》，商务印书馆 2009 年版，第 74 页。

些出口黄金的禁令尽管十分严格，但在巨额利益的诱使下，也无法阻止人们私下通过非法手段出口黄金。不过他主张以抑制国内进口外国奢侈品、鼓励本国工业发展等方式来扭转贸易逆差，从而减缓货币输出。而他认为最好的办法还是通过增加货币量来振兴本国的产业，提高本国的产量与产业竞争力。他写道："最好设立一项基金，以退还税款来鼓励出口，因为，不增加货币量，第二年的出口就不会等于第一年，出口额将随着货币量的减少而减少，于是一部分本来有工作的人就会无事可做，这并不是因为他们不愿意工作，也不是因为缺少雇主，而是因为缺少货币来雇佣他们。"①

第二节 约翰·罗认为可以通过发行纸币来弥补金属货币短缺

一、使用金属货币的劣势

（一）金属货币无法解决一些国家货币不足问题

约翰·罗认为从货币形态的演变来看，最终所有国家的人们都接受金银贵金属作为普遍的交换媒介，主要是因为金银具有作为货币的一些天然优势，比如金银具有体积小、价值高、耐腐蚀、易于分割、易于转让、易区别其成色、各地价值相差不大等特征，金银充当货币以来，使世界各地的商品交易更容易了，极大地促进了人类社会的分工与贸易，人类社会生产的财富也成倍增加了，但是约翰·罗也看到了使用金银作为货币的缺陷，首先，金银数量十分有限，对于一些金银货币数量不足的国家，会因为缺少货币使得劳动力、土地等生产要素得不到充分利用，形成大量资源浪费，拖累一国财富增长速度。而且对这些国家来说，在金属货币制度下，货币缺少的问题很难得到解决，还容易陷入货币不足与经济发展滞后的恶性循环。因为在一般情况下，如果不考虑战争掠夺，只能通过采矿和贸易盈余来获取金银，而有一些国家几乎没有金银矿产可以开采，而缺少货币又使得本国生产的产品仅够本国人消费，不足以大量出口换回金银，甚至还要出口一部分金银去购买

---

① 约翰·罗：《论货币与贸易》，商务印书馆 2009 年版，第 24 页。

外国商品，造成金银数量愈发不足，经济发展愈发落后。

（二）银币的价值容易变化

约翰·罗认为价值稳定是一种商品充当货币的必要前提，因为人们之所以愿意出售商品换回货币，是因为他相信换回的货币能够在未来某个时候换回相同价值的商品，他写道："货币并不像一些人所认为的那样是抵押物，货币是已被支付或订约将被支付的价值，接受者在需要时将能够用它购买到与自己所出售的货物种类相同、数量相同的货物。"① 在约翰·罗看来，白银的价值经常发生变动，导致人们在商品交易与债务偿还时不能按真实的价值来履行合约。他认为白银的价值易变是由以下几个原因造成的：（1）政府经常改变银币的面值与成色。一些政府为了通过货币发行攫取更多的利润，经常降低硬币的成色，或者直接赋予硬币新的面值，使其明显高于其金银含量本身具有的交换价值，例如，公元 1475 年，英国处于詹姆斯三世统治时期，每盎司白银的售价为 12 苏格兰先令 12 格罗特，而到 1554 年 11 月 3 日时，每盎司白银的售价上涨到 18 苏格兰先令 8 便士，这样持有旧货币的人遭受了巨大损失，因此，在他看来，在货币面值或货币成色经常变化的国家，货币的信誉将会受到影响，人们会更倾向于用货物进行签订合约，而这会影响到货币职能的正常发挥。（2）白银的价值易受其本身供求影响，约翰·罗认为白银的价值与商品的价值一样，因其供求变化而发生变化，当供给增加时，白银的价值下降；当需求增加时，白银的价值上升。而当白银的价值发生变化，商品的价值没有变化时，同样数量的银币不能再换回同样数量的商品，造成商品交易的不公平，他以买卖羊为例进行说明，某人去年出售 100 只羊是想在今年再买回 100 只羊，假如在去年他出售 100 只羊获得了 100 克朗的货币，而在今年羊的供给与需求并没有发生改变，而货币的供给增加了，需求没有变化，因此羊的价值没变，而货币的价值会下降，今年的 100 克朗就不再能够买回一只羊，因此，他认为，只要金银继续充当货币，商品的价格就不可避免地受货币数量供求变化影响。就如苏格兰国内那样，由于白银数量的不断增加，导致苏格兰商品的价格不断下降，在 200 年前用 5 镑能购买的商品，现在用 100 镑也买不到。

① 约翰·罗：《论货币与贸易》，商务印书馆 2009 年版，第 44 页。

二、发行纸币的好处

(一) 纸币的优点

约翰·罗认为发行纸币相比使用金银货币能够给一个国家带来更大好处，首先，发行纸币的最大优点在于纸币易于获得，对于一些缺少金银货币的国家而言，可以通过发行纸币来解决国内货币不足的问题，从而促进这些国家的经济增长。他写道："某些国家增大货币的单位，而另一些国家则缩小货币的单位；某些国家降低货币的成色，而另一些国家降低货币成色后又恢复其成色；某些国家严厉禁止输出货币，而另一些国家则明文允许输出货币；某些国家一心想增加货币，迫使其商人在输入货物的同时，要带回贵金属……可是人们发现，这些方法当中没有一种能够保存或增加货币。有些方法甚至起了相反的作用，利用银行来增加货币，是迄今所采用的最好的办法。"① 其次，纸币的价值不易变化，要比白银稳定得多，因为在他看来，纸币的供给与需求是共同增减的，因此，他认为纸币相比白银更适合充当商品的价值尺度，此外，他还列举了发行纸币的其他一些优点：(1) 易于转让。对在银行存钱的商人而言，转让由纸币代表的货币所有权比转让货币本身方便得多。因为纸币比银币易折叠、更轻便，携带起来更为方便，用他的话来说就是 500 镑的纸币甚至比 5 镑银币支付起来更迅速。(2) 两地之间的价值相同。由于纸币更容易运输，使得纸币在全国各地的价值更容易相等。(3) 保存不会遭受损失，也不用支付费用。(4) 分割不会遭受损失，人们可以直接用大面值纸币交换若干数量的小面值货币。(5) 不容易被伪造。他的一段文字很好地综合了这些优点，他写道："商人把货币抵押在那里，从而获得借以进行贸易的信用。银行除了使贷款更方便、更迅速外，还使人节省了兑换费、保管费和运输费，人们再不会因货币质量低劣而遭受损失，而且把钱存入银行比放在自己家里更安全。"② 因此，与银币相比，发行纸币相比银币更有利于发展一国制造业，开展一国贸易，促进一国经济快速发展。

---

① 约翰·罗：《论货币与贸易》，商务印书馆 2009 年版，第 256 页。
② 约翰·罗：《论货币与贸易》，商务印书馆 2009 年版，第 26 页。

（二）利用银行发行纸币的优势

约翰·罗认为，利用银行来发行纸币是一国增加货币最有效的方法，他认为最早采用这种方法的是瑞典，1656 年，瑞典成立了斯德哥尔摩银行，当时瑞典人民使用铜币作为日常商品交易的主要支付手段，该银行最初的业务主要是吸收铜币存款，然后进行放贷收取利息，5 年后，为了通过货币发行增加财政收入，瑞典议会决定减少硬币中的含铜量，先前将铜币存在银行的人们普遍担心使用新铜币后，银行用这批成色下降的铜币归还自己的存款，造成财产损失，于是在新铜币还没流通之前，大批民众涌向斯德哥尔摩银行要求提取存款，斯德哥尔摩银行无法满足储户集中取款的需求，于是采取了向提取铜币的储户发行"暂时赊欠纸"的办法，这种"暂时赊欠纸"可以进行转让与流通，在约翰·罗看来，这就是最早产生的纸币，之后，尽管斯德哥尔摩银行在 1668 年被瑞典银行取代，但是纸币本身的优点，使它作为交易媒介被保留下来并逐渐融入人们的生活中，给约翰·罗留下了深刻的印象。

较早成立的阿姆斯特丹银行在发行纸币时，银行规定"提供多少纸币，就要储藏多少贵金属"以防出现客户集中兑换贵金属的情况，但约翰·罗认为阿姆斯特丹银行其实并没有完全按规定办事，而是一部分贵金属被银行管理人员放贷出去了，这样留在银行的贵金属数量就不再等于它所发行的纸币数量，而是小于后者，这样银行实际上把规定不应该贷出去的货币也贷出去了，从而扩大了整个国家的货币供应量。一般认为，当银行这样做时，它可以获得更多的利息收入，但也增大了经营风险，因为如果人们要求用纸币全部兑换贵金属货币，银行就不能满足人们的要求，但约翰·罗并不这么认为，他非常支持阿姆斯特丹银行超出金银储备发行纸币的做法，认为银行的这一做法带来的好处要比带来的坏处大得多，其带来的好处是，扩大了经济中的货币供给量，使更多的人能够得到雇佣，整个国家的贸易会相应扩大，从而给整个国家创造更多的财富。因此他非常支持苏格兰银行发行纸币，认为只要苏格兰银行发行的银行券是他储藏贵金属的 4~5 倍，相当于通过银行给苏格兰增加 4~5 倍的货币数量，就可以极大地缓解苏格兰货币不足的问题。他写道："这样的信用可以资助贸易，不会带来任何害处，而没有这种信用，贸易就会缩减。"[①] 他并不担心苏格兰银行因储备的黄金太少会遭

---

① 约翰·罗：《论货币与贸易》，商务印书馆 2009 年版，第 30 页。

受挤兑问题，在他看来，随着货币供应量的增加，苏格兰能够雇佣的工人更多，生产的商品更多，可以改变苏格兰不利的贸易环境，从贸易逆差变为贸易顺差，金银就会从流出变为流入，人们对经济发展的信心会越来越强，对银行发行的纸币的信心也会越来越强，导致挤兑的风险就会越来越小，他还认为只要经济发展良好，虽然某一意外事件可能会导致银行发生挤兑行为，但是用不了很长时间，信用就会得到恢复。

第三节　约翰·罗对货币非中性的原因分析

约翰·罗并没有系统的货币非中性思想，他之所以认为增加货币能提高一个国家的产出，繁荣一个国家的经济，主要是源于他对当时世界上发达经济体荷兰与英格兰的长期观察得出的结论，通过比较荷兰、英格兰等富裕国家与苏格兰的发展后发现，一国的货币数量越多，资本也就会越多，利率也会越低，使得该国从事生产与贸易时，就能获得更多的优势。他并不认为增发货币会提高物价水平，因为，增加的货币一旦促进产量增加，又会对货币产生新的需求。同时在国内实现充分就业之后，货币的超额供给还能吸引外国人到本国工作，从而进一步增加本国产出。

一、货币数量变化可以引起资本数量的变化

首先在约翰·罗看来，一国家增加货币之后，获得这些货币的人可以用这些货币去进行投资，从而可以雇佣更多的工人，这样就减少了一国的失业人口，可生产更多产品，他写道："如果一国的人口有一半被雇佣，全部农产品和制造品都被消费掉了，那么增加货币数量，从而雇佣更多的人，就会生产出剩余产品供出口。如果进口商品和出口商品相抵，那么进一步增加货币量，就可雇佣更多的人，或雇佣和以前人数相同的人来干更为有利的工作，从而可以生产出更多的或价值更高的出口商品，由此而获得结欠金额。"[①] 从他的论述中，他实际上是把货币等同于了资本，在他看来，一国货币越少，资本也就越少，能够雇佣的劳动力就越少，产出也就越少；一国货币增加，资本也会随之增加，能够雇佣的劳动力就越多，产出也就越

---

① 　约翰·罗：《论货币与贸易》，商务印书馆 2009 年版，第 9 页。

多。在约翰·罗看来，因为货币存在利息，人们就不会把它长期保留在手中，必然会使用这些货币去谋取利益，而只有把这些货币转化成资本并用于投入生产与经营，才可能获取比利息收入更高的收益，从而支付借入货币的利息，这实际上就是货币自发转化为资本的过程。他认为荷兰和英格兰之所以贸易发达，经济繁荣，是因为国内货币充裕，拥有大量货币的生产者或者商人完全可以利用自有资金来从事生产与经营，即使缺少货币，生产者与商人也可以以较低的利息率借入资金来从事生产与经营，由于他们获得的资金成本低，他们生产的产品价格或者提供的运输服务费用在国际市场上就更低，竞争力也就越强，所以英格兰成为了当时的制造业中心，而荷兰则成为了世界第一贸易强国。相反地，苏格兰由于缺少货币，导致生产者与商人缺少资本，或者只能以很高的利息借钱来投资，因此，工商业得不到发展。因此，在这些国家经济发展的对比分析中，他很自然就提出了一国货币越多，资本越多，货币等同于资本的结论。

但约翰·罗并没有意识到，新增的货币既能用于投资，也能用于消费，如果一国新增的货币全都用于了消费，本国的投资也不会增加，生产也不会得到发展，相反地，利息率还有可能会上升，葡萄牙与西班牙就是典型的例子，这两个国家曾经从非洲和美洲获取了大量黄金，但它们并没有把这些掠夺得来的货币用于本国的投资，而是用于去购买其他国家的商品，结果这两个国家不仅没有因为货币充裕而繁荣，反而逐渐走向了衰弱。

二、利率由货币供求决定

约翰·罗还初步提出了利率取决于货币供给与需求的观点，并认为一国货币越多，利率就会越低，在从事工商业时，商人就会有优势。他写道："如果通过增加货币量来降低利率，就不会有法律带来的那些麻烦，同时用于贸易方面的货币量会增多，商人由于借款较容易，利率较低，也就可以较为有利地从事贸易。"[1] 他在分析为什么荷兰相对苏格兰从事海上贸易更有优势时就指出，荷兰因为国内货币供应充裕，使得商人能够以3%左右的利率借到资金，而苏格兰国内由于缺少货币，商人要以10%左右的利率才能借到资金，所以在他看来，尽管苏格兰在商品贸易上比荷兰人具有很多天然优势，但最终这些商品的贸易都被荷兰人垄断了，主要原因就是荷兰国内货

---

[1]　约翰·罗：《论货币与贸易》，商务印书馆2009年版，第14页。

币供给丰裕，使得商人借款的利率要远低于苏格兰。根据货币供求决定利率的观点，他还把欧洲整体利率水平的持续下降看作输入欧洲的白银持续增加的结果，由于大量白银从美洲、非洲运回欧洲，使得从整体来看欧洲的货币供给量超过了欧洲的货币需求量，结果是相同数量的白银和银币所能购买到的货物不如以前多了，以前在苏格兰借入货币的利息率为10%，现在则为6%，而在荷兰则下降到了3%。

尽管他认为降低利息可以使本国的工商业发展更有优势，但他不赞成通过政府的权力直接来降低利息，认为这是行不通的，他写道："有人认为，如果颁布法律来降低利息，商人就可以使用较多的钱，就可以较为有利地从事贸易，从而贸易就会得到发展。不仅这种法律本身会带来许多麻烦，而且它能否达到预期的效果，都是很值得怀疑的。"① 因为，一旦政府规定的利息率远低于市场利息率，借款的人就会大幅增加，国内的货币不足以满足这些借款需求，这样人们会私下以更高利息来进行交易，使政府规定的利息率成为一纸空文。他认为只有通过增加货币供给的方法，利用市场的自发调节促使利率下降才是可行的。他写道："当然如果通过货币量来降低利率，就不会有法律带来的那许多麻烦，同时用于贸易方面的货币量会增多，商人由于借款较容易，利率较低，也就可以较为有利地从事贸易。"② 约翰·罗较早地提出了利率取决于货币供给与需求的观点，为利率理论的发展做出了重要贡献，不仅仅是约翰·罗，洛克、孟德斯鸠也把美洲金银大量输入欧洲视为欧洲利息率下降的主要原因。但在整个古典经济学时期，除了马尔萨斯、托伦斯等少数学者表达过这种观点外，并没有人系统地表达过这种思想，古典时期，另外两种利率理论占据了上风，一种是由休谟提出的，认为利率取决于借款的需求意愿与可供出借资金的大小，并不直接取决于货币的供求，而货币数量并不一定都转化为可借资金，也可以用于消费，因此货币数量多并不等于可供出借资金就多，利率水平就低。另一种是由斯密与巴贡提出的，他们认为利息应是企业利润的一部分，货币市场的贷款利率只不过是实物资本利润率的影子，实物资本是以货币的形式贷出的，可是货币的数量多少与利息率并无直接关系，也就是说利息率取决于实物资本的供给与需求。直到维克塞尔的出现，货币供求利率论才重新引起人们的注意，不过维克塞尔认为现实生活至少存在两种不同的利息概念，其中两种分别是货币利率与

---

① 约翰·罗：《论货币与贸易》，商务印书馆2009年版，第13页。
② 约翰·罗：《论货币与贸易》，商务印书馆2009年版，第14页。

自然利率，认为货币利率由货币供求决定，自然利率由实物资本的供求决定，当两者相等时，经济达到均衡，当货币利率低于自然利率时，形成经济积累性扩张；反之，形成经济积累性收缩。维克塞尔的货币理论实际上综合了约翰·罗等的货币利率论与斯密等的实物资本利率。货币供求利率论直到 20 世纪才被凯恩斯重新提起，在凯恩斯系统重构了货币需求理论与货币供给理论之后，货币供求利率决定论最终逐渐被人们所普遍接受。可以看出，无论是维克塞尔，还是凯恩斯、约翰·罗对他们的货币理论都产生过重要影响。

第四节　约翰·罗的货币政策主张

约翰·罗认为银行以金银为储备发行纸币在一定程度上缓解了货币数量的不足，但从历史经验来看，如果以金银货币为储备发行纸币，若该国金银数量不足，其发行的纸币数量虽然可以适量超出金银总的价值，但是超出的部分如果太多，也会发生金融风险，也就是说，以金银货币为储备所发行的纸币数量必然会受金银数量的限制，这样，对于金银数量严重短缺的国家虽然可以通过这种方法扩大本国的货币数量，但不足以满足一国对货币的需求。约翰·罗认为，由于一国土地数量丰富，价值较高，如果一国以土地为储备发行纸币就可以消除上述弊端，他还分析了以土地为储备发行纸币的其他优点，并提出以土地作为纸币发行准备的具体政策建议。

一、以金银为储备发行纸币的弊端

约翰·罗认为银行以金银为担保发行纸币尽管可以增加一国的货币发行总量，但在银行承诺纸币可随时兑换金银铸币的约束下，纸币发行量必然要受一国金银数量制约，因为纸币发行量一般是与金银储备数量成比例的，金银储备数量少，发行的纸币数量尽管比金银铸币数量本身要多，但其增加也是有限度的，否则就会导致银行出现挤兑风险。对于苏格兰银行而言，其发行的纸币总量为它储备金银铸币总量的 5 倍，如此高的杠杆发行比例，最终使苏格兰银行不得不停止民众用纸币兑换硬币，尽管约翰·罗认为苏格兰银行如果提早采取一些措施是可以避免陷入这种困境的，但他也明白，导致停止兑换硬币的主要原因还是苏格兰银行的高杠杆发行以及苏格兰为弥补贸易逆差向国外输出了大量金银货币造成的，他早就意识到了高杠杆发行纸币的风险，在谈到阿姆斯特丹银行将一部分金银储备货币贷出导致金银储备小于发行纸币时，他写道："阿姆斯特丹银行由此也获得了好处，但该银行的可靠程度却有所下降，尽管由于它的信用很好，没有任何人因此而遭受损失，或感到有什么危险。然而，如果人们要求全部兑现，或要求兑现的金额大于库存金额的话，就不是所有要求都能得到满足了。"[①] 因此，他认为用金银充当纸币发行准备，即使能在一定程度上增加货币发行数量，也会受金银数量不足的制约，不能满足一些货币短缺严重国家的需求，而对于苏格兰这种国家就是如此，他写道："苏格兰银行是不会再增加多少货币的，其原因是，由于信用是自愿的，所以信用取决于货币的数量。而且，即使它没有停止支付现金，它的信用取决于货币的数量。而且，即使它没有停止支付现金，它的信用也不会维持很久。因此，苏格兰拥有的货币量保证不了有充足的银行券在市场上流通。"[②] 这样，采用这种办法根本不能提供足够的货币来改善国家的状况，或像其他国家那样扩大贸易。

约翰·罗认为价值稳定是一种商品充当货币的必要前提，而白银的交换价值受政府经常改变银币的面值与成色以及自身供求变化的影响经常发生变动，只要用金银充当货币，商品的价格就不可避免地受货币数量供求变化影响，导致人们在商品交易与债务偿还时不能按真实的价值来履行合约。用金银为担保发行纸币，其本质是纸币代替金银贵金属货币来流通，纸币可以兑换同面值的金币与银币，所以纸币的交换价值必然与白银的交换价值同步变动，而从历史角度来看，白银的价值呈不断下降趋势。约翰·罗经过统计表明，由于欧洲白银供给大幅增加，白银的价值不断下降，当时白银的价值仅仅只是 200 年前的 10% ~ 20%，如果在同一时期以白银为担保发行纸币，则纸币的交换价值也只有 200 年前的 10% ~ 20%，持有银币的人在这期间显然承受了巨大损失，因此在他看来，金属货币价值的易变性不利于货币执行价值储藏与支付手段的功能，因此，用贵金属作为货币原料存在内在缺陷，当以贵金属作为担保来发行纸币时，这种缺陷也依然存在。

---

① 约翰·罗：《论货币与贸易》，商务印书馆 2009 年版，第 26 ~ 27 页。
② 约翰·罗：《论货币与贸易》，商务印书馆 2009 年版，第 43 页。

二、约翰·罗主张以土地为担保来发行纸币

(一) 以土地为担保发行的纸币价值更加稳定

约翰·罗认为，与白银相比，土地的价值更加稳定。从历史上的价值变化趋势来看，土地的价值是逐步上升的，而白银价值却不断下降，因此以土地作为担保发行货币更利于币值的稳定和实现财富的增值保值。约翰·罗分析了土地价值相对稳定甚至会逐步上升的原因：(1) 土地的供应比金属货币更稳定。约翰·罗认为土地的数量是受一国国土面积决定的，而一国国土面积基本不会发生变化，所以一国土地供给既不会减少，也很难增加；而一个国家的白银的供给数量会随着每年银矿的开采和对外贸易差额的变化而发生变化，因而土地的价值远比白银一类商品稳定。(2) 土地的用途不会发生改变。约翰·罗认为很多物品的价值会随着其用途的改变而发生改变，一般而言，随着物品用途的减少，对其需求就会下降，其价值会相应下降，随着用途的增加，对其需求就会上升，其价值会相应增加，他举例说，如果人们不再用燕麦做面包，而用小麦做面包，不用白银做餐具而用其他合金做餐具，就会减少燕麦和白银的需求，从而减少其价值，而土地是人们赖以生存的命脉，衣食住行都离不开它，相对于土地的种植用途来看，人们吃的一切物品都产自土地，人们不用土地种植这种产品，必然就会用土地种植其他产品，土地是不会闲置的，因此在他看来，土地的用途不会减少，只会增加，因此，其价值也会增加。(3) 土地生产力不断提高。从人类历史来看，随着生产技术的进步，人们从事耕种的工具越来越先进，人们对农作物的生长习性越来越了解，再加上各种灌溉设施越来越完善，从没有间断过的土地改良活动，使土地生产力不断提高，土地的价值也因此增加。(4) 用土地作为担保充当货币之后，其价值增加幅度会很小。约翰·罗认为在白银充当货币之前，白银的用途有限，而人们把白银当作货币之后，对其需求大幅增加了，其价值也相应大幅增加了。而如果用土地作为担保发行货币，土地的价值增加幅度会很小，原因是土地的用途非常广泛，被用作为担保发行货币之后并不影响它的其他用途，再加上按约翰·罗的想法，只需要一部分土地作为担保发行货币就可以满足人们的需求。这样，即便是土地不再被用作货币担保，其价值下降的幅度也会很小，持有土地的人损失也会很小，而如果人们不再把白银当成货币，则白银的价值会大幅下降，持有白银的人会损失惨

重。因此，他认为用土地为担保来发行纸币比白银具有更加稳定的价值，其价值不仅将与其他商品保持相等，而且还会不断上升。

（二）以土地为担保发行纸币可以解决货币稀缺国家货币不足的问题

约翰·罗以苏格兰为例说明了以土地为担保发行纸币可以解决货币稀缺国家货币不足的问题，如果一块地为 384 英亩，如果按 20 年地租收益之和来确定货币发行量，则以这块地为担保可发行的货币量至少为 5 700 镑，他认为当时的苏格兰只需要三四百万镑货币就可以满足需求了，那么只需要 200 000 英亩土地即可，而这只占苏格兰土地面积的很小一部分。并且，政府可以根据需要随时调节经济中的货币数量，使经济中的货币供给量与需求量相等，以维持纸币价值稳定。比如，当某年人们对货币的需求增加时，政府可以通过增加土地担保来增加货币供应，同样，当某年人们对货币的需求减少时，政府可以通过减少土地担保来减少货币供应。

三、以土地为担保来发行纸币的具体方案

约翰·罗还提出了以土地为担保来发行纸币的具体方案，纸币管理委员会由 40 人组成，拥有发行纸币的权力，同时成立一个议会委员会，议会委员会对纸币管理委员会行为进行监督。他向议会提出了三种以土地为担保发行纸币的方案，分别是：（1）授权纸币管理委员会以市场利率放贷以土地为担保的纸币，放贷额不超过土地价值的一半或 2/3。（2）按照土地的充足价值，根据用银币计算的 20 年左右的地租收益发行纸币，获取纸币的人需要以土地作为担保，并将它抵押给纸币管理委员会，在一定期限内或期满时可以赎回担保的土地。（3）按照土地的充足售价发行纸币，土地归纸币管理委员会所有，不能被赎回。任何人如果用足额的纸币归还给纸币管理委员会，都可以从土地委员会获取用作担保的土地。约翰·罗还认为第 2 种方案最具有操作性。

按照约翰·罗的想法，如果一国以土地为担保来增加货币供给，就能雇佣更多人就业，促进本国经济增长，一旦本国达到充分就业，由于国内货币充足，还可以吸引外国人到本国就业，通过吸引更多国外资源促进本国经济增长，约翰·罗还认为，增加的货币也不会提高物价水平，因为一旦产出增加，又会对货币形成进一步的需求。为实践他的理论，他假想存在一个小岛，除岛主人外，还有 1 000 人务农（由于农活不多，每个人只劳动半天），

以及 300 个乞丐，如果没有货币，所有的交易都将采用以物易物的方式，农民以农产品来支付岛主人地租，有剩余的农产品用于相互交换以及用于出口换取外国农产品加工品。如果岛主人想从事农产品加工业，并通过发行货币来支付工资，同时规定农民用该货币支付地租，货币的发行办法是：岛主人以土地为担保发行货币，每英亩土地价值等于 20 年地租收入，如果每年地租收入等于 100 张纸币，则每亩地发行的货币量是 2 000 张，谁拥有 2 000 张纸币可以向岛主人交换 1 英亩土地。那么发行的货币直到可以用来雇佣岛上包括 300 个乞丐在内的所有的剩余劳动力为止。同时为了取得货币收入以支付地租，1 000 个农民也会把他们剩下的半天用于劳动，相当于可以增加 800 个劳动力来从事农产品加工业，这样岛上居民就可以不用再进口国外的农产品加工产品，并且把多生产的部分用于出口，如果岛主人继续增加货币，还可以吸引外国人到岛上来工作，这样，通过发行纸币，不仅繁荣了农业，而且还发展了制造业与商业，增加了岛上的人口。

第五节　约翰·罗的货币政策实践

《论货币与贸易》是约翰·罗针对苏格兰国内货币不足所写的，但苏格兰议会并没有接受约翰·罗发行纸币的政策建议，之后约翰·罗又到卢森堡兜售他的纸币学说，也遭到了拒绝，直到 1715 年他来到法国，当时法国国王路易十四刚去世不久，年仅 5 岁的路易十五即位，奥尔良公爵成为摄政王。在路易十四在位期间，由于王室生活极其奢华，对外常年征战，使得法国国库空虚，特别是 1684 年大批信奉新教的生产者和手工匠离开法国之后，法国经济经历了严重的衰退，到路易十四去世时，政府外债高达 25 亿利弗尔，将近法国政府年收入的 2 倍，摄政王新奥尔良公爵急于摆脱困境，于是接受了约翰·罗的建议。但约翰·罗在法国的纸币发行实践并没有按照他所倡导的以土地为抵押物发行货币，在最开始时，与多数国家一样，发行的纸币是以金银为储备的，纸币可以兑换金银，但在 1719 年 4 月之后，政府终止纸币兑换金银，开始完全按照信用来发行纸币，纸币的发行数量随之大增。

1716 年 5 月，约翰·罗在摄政王的许可下设立了一家私人银行，取名为通用银行，最初政府规定该银行所发钞票必须以固定价格与金银铸币兑换，1717 年，法国政府规定所有税收都以通用银行发行的纸币缴付，从而使该纸币迅速在法国国内流通开来，并替代金银铸币成为法国主要的交易媒介。在约翰·罗发行纸币之前，法国政府为缓解财政危机，政府经常通过减少新发行货币的成色，或者直接提高货币面值等欺骗手段，导致金属铸币价值不断贬值，持有金属铸币的人时常遭受贬值带来的损失，而通用银行发行的纸币不仅可以行使货币的职能，还保证价值长期不变，因此人们在刚开始时非常信任通用银行发行的纸币，纸币的价值甚至超过了等面值的金属货币，尽管发行的是可兑换贵金属的纸币，但很少有人用纸币去兑换金银铸币。通用银行也在暗地里超出金银的储备数量大量发行纸币，使得法国国内的货币相比约翰·罗改革之前更加充裕，国内货币紧缺现象开始缓解，物价开始回升，经济开始复苏，此外，由于大量金银币又重新回到政府手中，法国政府偿还外债的压力减小，因此，刚开始时，法国政府对约翰·罗发行纸币的做法非常满意。但约翰·罗并不满足所取得的成就，他始终相信，货币发行数量越多，经济会在货币刺激下越发繁荣。为了进一步扩大人们对纸币的需求数量，从而增加纸币供应，利用货币来刺激经济发展，1717 年 8 月，约翰·罗成立了密西西比公司，该公司垄断了密西西比河广阔流域的商品贸易以及加拿大的皮货贸易，为筹集资金，该公司最初以每股 500 利弗尔的价格发行股票，并承诺每股每年会派发 200 利弗尔的红利，并规定可以用政府公债来抵付，在此之前，由于法国政府债务不断攀升，其发行的公债价格不断下跌，持有公债的人遭受了不少的损失，都急于出售手中的公债。在约翰·罗的新政下，人们可以用这些公债债券来购买股票，并且还可以享受高比例分红，在如此优惠的政策下，公司发行的股票从一开始就受到了人们的热捧，首次发行的 20 万新股被抢购一空，不到一年的时间，股票价格上涨了 3 倍，之后约翰·罗又兼并了东印度公司等其他从事海外贸易的公司，使得密西西比公司几乎垄断了法国所有的海外贸易，并以公司的垄断利润为基础持续不断增发股票，由于股票价格持续上涨，人们对公司的前景充满信心，这期间，每次增发的股票都会被抢购一空。

1718 年，法国政府将约翰·罗设立的通用银行收归国有，重新命名为法国皇家银行。但随时兑换贵金属的规定还是严重束缚了银行货币和信用扩张能力，这并不是约翰·罗想要的银行，随着经济出现好转对货币的需求增加，加之约翰·罗持续的游说，1719 年 4 月之后，法国皇家银行终止纸币兑换金银，完全按照信用发行以利弗尔为单位的纸币。此后，银行开始毫无约束地发行纸币，每次密西西比增发股票，法国皇家银行就会相应增发货币，约翰·罗的政策实际上是使股票货币化，但他坚信，摆脱金银数量约束之后发行纸币，可以根据经济发展的需要变动经济中的货币量，彻底解决法国国内货币不足的问题。在他看来，法国经济之所以陷入衰退，与当时的荷兰、英国经济实力差距越来越大，主要就是法国国内货币严重不足引起的，由于缺少货币，工商业企业资金不足，大量闲散人员得不到雇佣，海外殖民地得不到开发，急需大量增加货币来促进经济发展。他还认为，大量增加的纸币最终会流入各行各业，降低资金的借贷利率，促进产出增长，并不会引起物价急剧上涨，因为产量的增加又会增加对货币的需求，从而吸收掉这些新增的货币，经济中的物价会继续保持稳定。最初，随着密西西比在1719年7月取得皇家造币厂的承包权，8月又取得法国农田间接税的征收权，以及随后不断兼并其他公司，人们对密西西比公司充满信心，该公司的股票价格持续上涨，大量增发的货币基本上都流入到了股市，被股票市场所吸收，法国的物价确实保持比较稳定。

　　然而股票价格不可能永远上涨，在1720年初达到每股20 000利弗尔的顶点后，股票价格开始迅速下跌，一些精明的人开始意识到股票泡沫破灭的风险，更精明的人则意识到了纸币发行过多的风险，他们开始卖出股票，然后用纸币买进金银珠宝，纸币也开始贬值。为了保持人们对纸币的信心，1720年2月，政府颁布法令，禁止任何人拥有超过500利弗尔的铸币，严禁购买金银首饰珠宝这些可以用来保值的贵重物品，到3月初时，每股已经不到12 000利弗尔，约翰·罗意识到，解除危机的最好办法，就是让股票价格恢复上涨。为达到此目的，1720年3月增发了3亿利弗尔，4月增发了3.9亿利弗尔，5月增发了4.38亿利弗尔，在短短几个月的时间内货币流通量增加了1倍，但已经无济于事，恐慌情绪已经开始蔓延，增加纸币并没有阻止人们继续抛售股票，同时大量纸币流入到流通领域，纸币开始快速贬值，1719年，法国的通货膨胀率还不到4%，1720年1月就超过了20%，到了1720年5月，据估算流通中的纸币总额为26亿利弗尔，而铸币总值还不到纸币的一半。此时，约翰·罗意识到增发货币已经无法阻止股票价格暴跌，而且面临纸币价值暴跌的风险，支撑不下去的约翰·罗想通过股票和纸币一同贬值来解决纸币发行过多的问题，于是他发布指令，要求将股票的价格从9 000利弗尔降到5 000利弗尔，同时降低纸币的面值。这一方案严重动摇了人们对纸币的信心，加剧了民众的恐慌，他们争先恐后地抛售股票，然后马上用纸币购买商品，货币流通速度加快，物价开始暴涨，6月1日，政府宣布废止此前禁止拥有超过500利弗尔铸币的法令，决定回收并销毁部分纸币，人们纷纷拿着纸币去银行，引发挤兑风潮。而股票则继续下跌，到

1720 年 8 月已经跌到发行价 500 利弗尔一个月后又跌至 200 利弗尔以下，10 月，政府不得以颁布法令禁止纸币流通，并剥夺了密西西比公司的一切特权。至此，密西西比泡沫彻底破裂，除了少数在高位卖出股票套现的人获利外，绝大多数人都出现了严重亏损，倾家荡产者不计其数，法国金融体系与正常的经济活动也遭到了彻底破坏，大量金银流出法国，之后，重回金属本位制的法国又面临更加严重的货币短缺，经济衰退了近一个世纪。

第六节　对约翰·罗货币非中性思想的评述

一、约翰·罗货币非中性思想产生的重要影响

约翰·罗所处的时期正是重商主义向古典经济学过渡的时期，他提出的增加货币就能够增加财富的思想显然受到了重商主义的影响，但与重商主义不同的是，约翰·罗并不认为金银本身就是财富，也不认同重商主义者穷尽一切办法去追求积累金银的各种办法，他认为一国的财富是由满足人们需求的物质资料构成的，而货币就是衡量商品价值的工具和便利商品交易的媒介，用于充当货币的白银本身并没有任何的其他用处，增加货币之所以会对一国带来好处，是因为人们可以利用这些新增的货币去从事生产，扩大贸易，增雇工人，从而使整个国家生产出来的物质资料增加了，成为在经济学说史上较早提出货币非中性观点以及较早提出利用货币调节经济的经济学家，此外，他还大胆地提出了利用信用纸币来替代金属货币的方案，这样政府可以很方便地通过增加纸币来满足人们对货币的需求，甚至通过调节纸币数量来主动调节一国经济，这样一个国家就不会再因为缺乏金银而限制本国经济发展。他提出的这些货币思想对货币非中性理论的发展以及货币发行的实践产生了重要影响。

（一）对古典货币理论产生的影响

总体而言，由于古典经济学时期，西方国家普遍采用了金本位制，而他提出的信用货币理论与金本位制是完全不同的两种理论体系，这使得约翰·罗的货币非中性思想对古典经济学产生的影响相对有限，特别是约翰·罗在法国发行纸币经历的失败，使得很多古典经济学者更加坚定只有采用金本位

制才能稳定物价，纸币最多只能替代金银货币进行流通，脱离金银货币完全以信用为基础发行的纸币必然会导致失败，无论是斯密还是李嘉图都坚信这一点。因此在经历纸币发行失败之后，他的理论长期以来都被主流古典经济学者作为一种危险而有害的学说加以摒弃。但是作为一种完全颠覆传统的货币理论，以及在法国发行信用货币初期所取得的成功也使得一些敏锐的古典学者看到了其中的合理因素，对这些学者的货币理论产生过积极的影响，甚至成为很多古典学者货币思想的直接来源，亚当·斯密很少引用并评价别人的理论，但在他的多部著作中都提到了约翰·罗的货币理论，并且给予了中肯的评价，他认为约翰·罗提出的纸币发行计划虽然失败了，但其首次发行信用货币的实践在人类历史上有着重要意义，斯密高度评价了纸币替代金银货币流通对社会发展的促进作用，他形象地指出："纸币可以使金币、银币这种'通衢大道'化为良好的牧场和稻田，从而大大增加土地和劳动的年产品。"① 斯密还通过苏格兰和格拉斯哥的例子说明了发行纸币对经济的促进作用，在斯密看来，自从苏格兰首次建立两家公共银行②并发行纸币以来，苏格兰的贸易翻了两番，促进了苏格兰经济的繁荣。同样，在格拉斯哥，自从第一银行建立起15年后，格拉斯哥的贸易增加了1倍，经济发展非常迅速。因此，他认为"罗的计划绝不是卑鄙龌龊的计划"③，如果它在法国初期获得成功后，不成立密西西比公司，并阻止毫无节制地发行货币，他"也许还有力量履行一切的义务。但他以后所做的措施，使全局归于失败"④。显然，他肯定了约翰·罗发行纸币的尝试，并把约翰·罗发行纸币的失败归因于纸币发行管理的混乱以及脱离金本位制后过度发行。约翰·罗发行纸币的失败也给予了斯密很多启示。首先，一个国家要有成熟的纸币管理经验，否则就会造成纸币发行的失控。他写道："和足踏黄金铺成的实地相比，这样由纸币的飞翼飘然吊在半空，是危险得多的。管理纸币，若不甚熟练……会发生无法制止的灾祸。"⑤其次，发行纸币必须要有足够的金银储备，按照他的说法，经济中流通的纸币数量应该等于没有纸币时流通中所需要的金银货币数量，如果纸币发行的数量超出了流通中所需要的金银货币数

---

①⑤ 亚当·斯密：《国民财富的性质和原因的研究》上卷，商务印书馆1972年版，第295页。

② 一家为苏格兰银行，在1695年由议会批准设立；另一家为皇家银行，在1727年由国王批准设立。

③ 亚当·斯密：《亚当·斯密关于法律、警察、岁入及军备的演讲》，商务印书馆1962年版，第228页。

④ 亚当·斯密：《亚当·斯密关于法律、警察、岁入及军备的演讲》，商务印书馆1962年版，第226页。

量，就会造成价格上涨。

同样，在古典时期，另外一名英国货币经济学家桑顿也深受约翰·罗的货币思想影响，他肯定了约翰·罗提出的增加货币有利于经济发展的货币非中性观点，并十分赞赏约翰·罗在法国初期实施的货币改革计划，他写道："流通媒介的增加能够短暂地促进工业的发展，已经被约翰·罗在法国所提出的密西西比计划所证明，法国的作家们也都相信这一点，他们都认为罗先生的银行发行的纸币在有一段时间似乎有非常强大的影响，扩大了对劳动力的需求，并扩大了王国的有形财富和金融资产。"① 正是受约翰·罗货币非中性思想的影响，桑顿也认为一国增加货币会促进一国经济增长，减少货币会抑制一国经济发展，桑顿还把增发货币能够刺激经济的原因归因于工资刚性，当货币增加导致物价上涨时，工资的上涨会滞后于价格的上涨，导致工人真实工资下降，对生产者而言，利润必然会增加，从而刺激其扩大投资。因此，他主张当一个国家金银货币不足时，特别是当一国遭受经济衰退时，银行应果断放弃纸币兑换黄金的承诺，通过购买政府债券和增加企业债券贴现等方式来发行不可兑换的纸币来刺激经济增长，因此，当1797年英国经历严重的经济危机，国内黄金数量持续输出，英格兰银行的黄金无法满足民众的兑换要求时，政府出台了暂停纸币兑换黄金的相关法案，桑顿非常支持该法案，认为货币的发行应该根据经济的需要，而不是受银行金银储备的限制，因此他主张英国暂停纸币兑换黄金之后，应大幅增加纸币供应，以此来刺激经济发展。

（二）对现代货币理论产生的影响

200 年后，随着金本位制的逐渐衰亡，世界各国相继采用信用货币制度，以信用货币发行为特征的金融体系逐渐建立，约翰·罗的货币思想终于得以再次登上历史舞台，在此背景下，货币的发行不再受金银贵金属货币的约束，同时，各国的货币发行权逐渐移交给本国的中央银行，中央银行不仅垄断了各国的货币供给，而且执行本国的货币发行规则，实行有管理的通货制度，中央银行开始在本国金融体系中扮演最关键的角色，货币的发行规则开始成为经济学家重新思考的焦点问题。或许是受了约翰·罗的影响，被称为宏观经济学之父的英国经济学家凯恩斯表达了同约翰·罗大致相同的货币

---

① Thornton, Henry. 1802. *An Enquiry into the Nature and Effects of the Paper Credit of Great Britain.* London, Hatchard, P. 263.

思想，与约翰·罗一样，凯恩斯也认为货币具有非中性特征，一国货币不足会影响其经济发展，所以，在一战结束后，他强烈反对英国重回战前的体系，主张采用信用货币制度，认为金本位制将会导致货币量不能随着经济周期的需要自动调节，同时，重回战前的金本位制体系意味着英国必须紧缩货币，使金价上升至战前水平，在他看来，这不仅不能帮助英国战后恢复生产，还将导致英国出现通货紧缩、加剧失业等问题。他主张政府应该根据经济发展的需要来供给货币量，货币的发行应该以促进一国充分就业、经济增长为主要目的。他在名著《就业、利息与货币通论》中一反传统真实利率决定观点，沿用了约翰·罗的观点，认为利息是由货币的供给与需求决定的，货币供给与利息呈反方向变化，与需求呈同方向变化，当一国经济处于衰退时，国家需要通过增发货币的方法来降低利息率，这样既可以帮助企业融通资金，又减轻了其融资成本，为促进经济复苏创造条件。现代货币理论基本上沿用了凯恩斯的货币理论框架，而从约翰·罗所提出的货币思想以及他对凯恩斯的影响来看，可以说，现代货币理论的思想渊源实际上可以追溯到重商主义时期的约翰·罗。正因为如此，著名的经济学家熊彼特称赞约翰·罗为通货管理的鼻祖，并认为他在任何时候都可以跻身一流货币理论家之列。

二、马克思主义经济学视角下的约翰·罗货币非中性思想

如前所述，约翰·罗看到了货币的重要性，认为货币是国富民强的关键因素，货币不但能解决失业，同时也推动贸易和生产的发展。由此可见，约翰·罗的思想一方面具有重商主义的特点，着眼于对流通领域的研究，另一方面，约翰·罗的思想又具有古典经济学的特点，因为他又着眼于就业状态同货币与贸易的关系。与此同时，与其他早期重商主义者相比，约翰·罗的思想更具进步性，他批评了洛克关于货币只具有假想的价值论断，正确认识到货币产生于物物交易的不便，把货币视为一种商品，但他同时也错误地提出货币的价值与其他商品一样是由其使用价值决定的，违背了劳动价值理论的基本观点，但是任何理论都是囿于时代的实践，因而，必须客观地看到约翰·罗的思想的进步性。

我们认为，尽管约翰·罗的货币思想具有明显的货币非中性倾向，但约翰·罗的思想还不是现代意义上的货币非中性论。因为约翰·罗的思想的主要特点是通过失业的增长反推货币不足，他写道："既然我国总有许多穷

人，我国的货币就永远不够用。"① 但是关于货币是如何推动就业增长的，其中的作用机制是什么，约翰·罗的研究事实上是不清楚的。在他的潜意识里，货币就是资本，增加货币就可以促使借贷利息率下降，而这都只是他从国际比较中得到的一种经验结论，并没有分析其背后的逻辑。为了增加就业和产出，约翰·罗主张使用纸币来替代金银，这主要源于约翰·罗对货币职能的认识。约翰·罗认为，货币的唯一职能就是充当价值尺度，他指出："货币并不是用来换取商品的，而是用来充当商品交换的价值尺度。"② 正是基于这一认识，约翰·罗才主张以土地担保发行信用货币。虽然，他开创了信用货币的先河，但是，不可否认，也正是约翰·罗对货币职能狭隘的理解才导致他并没有像马克思那样发展出一套金属货币流通规律的理论。在金属货币作为本位币的时代，只有认识到了纸币的作用是替代金属货币来执行流通手段的职能，才能认识到纸币的发行量受制于商品流通中的金属货币量。否则，就违背了纸币流通规律。

约翰·罗基于他对货币职能和纸币作用的认识，进一步认为只要纸币发行量增加，产出和就业就会增加，从而我们可以推论，在约翰·罗看来，增加信用货币量就能促进产出和就业的观点。但是，这种观点在马克思主义经济学家眼里是站不住脚的。正如一些马克思主义经济学家批评指出：信用本身并不是货币，而是作为金属货币符号充当流通手段和支付手段的一种凭证，而且也只能在一定范围内流通。另外，信用不能等同于资本，它作为借贷资本的一种运动形式，本身不像资本那样具有真实的价值额，而只是一种虚拟的借贷资本。货币在某种意义上确实促进经济增长和就业，但是其本身并不是再生产的实物要素。

---

① 约翰·罗:《论货币与贸易》，商务印书馆 2009 年版，第 84 页。
② 约翰·罗:《论货币与贸易》，商务印书馆 2009 年版，第 73 页。

第二章 坎蒂隆的货币非中性思想

理查德·坎蒂隆于 17 世纪末期出生于爱尔兰，成年后在伦敦经商，后移居巴黎，在巴黎开办了一家银行，以其聪明的才智和良好的信用接触到了很多社会名流，他还和约翰·罗有过交往，约翰·罗还要求坎蒂隆支持他的纸币计划，但他并不相信罗的计划会成功，由于担心会被约翰·罗逮捕，之后他又隐居到了荷兰，随后又去了伦敦，于 1734 年去世，直到 1755 年，其手稿才被整理为《商业的性质》法文版出版，1759 年被翻译为英文版，坎蒂隆所处的时代正是重商主义到古典经济学过渡时期，他的一些观点带有明显的重商主义烙印，同时，他的经济理论也包含了很多古典经济学的早期思想，不仅论述深刻，而且体系完整，对此英国经济学家杰文斯曾赞誉道："它是一篇系统的、相互关联的专题论文，以一种简明的方式，涉猎了除税收之外的几乎整个经济学领域。因而，它比我们知道的任何一本书都更有资格被称为关于经济学的第一篇论文，配弟爵士的《政治算术》以及他的《赋税论》……同《概论》相比，只不过是一些零散暗示的集合……同任何一部单独的著作相比，坎蒂隆的著作都更有理由被看作是政治经济学的摇篮。"[①] 斯密很少引用别人的作品，但凡是他引用的作者，都成为历史上有名的经济学家，而坎蒂隆就是他引用的少数几个作者之一。

在坎蒂隆所论述的经济问题中，以货币问题为最多，在《商业的性质》每一章中都有体现。根据哈耶克的观点，他不仅继承了约翰·罗的货币非中性思想，而且还继承了重商主义时期朴素的货币数量论的观点，并对货币引起价格变化的细节问题进行了开创性的研究，他认为，货币和价格之间的关系并不像早期货币数量论所认为的那么简单和直接，而是取决于新货币进入经济的哪个地方以及首先进入谁的手里，在他看来，新增货币每次并不是平均分配给每一个人的，更不是在之前每人拥有货币数量基础上成比例增加的，而是只有少部分人才能获得这部分新增货币，这就必然会改变商品之间

---

① 坎蒂隆：《商业性质概论》，商务印书馆 2014 年版，第 162 页。

的相对价格，影响社会资源的重新配置，货币也不可能完全表现为中性。此外，在坎蒂隆看来，新货币还可以从另外两方面影响一国经济，要么变成储蓄增加可贷资金供给，这趋向于降低利率，投资增加，总产出上升；要么用以消费支出，直接刺激生产，并通过预期利润机制增加对可贷资金的需求，从而将提高利率。① 坎蒂隆还从货币在乡村与城市流通速度的不同首次提出了货币流通速度变化对货币供应量的影响，为后人研究货币非中性问题提供了新的视角。古典经济学家杰文斯给予坎蒂隆很高的评价，认为他关于货币、外汇、银行与信用的论述超过了之前所有的学者。总之，坎蒂隆把货币数量论从一个单纯反映货币与价格关系的理论发展成为反映货币与价格、产出三者关系的理论，从而极大地丰富了货币数量论的内涵，为他之后的古典经济学者研究货币非中性提供了思想源泉。

第一节　坎蒂隆对货币非中性的描述

与约翰·罗一样，尽管坎蒂隆认为货币是非中性的，对发展经济十分重要，但他彻底否定了重商主义金银财富观，认为财富就是满足人们生活的物质资料，他写道：“财富自身不是别的，只是维持生活、方便生活和使生活富裕的资料。”② 并认为土地是所有财富产生的源泉，劳动是生产财富的形式。正因为如此，他认为一个国家增加货币并不一定增加财富，只有满足人们生活的物质资料增加了，财富才会增加。但在他看来，一国的货币数量变化与财富的生产是存在一定关联的。

总体而言，坎蒂隆的货币理论建立在货币数量论的基础之上，但在他之前，货币数量增加以什么方式以及多大比例提高了物价，并没有人做深入的研究，经济学者似乎都想当然地认为货币数量的增加会同比例提高物价水平，正如他所说：“每个人都同意，货币的充裕性或它在交易中的增加，将提高一切东西的价格……这一问题的巨大困难在于说明货币的增加以什么方式和以多大比例提高了价格。”③ 坎蒂隆首次对这一问题进行了深入分析，区分了一般价格水平变化与相对价格变化，指出货币数量变化首先会引起商

---

① 廖尧麟：《坎蒂隆效应与古典货币理论中的货币非中性》，载《南开经济研究》2002 年第 4 期。

② 坎蒂隆：《商业性质概论》，商务印书馆 2014 年版，第 3 页。

③ 坎蒂隆：《商业性质概论》，商务印书馆 2014 年版，第 76 页。

品相互之间的相对价格变化，进而影响各种商品生产的比例关系。坎蒂隆还认为，根据新增货币的来源不同，货币在不同人群之间的起始分配会不同，用于消费与投资的比例也不一样，尽管都会改变国内商品的价格，但对一国的产出与就业的最终影响也会不同。也正是得益于对这一问题的深入分析，他发现了货币数量变化可能会对实体经济形成影响的多种途径。根据货币的不同来源，他分五种情况说明了增加货币对一国经济产生的影响。

一、增加的货币来自金矿或银矿

（一）对经济的促进作用

坎蒂隆认为当一国增加的货币来自金矿或银矿时，矿产的所有者及开矿相关的工人将首先得到这些货币，他们就会拿着这些货币去购买商品，对这些商品的需求就会增加，生产这些商品的制造商就会扩大生产，增加雇佣工人，同样，这些新增的工人随着收入的上升，也会增加开支，又会形成新的社会需求，就这样，新增的货币将从一个行业缓慢扩展到另一个行业，所到之处都会形成新的商品需求，为这些行业的发展提供了新的机遇，他写道："如果增加的真实货币来自该国的金矿或银矿，这些矿的所有者、投资者、熔炼者和其他所有工人都将根据他们的收益，按一定比例增加开支，他们将在家里消费比以前更多的肉类、葡萄酒或啤酒，他们将习惯于穿更好的衣服……结果，他们将使一些以前无事可做的技工找到工作。这些工匠基于同样的原因也将增加开支。"[1] 他又写道："同以前相比，市场上的争吵更激烈了，或者说对肉类、葡萄酒、羊毛等的需求增加了，这将导致上述商品价格的上涨。较高的价格又将促使租地农场主在来年使用更多的土地去生产这些商品。"[2]。显然，坎蒂隆意识到如果一国增加的货币来自开矿，这些货币将主要用于消费支出，这将会促进社会消费品行业的发展，而且坎蒂隆还意识到消费支出具有乘数效应，最初增加消费需求的行业，随着该行业工人收入增加，又会增加其他消费品行业的需求，促进其他消费品行业的发展，而在这个过程中，货币流入各行各业的先后顺序必然会不一样，各行各业物价上涨的速度快慢就不一样，商品间的相对价格也会在短时间内发生变化。

---

①② 坎蒂隆：《商业性质概论》，商务印书馆 2014 年版，第 77 页。

（二）对经济的抑制作用

同时他也认为，物价的普遍上涨会使土地所有者以及一些依靠固定收入的人受损，对于土地所有者而言，他们出租土地的租约可能还没到期，收到的地租并没有随着物价的上涨而上涨，因此他们实际收入下降了，没有实力和以前一样雇佣那么多仆人，一部分仆人就会被解雇去寻找其他工作，还有一些从事其他需求没有发生变化的行业，商品的价格也会保持不变，工资也很难上涨，在这些行业工作的工人由于实际收入下降，他们中的很多人会迁居到别处去谋生。

此外，他还认为如果一个国家货币持续增加，使该国的物价水平上涨到明显高于外国商品时，会对一个国家的产出与就业造成更多负面影响。因为当国内物价明显高于国外时，会造成本国产品的竞争力下降，本国居民就会转向购买外国商品，外国人也会减少对本国出口商品的购买，导致本国商品的需求下降，本国的生产商就会陷入困境，经济就会陷入衰退，与此同时，由于进口了大量外国商品，而本国出口的商品数量不增反降，贸易差额增大，需要本国输出大量的金银来弥补这些逆差，最终必然导致本国的货币数量外流，本国居民开矿得到的好处绝大多数都奉献给了外国人。

因此，在他看来，以开矿的方式来增加货币，实际上会造成整个国家行业重新发生调整，一部分需求上升的行业会扩大产能，增加就业，而另一部分需求不变甚至下降的行业则会缩减产能，解雇工人，但一个国家总的产出与就业如何发生变化则很难判断。

（三）对经济的长远影响

他以西班牙和葡萄牙为例说明了通过开矿获取货币并不能促进本国发展的观点，葡萄牙与西班牙相继从非洲和美洲掠夺了大量金银，但这两个国家并没有因此变得更强大起来，国内流通中的黄金总量也不比其他国家明显多出很多，因为他们获得的大量金银使得本国的物价水平节节攀升，本国居民都去购买物美价廉的外国商品，大量黄金都用于去进口别国的商品，伤害了本国制造业，他写道："这两国从矿井中开采出黄金和白银，却并未使它们自己在流通中得到比其他国家更多的贵金属。一般而言，英国和法国所拥有的贵金属甚至还要多一些。"①

---

① 坎蒂隆：《商业性质概论》，商务印书馆 2014 年版，第 79 页。

二、增加的货币来自外贸顺差

如果增加的货币来自外贸顺差，坎蒂隆认为大量货币就会最先流入从事对外贸易的商人与生产者手中，这为他们增加了资本，丰富的利润会诱使他们继续扩大投资，增加生产，并为失业人员提供了大量就业机会。他写道："如果货币的增加是由外贸顺差造成的，那么，每年货币的这种增加将使该国的大批工匠和工人得到就业机会，而货币就是从输入这些商品的外国人那里得到的……但是急于得到财产的从事工业活动的人最初并不会增加他们的开支，他们首先要积累足够的货币。"[①] 同时，随着国内居民收入的增加，购买力也会随之上升，物价必然会出现上涨，这会带动国内一些消费行业的发展，但当国内物价显著高于外国时，本国居民必然会去购买更便宜的外国商品，使得本国进口增加，贸易顺差减少，不过，坎蒂隆认为，与增加的货币来自国内金矿或银矿相比，增加的货币来自外贸顺差将不会使一国最终陷入贫穷，而是会持续保持高收入水平，这是因为在坎蒂隆看来，这些能够带来外贸顺差的国家一般都在生产上具备某种优势，要么是水上运输比较方便，使得商品的运输费用明显低于其他国家；要么是生产技术先进，生产商品的成本更低，这就使得这些国家虽然劳动力价格高，生产出的商品价格贵，但由于海上运输费用更低，能够抵销货币充盈造成的不利条件，使其能够长期保持对外贸易优势，他写道："尽管货币充盈，在英国劳动价格昂贵，但由于它在海运方面的优势，它依然能以像在法国那样合理的价格使自己的产品行销于各个遥远的国度，在法国，这些产品的价格比别的国家低得多。"[②] 因此，在坎蒂隆看来，增加的货币如果来自外贸顺差，是能够促进一国产出与就业增长的，这主要是其中的一部分新增货币会用于增加投资，扩大出口企业的数量与规模，使出口部门在社会总产值中的比例不断扩大。但随着一国货币越来越充盈，该国劳动力工资会越来越高，物价会越来越贵，本国居民会增加购买外国商品，使得外贸顺差会越来越小，直到达到外贸平衡，该国货币不再增加也不会减少，经济恢复到稳定状态。但此时，本国经济会比他国更发达，居民收入也会比他国更高。不过，在坎蒂隆看来，如果本国居民在富有之后养成了奢侈的消费习惯，争相从外国人那里购买奢

---

① 坎蒂隆：《商业性质概论》，商务印书馆 2014 年版，第 79 页。

② 坎蒂隆：《商业性质概论》，商务印书馆 2014 年版，第 81 页。

侈品，或者本国的贸易优势被其他国家赶上超过了，则本国的经济也会逐渐衰退下去。他认为威尼斯共和国、汉西提克、佛兰德、布拉邦特、荷兰共和国都属于这种情况，它们都曾相继在对外贸易中繁荣起来，后又因为奢侈的生活以及英、法等国建立起新的贸易优势，这些传统贸易强国的优势逐渐消失，最终造成了贸易部门的衰退。

三、增加的货币来自从国外借款

如果一国增加的货币来自从国外借款，一种是直接向外国人借钱，然后支付利息，另一种是外国人通过购买股票向本国提供资本，坎蒂隆认为这种办法尽管可以暂时解决本国的资本不足，并为本国的生产者提供更低利率的资本，使该国经济在短期内实现增长，但最终会弊大于利。其原因是：（1）本国要向外国支付大量的利息，一旦本国经济发展获得的收益很少，无法偿还这些利息，将使本国陷入债务危机，甚至破产。（2）当一国遇到重大困难最需要资本时（比如发生战争），外国人会把资本抽走，造成本国生产突然大幅下降，完全不能满足战争对各种物质的需要，比没有这些资本流入本国造成的危害更为严重，因为没有这些资本，依靠本国的微小资本也能逐渐发展出本国相对完整的产业，在战争期间，由于这些产业会继续留在本国，将为本国提供战争必备的物质。因此，他写道："这种借贷最初虽然能带来眼前的好处，但它的作用是十分短暂的，而且最终会产生严重的后果，为了使国家复兴，必须努力创造稳定的、真实的年度贸易顺差。"[1]

坎蒂隆还分析一国通过战争以及通过吸引外国人居住旅游等方式增加货币的情况，他认为这两种情况大致和通过国内开矿获得货币的情况差不多，最终都会导致国内物价的上涨，然后伴随着经济的逐渐衰退，在他看来，古罗马帝国就属于这种情况。

---

[1] 坎蒂隆：《商业性质概论》，商务印书馆 2014 年版，第 91 页。

第二节 坎蒂隆对货币非中性的原因分析

一、货币的数量变化会改变一国的资本数量

坎蒂隆非常看重资本对一国经济发展的重要性，他认为一个国家经济发展的主要动力就在于拥有资本的数量和人民的勤劳程度，同时他认为一国货币数量发生改变后，一国的资本也会随之发生变化，进而影响一国经济增长。比如，当一国货币数量增加时，如果增加的这部分货币用于生产，就会增加一国的资本，相反，如果一国货币数量减少了，一部分用于生产的资金就会转移到消费上，导致生产资本下降。不过，在坎蒂隆看来，当一国货币增加时，新增的货币有多少用于增加投资，多少用于增加消费，和这个国家增加货币的方式有关，如果一国是通过发展国内生产，通过对外贸易从他国获得的货币，或者是通过向外国人发行债券、股票获得的货币，则这部分新增的货币中用于投资的比例会很大，对促进本国生产的作用也会很大。而如果一国是通过开矿、海外掠夺等方式获得的货币，则这部分货币用于投资的比例就会很小，对促进本国生产的作用也会很小。因此获得货币的方式不同，促进本国资本积累的程度就不同，对本国的产出贡献程度也就不同，但无论采用哪种方式增加货币，最终都会导致本国的物价上涨，促使本国的消费者更多去消费外国商品，外国人在本国商品越来越贵的情况下，也会减少对本国商品的购买，最终持续的货币流入对一国经济的促进作用是逐渐减弱的，甚至会变得更加贫困，因为一旦货币流入使本国人染上了奢侈消费的风气，在货币停止流入之后，这些消费习惯往往难以改变，结果反而会使国家日趋贫困。

坎蒂隆还认为货币的数量变化可能会改变货币的流通速度，他认为一般而言，货币充裕的国家比货币稀缺的国家货币的流通速度更慢一些，他写道："但是，在货币稀缺的国家，物物交换通常比在货币充裕的国家更为流行，货币流通速度也比在货币不是如此稀缺的国家更迅速，而不是像在那里那么缓慢。因而，在估计流通中的货币量时，必须考虑到货币的流通速

度。"① 因此，从他这一观点出发，认为即使一国货币增加了，但该国的货币流通速度有可能会出现下降，那么在资本积累上可能就没有货币流通速度不变时那么多了，增加货币对产出增长的作用就会减弱。

二、货币的数量变化会使每种商品的价格不成比例变化

坎蒂隆认为由于一国货币发生改变时，每个人手中的货币数量并不是同比例发生改变的，这会使每种商品的价格不成比例变化，从而改变生产者的生产计划。以增加货币为例，他写道："这一新增货币所导致的价格上涨并不会与货币数量成比例地对所有产品和商品发生同等的影响，除非新增的货币补充到了货币原来所在的同一流通渠道中；这就是说，除非当流通中的货币量加倍的时候，那些向市场提供两盎司白银的人恰好是过去向该市场提供一盎司白银的人。这种情况是难得发生的。"② 这样新增的货币无论先流入到谁的手中，都会首先增加他的购买量，但收入增加后，每个人购买商品的偏好可能会改变，人们会增加高档商品的购买量，减少低档商品的购买量，从而使得高档商品的需求比低档商品的需求增加得更多，高档商品价格上涨的幅度比低档商品上涨的幅度会更大，他分析了工人获得更多货币后，对他们消费结构产生的变化，他写道："他们将在家里消费比以前更多的肉类、葡萄酒或啤酒，他们将习惯于穿更好的衣服，更精致的亚麻布制品，他们将购买陈设更考究的房屋和其他上等商品。"③ 而这种消费结构的改变必将引起商品相对价格的变化，从而引起生产者调整商品的生产结构，相对价格上升的商品将会被生产得更多；反之，相对价格下降的商品将会减少产量。他还举例到，在英国货币增加后每一种商品价格上涨的幅度是不一样的，比如由于人们对肉类的需求比对谷物的需求要增加的多得多，其结果是当谷物价格上涨 1/4 时，肉类可能会上涨 2 倍，生产者就会根据商品价格变动调整生产计划，减少价格上涨幅度小的商品的生产，把节约出来的生产资源用于生产价格上涨幅度更大的商品，以农业为例，他写道："对肉类、葡萄酒、羊毛等等的需求增加了，这将导致上述商品价格的上涨。较高的价格又将促使租地农场主在来年使用更多的土地去生产这些商品。"④ 实际上，当所有行业的生产者都这样做时，整个国家的生产资源就会重新配置，生产出的商品

---

① 坎蒂隆：《商业性质概论》，商务印书馆 2014 年版，第 91 页。
② 坎蒂隆：《商业性质概论》，商务印书馆 2014 年版，第 85 页。
③④ 坎蒂隆：《商业性质概论》，商务印书馆 2014 年版，第 77 页。

的种类与数量也会发生巨大改变。

三、货币的数量变化会改变利息率

坎蒂隆认为，任何商品的价格都是由买主与卖主的比例决定的，货币的利息也一样，是由放款者和借款者的比例决定的，而当货币数量变化时，多数情况下，会改变放款者和借款者的比例，从而改变利息率，进而影响一国经济，例如，在货币数量增加时，一般而言，放款人和放款的金额都会增加，人们借钱更容易了，利息率一般会下跌，新建工厂或扩大生产将会变得有利可图，这就会刺激一国扩大投资，增加产量，他在谈到通过从国外借款增加本国货币时很清楚地表达了这一观点，他写道："这里，还有两种增加一国流通货币数量的方法需要提及。第一种，由业主和私人以一定的利息向外国客户借款，或者由住在国外的个人把钱寄到该国以购买股份或政府股票等等……这些增加货币的方法使该国的货币更为充裕，并使利率下降，该国的业主发现，通过这笔货币，他们能以更小的代价借钱，因而，给人们提供工作和建立工厂将是有利可图的。"[1] 此外，坎蒂隆特别强调，如果该国货币充裕是由贸易顺差造成的，则必然会降低利息率，在他看来，通过持续的贸易顺差，该国多数的生产者得到继续经营所需要的足够资本，他们不仅不再需要借钱，而且很有可能积累的资本量超过了自己需求，使其也变成了贷款者，从而必然会降低利息。

不过，他也谈到，并不是在所有货币充裕的时候，利息率都很低，他认为存在以下几种例外情况，一是他认为利息率的高低还要受预期利润率和风险等因素的影响，当预期利润率很高时，即便经济中的货币充裕，利息率也会很高，他以1720年为例，当时英国所有货币几乎都集中到伦敦，使得那里的货币供给量猛增，但是利息率不仅没有下降，反而大幅增加，一度达到60%，这主要是由于当时的南海计划让很多人预期能产生高收益，促使他们都借钱去买股票，坎蒂隆描述的这个例子实际上是人们对货币的需求增加超过了货币的供给增加所产生的结果。二是他认为风险也是影响利息率的很重要的因素，当经济中风险上升，为弥补投资人可能的损失，即便经济中货币充裕，利息率也会很高，比如在战争期间，尽管很多时候货币量比平时还充裕，但利息率却比平时高很多。三是他认为利息率的高低还与一国生活习惯

---

[1]　坎蒂隆：《商业性质概论》，商务印书馆2014年版，第90页。

有关，如果一国的贵族和土地所有者等富有阶级生活奢华，经常举债消费，即便货币充裕也会造成利率高。这是因为一方面贵族和土地所有者大量举债会增加对货币的需求，另一方面，这些富人阶层的高消费也会给一些业主和工匠提供赚钱的机会，他们就会借钱来生产，进一步增加了对货币的需求，两种需求的叠加会造成该国利息率居高不下。

坎蒂隆还认为，如果一国君主或行政官员希望通过法律调节利息率，那么这一调节必须以大致相当于现行市场的利息率为基础，否则法律不会具有效力。因为契约双方只服从竞争的力量，或由放款人与借款人之间的比例决定现行价格，否则他们将会进行秘密交易，而法律限制只会增加交易的困难，从而提高而非降低利息率。

第三节　坎蒂隆的货币政策主张

一、针对金属货币的主张

坎蒂隆认为一个国家拥有充裕的金银货币是非常重要的，在他看来，一个金银货币充裕的国家相比一个货币缺乏的国家至少享有以下几项优势：（1）在货币充裕的国家，商品的价格与劳动、土地等要素的价格都会比货币缺乏的国家贵，因此，在货币充裕的国家，只要用少量的商品、劳动就能换取货币缺乏的国家更多数量的商品、劳动。他举例说："在货币最充裕的国家……用一英亩土地的产品换取别国两英亩土地的产品，用仅仅一个人的劳动换取别国两个人的劳动。因为在伦敦流通的货币十分充裕，所以一个英国绣花工的劳动价格比十个中国绣花工的劳动价格还高，尽管中国绣花工比英国绣花工绣的质量好得多，每天生产的产品也更多。"① （2）在货币充裕国家，税收更容易征集，当发生战争时，能够动员的资源就更多。他比较了两个国家，一个国家货币充裕，在发生战争时，用货币奖赏他的士兵们，另一个国家土地充裕，在发生战争时，用土地奖赏他的士兵，在他看来，第一种方式更有效，因为土地不能移动，如果输掉战争，极有可能被没收，而人们能随时随地把货币转移到任何地方。

---

① 坎蒂隆：《商业性质概论》，商务印书馆 2014 年版，第 89 页。

坎蒂隆又认为一国无论通过何种方式，都不可能实现货币的长期流入，因为在他看来，无论是通过采矿、武力，还是通过贸易，或是向国外借款等方式获得货币，最终都会造成一国物价上涨，当上涨到一定程度时，本国商品在国际市场失去竞争力，这些增加的货币又会用于去进口外国的商品，使本国货币流入到国外，而且由于最初增加的货币使本国人养成的高消费习惯一时难以改变，还有可能会使本国经济陷入衰退，他写道："随着这种货币的充裕，必将出现许多急于享受奢侈生活的富人⋯⋯尽管该国在贸易上占有优势，它的货币每年都要流到国外以偿付这些奢侈品的价款。这将使该国逐渐衰败下去，使它从一个非常强大的国家变成一个非常孱弱的国家。"① 不过他认为，如果一国相对他国拥有某种贸易上的优势，其国民又比较节俭，最终会使该国经济在一个高收入水平上维持对外贸易平衡，但货币不会再流入。

坎蒂隆列举了历史上很多国家都因货币充裕不可避免地会陷入贫困，那么有没有什么办法使一个国家摆脱以上困境，能够实现货币的持续流入呢？他认为只有在促进货币流入的同时，防止价格上涨才能实现这一目标，为了保持本国工商业在国际上的竞争优势，他建议当一个国家的物价比外国高出很多，从而威胁到本国商品在国际上的竞争力时，应由国家出台一些措施，收回一部分处在流通领域的货币，等到国家需要时再使用。他写道："因而，当一个国家靠贸易而发展起来，当土地和劳动的价格因货币充盈而上升的时候，君主或立法者似乎应该使货币退出流通，并把它们保存起来以便在紧急时使用；应该试行采用除强制和欺诈之外的各种办法阻止它的流通，以预防物价过分高涨并防止由奢侈造成的种种弊端。"②

二、针对发行纸币的主张

首先，在开办银行与发行纸币问题上，他认为开办银行会加速一国货币的流通，因为一家银行如果收到一笔白银存款，他只需要预留一部分以应付全部提款，剩下的部分可以通过贷款进入流通。这样对一个缺少货币的国家而言，无疑会提高其货币使用效率，他写道："城市里的银行，无论是国家的还是私人的，其最大的好处是加速货币流通，使几段间歇中自然会积贮的

---

① 坎蒂隆：《商业性质概论》，商务印书馆 2014 年版，第 86 页。
② 坎蒂隆：《商业性质概论》，商务印书馆 2014 年版，第 87 页。

那么多货币不至于积存起来。"① 其次，通过使用承兑汇票和票据，银行还可以起到增加流通中货币的效果，他以英格兰银行为例，该银行每周承兑的汇票和票据约为 100 万英镑，但银行只需要 1/4（即 25 万英镑）的储备就可满足兑换要求，剩下 3/4（即 75 万英镑）就成了流通中净增的货币量，坎蒂隆认为通过这一手段，英格兰银行使英国流通中的货币约增加了 1/10。不过他认为一国不应过度发行纸币，在他看来，银行票据充裕和金属货币充裕所引起的后果是一样的，都会造成本国物价上涨，从而使本国的贸易优势丧失，他指出："虚构和假想的货币的丰裕，同流通的真实货币的增加相比，所引起的不利之处是一样的，都会使得土地和劳动价格变得昂贵，但是前者还带有一定的风险，当在首次突然丧失信誉的时候，这种虚假的丰裕就会消失不见，从而加剧失调。"②

第四节　对坎蒂隆货币非中性思想的评述

在坎蒂隆之前，货币数量论只是一个简单表述货币数量变化对一般价格水平变化的抽象理论，没能反映出货币数量变化导致商品物价变化的具体过程，坎蒂隆首次对这一问题进行了深入分析，取得了很多开创性成果，把货币数量论从一个单纯反应货币与价格关系的理论发展成为反应货币与价格、产出三者关系的理论，极大地丰富了货币数量论的内涵，推动了货币数量论的发展，为他之后的古典经济学者研究货币非中性提供了思想源泉。

比如坎蒂隆首先发现了"价格变化滞后于货币变化"现象。他认为货币数量的增加并不是以每个人手中的货币为基础同比例增加的，而是只有少部分人首先获得这些新的货币，然后这些人会率先增加支出，于是新增的货币开始流向这些需求率先增加的行业，这些行业的物价会出现上涨，劳动者的收入会增加，于是又会增加其他行业的需求，货币再流入其他行业。古典经济学家休谟正是利用了这一货币缓慢扩散机制，说明了货币变动完全反映了一般价格水平变动会存在一段时滞，首次明确提出了价格刚性的概念，并特别指出货币正是在这段时滞期间对产出和就业产生影响，呈现出非中性。休谟写道："为了解释这种现象，我们必须考虑到尽管高价格是黄金与白银

---

① 坎蒂隆：《商业性质概论》，商务印书馆 2014 年版，第 143 页。
② 坎蒂隆：《商业性质概论》，商务印书馆 2014 年版，第 146 页。

增加的必然结果，但并不意味着价格会立即上升，新增的货币流入社会各行各业需要一段时间，各行各业的人才能都感觉到货币增加的效果，起初没有任何改变发生，根据价格上涨的程度，首先是一种商品，然后是另一种，直到最后所有商品的价格都上涨了，英国所有商品与包括新增货币在内的所有货币重新达到一个合适的比例。我认为，只有在货币增加与物价上涨的间隙，金银量的增加才有利于提高人们生产的积极性"[①]。

其次，坎蒂隆首先提出了相对价格变化概念。他认为从货币数量变化到物价发生变化之间，会经历很多复杂过程，使得货币数量变化对商品物价影响更趋复杂，不仅会造成整体物价发生变动，而且会使每一种商品的价格变动幅度可能也不一样，生产者就会根据相对价格的变化来选择生产商品的种类与数量，从而使得货币变化必然会对实体经济产生影响。古典经济学家约翰·穆勒借用坎蒂隆提出的相对价格概念，提出了由"货币幻觉"产生的非中性，与坎蒂隆不同的是，穆勒认为货币数量的变化不会引起相对价格变化，只会导致一般价格水平的变化，而生产者会把一般价格变化错误地认为是相对价格发生了变化，从而调整产量。哈耶克在其名著《物价与生产》中，也继承了坎蒂隆重视时间过程和金融结构过程的传统，在"坎蒂隆效应"的基础之上提出了相对价格信号传递理论，使得坎蒂隆成为奥地利学派货币理论的重要来源。

最后，坎蒂隆还首先提出了货币流通速度变化等同于货币存量变化的观点，构成了对货币非中性理论的重要发展，对于主张增加货币能够促进经济增长的学者而言，为他们分析货币对经济的影响提供了新的思路。这意味着即使货币总量不变，只要流通速度增加，也能起到刺激经济的同样效果；反之，如果货币总量不变，流通速度降低了，也会抑制经济发展。休谟首先意识到了这一点，他提出一国增加的货币只有充分地进入市场流通才能起到刺激经济的效果，如果增加的货币被窖藏起来，就等同于没有增加一样，这里实际上是表达了货币窖藏影响货币流通速度的观点。桑顿在《纸币信用》一书中再次提出这一观点，1793 年英国发生了经济危机。1792～1793 年，以棉纱为例，100 只棉纱价格从 30 先令跌至 16 先令，使很多企业损失惨重，破产数量急剧增长，由于大量企业经营资金来自银行的借款，这些企业的破产使得银行无法收回贷款，带动了大批银行破产。桑顿认为英格兰银行

---

① Hume，David. 1752. "Of Money" and "Of Interest". In D. Hume, *Wrhitings on Economics*, ed. E. Rotwein, Madison：University of Wisconsin Press，1970，pp. 37 – 38.

在这次危机中并没有减少货币发行，但是由于危机使货币流通速度下降，导致经济中实际流通的货币数量减少了。而直到凯恩斯再次强调这一现象时，它才被广为人知，不能确定桑顿甚至凯恩斯是否受到了坎蒂隆的影响，但可以肯定的是，坎蒂隆最先提出了这一理论①。此外，坎蒂隆还提出了货币数量增加会引起可贷资本增加，从而降低市场利息率的观点，为古典利率理论提供了思想来源。

正是坎蒂隆对货币理论的发展所做出的杰出贡献，哈耶克在《商业性质概论》德文版序言中，毫不吝啬地对他进行了夸赞，他写道："毫无疑问，这一理论构成了他的最高成就，使他成为前古典时期至少在这一领域中最伟大的人，甚至古典作家们在许多情况下都没能超过他或者是与他相提并论。"②

---

① 约瑟夫·熊彼特：《经济分析史》第 2 卷，商务印书馆 2010 年版，第 510 页。

② Hayek, Friedrich A. Richard Cantillon. *Journal of Liberatarian Studies*, Vol. VII, 1931 （2）, pp. 217–247.

第三章　重商主义货币非中性理论的价值

约翰·罗、坎蒂隆等代表人物的思想除了对货币非中性理论的发展产生重要影响之外，从整个重商主义时期货币理论的发展及特点来看，还从三个方面对货币非中性理论的发展产生了重要影响：一是引出了货币中性与非中性理论的争论；二是开创了货币问题研究的总量分析方法；三是开创了信用货币研究的先河。以下分三节对这些内容进行介绍。

第一节　引出了货币中性与非中性理论的争论

只要系统地研究西方货币理论发展史就会发现，从重商主义开始，经济学家对于货币中性与非中性问题就已经表达出了不同看法。在重商主义时期，货币数量论的发展为货币中性思想提供了理论基础，而生产货币论的观点为货币非中性思想提供了理论基础。让·博丹最早明确地表述了货币数量论观点，他把 16 世纪后半叶西欧物价上涨归因于从南美流入的金银数量过多，之后在托马斯·孟、范德林特、洛克等多位知名人士的著作中都表达了货币数量论的观点，使得该理论迅速传开并被学术界广泛接受。

在重商主义时期，主张货币非中性的代表人物是约翰·罗与坎蒂隆，他们都提出了生产货币论，认为货币数量的增加能促进一国经济发展与就业，首次比较系统地表达了货币非中性观点。约翰·罗认为增加货币不仅可以增加一国资本，使一国的闲散人员都能被雇用，而且还能降低利率，刺激人们去从事工商业，约翰·罗还首次系统提出了摆脱金属货币的限制，通过发行信用货币刺激经济的政策主张。坎蒂隆吸收了约翰·罗的货币非中性思想，他在货币理论发展史上首次区分了相对价格变化与一般价格水平变化，并提出货币数量变化会通过改变商品之间的相对价格变化影响一国社会资源的重新配置，这实际上也是货币非中性的表现之一。此外，他还认为新增货币可以从两方面影响经济发展，一是可以变成储蓄增加可贷资金供给，这会降低利率，促进投资；二是可以转化为消费支出，直接刺激生产。

生产货币论与货币数量论为古典时期货币中性与非中性问题的争论提供了理论基础，坚信生产货币论的学者一般主张货币非中性，而坚信货币数量论的学者一般认为从长期来看货币是中性的，在短期是否呈中性问题上则产生了严重分歧，比如李嘉图就是一个严格的货币数量论者，他认为无论是在长期还是短期，货币都不会影响一国的产出水平，而很多学者如休谟与桑顿等虽然都接受货币数量论，但他们认为货币只是在长期表现出中性，而在短期则表现出非中性的特征。

第二节　开创了货币问题研究的总量分析方法

在当代货币问题的研究中，总量分析与个量分析成为两种主流分析方法。然而，无论是从货币数量论还是生产货币论的角度，重商主义时期的学者从一开始就是利用总量分析方法来研究货币问题的，他们将一国货币量的变化同一国价格、资本、收入、产出、就业等总量变量的变化联系起来，研究了这些变量之间的关系，开创了货币问题总量分析的先河，为货币非中性思想研究提供了方法论基础。这种研究方法在让·博丹、托马斯·孟、海尔斯、约翰·罗、坎蒂隆等的著作中体现得淋漓尽致。让·博丹、托马斯·孟等从货币数量论角度说明了货币与物价水平之间的关系。约翰·罗的总量分析更加广泛且更具有代表性，他首次将货币与资本、就业、产出、利息以及价格水平等诸多变量联系在一起，较系统地论述了它们之间的关系。在货币与就业、产出方面，他认为如果一国以土地为担保来增加货币供给，就能雇佣更多人就业，促进本国经济增长。从国外来看，如果国内货币充足，还可以吸引外国人到本国就业，通过吸引更多国外资源促进本国经济增长。在货币与利率方面，约翰·罗通过对比荷兰、英格兰以及苏格兰的国内货币数量与利率关系后发现，一国的货币数量越多，利率水平也就越低。在货币与价格方面，他并不认为增发货币会提高物价水平，因为增加的货币会促进产量增加，又会对货币产生新的需求。总量研究方法在坎蒂隆的著作中也得到了充分体现，在坎蒂隆看来，新货币可以从另外两方面影响一国经济，要么变成储蓄增加可贷资金供给，这趋向于降低利率，投资增加，总产出上升；要么用于消费支出，直接刺激生产，并通过预期利润机制增加对可贷资金的需求，从而提高利率。

　　这种总量分析方法对古典经济学时期一些主张货币非中性的经济学者产生了重要影响，他们继承了重商主义这一总量分析传统，比如休谟、桑顿、马尔萨斯、麦克库洛赫、阿特伍德等都采用这种分析方法研究了货币对经济的系统影响，提出了更多货币影响经济的途径，推动了货币非中性理论的发展。法国重农学派兴起之后，开始动摇重商主义货币总量分析方法。而到古典经济学后期，一些学者开始倡导个量分析方法，在货币问题上，他们认为由于物物交易存在诸多不便，货币就是从众多的交易商品中分离出来的一般等价物，因此商品的价格是由货币这个一般等价物来衡量的相对价格。而商品的相对价格应该是由各种商品本身的供求关系决定的，货币数量的变化不会影响各种商品本身的供求，因此，学者们得出了货币是中性的结论。特别是在瓦尔拉斯用相对价格体系来证明整个市场存在一般均衡之后，个量分析方法开始取代总量分析方法在古典经济学后期占据主流地位。直到进入 20世纪初期，凯恩斯彻底放弃古典主义个量分析方法，重新开始从宏观视角研究一国经济发展，而这实际上是重商主义总量分析方法的再次复兴。正如樊苗江、柳欣所说，"在早期古典经济学中被'遗忘'了的有关就业、总产出与价格水平的重商主义观点，与凯恩斯革命有某种相似性被重新发现……实际上，被古典经济学和后来的新古典经济学所抛弃的重商主义关于货币的性质、货币与资本关系的认识……正昭示着重商主义与现代货币理论争论的某种联系"①。

第三节　开创了信用货币研究的先河

　　在资本主义发展初期，贸易需求的扩大提高了商人对货币和信贷的需求。迫于贵金属支付的压力，暂时赊欠纸、汇票、银行券等信贷工具运用而生，银行实际上已经成为能够创造实际货币的金融机构。以英国为例，在17 世纪后期，英国在实际货币流通量的基础上，凭借信用创造增加了 25% 的货币存量。在重商主义早期，信用货币的使用范围还非常狭窄，人们关于货币的认识仅仅停留在金属货币上，而到重商主义晚期，信用货币的使用已经较为流行，重商主义对货币的内涵与外延的认识也取得了突破性的发展，这主要得益于约翰·罗与斯图亚特的研究。约翰·罗认为货币数量不足就会

---

　　① 樊苗江、柳欣：《货币理论的发展与重建》，人民出版社 2006 年版，第 33 页。

导致国内资本不足，从而影响一国的生产与就业水平，那么怎样来解决国内货币数量不足的问题呢？对于一些经济落后、金银数量匮乏的国家来说，最好的办法是通过发行信用来解决这一问题。约翰·罗还论述了以土地为抵押发行纸币比以贵金属为抵押发行纸币的优势，并提出了以土地为抵押发行纸币的完整方案，可惜的是，该方案始终都只是停留在纸面上，并没有哪个国家真正实施过该方案。

斯图亚特认为，商品与货币的交换保证了不同阶级之间产品的正常流通，而用贵金属充当货币会经常导致国内货币数量不足，这主要是因为人们普遍存在利用贵金属保留财富的习惯，使得大量处于流通中的货币被储藏起来，被迫退出流通领域，造成流通中的货币数量不足，这会阻碍商品的正常交易，影响工商业的日常经营，而利用银行来发行纸币就可以缓解这一问题，他写道："一个国家流通中的货币……必须永远与居民的产业以及生产的商品数量保持合适的比例……如果一个国家的硬币降至合适比例以下，产业本身就会停止，或者产生一些例如货币符号的等价物。"[①]

总体而言，由于在重商主义及随后的古典经济学时期，西方国家普遍采用了金本位制，信用货币理论与金本位制是完全不同的两种理论体系，信用货币理论强调根据经济发展的需要发行纸币，充当纸币发行准备的可以是贵金属、政府债券、土地等资产，而金本位制强调只有黄金才能充当纸币的发行准备，且银行有多少储备黄金才能发行多少纸币，这使得约翰·罗提出的通过发行信用货币来调节经济的货币非中性思想对古典经济学产生的影响相对有限，特别是约翰·罗在法国发行纸币经历的失败，使得很多古典经济学者把他的理论作为一种危险邪说加以摒弃。但是作为一种完全颠覆传统的货币理论，该理论在法国发行信用货币初期所取得的成功也使得一些敏锐的古典学者看到了其中的合理因素，对这些学者的货币理论产生过积极的影响，甚至成为很多古典学者货币非中性思想的直接来源。对此，亚当·斯密给予了中肯的评价，他认为约翰·罗提出的纸币发行计划虽然失败了，但其首次发行信用货币的实践在人类历史上有着重要意义。斯密高度评价纸币替代金银货币流通对社会发展的促进作用，他形象地指出："纸币可以使金币、银币这种'通衢大道'化为良好的牧场和稻田，从而大大增加土地和劳动的年产品。"[②] 显然，他肯定了约翰·罗发行纸币的尝试，并把罗发行纸币的

---

① Steuart J. 1767. An Inquiry into the Principles of Political Economy. *The Works*: *Political*, *Metaphisical*, *and Chronological of the late Sir James Steuart of Coltness*, Bart. , Vol. 2, London, 1805, P. 98.

② 亚当·斯密：《国民财富的性质和原因的研究》上卷，商务印书馆 1972 年版，第 295 页。

失败归因于纸币发行管理的混乱以及脱离金本位制后过度发行。在古典时期，桑顿、阿特伍德等主张货币非中性的经济学家也深受约翰·罗的货币思想影响，比如桑顿就写道："流通媒介的增加能够短暂地促进工业的发展，已经被约翰·罗在法国所提出的密西西比计划所证明，法国的作家们也都相信这一点，他们都认为罗先生的银行发行的纸币在有一段时间似乎有非常强大的影响，扩大了对劳动力的需求，并扩大了王国的有形财富和金融资产。"① 正是受约翰·罗货币非中性思想的影响，桑顿和阿特伍德都提出了通过发行纸币来调节一国经济的思想。

200 年后，随着金本位制的逐渐衰亡，世界各国相继采用信用货币制度，以信用货币发行为特征的金融体系逐渐建立，约翰·罗的货币思想终于再次得以实践，约翰·罗的信用货币理论也在凯恩斯的《通论》一书中再次复活。

---

① Thornton，Henry. 1802. *An Enquiry into the Nature and Effects of the Paper Credit of Great Britain.* London，Hatchard，P. 263.

第二编　古典货币非中性
思想研究

第四章　古典货币非中性产生的历史背景

英国作为古典经济学的发源地与完成地，同样也是古典货币非中性理论的发源地与完成地。18世纪中期~19世纪中期是英国古典经济学发展的鼎盛时期，也是古典货币非中性理论发展的黄金时期，大量的货币非中性思想就是在这一时期产生的。但这一时期古典经济学发展的社会背景与货币理论发展的社会背景并不完全相同，其共同的社会背景为在英国资产阶级革命的胜利之后成立了君主立宪政体，为资本主义经济发展扫清了障碍，在飞梭、珍妮纺纱机为标志的一系列发明创造下，英国率先拉开工业革命序幕，使得英国在经济、科技、文化、教育、军事上全面领先其他国家。古典经济学快速发展的社会背景正是得益于这一时期资本主义经济快速发展，特别是随着工业革命的深入，为研究资本主义生产规律提供了条件。而古典货币非中性理论的发展主要基于如下三种背景：一是16~18世纪美洲白银持续输入欧洲给欧洲经济带来了巨大影响；二是18世纪末~19世纪初英国国内的"金块论战"；三是19世纪中前期通货学派与银行学派之间的争论。

第一节　16~18世纪美洲白银持续输入欧洲

1492年，在哥伦布发现美洲新大陆后，西班牙人开始征服美洲，并在美洲掠夺了大量金、银矿产资源，由于美洲金、银矿，尤其是银矿资源丰富，工人工资水平极低，这使得从美洲开采的金银贵金属成本相比世界其他地区大幅降低，这些低成本的贵金属自16世纪开始源源不断流入西班牙。之后，这些金银贵金属又通过国际贸易、走私等多种渠道进入英法等欧洲主要国家。据巴雷特估算，17世纪和18世纪分别有3.1万吨和5.2万吨的美洲白银流入欧洲。

大量美洲金银输入，引发了16世纪欧洲历史上有名的"价格革命"。首先是直接从美洲掠夺金、银最多的国家西班牙国内出现了价格暴涨，至

16 世纪末西班牙物价比该世纪初上涨了 4.2 倍。随着金银从西班牙流入欧洲其他国家，也引起了这些国家价格上涨，就欧洲物价总水平而言，1600 年比 1500 年增长了 2～3 倍。

在美洲金银输入之前，西欧各国正处于资本主义发展初期，生产技术的快速进步降低了商品生产成本，提升了商品的产量，新大陆的发现和新航线的开辟又为欧洲商品输出创造了条件，生产、贸易规模的扩大提高了人们对货币和资本的需求，而欧洲金、银矿产资源稀少，贵金属货币增长非常缓慢，信用货币还没能在各国大量使用，在国际贸易中也不为贸易商所接受，因此，西欧国家长期处于货币短缺状态，资本积累受到了极大影响，严重制约了资本主义发展。但从 16 世纪起，大量从美洲持续输入欧洲的金、银贵金属构成了西欧资本主义原始积累的重要组成部分，在一定程度上弥补了欧洲货币资本不足，促进了欧洲贸易与生产的兴旺，欧洲人还把美洲出产的白银运到亚洲，从亚洲购买商品，转运到欧洲和美洲高价卖出，加速了国际贸易，促进了世界经济发展。例如，一部分从美洲流入欧洲的白银还通过购买丝绸、茶叶和瓷器等途径流入中国，造成了明朝商品经济革命。

在把美洲金银转化为西欧原始资本积累的过程中，资本主义确实获得了快速发展，但对全世界的劳动人民来说，却付出了巨大代价。首先，这些金银矿山是通过对土著居民掠夺而来的；其次，这些金银转化为西欧原始资本积累之后，成为了对更多工人进行剥削的工具。正如马克思所说，美洲金银产地的发现，土著居民的被剿灭、被奴役、被埋葬于矿井，对东印度开始进行的征服和掠夺，非洲变成商业性猎获黑人的场所；这一切标志着资本主义生产时代的曙光。这些田园诗式的过程是原始积累的主要要素。

这一延续几百年的历史事件为经济学家研究货币与经济的关系提供了大量历史史料，多位经济学者都对此进行了深入研究，比如，休谟的研究就发现，大量从美洲输入欧洲的黄金不仅导致了西欧国家物价上涨，而且促进了欧洲经济繁荣。他写道："自从发现美洲矿山以来，除了矿山的所有者，欧洲其他国家的工业也发展了。据我发现，在每一个货币流入比以前更多的国家，一切都呈现出一片新的面貌，劳动者和工业都获得新生，商人变得更具有进取心，制造业主变得更加勤奋和熟练，农民耕种土地时变得更加专心与投入。"①

---

① Hume，David. 1752. "Of Money" and "Of Interest". In D. Hume, *Writhings on Economics*, ed. E. Rotwein, Madison：University of Wisconsin Press，1970，P. 37.

　　与休谟一样，麦克库洛赫也肯定了美洲黄金流入对欧洲经济的发展产生的巨大影响。当时全世界又从俄国、利比亚、加利福尼亚等地发现了特大型金矿，麦克库洛赫还认为随着这些地方的黄金的开采，欧洲将会自美洲大陆发现金矿以来，再一次有希望大量增加黄金产量并带动整个欧洲经济增长。

　　穆勒提出如果新增的货币不是用于消费，而是全部转化为了贷款，经济中可供出借的货币大幅增长，贷款利率下降，从而促进社会投资增加，产量上升。他正是从美洲金银矿山发现之后，欧洲国家普遍出现利率下降而得出以上结论的。他写道："金矿的发现所造成的货币的增加也将产生相同的作用，如前所述，当新开采出来的黄金输入欧洲之后，他们几乎全部都附加在了银行的存款上，从而增加了贷款的数量，当银行将这些存款投资于证券时，则可以释放出等量的其他可贷资金，在经济状况一定的条件下，只有通过降低利率，才能使新增加的黄金找到投资机会，所以在假定所有其他条件不变的情况下，与不输入黄金的情况相比，只要黄金持续地输入，利率就必然会保持在较低的水平上。"[①]

　　马尔萨斯通过观察从美洲金银矿山发现之后对欧洲国家农业造成的影响，得出如下结论：不论是普遍地由于贵金属矿产供给的增加，还是局部地由于某一国对谷物和劳动的需求，都必然会鼓励农业投资的增长，扩大次等土地的耕种，并提高地租。[②]

第二节　18 世纪末 ~ 19 世纪初英国国内的"金块论战"

　　在 18 ~ 19 世纪，英国经历了几次重大的货币政策调整，同时国内经济危机不断，仅 1780 ~ 1870 年，就经历了 1788 年、1793 年、1797 年、1810 年、1916 年、1819 年、1925 年、1837 年、1847 年、1858 年、1867 年、1873 年十二次经济危机，围绕金本位的运行、英格兰银行是否应该恢复可兑换制度、银行券的发行规则、货币政策与经济危机之间的关系、最优的货币政策等问题，英国国内展开了多次争论，其中最为重要的两次分别是英国 19 世纪初的"金块论战"以及英国 19 世纪中前期的通货学派与银行学派论

---

①　穆勒：《政治经济学原理》（下），华夏出版社 2016 年版，第 603 页。
②　马尔萨斯：《政治经济学原理》，商务印书馆 1962 年版，第 141 页。

战，这两次论战极大地促进了货币理论的发展。根据熊彼特的观点，当代货币理论的基础都是由这一时期的思想家们奠定的。他写道："大家公认，今天（或昨天）的货币科学的基础，是由这样一些作家奠定的：他们处于从《限制法》（1797）直到 19 世纪 50 年代的黄金通货膨胀这一时期，讨论了该时期英格兰的货币与银行政策。"① 而争论背后的逻辑实际上是围绕货币是否呈中性展开。主张货币中性的经济学者主要以货币数量论为基础，强调货币数量的稳定性，并把那一时期英国国内出现的几次通货膨胀都归因于英格兰银行在不履行兑换义务下大量发行货币的结果，因此他们强烈反对脱离金本位来执行更加灵活的信用货币政策；而主张货币非中性的学者则从不同研究角度提出了应根据经济发展需要来调节货币数量，认为当经济中货币数量不足时，会导致经济陷入困境，而金本位制过于死板，不能适应社会对货币需求的变化，他们认为那一时期英国国内出现的几次通货膨胀是由农业歉收、英国国防支出加大等非货币因素导致的，英格兰银行只是根据商业发展的需要发行货币，并没有大量增发货币，因此他们主张放弃金本位制度，选择更加灵活的信用货币制度。用熊彼特的话说就是："从表面上看，对货币分析做出了那么多贡献的争论，只不过是两类作家之间的争论，一类作家力图证明并指控通货膨胀，将其责任归之于英格兰银行；另一类作家力图否认通货膨胀的存在，或者是为之辩护，并把物价上涨和汇兑不利的责任归之于英格兰银行行为以外的因素。"② 而很多反金块主义的学者还从不同角度分析了货币影响经济的途径，推动了货币非中性理论的发展。

1793 年英法之间爆发战争，为筹集战争经费，政府增加了对英格兰银行的借款。1797 年，随着反法联盟战争节节败退，民间传言法军已经攻占英国本土，在这种不利形势下，英国国内出现了黄金挤兑风波，由于英格兰银行前期印发了大量银行券，加上黄金的持续流出使其储备减少，英格兰银行储备的黄金不足以满足人们的兑换需求，只能暂停银行券兑换，1797 年 2 月 26 日，政府以法令的形式颁布了禁止银行券兑换黄金的法令，直到拿破仑战争结束，民众信心逐步恢复，英格兰银行黄金储备上升。1819 年，英国议会通过皮尔的《恢复条令》，决定按战前平价恢复支付硬币，而实际恢复支付的时间又推迟了两年，也就是 1821 年英格兰银行才恢复银行券兑换。在这期间，英国实际上放弃了金本位制，银行券的发行不与黄金数量脱钩。

---

① 约瑟夫·熊彼特：《经济分析史》第 2 卷，商务印书馆 2010 年版，第 482 页。
② 约瑟夫·熊彼特：《经济分析史》第 2 卷，商务印书馆 2010 年版，第 488 页。

而英国国内也多次出现经济不稳定的局面。主要表现为：（1）物价水平波动明显加大，通货膨胀时有发生。（2）英镑的汇率波动加大，英镑贬值的现象时有发生。（3）黄金的市场价格明显高于金币的法定价格，市场上流通的金币数量越来越少。在暂停法案实施后的初期，黄金曾大量流入英国，英镑汇率出现回升，但到 1800 年，形势又出现了急剧反转，英国国内黄金市场价格高出金币法定价格达 10%，国内物价飞涨，英镑汇率下降，金块主义的代表沃尔特·博伊德（Walter Boyd）、约翰·惠特利（John Wheatley）等坚信货币数量论学说，认为这是由于暂停银行券兑换之后，英格兰银行大量发行银行券导致的结果，银行券与金银铸币都是货币，当货币发行过多，商品数量相对保持不变时，商品的价格就会上涨。1801 年博伊德在写给首相皮特的信中，明确说道："金块升水，汇率低落，一般商品的高价，就是纸币过多的证明，也是它的后果。"[①] 而反金块主义的代表桑顿则认为价格上涨并不是由于英格兰银行券发行过多造成的，而是当时国内粮食歉收导致农产品价格大幅上涨引起的，而战争造成对英国的贸易封锁，英国国内的制造业产品出口下降，农产品进口支出增加，导致国内贸易逆差加大，汇率下跌，同时为支付贸易逆差，对黄金的需求增加，造成黄金价格上涨。同时，桑顿认为货币是非中性的，反对金块主义提出通过紧缩货币政策来扭转汇率贬值、黄金外流等压力，桑顿认为紧缩货币会造成物价的下跌，而工资率由于存在刚性不会同比例下跌，低价格会对制造业造成很大的打击，因此并不同意采用紧缩货币政策来降低物价，从而使黄金价格恢复到暂停兑换之前的水平。

1804～1809 年，英国国内流通的纸币基本保持在 1 900 万英镑左右，汇率、物价与黄金价格基本保持稳定。到 1809 年，民众普遍认为拿破仑政权临近倒台，由于预期战争结束后经济会出现恢复性增长，制造业主与商人向银行借款猛增，到 1810 年 5 月，流通中货币增加了近 400 万英镑，英国国内再次出现物价上涨、金价上升与汇价下跌现象，物价上涨的幅度接近20%，英镑汇率也贬值了近 20%，黄金的市场价格升到了每盎司等于 4 镑12 先令。针对这种不利局面，英国国内又发生了第二次金块论战，这次论战"金块主义"的代表是英国国内知名经济学家李嘉图，他在《黄金的高价》一文中系统分析了上述不利局面的原因，与第一次"金块论战"中"金块主义"观点一样，也认为暂停兑换银行券后英格兰银行过度发行货币是导致这种不利局面的原因，他写道："我们通货的所有祸害都是由于纸币

---

① 陈岱孙、厉以宁：《国际金融学说史》，中国金融出版社 1991 年版，第 67 页。

的发行过多，由于给了银行一种危险的权力，让它可以随意减少每一个有钱者的财产价值。"① 同时，他还认为货币是中性的，货币数量的变化只能导致价格水平同比例变化，因此主张英格兰银行立刻采取紧缩的货币政策，恢复银行券的可兑换制度，从根本上防止银行券超发所引发的上述问题。而反金块主义的主要代表特罗尔、马尔萨斯等则继承了桑顿的主张，认为对货币的需求是来自经济的真实需求，经济不利形势主要是贸易逆差导致的。

1815 年英法战争结束，鉴于李嘉图的学术权威，政府接受了金块主义的主张，决心重新回归金本位制，1816 年英国议会颁布了《金本位法案》，准备逐步恢复货币可兑换制度，为了恢复到战前黄金的铸币价格标准，英格兰银行开始紧缩纸币，持续的货币紧缩措施造成了英国物价水平不断下跌，从 1915~1819 年，物价水平下降了约 30%，并经历了 1816 年、1819 年、1822 年、1825 年四次严重经济衰退，实际上，除了 1817 年和 1824 年有短暂复苏外，1815~1830 年，英国经济一直处于衰退状态。阿特伍德、麦克库洛赫等从一开始就反对金块主义的观点，强烈反对政府实施紧缩性货币政策，并把这一时期的衰退都归因于为恢复可兑换所采取的紧缩性货币政策。他们还深入分析了货币作用于经济的非中性机制，从固定费用理论、信心理论解释了货币数量变化对经济的影响机制，事实最终证明阿特伍德、麦克库洛赫等的观点是对的，在 1821 年英格兰银行恢复银行券兑换之后，并没有出现"金块主义"者预期出现的物价稳定、经济增长的结果，相反，随之而来的是 19 世纪 20 年代价格水平的进一步下降以及更加频繁的经济衰退，以至于很多力主恢复金本位制的经济学者在恢复金本位制之后就开始后悔了，与反金块主义站在同一立场。

第三节　19 世纪中前期通货学派与银行学派的争论

1823 年，英国正式恢复可兑换之后，英国国内的经济并没有出现以李嘉图为代表的金块主义所预想的稳定增长局面，相反，1825 年、1836 年、1839 年英国经济又陷入了三次大的危机。除继续关注之前的货币制度改革问题外，英国国内经济学者开始关注金融业管理问题。围绕着这一问题，产生了通货学派和银行学派这两派货币思想。通货学派的主要代表有奥弗斯通

---

① 大卫·李嘉图：《李嘉图著作和通信集》第 3 卷，商务印书馆 1977 年版，第 26~27 页。

勋爵、诺曼、托伦斯等，总体而言通货学派继承了金块主义的观点，认为英国应该坚持金本位制，在同时存在纸币（如银行券）和金属货币的情况下，应该保证货币总量能像在金属货币体系下一样得到控制，1923 年英国恢复可兑换之后，国内经济仍然危机不断，说明恢复可兑换并不能解决银行超发纸币问题，因此他们主张按 100% 的黄金储备来发行货币，否则银行就会超发货币，引发通货膨胀、黄金外流等经济问题。而银行学派的代表比如阿特伍德、图克、富拉顿、吉尔巴特等则继承了以桑顿为代表的反金块论者的观点，同时吸收了真实票据理论，认为货币数量变化并不是导致物价上涨的原因，而是经济活动引发货币需求变化导致的结果，只要保证纸币的可兑换性，就不会产生纸币超发问题。这一学派的很多学者都认为货币是非中性的，缺少货币会导致经济陷入衰退。最终英国政府采用了通货学派的主张，并颁布了《1844 年英格兰银行条例》。

18 世纪末至 19 世纪初英国国内的"金块论战"及 18 世纪末至 19 世纪初英国国内的"金块论战"极大地促进了货币理论的发展。根据熊彼特的观点，当代货币理论的基础都是由这一时期的思想家们奠定的。他写道："大家公认，今天（或昨天）的货币科学的基础，是由这样一些作家奠定的：他们处于从《限制法》（1797）直到 19 世纪 50 年代的黄金通货膨胀这一时期，讨论了该时期英格兰的货币与银行政策。"[1] 当然这多少忽视了其他国家经济学者的贡献，但在当时，确实没有其他国家像英国一样建立了相对完备的金融体系，也没有哪个国家像英国那样在同一时期涌现出如此之多从事金融实践并得到系统理论训练的货币经济学家，而正是这些人围绕一些货币问题的争论与交锋才推动了货币理论的发展，产生了大量货币非中性思想，这些人中比较突出的有休谟、边沁、马尔萨斯、桑顿、托伦斯、阿特伍德、麦克库洛赫、穆勒等人物，本书发现从这些人物中发掘出的货币非中性思想基本构成了古典时期货币非中性理论的基本框架，形成了货币非中性理论相对完整的体系。以后有关货币非中性理论的研究都是在这些人的基础上展开的，因此，对这些人物货币非中性思想的研究构成了本书研究古典时期货币非中性思想的主要内容。

---

[1]　约瑟夫·熊彼特：《经济分析史》第 2 卷，商务印书馆 2010 年版，第 482 页。

第五章 休谟的货币非中性思想

大卫·休谟（1711～1776）是英国历史上著名的哲学家、历史学家和经济学家，是英国启蒙运动以及西方哲学历史上最重要的代表人物之一，也是古典经济学早期主要代表人物之一，现代学者对他的认识和研究主要集中在其哲学思想上，但他对社会经济问题也有着广泛而深入的思考，同样也取得了非凡的成就，发表的经济论著主要有《货币论》《利率论》《商业论》《论贸易的平衡》《论贸易的猜忌》《论赋税》《论技术的变化》等，研究的内容主要包括货币、利息、商业的发展、对外贸易、赋税以及一国商业的发展、技术的进步等系列经济问题，对西方经济理论的发展具有深远的影响。休谟写作这些经济论文的目的，主要是反对重商主义，为英国资本主义的发展提供理论基础，当时的英国处于资本主义的兴盛时期，一系列的技术变革使得其工厂手工业十分发达，产业资本已经开始取代商业资本成为经济发展的主要动力，其生产的大量工业产品已经远远超过国内需求，迫切需要摆脱重商主义对外贸易的约束与束缚，通过发展自由贸易促进英国的商品向世界各地自由输出，为英国的工业资本发展创造条件。

休谟的货币非中性思想体现在他对货币数量论的独特理解与深入研究中，他在坚持货币数量论的基本结论前提下，又进一步丰富了货币数量论的内容，对货币数量论的发展做出贡献。具体而言，他不仅仅肯定了货币数量决定商品价格的传统观点，认为货币数量增加必然会导致价格上涨，正如他写道："一切东西的价格取决于商品货币之间的比例，任何一方的重大变化都能引起同样的结果——价格的起伏。看来这是不言自明的原理。商品增加，价格就便宜；货币增加，商品就涨价。反之，商品减少或货币减少也都具有相反的倾向。"[1] 而且他还发现，货币变化的结果完全反映到商品价格变化上需要一段时间间隔，而在这期间，货币的变化会导致产出与就业的变化，他把货币数量的价格理论发展为货币数量与产出变化的理论，反映了货

---

[1] 休谟：《休谟经济论文选》，商务印书馆 2019 年版，第 38 页。

币短期呈非中性与长期呈中性的特征，费雪深受休谟影响，并从"费雪方程式"中得出了同样的结论。罗伯特·W. 戴蒙德就写道："大卫·休谟1752 年对货币数量理论和国际调整的特殊流动机制的经典陈述和欧文·费雪1911 年对数量理论的权威重述，都关注同时维护货币的长期中性和短期非中性。他们试图调和长期和短期的方法，共同强调'幻觉'作为短期非中性的基础，对货币理论的发展做出了重要贡献。"[①] 这些研究成果的取得与休谟的细心观察是分不开的。16 ~ 17 世纪，西班牙、葡萄牙、荷兰等西欧国家从非洲、美洲等地运回大量黄金到欧洲，休谟发现，黄金的急剧增加不仅导致了西欧国家物价上涨，而且促进了欧洲经济繁荣，他写道："自从发现美洲矿山以来，除了矿山的所有者，欧洲其他国家的工业也发展了，据我发现，在每一个货币流入比以前更多的国家，一切都呈现出一片新的面貌，劳动者和工业都获得新生，商人变得更具有进取心，制造业主变得更加勤奋和熟练，农民耕种土地时变得更加专心与投入。"[②] 休谟认为仅仅从货币数量变化导致价格变化的简单分析构架是无法解释上述现象的，他把货币非中性的原因归因于价格刚性，认为货币对经济的影响在被价格完全吸收之前必然作用于产出与就业，休谟提出的上述观点在货币发展史上具有革命性的意义，他既肯定了货币短期非中性，又首次利用价格刚性现象为货币非中性提供了合理解释，马克思肯定了休谟这个发现，认为资本家通过利用货币贬值牺牲了工人更多的剩余劳动，获得了更多的超额利润。200 年之后，休谟提出的货币非中性理论重新被经济学家们所重视，无论是在凯恩斯主义，还是在货币主义以及新凯恩斯主义的理论中，都可以感受到他们受休谟的影响。

第一节　休谟对货币非中性的描述

一、货币增长表现出的非中性

从 15 世纪起，葡萄牙与西班牙在非洲与美洲进行殖民扩张，通过武力

① Robert W. Dimand. David Hume and Irving Fisher on the quantity theory of money in the long run and the short run. *European Journal of the History of Economic Thought*，2000（3），pp. 329 – 348.

② Hume，David. 1752. "Of Money" and "Of Interest". In D. Hume, *Wrhitings on Economics*，ed. E. Rotwein，Madison：University of Wisconsin Press，1970，P. 37.

掠夺和非法贸易等手段，从这些国家带回了大量黄金。特别是在 18 世纪，开采贵金属的技术取得了一系列突破性进展，金银产量急剧增加。从 18 世纪 30 年代初期到 18 世纪 60 年代末期，全世界的黄金产量就增加了 1 倍，相比 17 世纪更是增加了 2 倍以上。正是在这一时期，欧洲资本主义国家在外通过对殖民地的血腥掠夺，在内通过对工人阶级的残酷压迫，实现了资本的原始积累，资本主义得到了快速发展。而对于大量生产金银的非洲和美洲，不仅开采的金银都被葡萄牙、西班牙等殖民者运回了欧洲，还要受这些殖民者的压迫与剥削，经济每况愈下，与欧洲的繁荣形成鲜明对比。休谟也发现了黄金的输入对欧洲经济带来的巨大影响，他发现人类历史上每一次当黄金大量流入欧洲时，欧洲国家的经济就会普遍呈现出一片繁荣景象，特别是在发现美洲金矿后，给欧洲带来的经济繁荣更加明显，他写道："尽管得出了这一结论，我们必须公正地承认，可以肯定的是，自从在美洲发现矿藏以来，欧洲所有国家的工业都有所增加，但拥有这些矿藏的国家除外，这可以被合理地归因于黄金和白银的增加以及其他原因。据我发现，在每一个货币流入比以前更多的国家，一切都呈现出一片新的面貌，劳动者和工业都获得新生，商人变得更具有进取心，制造业主变得更加勤奋和熟练，农民耕种土地时变得更加专心与投入。"[1] 他认为，如果只是简单地根据货币数量论的观点来分析黄金输入造成的影响，即货币增加必然导致商品价格和劳动者工资同比例上升，各种生产要素取得的实际收入并没有发生改变，货币对经济无法形成实质性影响，就无法解释上述货币增加给经济带来的巨大改变。与坎蒂隆一样，在休谟看来，货币增加对经济的影响会经历一段复杂的过程，尽管货币增加的最终结果是引起商品价格的同比例上涨，但从货币增加到商品价格普遍上涨之间不是瞬间完成的，而是需要很长一段时间，在这段时间内，货币的增加会对经济产生促进作用，他写道："为了解释这种现象，我们必须考虑到尽管高价格是黄金与白银增加的必然结果，但并不意味着价格会立即上升，新增的货币流入社会各行各业需要一段时间，各行各业的人才能都感觉到货币增加的效果，起初没有任何改变发生，根据价格上涨的程度，首先是一种商品，然后是另一种，直到最后所有商品的价格都上涨了，英国所有商品与包括新增货币在内的所有货币重新达到一个合适的比例。我认为，只有在货币增加与物价上涨的间隙，金银量的增加才有利于提

---

① Hume, David. 1752. "Of Money" and "Of Interest". In D. Hume, *Wrhitings on Economics*, ed. E. Rotwein, Madison: University of Wisconsin Press, 1970, P. 37.

高人们生产的积极性，他只是在获取货币与价格上升的间隙或者说中间时期，新增的金银对工业才是有利的。"① 在《利率论》一文中，他也发表了同样的观点，他写道："在货币增加尚未引起劳动和粮食价格上涨的间歇期，工业的发展就是货币增加的结果。"②

那么，在货币增加与物价上涨的间隙期间，货币为什么会对产出有促进作用，以及货币是如何引起产出发生变化的呢？首先，他认为，如果一个国家每一个居民手中的货币都以相同数量增加或者同比例增加时，这些增加的货币是不会对产出产生影响的，但是从实际情况来看，任何一个国家货币增加时，增加的货币并不是平均分配给每一个人，也不是让每一个人手中的货币同比例增加，而是只有一小部分人最先获得这笔货币，由于储存这些金银是不会带来额外的收入的，这些人得到货币后就会立马去用它来获利。休谟以从西班牙输入黄金到英国为例说明了货币是怎样从一个产业慢慢扩散到其他产业中去的，以及在这个扩散的过程中，货币是如何对产出与就业产生影响的。

西班牙人从美洲带回了大量黄金，由于以下原因，使得他们大量进口英国生产的商品。一是西班牙是国内商品的价格因为货币大量增加开始变得更贵，国内消费者转向更便宜的英国进口商品。二是西班牙国内一些人因为手中拥有了更多黄金，变得更富有了，他们开始消费更多本国不能生产而英国能够生产的奢侈品。三是西班牙国内生产企业的生产技术没有英国先进，英国生产的商品物美价廉，深受西班牙民众喜爱。由于西班牙进口英国的商品出现了巨额增长，西班牙在与英国的贸易中产生了巨额贸易逆差，西班牙用黄金来支付这些逆差，这些黄金最先是由英国的出口商们获得的，而当这些出口商们通过对外贸易赚取了高额利润之后，就会刺激他们的"生产情绪"，激励他们的"勤勉心"，他们就想继续扩大自己的生意，赚更多的钱。假如某个英国出口商赚了很多钱，他也想扩大自己的生意规模，于是向国内某个生产商 A 购买更多商品用于出口，这就会引起生产商 A 对商品的需求增加，面对更好的销售形势，一方面生产商 A 会涨价，另一方面生产商 A 也会增雇工人，增加对生产原料的购买，从而扩大生产规模，增加生产，假如生产商 A 向生产商 B 购买了更多商品用作生产原料，那么生产商 B 的商品就比之前更好销售了，与生产商 A 一样，一方面生产商 B 会涨价，另一

---

① Hume, David. 1752. "Of Money" and "Of Interest". In D. Hume, *Writhings on Economics*, ed. E. Rotwein, Madison：University of Wisconsin Press, 1970, pp. 37 – 38.

② 休谟：《休谟经济论文选》，商务印书馆 2019 年版，第 54 页。

方面生产商 B 也会增雇工人，增加对生产原料的购买，假如生产商 B 增加了对生产商 C 商品的购买，这样生产商 C 的商品也会涨价，同时也会增加雇佣工人，扩大生产，这样一轮轮循环下去的结果就是一种商品价格率先出现上涨，然后是第二种、第三种……直到社会全部商品价格都出现上涨，而在这个过程中货币每流入到一个新的行业，生产商都会扩大生产规模，雇佣更多新的工人，整个社会的就业与总产出也增加了。所以他认为，只要是货币流入的国家，都会使人们变得更勤勉，闲散的人减少，就业率上升，国内生产的产品数量增加，商业贸易规模扩大，经济增长速度加快，货币呈现出明显的非中性特征。他写道："追踪这些货币在英联邦内部的流向是很容易的，我们将看到，它必然是首先促进每个人的勤奋，然后才能提高劳动价格。"①

二、货币减少表现出的非中性

休谟不仅说明了货币增加对一国经济产生的刺激作用，同时他也认为，货币非中性是一把"双刃剑"。如果一国货币不断减少，其商品价格最终会下降，与货币增加表现出的过程一样，在货币减少与商品价格下降之间同样存在一段时间，尽管最终减少后的货币与商品价格会重新达到新的平衡，但在这段间隔时期内，由于商品价格并没有马上下降，受货币减少的影响，人们对商品的需求会减少，企业生产的产品卖不出去，生产者的生产积极性就会下降，劳动者的工作积极性受到打击，该国的经济就会陷入衰退，失业人数也会大幅增加，他写道："一个货币正在减少的国家，要比另一个货币数量不多但是一直处于增长的国家衰弱与悲惨得多。这种现象很容易被解释，如果我们考虑到这个国家的货币改变并不会立即引起所有商品价格成比例的变化，而是在调整到这种新的平衡之前存在一段中间间隔期，这就像货币增加也存在间隔期一样。在货币减少的间隔期内，工人们的生产积极性会下降，也不会像以前一样得到企业同样的雇佣，但他们却需要为他们所购买的商品支付同样的价格，农民们生产的玉米和羊群也不再像以前一样好卖，尽管他们需要给地主支付同样的租金，可以预见的是，贫穷、乞讨、懒惰都会

---

① Hume，David. 1752. "Of Money" and "Of Interest". In D. Hume, *Wrhitings on Economics*，ed. E. Rotwein，Madison：University of Wisconsin Press，1970，P. 38.

随之而来。"① 因此，在休谟看来，一个国家的货币如果持续减少，对一个国家的产出也会形成相当不利的影响，人们的生产积极性受挫，失业率上升，全社会产出下降，货币非中性不仅在货币增加时能得到充分表现，在其减少时表现得更明显，因此一国要尽可能防止其货币不断减少。

此外，休谟认为如果一个国家的货币退出经济流通，被人们大量储藏起来，其效果和货币减少是一样的，因此他反对简朴的生活方式，提倡考究的生活方式。他认为简朴的生活方式会导致金银从流通领域退出，禁锢在人们手中，阻止货币的流通与循环，而这等同于一国货币不断减少，间接导致一国经济衰退，相反，讲究的生活习惯会使人们增加消费，禁锢在人们手中的货币量会减少，增加货币的流通与循环，而这等同于一国货币不断增加，会促进整个社会就业，使人们更加勤勉，从而增加社会产出。他写道："简单的生活方式会伤害公众，这种方式会把金银限制在少数人手中，并阻止其普遍扩散和流通。相反，考究的生活会把工业和各种各样的精益求精与整个国家结合在一起，不管货币的数量多么小，可以说，它都会被完全消化并进入到每一条静脉，并使它进入每一笔交易和合同。每一个人手中都不会完全空着，他们都会持有一些金银。"② 因此，在休谟看来，一国货币数量稀少并没有太大关系，只要这些货币能够得到充分的流通，像血液一样流向一个人的全身，所在的商品就能够在有限的货币数量下得到流畅的运转，这和货币增加产生的效果是一样的，一国的经济就会表现出繁荣景象。这个时候政府也会从不断增加的商品交易中获得更多税收，使得税收总量增加。此外，他还认为当一国货币充分进入流通领域时，物价会呈下降趋势，所有人以及政府手中的货币将会变得更值钱。他写道："每样东西的价格都会因此下跌，君主有双重的优势：他可以从国家的各个地方征税，而他所得到的，在每一笔购买和支付中都会走得更远。"③

---

　① Hume, David. 1752. "Of Money" and "Of Interest". In D. Hume, *Wrhitings on Economics*, ed. E. Rotwein, Madison：University of Wisconsin Press, 1970, pp. 39－40.

　② Hume, David. 1752. "Of Money" and "Of Interest". In D. Hume, *Wrhitings on Economics*, ed. E. Rotwein, Madison：University of Wisconsin Press, 1970, pp. 41－42.

　③ Hume, David. 1752. "Of Money" and "Of Interest". In D. Hume, *Wrhitings on Economics*, ed. E. Rotwein, Madison：University of Wisconsin Press, 1970, P. 42.

第二节　货币变化引起产出变化的程度

在《货币论》一文中，休谟花了大量的篇幅论述了货币供给引发产出增长的过程与原因，他认为从货币增加到引起价格增长的中间过程，一方面新增的货币会使现有工作的劳动力变得更加勤劳，另一方面货币增加还会使社会闲散人员找到工作，增加整个国家的就业率，这两方面的影响都会促进一国产出的增长，给一国带来经济繁荣，但他对货币增长引起产出增长的程度方面，比较模糊，综合对《货币论》一文分析，可以看出，休谟认为名义支出中由货币引起的变化在被价格完全吸收之前，被完全分配给了产出，而这一部分增加的产出是非常可观的，休谟从西印度群岛发现黄金以来，欧洲总产出快速增长证明了以上观点。经过大致计算，休谟认为，从欧洲发现西印度群岛到他写作《货币论》为止，欧洲的商品价格大概上涨了 3 倍，但黄金数量的增量却远超过了 4 倍，这主要是因为西班牙、葡萄牙、英国、法国、荷兰等欧洲国家通过在其殖民地开采金矿以及通过各种非法的或不平等的贸易从殖民地攫取了大量黄金，平均每年获得超过 600 万镑黄金，十年就使欧洲货币总量增加了 2 倍。那么，为什么 15 世纪之后，欧洲货币增长的速度要远超过价格上涨的速度呢？休谟认为主要是在这期间欧洲货币增长促进了欧洲各国经济增长，商品产量出现大幅增长，很大一部分增加的货币用于新增商品的流通，所以商品的价格并没有出现大幅上涨，他写道："除了那些因人们偏好改变的那些商品外，举不出满意的理由来说明为什么商品的价格并没有出现显著上涨，显然这主要是人们改变了古老的简单生活方式，由额外增加的工业生产出更多商品进入了市场，尽管这部分增长并没有货币那么多，但也足够可观，以至于能使硬币的数量与商品的数量接近于以前的水平。"[①] 从休谟这段话中我们可以看出，尽管他没有计算出增加的货币引起增长产出的确切数量，也没有明确说明这些产出的增长全部是由货币增长引起的，但结合他所提到的货币促进产出的观点，比如他曾说过每一次欧洲国家货币增长都能极大促进欧洲产出增长，他似乎认为这期间产出的增加主要是由增加的货币引起的，并且货币引起的产出效应是如此之大，以至

---

① Hume，David. 1752. "Of Money" and "Of Interest". In D. Hume, *Wrhitings on Economics*，ed. E. Rotwein，Madison：University of Wisconsin Press，1970，P. 43.

于如此多的新增货币全部用于新增商品的流通，以至于全社会的商品价格水平并没有出现明显上涨。

第三节　休谟认为货币非中性与货币的绝对量无关

在休谟看来，货币对经济的影响与一个国家初始货币量的多少无关，一国货币量如果数量庞大，那么商品的价格与劳动的价格都会贵些，人们在购买衣服、家具等商品时就需要多付一些货币，人们工作的收入也会高些。相反，如果一国货币数量少，那么商品的价格与劳动的价格都会低些，人们在购买衣服、家具等商品时就只需要少付一些货币，人们工作的收入也会低些。但无论一国货币量的绝对数量是多少，都不会影响一国的产出与就业，只有当一国货币数量发生变化时，才会影响一国的产出与就业。在他看来，货币少的国家，经济可能非常发达，货币多的国家，经济可以陷入衰退。他举例说："通过比较价格，我们可以推测中国的货币很少，甚至不会比 3 世纪之前的欧洲多，但是我们可以从它所拥有的文明和建立的军事机构来判断，这个帝国拥有强大的实力。"[1] 同样，从古希腊历史学家波利比奥斯的著作描述可知，在他那个时代意大利的商品价格如此便宜，在一家餐馆吃一顿饭的价格仅仅只要半个赛米斯，但是罗马却征服了整个已知的世界，同样他认为帝国时期的奥地利货币短缺，但并不影响其地域辽阔，人口众多，经济繁荣。因此，他写道："货币只是被约定用来便利商品交易的一种工具，这不是贸易机器上的齿轮，而是使齿轮更加平滑的润滑油，对一个国家来说，货币量的多或少是无关紧要的，因为商品的价格总是与货币数量成比例，所以，哈里七世时代的一个克朗和今天的一个英镑发挥的作用一样。"[2]

他极力地批判那些认为缺少货币必然导致国力积弱的观点，他写道："我们可以了解到这句话的谬误，这句话经常在历史学家中遇到，甚至在日常的谈话中也具有这种观点倾向，即任何国家尽管国家富裕、人口众多且教养良好，但只要它缺少货币，该国就是软弱的。"[3] 因为在休谟看来，只有

---

① Hume, David. 1752. "Of Money" and "Of Interest". In D. Hume, *Wrhitings on Economics*, ed. E. Rotwein, Madison：University of Wisconsin Press, 1970, P. 44.

② Hume, David. 1752. "Of Money" and "Of Interest". In D. Hume, *Wrhitings on Economics*, ed. E. Rotwein, Madison：University of Wisconsin Press, 1970, pp. 32 – 33.

③ Hume, David. 1752. "Of Money" and "Of Interest". In D. Hume, *Wrhitings on Economics*, ed. E. Rotwein, Madison：University of Wisconsin Press, 1970, pp. 41 – 42.

人和物才是一个社会真正的实力所在，而货币的作用只是一种评价和估计劳动以及商品价值的方法，作为流通媒介便利商品流通，一个国家无论其初始货币量有多高，另一个国家无论其初始货币量有多低都能有办法满足以上需求，他举例说，就像某个商人记账既可以使用数字少的阿拉伯计数法也可以使用数码多的罗马数码，但并不会改变他的账款，相反，利用数码多的罗马数码来记账时，反而会造成不方便，就像货币多了，商品价格高，购买商品需要携带更多货币反而不方便一样。如果一个国家贵金属少到有消失的危险，人们可以把贵金属分割成更小的部分或是通过在贵金属里掺杂一些贱金属，仍可用于商品的交易和流通，因此一个国家的强大并不在于贵金属货币有多少，而在于这个国家有多少人口，以及这些人口能够生产出的商品数量。不过在休谟看来，一国货币数量也绝不会全部耗尽，而是存在某种经济规律使货币在各国之间平均分配，因为在他看来如果一个国家因为技术上的优势或是形成了一批老字号的驰名商品，其他国家再来赶超这个国家是很难的，这些国家的商品在对外贸易中确实会赚到很多钱，但是其他金银数量很少的国家由于劳动力便宜，生产出的商品尽管质量上可能会差一些，但是在价格上会更有竞争力，此外，拥有先进技术的企业或是老字号的企业为了追求更便宜的生产成本也会转移到金银数量少的国家生产，带动这些国家经济发展，使金银又回流到这些国家。就像他写的："制造商们不断迁移，一次又一次离开他们使之富裕起来的国家，转移到食物与劳动力廉价的国家，直到这些地方也变得富裕起来。"①

第四节　货币数量的持续增加会给经济带来持久动力

尽管休谟认为一国货币绝对量多少不会影响一国经济发展，但他认为当货币数量发生变动时，货币是能够在短期内影响经济的，就像上面分析的一样，如果货币数量增加，产出与就业会增加，货币减少，产出与就业就会减少，就像他所说："贵金属的绝对数量是一个无关紧要的问题，重要的是一国贵金属要持续不断地增加以及在全国各地扩散与流通，本文已经对这两种

---

① Hume，David. 1752. "Of Money" and "Of Interest". In D. Hume, *Wrhitings on Economics*, ed. E. Rotwein, Madison：University of Wisconsin Press，1970，pp. 33 – 34.

情况产生的影响进行了论述。"① 在休谟看来，经济增长与一国初始货币量无关，只与货币的增长速度有关，在他看来，一个初始货币量少但保持增长的国家经济增长要比初始货币量高但保持不变的国家要快得多，而且，货币的一次增加，只能引起经济经历一次刺激，形成产出与就业的一次增长，等到商品的价格水平上升到与新的货币数量重新达到平衡，这种刺激就会消失，他写道："在这些变化过程中，金银的增加虽然会有某种影响，可是当价格按照这种新的增加而相应固定之后，这种影响也就不存在了。"② 所以他认为一个国家的货币如果保持持续增长，经济就会形成持续不断的货币刺激，产出与就业也会实现持续增长，因此他写道："从以上的分析中我们可以得出结论，一个国家货币量无论是多还是少对这个国家的幸福是无关紧要的，一个国家最好的政策就是使货币不断增长，通过这种方式就可以使整个国家持续拥有勤劳的精神，增加劳动产品总量，这些因素正是一个国家实力与富裕的源泉。"③ 不过，在休谟看来，如果其他国家的金银数量不变，单个国家的金银货币增加是很难做到的，该国也不能独享金银增长带来的全部好处，其他国家也会因此受益。因为他认为全世界用于流通的贵金属是按照各个国家的经济富裕情况和商业发达情况成比例分配到各个国家的，如果一个国家的贵金属数量打破这种比例单独增长，那么这个国家处于流通的贵金属数量相对该国商品的数量就会比其他国家更高，该国的商品物价水平就会相对其他国家更高，于是在国际市场上，该国的出口就会减少，进口就会增加，贸易逆差就会加大，该国不得不用更多的金银来支付贸易逆差，于是该国的金银货币就会下降，其他国家的金银货币就会增长，直到各国的金银货币分布与各个国家的经济富裕情况和商业发达情况重新成比例分配为止，金银的分布在世界各国重新达到平衡，休谟的这一理论一方面说明了在一个开放性的社会中，一个国家不能从其黄金的增加中独自得到全部的好处，其他国家也会从该国的黄金增长中得到好处，其表现为出口增长，进口下降，净出口增加，带动国内总需求增长，从而带动这些国家的产出增长与就业增长，在这个过程中，由于净出口增加，这些国家的黄金数量也会增加，造成世界黄金在国与国之间进行重新分配。所以一国不可能独享金银货币增长的

① Hume, David. 1752. "Of Money" and "Of Interest". In D. Hume, *Wrhitings on Economics*, ed. E. Rotwein, Madison：University of Wisconsin Press, 1970, P. 38.

② 休谟：《休谟经济论文选》，商务印书馆 2019 年版，第 45 页。

③ Hume, David. 1752. "Of Money" and "Of Interest". In D. Hume, *Wrhitings on Economics*, ed. E. Rotwein, Madison：University of Wisconsin Press, 1970, pp. 36－37.

全部好处，除非该国把增加的金银货币全部窖藏起来，但这样一国只是单纯地增加了黄金总量，而不能利用它来刺激经济发展。另一方面，该理论也说明了任何一个国家都会因其他国家的黄金数量增加而获益，就像在美洲发现矿山，不仅刺激了美洲经济增长，而且还刺激了欧洲及世界其他地区经济增长。

此外，在休谟看来，只有金银才是真正的货币，而银行发行的纸币并不构成货币，他称之为"伪币"。尽管他认为一国货币逐渐增加会增加一国的产出，但他并不主张通过银行发行纸币的方法来增加货币，因为在他看来，外国人并不认可这些纸币，这些纸币只能在国内流通，此外，如果遇到战争或是大的动乱，这些货币会变得一文不值，所以他反对当时英国大量存在的私人银行，他认为这些私人银行像以前伦敦的金匠一样，不受约束地滥发纸币，引起经济混乱。他写道："不过要是人为地致力于扩大这样一种信用，恐绝不会对任何贸易国家有利，而是使这些国家蒙受不利。"① 他主张成立一家国有银行把这些私人银行发行的货币全部回收，或是由这家国有银行来有序发行纸币。

第五节　休谟对货币非中性的原因分析

一、价格刚性

从上述休谟对货币非中性的分析中，可以看出，名义价格变动滞后于货币数量的变动是货币非中性的主要原因，正是这一滞后导致名义支出中由货币引起的变化在被价格完全吸收之前，被分配给了产出。这一现象后来被凯恩斯主义者所重视，他们把这种经济现象称为价格刚性或是价格黏性，其中价格刚性术语侧重于说明价格由于某种正向冲击比如总需求增加上升之后，随着冲击的消失或总需求下降后物价不易下降的经济现象，而价格黏性则侧重于说明价格由于某种冲击比如总需求变化，价格不会立即而是会非常缓慢恢复到新的均衡水平，凯恩斯利用价格刚性解释了当产出小于充分就业产出

---

① Hume, David. 1752. "Of Money" and "Of Interest". In D. Hume, *Wrhitings on Economics*, ed. E. Rotwein, Madison: University of Wisconsin Press, 1970, P. 34.

时，由扩张货币政策或扩张财政政策引起的总需求增加在使价格保持不变的
情况下，能够使产出与就业恢复到潜在水平，凯恩斯所发表的革命性的经济
学巨著《就业、利息与货币通论》所产生的巨大影响使得经济学界开始重
视对价格刚性问题的研究，新凯恩斯主义进一步继承与发展了凯恩斯主义的
经济理论，该学派把价格黏性与工资黏性作为其理论基石，试图从微观个体
行为中找出价格黏性与工资黏性的深层次原因，致力于为凯恩斯主义的经济
理论建立微观基础。

　　一些经济学入门者甚至一些受过系统经济学训练的专业人士谈到价格刚
性问题时，都认为这是凯恩斯最早提出的一个概念，而他们可能并不知道，
在古典经济学文献中就已经对该现象进行过系统的描述，正如莱琼霍夫德、
莱德勒等指出，当代经济学文献甚至包括一部分教科书在利用名义刚性说明
货币短期非中性时，总是把它与凯恩斯主义经济学联系在一起，这无疑是对
历史的曲解与无知。在他们看来，古典经济学早就已经把名义刚性视为对充
分就业暂时背离的主要原因之一，而凯恩斯的研究无疑把人们的注意力重新
集中在这一点上，而休谟无疑是最早提出该理论的先驱之一，他最早观察到
了价格黏性现象，并用这一现象来解释货币短期非中性的原因，他认为货币
增加之后，需要经过一段时间人们才能普遍感觉到物价上涨，他这样来描述
价格刚性："货币进入到整个国家的循环并且被所有人感觉到需要一些时
间，起初没有改变发生，根据价格上涨的程度，首先是一种商品，然后是另
一种，直到最后王国的所有商品与包括新增货币在内的所有货币达到一个合
适的比例为止。"[①] 而正是在货币增加到物价最终整体上涨的间隙，货币能
够促进产出与就业增长，表现出非中性，为什么休谟认为货币增加之后，商
品的价格会依次上涨直至最后所有商品的价格都上涨到与流通中的货币重新
达到平衡，表现出一定的刚性，而不是所有商品的价格同时上涨，直接与流
通中的货币重新达到平衡呢？

　　首先，休谟认为新增的货币只被少部分人拥有，而不是被平均分配到全
部人手中平均拥有，因此，当这少部分人拿着新增货币去购买商品时，新增
的货币流向一部分企业，而这部分企业获得更多的货币收入后，又去向另一
些企业购买商品，新增的货币就这样一点一点地扩散开来，进入更多人手中
和商品流通中。在休谟看来，这些新增的货币像血液流遍人全身一样最终流

----

① Hume, David. 1752. "Of Money" and "Of Interest". In D. Hume, *Wrhitings on Economics*, ed.
E. Rotwein, Madison：University of Wisconsin Press, 1970, P. 35.

入到所有商品的交易中，凡是它所流经到的商品，价格就会上涨，只有到最后，商品的价格才会出现整体上涨，而这需要很长的时间。

其次，休谟还将价格滞后于货币变化的原因归因于在现有工资水平下大量闲置劳动力和闲置资源的供应。当存在大量闲置劳动力时，企业不用上涨工资就能雇佣更多工人，因此，企业人力成本就不会上涨，价格上涨的动力就会不足；当存在大量闲置资源时，生产者可以在价格不变的情况下利用闲置资源生产更多产品供给市场，在他看来，价格和工资只有在所有人都充分就业之后才会上升。他举了如下例子来说明该问题。某个商人一直从事出口生意，他从英国本地买入一些商品然后出口到西班牙的加的斯，如果英国的货币供给增加，他很轻易地从银行获得了一笔贷款，当他的生意因为新增货币越做越大时，它需要比以前雇佣更多工人，而从节约成本的角度来看，这个商人如果以现在的工资水平能够雇佣到足够的人手，他就不会涨工资，而且他会尽可能地延长工人的劳动时间，宁愿付给工人加班费，因为这比增加工人更合算，只有当市场上的工人变得稀少时，这个商人才不得不支付更高的工资，一般来说，工人们也很乐意加班加点，因为他们会比以前赚更多钱，就能吃得更好喝得更足来补偿额外的劳动消耗，当工人们拿着货币去市场上买东西的时候，他们就会发现商品的价格还是和以前一样，但他们却能购买更多数量和更高质量的商品了，农民发现他们种的粮食比以前更好卖了，一销而空，他们就会花更多时间去种更多的粮食，然后赚更多的钱，同样，这些农民也能以不变的价格在制衣商那里买到更多的质量更好的衣服。在休谟所举的以上例子中，当从事不同生产的人获得更多收入拿着更多货币去购买商品时，发现自己购买的商品价格仍然保持不变，这就是价格刚性。而在休谟看来，价格刚性的原因是经济中存在大量闲置的劳动力和经济资源，商人能以不变的工资雇佣闲置劳动力，在经济资源丰富的情况下，闲置劳动力又能以不变的价格生产出更多商品供给社会，而只有在市场上闲置劳动力越来越少，其他经济资源逐步变得稀缺时，价格上涨的动力才会逐步增强。而在当时的英国，大量的农民失去土地进入城市形成了无业游民，社会闲置的劳动力非常多，大量从非洲、美洲运入欧洲的黄金确实为当时欧洲资本主义发展提供了大量资本，促进了欧洲工商业的快速发展，解决了部分无业游民的就业问题，但远没有达到充分就业的状态，连年不断的战争与经常性的粮食减产也使得英国经济经常陷入周期性危机，所以休谟通过观察发现货币增加后有可能不会使价格上涨或是从货币增加到价格水平整体上涨存在很长一段时间间隔，而正是在这个时间间隔内，新增的货币促进了产出的增长。新增的货币产生的商品额外需求会使生产者生产的商品更加容易出售，他们就乐意花更多时间生产更多产品，从而获得收益，在他看来，这些额外的货币使得各行各业的人都变得更加勤奋，没有工作的一部分闲散人员也能找到工作机会，整个国家的产量与就业也会因此增加。

休谟以法国为例，说明了价格刚性可以存在很长时间，他写道："从法国国王对钱币的操作中，可以看出，货币的增长在没达到某一程度之前是不会产生后面效果的，我们经常会发现法国货币数量的增长并没有引起同比例的价格上涨。在路易十四国王在位的最后一年，货币增加了 3/7，但价格只增加了 1/7。至今，法国谷物的价格还和 1683 年时的价格一样，尽管这期间白银价格从 30 利弗尔上涨到 50 利弗尔，这还没有考虑到前一时期金银大量进入王国的情形。"①

二、工资刚性

实际上休谟的论述中还反映了工资刚性的现象，特别是当经济中存在大量闲置劳动力时，他认为当一家商人扩大业务时，需要更多的劳动力，而这个商人如果在现在的工资水平能够雇佣到足够的人手，他就不会涨工资。他会尽可能地延长工人的劳动时间，宁愿付给工人加班费，只有当市场上的工人变得稀少时，这个商人才不得不支付更高的工资，在他看来，当就业水平未达到充分就业之前，市场上存在很多闲置的劳动力，而这些人是非常乐意商人以现有的工资来雇佣他们的，而一旦这些闲置的劳动力都找到了工作，商人再要雇佣工人就需要涨工资了。可惜的是，休谟并没有像他研究价格刚性问题那样深入研究工资刚性对产出的影响，在他看来，工资刚性只是引起价格刚性的原因之一，而只有在价格刚性的前提下，货币数量的变化才会对产出与就业产生影响，表现出非中性。

三、利率的变化

休谟在《利息论》一文中，专门就利息率问题进行了研究，他反对利息率低是货币数量过多的流行观点，认为利息率的大小取决于三个因素：一

---

① Hume, David. 1752. "Of Money" and "Of Interest". In D. Hume, *Wrhitings on Economics*, ed. E. Rotwein, Madison: University of Wisconsin Press, 1970, pp. 36－37.

是借款的需求意愿；二是可供出借资金的大小；三是利润率的高低。如果整个社会借款意愿低、需求小，可供出借的资金多、利润率低，则利息率就低；反之，如果整个社会借款意愿高、需求大，可供出借的资金少、利润率高，则利息率就高，在利率的决定因素上，他不仅比马西、洛克等考虑得更全面，而且更关键的一点在于，他区分了可贷资金与货币量这两个不同的概念。此前的经济学者常把这两个概念混为一谈，不做区分，休谟认为可贷资金是集中起来的能够出借的闲置资金，一个国家货币多，不一定可贷资金就多，而利息率是由可贷资金的供求决定的，不是由货币数量的供求决定的。他写道："假如英国的全部黄金一下子消失，并用 21 先令来取代每个几尼，那么货币是否会多些，或利息会低些呢？肯定不会，只是用白银来代替黄金而已。又假如金子和银子一样普通，而银子又和铜一样平常，那么货币是否会多些，或利息会低些？答复无疑还是上面那个。"① 在他看来，一个国家的货币如果分散到每一个人手中，不是用于增加自己的生活支出，就是用于骄奢淫逸的生活，只有这些货币都集中在少数人手中，形成强有力的金融支配能力，就可以形成更多的可贷资金，从而使利息下降。休谟认为，如果一个国家从事商业的人较多，商业较发达，那么可贷资金就多。在他看来，一个国家如果以农业为主，是不能积累大量的可贷资金的，因为农民的收入微薄，只能勉强维持自己生活，不会有剩余；地主阶级养成了不劳而获、骄奢淫逸的生活方式，所收地租都用于奢华享乐的生活，也不会有剩余，因此，如果一个国家增加的货币都分配到农民和地主的手里，无论数量有多大，都不会增加一国的可贷资金，也就不能降低该国利息。在他看来，只有一个国家商业的发展才能获得更多的可贷资金，因为商业能创造出更多新的工作岗位，能使有一技之长的人都能找到工作，从而使人精神能有所寄托，间接促进了人们的勤劳，发扬了节俭，商人通过勤劳节俭的生活方式，可以积累起大量的财富，形成巨额的可贷资金。他写道："商人促进勤劳，并通过渠道把这种精神传输到各个地方，与此同时，由于节省，他们以商品的形式积聚了大量财富……除了商业，再没有任何别的行业能增加货币供给了。"② 休谟还认为，利润率与利息率是相互促进的，利润高的地方，利息率也高；利润低的地方，利息率也会低。因此随着一个国家商业的发展，可贷资金积累得越多，总会有一些商人厌倦经商，满足于通过放贷获得可靠收入，

---

① 休谟：《休谟经济论文选》，商务印书馆 2019 年版，第 44 页。
② 休谟：《休谟经济论文选》，商务印书馆 2019 年版，第 45～50 页。

利息率必然越来越低。另外，继续经商的商人积累的资本越来越多，相互之间竞争加剧，利润率也会越来越低。而低利润率说明商品便宜，可以刺激人们消费，反过来又促进工商业的发展，因此在他看来，低利率、低利润率与经济发达是共存的，高利率、低利润率与经济落后是并存的。

休谟的利率理论并没有直接说明利息率对经济的影响，只是通过观察发现：低利率、低利润率与经济繁荣经常在一个社会共存；高利率、低利润率与经济落后经常在一个社会共存。他并没把经济繁荣看成低利率刺激产生的结果，同样，也没有把经济落后看成是高利率导致的后果，相反，他批评了上述观点，认为人们颠倒了经济发展与利率之间的因果关系，在他看来，低利率是经济繁荣必然导致的结果，高利率是经济衰退必然导致的结果，其原因是商业的发展使放债人的数量和每一个人平均能够放债的数量增加了，造成整个社会可贷资本总量增加，利率就会下降；相反，如果经济陷入了衰退，放债人的数量和每一个人平均能够放债的数量减少了，造成整个社会可贷资本总量减少，利率就会上升，他写道："低利息和商业中的低利润，是彼此互相促进的两件事，两者都来源于商业的扩展，商业的扩展产生富商，使货币所有者增加。商人有了大笔的资本，不管这些资本是由少量的铸币还是由大量的铸币代表，都必然发生这种情况：当他们倦于经商，或者他的后代不喜欢或没有才干经商的时候，有很大一部分资本就自然地寻求一个常年的可靠的收入。供应多了就使价格降低，使放债人接受低利息。"[①] 此外，他还认为在商业繁荣时，由于大量资本被投入使用，资本间的竞争也会加剧，资本的利润率就会下降，利息率也会相应下降。他写道："另一方面，当商业有了很大的扩展并且运用大量资本的时候，必然产生商人之间的竞争，这种竞争使商业利润减少，同时也使得商业本身规模扩大。商业中利润降低，使商人宁肯离开商业，开始过清闲日子时接受低利息。"[②]

在当代经济学家看来，他只观察到了利率与经济发展程度负相关的现象，但没有直接提出低利率能刺激经济的理论，反而提出了经济发展导致低利率这一反向因果关系，这既与他提出的可贷资金利率理论有关，也与当时的经济环境有关。在休谟看来，当时英国社会的借款者主要是挥霍成性的地主和一些人不敷出的农民及手工业者，而工商业从业者则很少借款。一般而言，商人们在借款时对利率大小非常敏感，低利率会降低其经营成本，从而

[①]　休谟：《休谟经济论文选》，商务印书馆 2019 年版，第 80 页。
[②]　休谟：《休谟经济论文选》，商务印书馆 2019 年版，第 81 页。

鼓励其投资，高利率会增加其经营成本，从而抑制其投资，所以，如果一国的借款者主要是工商业从业者，则必然存在利率影响一国产出的因果关系。与工商业的借款者不同，地主和农民的借款需求刚性很强，对他们而言，借款利率的高低并不会产生明显的经济影响，为了满足他们必需的消费，即使利率很高，他们也需要借款。基于以上分析，休谟自然得出了经济发展导致低利率这一反向因果关系。

此外，正如罗伯特·W. 戴蒙德所说，大卫·休谟还比较隐晦地把"幻觉"作为短期非中性的基础，当货币增加使一部分人收入增加后，他们以为实际收入也增加了，从而增加消费，促进了生产。

第六节　休谟的货币政策主张

一、主张一国货币持续增长

休谟在其著作中多次明确地表现了他的货币政策立场，他认为最好的货币政策就是贵金属货币数量逐渐增多以及货币在全国各地充分地扩散与流通，他写道："从以上的分析中我们可以得出结论，一个国家货币量无论是多还是少对这个国家的幸福是无关紧要的，一个国家最好的政策就是使货币不断增长，通过这种方式就可以使整个国家持续拥有勤劳的精神，增加劳动产品总量，这些因素正是一个国家实力与富裕的源泉。"[①] "金属货币的绝对数量是无关紧要的，只有两种情况非常重要，分别是货币数量的逐渐增加，以及它们在整个全国充分地扩散与流通，这两种情况对产出的影响已经解释过了。"[②] 休谟之所以提出上述观点，主要是他认为货币增加后，价格并不会马上上涨，而在这段时间内货币对产出与就业都会有促进作用，因为那些最先得到金属货币的人会拿着这些新增的货币去追求最大化利益，如果是某个商人得到了这些货币，他就会利用这些新增的货币扩大商业规模，如果是某个从事生产的人得到了这些货币，他就会利用这些新增的货币扩大生产规

[①] Hume, David. 1752. "Of Money" and "Of Interest". In D. Hume, *Wrhitings on Economics*, ed. E. Rotwein, Madison：University of Wisconsin Press, 1970, pp. 36 – 37.

[②] Hume, David. 1752. "Of Money" and "Of Interest". In D. Hume, *Wrhitings on Economics*, ed. E. Rotwein, Madison：University of Wisconsin Press, 1970, P. 38.

模，这不仅会使先前雇佣的工人有更多的活干，工作更长的时间，还要雇佣更多的工人。而在价格刚性的客观事实下，当工人工作更多的时间，就意味着他们实际工资增加，能够买到更多的商品，一方面他们也会因为实际工资增加愿意加班加点工作；另一方面，收入增加后，他们会消费更多的商品，这将带动其他行业的发展，从而刺激整个社会的产出与就业。但是一旦新增的货币完全转化为价格的普遍上涨，这些货币对经济的刺激作用也就消失了，因为在休谟看来，此时与货币没有增加之前相比，经济中所有商品与劳动的价格都成比例上涨了，新增货币所形成的刺激作用也就完全消失了，经济又回到了之前的状态，这时，要想经济重新获得增长的动力，就需要再次增加货币，这样在物价水平重新上涨到新的平衡之前，货币又会再次形成新的刺激。总之，一旦新的货币完全转化为价格上涨之后，就需要重新增加货币使经济获得新的动力，因此在休谟看来，最好的经济政策就是使货币保持持续的增长，使新增货币与物价上涨之间永远保持一段时间间隙，这样经济也就可以因新增货币获得持续的增长动力，从而促进产出持续不断地增长。

二、促进货币流通

此外，在他看来，一国增加的货币只有充分地进入市场流通才能起到刺激经济的效果，如果增加的货币被窖藏起来，就不能用于购买商品与劳动，也就不能起到刺激经济的效果，等同于没有增加一样。休谟本身是一个货币数量论者，他在这里实际上是表达了货币流通速度越快，用于购买商品与劳务的数量就越多，等量的货币也就能发挥更大的作用，相对于流通速度不变时经济中的货币总量增加了。为了能让一国货币更充分地流通，他主张人们丢弃简朴的生活传统，追求更加考究的生活。因为在简朴的生活传统下，人们购买的商品数量少，商品的生产也就不发达，品种也不会很多，全社会商品交易金额也会很小，需要的货币数量就会很少，一个国家即使货币很多，这些货币也会被窖藏起来；而在考究的生活方式下，人们对商品的品质和种类的要求都会增加，这样不仅会促进生产者去生产一些高档或者花哨的商品，富有人群也愿意花掉手中的货币去购买这些商品，整个社会需要的货币数量就会很多，即使一个国家货币数量不变，进入流通的货币数量也会增加，货币的流通速度也会加快，相当于一国流通领域的货币数量增加了，其结果就是整个社会的商业呈现出繁荣的景象，各行各业的生产者都会增加生产，整个国家的产出与就业持续增加。他写道："在人们开始对这些享受日趋讲究，有所发展，不再满足于自给自足或是邻里之间互通有无时，大量的交换与商业就会应运而生，于是就有更多的货币进入这种交换……各行各业都会涌现出一大批制造商和商人，只有使用钱币做买卖才更方便。在这种社会情形下，货币就会根据需要进入各种契约合同，比先前的用途广泛得多。"① 此外，休谟认为不仅民众会从考究的生活中受益，政府也会从繁荣的商业中获取更多的税收，增强其财政实力。

三、对发行纸币的建议

尽管休谟看到了货币逐渐增加对经济所起的刺激作用。但他并不赞成通过增加纸币的方式来扩大货币供给，主要是因为纸币不被外国人接受。此外，如果遇到战争等突发事件，纸币可能变得分文不值。另外一些私人银行家会趁机滥发纸币，造成货币数量远超出劳动与商品交易的正常比例，使得商人与制造业主不得不出更高的价格来购买这些东西。同时，他也看到了纸币替代金属货币在使用时的便利性，认为在纸币能够与金属货币等值交换的情况下，在一定区域内是可以替代金属货币进行流通的。但在纸币的管理方面，他希望建立一家国家银行来垄断纸币的发行，以此来替代当时英国数量众多的私人银行发行纸币的混乱局面，一方面这些发行货币的好处会完全归国家银行所有，另一方面可以控制纸币发行的数量，使纸币的发行更有计划性。

第七节　对休谟货币非中性思想的评述

一、休谟货币非中性思想产生的重要影响

总体而言，休谟货币理论体现了货币数量论的观点，他明确地指出："一切物品的价格取决于商品与货币之间的比例，任何一方的变动都会引起

---

① Hume，David. 1752. "Of Money" and "Of Interest". In D. Hume, *Wrhitings on Economics*, ed. E. Rotwein，Madison：University of Wisconsin Press，1970，pp. 40 – 41.

价格的变化，增加商品的数量，商品就会变得便宜，增加货币的数量，商品就会涨价，这看起来是一个不言自明的道理。"① 并且他更精确地表述了货币数量论，他写道："价格与其说取决于一个国家内商品的绝对数量和货币的绝对数量，不如说取决于将来或可能进入市场的商品的数量以及流通的货币。如果钱币被锁在箱子里，它在价格上也是一样的，就像它被消灭了一样；如果商品被藏在仓库和粮仓里，就会产生类似的效果。由于货币和商品，在这种情况下，永远不会相遇，它们不能相互影响。"② 因此，他又被视为早期货币数量论的代表人物之一，但他对货币数量论的研究相比他之前一些学者研究得更为仔细、更为深入。他不仅继承了货币数量的增加必然最终会导致物价水平上升的一般结论，并且提出只有处于流通的货币数量才能决定市场上所交易商品的物价水平，如果货币窖藏起来并不会对商品的价格产生任何影响。更为重要的是，与坎蒂隆一样，他还观察到货币的变化在短期内会对产出与就业产生影响，并把当时欧洲经济快速发展的主要原因归因于金银货币数量的增加，而对于货币的变化在短期内对产出与就业产生影响的原因，休谟则归因于价格刚性，尽管坎蒂隆早于他之前发现了价格刚性现象，但坎蒂隆既没有明确地表达出这一现象，也没有完整地描述价格缓慢上涨的过程，相比之下，休谟更加明确地提出，当货币数量变化后，价格不会马上上涨，而是需要一段时间价格才会变化到与所交换商品相适应的均衡水平，而正是在这个间隙，货币会对产出与就业产生影响。这不仅明确地表现出了价格刚性现象，而且指出了价格缓慢上涨的过程，构成了古典货币非中性理论体系的重要组成部分。休谟还区分了货币暂时和永久的非中性，而这是坎蒂隆所没能想到的，休谟认为暂时的非中性源于货币存量的一次性变化，而这些变化最终导致了价格的调整；至于货币持续变化带来的永久性非中性，休谟提出如下观点：持续的货币增长与缓慢的价格调整相结合，使货币的变化永远领先于价格变化，价格永远不能调整到均衡水平，货币和价格之间的差距无限期地存在，从而导致货币对实际活动水平产生永久性的影响。因此，在休谟看来永久的非中性源于货币存量的连续性变化，而价格水平永远无法完全赶上这些变化。基于他提出的货币的永久非中性理论，休谟对政策制定者提出的建议是，通过逐步持久的货币扩张来使整个国家持续具备勤劳的氛围，以此来促进一国产出与就业的发展。

---

① 休谟：《休谟经济论文选》，商务印书馆 2019 年版，第 38 页。
② 休谟：《休谟经济论文选》，商务印书馆 2019 年版，第 38~39 页。

休谟提出的基于价格刚性的货币非中性理论在经济理论的发展上具有开创性的意义，正如约翰史密森所说的那样——"对短期名义刚性及其含义的明确阐述，可以追溯到 18 世纪中期休谟关于货币数量论的陈述"①，对凯恩斯的货币思想产生了巨大影响，成为凯恩斯主义货币非中性思想的主要来源。与休谟一样，凯恩斯利用价格刚性解释了当产出小于充分就业产出时，由扩张货币政策或扩张财政政策在使价格保持不变的情况下，能够使产出与就业恢复到潜在水平，凯恩斯主义以价格黏性与工资黏性作为其理论基石，以此说明货币非中性原因以及货币政策对经济的重要影响，新凯恩斯主义进一步继承与发展了凯恩斯主义的经济理论，它们都把试图从微观个体行为中找出价格黏性与工资黏性的深层次原因，致力于为凯恩斯主义的经济理论建立微观基础。而在现有的文献中，多数学者在谈论刚性问题时只与凯恩斯或凯恩斯主义紧密联系在一起，给人的感觉好像是凯恩斯最早提出了价格刚性概念，并最早用这个概念解释了货币非中性，这种误解明显对该理论的初始提出者休谟而言极为不公平。不过凯恩斯的货币理论与休谟的货币理论也表现出了较大的差距性，首先，休谟认为无论经济处于一种什么状况，在经历一段滞后时期后，增加的货币最终会引发价格上涨，而在凯恩斯看来，在经济没有达到充分就业之前，增发的货币被增加的产出所吸收，自始至终都不会出现价格上涨，由此可以看出，休谟的理论尽管短期内发现了货币影响经济的作用机制，但最终又回到了货币数量论的原始观点，正因为如此，一些学者把休谟看成货币数量论者，而凯恩斯主义则彻底地抛弃了古典经济学的主要理论基石之一——货币数量论。此外，凯恩斯还认为货币的利率是由货币的供给与需要决定的，货币供给多了，利率就会下降；货币供给少了，利率会上升，并且他认为低利率可以促进经济发展，在凯恩斯看来，利率是企业投资的一项主要成本，如果一项投资的预期收益率一定，利率越低，全社会能够盈利的投资项目就会越多，全社会的投资也就会越多。根据该思路，凯恩斯还提出了基于利率的货币非中性理论，即货币供给增加，利率会下降，投资增加，产出与就业增长，这也构成了凯恩斯货币非中性思想的另一个重要理由。但是休谟既不认为货币增加会使利率下降，也不认为利率下降会促进产出增长，他认为利率是由借款的需求意愿、可供出借资金的大小以及利润率决定的，如果整个社会借款意愿低、需求小，可供出借的资金多、

---

① 约翰·史密森：《货币经济学前沿：争论与反思》，上海财经大学出版社 2004 年版，第 60 页。

利润率低，则利息率就低，反之，如果整个社会借款意愿高、需求大，可供出借的资金少、利润率高，则利息率就高，他区分了可贷资金与货币量这两个不同的概念，而一个国家货币多，不一定可贷资金就多，他举例说："假使每个英国人一夜之间都多了 5 英镑，这样整个国家的货币也会多 1 倍以上，但这绝不等于第二天或几天以后放贷者就多了，可贷的资金就增加了，利息也就相对下降了。"在他看来，如果一个国家的货币分散到每一个人手中，不是用于增加自己的生活支出，就是用于骄奢淫逸的生活，只有这些货币都集中在少数人手中，形成强有力的金融支配能力，才可以形成更多的可贷资金，从而使利息下降，为古典借贷资金利息理论提供了思想来源。

二、马克思主义经济学视角下的休谟货币非中性思想

马克思认为休谟是 18 世纪货币理论的重要代表，所以马克思在政治经济学中对货币理论的评价是从休谟开始的。马克思高度评价了休谟关于货币非中性的相关理论，认为这个发现是十分正确的，但同时马克思也批判性地指出，休谟将贵金属的任何增加都同它的贬值混为一谈，这是由于他不了解贵金属作为价值尺度的职能，因而不能深入地考察货币的价值既定的情况，以及贵金属货币数量的增长是否影响和怎样影响商品价值。马克思认为，休谟的货币理论可以归结为三点：（1）一国中商品的价格决定于国内存在的货币量；（2）一国中流通着的货币代表国内现有的所有商品；（3）如果商品增加，商品的价格就降低，或货币的价值就提高。马克思认为在商品价值不变时，价格随流通手段量的增减而变化只是一种表面现象，其本质是由金属货币价值变动引起商品价格的变化，从而需要更多的货币。或者，代表金属货币流通的价值符号量一旦超过或降低到其代表的金属货币量，也会导致价格的变动。马克思指出，休谟生活的时代是金属货币价值变动的时代，而研究商品价格的变动要求衡量标准即贵金属价值本身不变，所以，休谟就无法区分价格变动是由金属货币数量变动引起的还是由金属货币价值变动引起的。马克思由此指出："这些商品用价值降低了的金银来估计，而一切其他商品则继续以金银的原来生产费用为标准用金银来估计自己的交换价值，对比起来，前者的价格是提高了。这种在同一个国家里对商品交换价值的双重计算当然只能是暂时的；用金或银表示的各种价格必然会按照交换价值本身所决定的比例彼此拉平，于是一切商品的交换价值最终都会按照货币材料的

新价值来估计。"① 这一结论与休谟的结论是一致的，但其理论逻辑则与休谟是不同的。马克思正确地看到由于一些货币的价值变化而另一些货币价值不变导致了商品相对价格变化，由此便引出了货币的非中性问题。可见，如果仅仅按照休谟货币数量论无法得出货币非中性的结论，只有在正确地理解了货币作为价值尺度手段时才能进一步阐明货币的非中性问题。

---

① 《马克思恩格斯全集》第 13 卷，人民出版社 1962 年版，第 151 页。

第六章　边沁的货币非中性思想

杰里米·边沁（1748～1832）出生在伦敦东城区的斯皮塔佛德的一个保守党律师家庭。他从小天资聪慧，3岁就开始学习拉丁文，酷爱读书，后成为英国著名的哲学家、法学家、经济学家和社会改革家。杰里米·边沁大概从1786年开始研究经济学问题，是一位多产的经济学者，涉猎的领域非常广泛，这些著作都致力于研究如何提高整个社会福利的问题，尤其关注提升穷人的福利，他写作的经济论文主要有《经济学的哲学思想》《为高利贷的辩护》《贫穷的手工业者的就业问题》《无负担的供应》《为多数人辩护》《政治经济学讲义》《政治经济学机构》《金融资源概述》《税收问题研究》《贸易收支研究》《殖民地和海军》等。这些作品很多是以手稿的形式存在的，在当时并没有被发表，之后被整理为《杰里米·边沁经济著作》出版，全书共有三册，内容涵盖了经济哲学、金融、税收、贸易、收入分配等内容。在货币经济学领域，他研究了高利贷、银行运行、货币流通、价格的决定与波动、货币与产出、货币与收入分配等问题，总体而言，边沁在货币经济学上的观点完全相异于大卫·李嘉图的思想，他的一些想法更接近休谟和桑顿，认为货币是非中性的，货币扩张有助于提高产出与就业，与休谟不同的是，边沁认为货币刺激必须通过资本形成来发挥作用，而不是像休谟所宣称的那样，通过激活闲置的人手来发挥作用。在他1804年的《政治经济学院》手稿中，首次提出了强制储蓄理论，并用该理论解释了货币呈现非中性的原因，该理论认为，增加货币引起的通货膨胀将会使实际收入从消费倾向较高的工薪阶层和固定收入领取者手中转移到储蓄倾向较高的资本主义企业家手中，以消费者的消费减少为代价提高了一国的资本积累，从而有助于提高一国的产出与就业水平。在边沁提出该理论之后，该理论成为古典经济学家解释货币非中性的重要依据。总体而言，他的货币理论深受他功利主义思想的影响，在一定程度上，他提倡适度的政府干预主义，主张借助政府的手段来解决穷人的就业与生活问题，对斯密的自由的经济学提出挑战，对货币政策的发展及福利经济学的发展产生了重要影响。

第一节 边沁对货币非中性的描述

一、增加货币表现出的非中性

边沁对货币非中性问题的分析主要来自其所著的"政治经济学研究机构的方法和主要特点"一文，该文分为三大部分，分别是：一、导论，二、科学，三、艺术。其中，第三部分艺术又分为财富、人口、金融三部分内容，其中财富这一部分内容中，他把通过政府行政干预经济的措施分为广义措施与狭义措施，广义措施是指政府不加区别地尽力去增加各行各业的财富，而狭义措施是指政府特定地发展某一个特定产业。他在广义措施这一小节中，分析了四种增加财富的途径，分别是通过政府征税、增加货币发行、强制降低利率、开拓殖民地。在分析增加货币对经济增长的影响时，为了突出货币的非中性性质，强调增加货币能促进资本积累，引起产出增长，边沁将这一部分的标题命名为"通过增加金银货币，以此来增加社会的真实财富"[①]。

在分析增加货币对产出的影响时，边沁认为，货币对经济的刺激作用必须通过资本形成来发挥作用，而不是像休谟所宣称的那样，通过激活闲置的劳动力来发挥作用。他开创性地把货币的用途分为商业用途与非商业用途。在边沁看来，商业用途主要是指货币用于生产性支出，非商业用途主要是指货币用于消费性支出，他认为当一个国家货币增加时，如果每个人都按其收入比例分配这些增加的货币，则每个人的实际收入都不会发生改变。因为尽管每个人的名义货币量增加了，但每个人的相对收入没有变化，整个社会用于分配的实际财富也没有变化，那么每个人通过货币交换分配到他手中的财富也不会发生改变。而如果只是少部分人（主要是货币发行人）获取了这部分新增的货币，这部分人的货币量占整个国家货币量的比例将会上升，实际收入就会上升，而其他没有得到新发行货币的人，其货币量占国家货币总量的比例就会下降，实际收入就会减少，相当于货币发行人对没有获得新发

---

① Bentham, Jeremy. 1801. The Institute of Political Economy. In Vol. Ⅲ of *Jeremy Bentham's Economic Writings*, ed. W. Stark, London: George Allen & Unwin, 1954, P. 344.

行货币的固定收入阶级征收了一笔间接税。此外，边沁认为货币发行者如何使用这笔新增的货币决定了这笔新增货币能否增加一国产出水平，以及在多大程度上增加一国产出水平。如果货币发行者将新增的货币用于商业性支出，即用于购买生产性资本与劳动，整个国家的产出就会因为资本的增加而增加，如果货币发行者将新增的货币用于非商业性支出，也就是利用这些新增的货币去增加消费，在这种情况下，新增的货币并不会增加一国的产出，只能引起整个社会需求增加，在商品总量不变的情况下，买方之间的竞争会加剧，商品的价格将会上涨，边沁写道："如果在发行货币时，他以非商业的方式使用它，也就是像花掉自己收入一样来花掉这些货币，这种情况下，他自己得到了新增货币的全部利润，但它不会增加整个国家的真实财富；如果在发行货币时，他以商业的方式使用它，即货币是以资本的形式使用的，也就是用于购买构成实际生产性资本的物品和劳动力时，利润在这种情况下也是属于他自己的，但同时他在现有的国家财富存量（实际财富）中新增了资本总量，这些新增资本按当前收益率所获得利润就会增加到现有的财富中去，使现有的财富增加；如果他把新发行的货币借给其他人，而其他人将这一笔借款用于商业用途，则他们将会从资本的使用中获得利润，该利润是从资本所获取的收益中扣除借款应支付利息之后的余额，而对整个国家实际财富的增加而言，与之前完全一样。"① 为了突出货币用于商业性支出与非商业性支出上的重要区别，他在书中其他地方再次强调："这些新增的货币，在其第一次被使用时，其结果是立即增加了该国的生产性资本，这些新增的资本就会使真实财富产生额外的增长……而如果这些新增的货币在第一次被使用时，其结果并没有增加该国的生产性资本，就不会使真实财富产生额外的增长。"② 因此，对边沁而言，增加的货币只有进入生产性领域，用于增加生产性资本，才能增加一国的财富总量。不过边沁并没有说明新增的货币会有多少用于商业性支出以及非商业性支出，这就无法确定新增货币中有多少会形成生产性资本。

此外，从边沁的表述来看，其定义的生产性资本既包含了物质资本要素，又包含了从事生产的劳动要素，并没有将它们区分，显然边沁混淆了劳动要素与物质资本要素的概念，没有注意两者的区别，但这个错误的分类并

　　① Bentham, Jeremy. 1801. The Institute of Political Economy. In Vol. Ⅲ of *Jeremy Bentham's Economic Writings*, ed. W. Stark, London: George Allen & Unwin, 1954, P. 345.

　　② Bentham, Jeremy. 1801. The Institute of Political Economy. In Vol. Ⅲ of *Jeremy Bentham's Economic Writings*, ed. W. Stark, London: George Allen & Unwin, 1954, pp. 345 – 347.

不影响其分析货币非中性问题，他所描述的货币影响经济的方式也相当清楚：新增的货币通过购买劳动和物质资本等生产性资本，经济中的就业人数增加，物质资本总量增加，社会总产出就会增加。边沁尤其重视劳动对增加产出的作用，在分析增加货币对财富的影响这一节的第一段话中，他就开门见山地表达了只有劳动才是社会财富生产源泉的观点，他写道："真正的财富来源是劳动，而不是金钱。所有的人都以最有利的方式被雇佣，财富，真正的财富，就不能再增加了，但是货币是可以无限增长的。"① 因此在边沁看来，虽然用于商业使用的货币可以通过购买劳动等生产性资本增加产出，但这种作用只限于经济中存在大量闲置劳动力的情况，一旦经济达到充分就业，所有人都以最有利的方式得到雇佣，新增货币就不能再增加产出了。

二、减少货币表现出的非中性

边沁认为货币是一把"双刃剑"，既然增加货币能促进产出增长，就业增加，那么减少货币就会产生相反的结果，即如果经济中出现大量货币突然减少，一国用于商业性支出的货币就会下降，生产者购买劳动和物质资本等生产性资本的数量减少，整个国家的产出下降，就业减少。他写道："如果货币突然出现减少的趋势，并且数量比较大，将会引起普遍的破产：在任何一段时间内达成的大量金钱交易，当然是基于当时货币与可供交易的物品的现有比率，而不是假定的突然发生的比率，或任何其他较低的比率。"② 由此可见，边沁把由货币突然减少所引起普遍破产的原因除归因于商业性支出的货币下降之外，还归因于货币减少后，流通中的货币无法满足商品交易对货币的需求。在他看来，所有商品达到的交易价格和交易数量合同都是基于现有商品总量和现有的货币总量之间的比例，如果突然出现货币数量大幅减少，出乎所有人的预期，剩下的货币量无法满足当前商品交易的需要，很多交易就无法完成，这就意味着生产者生产的商品有一部分会卖不出去，必然会导致一部分生产者破产。因此，他认为在任何时候如果经济中通常流通的各种类型货币数量中出现了某一种类型货币数量减少，而可供交易的商品数量并没有按相同比例减少，那么减少的那一类货币数量必须要由其他类型货

---

① Bentham, Jeremy. 1801. The Institute of Political Economy. In Vol. Ⅲ of *Jeremy Bentham's Economic Writings*, ed. W. Stark, London：George Allen & Unwin, 1954, P. 344.

② Bentham, Jeremy. 1801. The Institute of Political Economy. In Vol. Ⅲ of *Jeremy Bentham's Economic Writings*, ed. W. Stark, London：George Allen & Unwin, 1954, P. 350.

币数量来补充，或者由人们普遍接受的等价物来补充，否则经济就会出现普遍破产。但他同时也认为，如果货币数量减少的趋势是永久性的，而且速度缓慢，则不足以产生普遍破产的后果，因为这种趋势性的下降很容易被人们预期到，人们在从事商品交易时，会考虑到货币减少造成的影响，提前做出应对，所以如果货币数量减少非常缓慢，需要调整的程度不需要太大，商品交易者普遍都能接受，减少货币对经济的不利影响就小得多。

第二节 边沁对货币影响产出程度的分析

首先，在边沁看来，新增的货币如果用于非商业性支出，对一国的产出是没有任何影响的，只会引起物价水平的上涨，只有用于商业性支出，才能增加一国的产出与就业；其次，用于商业性支出的货币也只是在第一次购买劳动与生产性资本物品时发挥作用，能够促进产出与就业的增长，之后新增的货币就会融入一国货币总量中，使总量商品与总量货币重新达到新的平衡，由于新增的货币要比新增的产出比例大，商品的物价水平最终会表现为整体上涨。他写道："如果新增的货币，在第一次使用或支出的时候，被用于商业性支出，其直接效果是立即增加真正生产性资本的数量，然后通过生产性资本所发挥的生产性作用，使之明显地增加了整个社会的实际财富，如果不是新增加的货币，就不会产生这些增加的财富。但是，在采取这一步骤之后，这些新增的货币就会融入到一个国家的货币总量中，因此货币总量增加就会降低它的价值。在货币增加之前，流通中用于购买可供销售物品的货币数量是等于全部可出售物品的价值的，而在货币增加之后，先前存在的货币与额外增加的货币加在一起就不再等于全部可出售物品的价值了。"[1] 他还写道："不仅这些货币会从它最初的目的（增加真实资本）转到非生产阶级的花销，这时它就不能增加真实产出了。此后，这些货币将会永久性地促进价格的上涨，就像这些钱从矿山里开采出来直接进入非生产阶级手中，没有经过任何生产阶级一样。"[2] 因此，在他看来，新增的货币用于商业性支出时，才能促进一国的产出与就业的增长，并且这种刺激作用是一次性的，

---

① Bentham, Jeremy. 1801. The Institute of Political Economy. In Vol. Ⅲ of *Jeremy Bentham's Economic Writings*, ed. W. Stark, London: George Allen & Unwin, 1954, P. 345.

② Bentham, Jeremy. 1801. The Institute of Political Economy. In Vol. Ⅲ of *Jeremy Bentham's Economic Writings*, ed. W. Stark, London: George Allen & Unwin, 1954, P. 349.

只是在第一次购买劳动与生产性资本物品时表现出来。边沁之所以产生这种观点，与其对生产性资本的定义和发挥作用的方式有关，边沁认为生产性资本既包含了物质资本要素，还包含了从事生产的劳动要素，当新增的货币用于购买物质资本要素时，增加的物质资本会促进产出增长，而一旦这些增加的物质资本消耗完之后，就不再促进产出增长了，同时，当新增的货币用于购买劳动要素时，随着雇佣合同到期，就不再促进产出增长了。因此，在边沁看来，如果需要通过新增资本的方式促进一个国家的产出持续增加，必须要有源源不断的新增的货币用于购买生产性资本。

关于货币形成资本后对产出增加程度的影响，他是以当时流行的投资回报率来进行衡量的。在边沁看来，当时英国社会投资的平均回报率大约是15%，因此，他认为新增货币如果用于商业性支出，大概能生产出15%的新产品。为了说明新增货币对产出的影响以及对固定收入者损失的影响，他先做了一个简单的统计。他认为在当时的英国，一年总产出的货币价值差不多是货币总量的3倍左右，而货币总量中有一部分被人们囤积起来，剩下的部分才被用于商品流通，这部分处于流通的货币在一年内承担了多次商品交易，其交易商品价值总量构成了一个国家生产的财富价值。如果增加的货币也按之前囤积部分与流通部分进行划分，那么每增加100镑的货币，大概能增加300镑的名义价值，此外，由于这部分货币被用于商业性用途，按照当时流行的15%的投资收益率，新增货币还能够增加15镑的额外产出，总共形成315镑的名义价值，但前面产生的300镑的名义价值仅仅只是货币增加后引起价格上涨产生的，并不改变实际财富的总量，真正改变实际财富总量的是新增100镑的货币转化成资本后产生的约15%的额外产出，也就是15镑。他还以1801年英国的真实货币量为基础，说明了货币转化为资本后对产出的增加程度，英国1801年的货币存量约为72 000 000英镑，按照上面的假定，名义收入是发行货币量的3倍，约为216 000 000英镑（72∶216 = 1∶3）。如果每年新增1 000 000英镑的货币，就会使名义经济收入每年增加3 000 000英镑，同样，这新增的3 000 000英镑名义价值只是由于新增货币形成的通货膨胀引起的名义价值改变，并不改变实际收入；但每年新增1 000 000英镑的货币如果用于购买生产性资本，按照15%的资本利润率，每年可以产生150 000英镑的利润，这些利润也就是新生产出的产品价值。也就是新增的货币对产出的贡献。而在他看来，这150 000英镑的利润相对新增的3 000 000英镑虚假名义价值而言，有些微不足道。他写道："严格地计算，从贬值的数量来看，这部分利润是需要从其中扣除掉的，这部分利润等于每年由新增货币形成的资本所生产出的商品，在上例中新增 1 000 000 英镑货币全部转化为资本，以 15% 的利润率计算，相当于从增加 3 000 000 英镑虚假名义价值中扣除 150 000 英镑的利润，这部分被扣除的利润是如此之少，以致可以忽略不计。"① 因此尽管边沁认为货币增加能促进产出增长，但他认为与引起的价格上涨程度相比，其促进的产出程度要低得多，所以他并不太主张通过增加货币来促进产出。特别是他还认为，如果经济处于充分就业，所有劳动力都处于雇佣状态，新增货币即使是用于商业性用途，也不再增加产出，只会引起价格上涨。

第三节　边沁对货币非中性的原因分析

一、强制节约效应

哈耶克认为，边沁一直把"工业发展受资本限制"作为他研究政治经济学的中心主题，并一直在思考如何解决该问题，以促进一国经济发展。在分析如何借助政府的力量来增加一国资本时，他先谈了政府可以通过增税的方式来形成"强制节约"，他写道："通过税收（个人从维持开支中拿出的金额），政府能在相当大的程度增加一国的财富，通过适度牺牲当前的舒适，可以使未来财富的数量增加，也就增加了未来的舒适和安全。但是尽管它有能力这样做，并不意味着它应该行使这种权力来迫使社会做出这种牺牲。"② 在对这种强迫节俭的形式进行长时间讨论之后，边沁又开始讨论增发货币引起的"强制节约"效应。

边沁认为增加的货币如果用于购买生产性资本，就可以增加一国就业与产出，他自己把这一现象称为"强制节约"。为什么边沁把这种通过新增货币促进生产的方式称为"强制节约"呢？因为在他看来，无论是由政府发行的纸币还是由个人发行的纸币都会使固定收入阶层的实际收入下降，消费支出减少，对整个国家而言，相当于利用新增货币把固定收入阶层本应该用

---

① Bentham, Jeremy. 1801. The Institute of Political Economy. In Vol. Ⅲ of *Jeremy Bentham's Economic Writings*, ed. W. Stark, London: George Allen & Unwin, 1954, P. 347.

② Bentham, Jeremy. 1801. The Institute of Political Economy. In Vol. Ⅲ of *Jeremy Bentham's Economic Writings*, ed. W. Stark, London: George Allen & Unwin, 1954, pp. 340 – 341.

于消费的一部分收入强制转化为社会的投资支出，产生全社会消费支出减少，投资支出增加的结果。详细过程如下：新增的货币一旦完成了生产性资本的购买，这些货币就会与先前的货币存量汇入到一起，使得流通中的货币总量增加，而由于新增货币在最初投入市场时促进产出增长的作用还没来得及发挥，流通中的新增货币增长率就会超过全社会产出增长率，最终必然会引起一国物价上涨。那些靠固定收入的人，由于其货币收入并没有增加，在物价上涨时，他们能够购买到的商品少了，消费也就少了，但这部分人减少支出的行为并不是自愿的，而是由于增发货币引起的，相当于货币发行者向这些依靠固定收入的人征收了一笔间接税，如果这笔征收的间接税用于购买劳动和生产性物质资本，就会形成全社会资本总量增加。对这些固定收入阶层而言，他们的消费支出减少了，形成了强制节约效应，对整个国家而言，劳动和生产性物质资本增长了，从而能够促进社会就业与产出的增长。边沁写道："新增货币第一次被使用或花费后，其直接效果是立即增加真正生产性资本的数量，然后通过这种购买量明显地增加实际财富的不断增长……但是，在采取这一步骤之后，它就会汇聚到原来的货币存量中，增加的数额就会降低它的价值：在货币增加之前，流通中用于购买可供销售物品的货币数量等于全部可出售物品的价格，而在增加之后，预先存在货币量与新增的货币量加在一起才与全部可出售物品的价格相等。在这种情况下，货币贬值的效果是对固定收入者形成一种间接的非生产性所得税。"①

不过，在边沁看来，如果新增的货币用于非商业性用途，也就是消费支出，那么即使经济中存在大量闲置劳动力，也只会形成价格上涨，不会产生强制储蓄效应，因为这些货币并没有用于购买生产性资本，也就不能使原有的产出增加。另外，在边沁看来，如果货币增加的方式是与每个人之前持有的货币量同比例增加，那么更多的货币引入市场，只会单纯地降低现有货币的价值，也不会产生强制储蓄效果。他举例说明了这一观点，如果一个人的财富全部由货币构成，假如他的钱翻倍了，而物价水平不变，那么他的财富也会立即翻倍，因为他的钱在社会上能买到的商品份额翻了一番，而这一部分钱的价值与可购买财富的全部价值是相等的。但是如果所有人在同一时间内都把他的钱翻一番，那么总的实际财富并不会改变，每个人能够购买到的份额也不会改变，因此每个人的财富并不会得到任何增加。

---

① Bentham, Jeremy. 1801. The Institute of Political Economy. In Vol. III of *Jeremy Bentham's Economic Writings*, ed. W. Stark, London: George Allen & Unwin, 1954, pp. 345–349.

二、边沁并不认同降低名义利率会增加财富

边沁认为增加货币能促进社会产出，主要是由于增加货币能促进社会生产性资本增加。与约翰·罗、坎蒂隆等学者不同，他不认为降低利息会促进一国产出增长，相反，他还认为降低名义利率会使一国资本外流，造成本国财富减少。在1788年，爱尔兰议会提议把利息率从6%下调到5%，以此作为增加财富的手段，边沁并不认同这个观点，他专门写作了一篇名为"为高利贷辩护"的论文来反对政府的这一做法，但经过一番辩论之后，他的提议被否决了。

边沁认为，预期通过降低利息率来增加产出的观点是一种幻觉，相信这种观点的人被一种假象迷惑了。在他看来，在经济中，财富的增加往往都伴随着利率的降低，但财富的增加并不是利率降低的结果，往往是资本增加的结果。当资本增加之后，人们更容易借入资本了，就不会像之前一样以如此高的代价来使用资本，在这种情况下，利率自然就会下降。因此，他认为人们错误地理解了利息率下降与产出增加的因果关系，他认为利率的降低是资本增加的结果，而不是相反，利率下降并不会促进财富的生产，这就会让人产生误解，认为财富的增加是降低利率的结果。一旦有了这种误解，所有的国家无论是贫穷的还是富有的，都会产生通过降低利率来促进产出增长的强烈意愿，但政府强行降低利率的这种行为在边沁看来是一种人为干预利率的行为，是被胁迫的产物，必然会小于由资本供求自发决定的"自然利率"，这种人为规定的低利率不仅不能带来经济繁荣，而且会减少资本出借者的利息收入，相当于向他们征收一笔直接税，而这笔直接税并没有用于公共支出，而是被资本的借入者所享用。在边沁看来，增加货币导致的间接税，其税赋的实际负担者是分散的、不确定的，而且每个人负担的数量也是不太确定的，而强制降低利率导致的直接税则是每一个货币的出借者，而且他们所负担的数量也是确定的。

边沁认为人为降低利率并不能带来经济繁荣，相反还会造成财富的生产能力下降，他认为那些通过降低利率来促进货币转化为资本的想法只是一种幻想而已，这是因为：（1）利率下降后，利息收入就会减少，这就迫使那些先前放弃贸易或退出贸易转向贷款的富人重新从事贸易，那么他们就必须把之前贷款给其他商人的钱收回来，他自己有多少资本从事自己的贸易，就会相应使其他贸易商减少多少贸易，资本只是从一个贸易商转向另一个贸易

商，但经济中从事贸易的总的资本并不发生变化。（2）利率下降后，资本带来的收益会下降，会诱使一部分资本逃离本国，因此，在边沁看来，利率下降不仅不能增加资本总量，反而会减少资本总量。他写道："降低利率相当于对国内资本形式的贷款征收直接税……对国内资本形式的贷款，不仅不能增加，反而会减少一国的财富，这实际上是一项禁令：禁止将其保留在国内，并处以相当于一定税收数额的惩罚。这将鼓励资本出口到其他国家，因为这些国家的利率都将高于本国降低了的利率。"① 在第一条理由中边沁说明了降低利率会导致一部分资本出借者对资本借入者的"挤出效应"，但经济中的总量投资并没有变化，在第二条理由中边沁说明了降低利率会导致资本外流，其综合影响是降低利率不仅不会增加货币转化为资本的比例，反而会减少本国投资，造成财富的生产能力下降。

三、边沁与休谟对货币非中性原因分析的区别

作为早期两种货币非中性理论的提出者，边沁与休谟得出了大体一致的结论，他们都认为在经济未达到充分就业之前，新增货币会促进经济中的就业与产出，最终这些新增的货币会引起价格上涨，但达到充分就业之后，新增货币不再引起产出增长，只会造成价格上涨。但边沁提出的货币非中性原因与休谟是完全不一样的，休谟把货币非中性的原因归因于价格刚性和工资刚性，他认为由于新增的货币往往并不是被平均分配到全部人手中，而是最先落入到少数人手中的，只有这些新增的货币像血液流遍人全身一样最终流入到所有商品的交易中时，商品的价格才会出现整体上涨，而这需要很长的时间。此外，由于经济中存在大量闲置劳动力和闲置资源也会造成价格上涨的动力不足，形成价格刚性，而新增的货币在价格还没上涨到经济达到新的平衡之前，既可以用于雇佣工人、扩大生产，又可以用于刺激消费，从而带动人们生产的积极性，进而增加社会的产出。休谟并没有区分新增的货币最先分配给生产阶级还是非生产阶级的问题，因为在休谟看来，无论新增的货币是用于商业性目的还是非商业性目的，只要新增的货币不平均分配在每一个人手中，而是只有一少部分人最先得到这些新增的货币，价格就存在刚性，货币增加就会刺激人们的勤勉心，从而增加产出与就业，在他看来，现

---

① Bentham, Jeremy. 1801. The Institute of Political Economy. In Vol. Ⅲ of *Jeremy Bentham's Economic Writings*, ed. W. Stark, London：George Allen & Unwin, 1954, P. 351.

实情况也通常是这样。而在边沁看来，新增的货币只有用于购买劳动和生产性物质资本，才会增加产出，但这些新增的货币最终会引起商品价格上涨，造成固定收入者的实际收入下降，相当于依靠这些新增的货币把固定收入者的一部分实际收入转化为社会投资支出，使得全社会的消费下降，投资增加，形成"强制节约"效应。而如果新增的货币用于消费，就不能够创造出新的财富，只能引起价格上涨，正如他写道："一旦新增货币的目的从增加实际资本转移到增加非生产性支出，增加实际财富的运作方式就结束了。一旦新增货币被用于购买消费性商品，它能产生大量实际财富的能力也就结束了，从此以后，它将永远为价格的上涨作出全部的贡献，就像这些货币刚从矿场里开采出来不经过任何生产阶级手中而是直接进入一些非生产阶级手中一样。"①

此外，在休谟看来，新增的货币对经济的影响会产生"乘数效应"，这笔新增的货币在流通过程中，会因为不断地购买商品而不断地易手，在物价的上涨幅度还没有达到与流通中的商品达到新的平衡以前，谁得到了它，就会引起实际收入增加，从而刺激其更加勤劳，对经济就会产生多轮刺激作用，直到价格上涨到物价与新生产的商品达到重新平衡为止，而在边沁看来，新增的货币只是在第一次购买劳动与生产性物质资本时，才能促进经济增长，而此后，这些货币将会汇入到货币存量中，引起价格上涨。

第四节　边沁对强制储蓄效应造成的社会不公平程度的分析

边沁认为由新增货币引起的强制储蓄效应虽然能增加一个国家的产出，但这种行为引起的价格上涨会造成固定收入阶层的实际收入下降，相当于货币发行者向这部分固定收入人群征收了一笔间接税，从而引起不合理的收入分配，他写道："在这里，就像上述强迫节俭的例子一样，国家财富的增加是以牺牲国家舒适和国家公平正义为代价的。"② "每一次增发纸币都会导致之前货币存量的相应贬值，就像对名义国民收入征收了一笔间接税，货币发

---

① Bentham, Jeremy. 1801. The Institute of Political Economy. In Vol. III of *Jeremy Bentham's Economic Writings*, ed. W. Stark, London: George Allen & Unwin, 1954, pp. 345 – 349.

② Bentham, Jeremy. 1801. The Institute of Political Economy. In Vol. III of *Jeremy Bentham's Economic Writings*, ed. W. Stark, London: George Allen & Unwin, 1954, P. 349.

行人获得了发行货币的好处，固定收入者承担了发行货币产生的负担。"①
对于强制储蓄造成的社会不公平程度，边沁用以上所列举的两个货币影响产
出的例子进行了说明。在第一个例子中，假如英国增加 100 镑的货币，按照
当时名义国民收入大概是货币存量 3 倍的比例，大概能增加 300 镑的名义国
民收入，在边沁看来，这 300 镑的名义价值仅仅只是货币增加后引起的价格
上涨产生的总的名义国民收入的增量，实际国民收入并不会发生变化，如果
新增的货币用于商业性支出，按照当时 15% 的投资收益率，能额外生产出
15 镑的商品，这也构成了实际国民收入的增量，而如果新增的 100 镑货币
用于非商业性支出，则只会新增 300 镑名义国民收入，不会对实际国民收入
产生任何变化，在边沁看来这 300 镑的名义价值就是强加给固定收入者的间
接税收，用这 300 镑的名义税收除以 100 镑的新增货币，就是固定收入者实
际负担的税率，因此在边沁看来，每新增加一笔货币，将会给固定收入者带
来 300% 的税收负担，而如果新增货币用于商业性支出，这 100 镑的新增货
币可以新增 15 镑价值的商品，则在对固定收入者所增加的 300 镑间接税中
可以扣除这 15 镑价值，税收负担会略为减轻，其原因是新生产出 15 镑商品
后，经济中的商品数量变得更多了，新增货币后，与没有任何产出相比，物
价上涨的程度就会低一些，对固定收入阶级通过通货膨胀征得的间接税就
会少一些。但是有两种情况，新增货币对固定收入阶级通过通货膨胀征得
的间接税不会有任何的扣除。一是如果新增货币用于非商业性支出，则对
固定收入者所增加的 300 镑间接税中就不会有任何的扣除。二是如果经济
处于充分就业状态，新增货币不再能促进产出增长。他写道："所有的工
人都被雇佣，并且是以最有利的方式被雇佣，真实财富不可能进一步的增
加，而货币却可以无限地增加。每增加一定数量货币（购买商品的货币数
量与商品数量之比）的影响是对所有固定收入者的收入征收一笔无利可图
的所得税。"②

　　边沁所举的第二个例子是以英国 1801 年的货币量为基础来说明强
制储蓄效应所产生的间接税的，他估计英国 1801 年的货币存量约为
72 000 000 英镑，当年英国的名义国民收入约为 216 000 000 英镑，大概是
货币存量的 3 倍。如果每年新增 2 000 000 英镑的货币，名义国民收入每年

　　① Bentham, Jeremy. 1801. The Institute of Political Economy. In Vol. Ⅲ of *Jeremy Bentham's Economic Writings*, ed. W. Stark, London: George Allen & Unwin, 1954, P. 345.

　　② Bentham, Jeremy. 1801. The Institute of Political Economy. In Vol. Ⅲ of *Jeremy Bentham's Economic Writings*, ed. W. Stark, London: George Allen & Unwin, 1954, P. 346.

就会增加 6 000 000 英镑，同样，这 6 000 000 英镑的增加只是由于新增货币引起的名义价值改变，并不改变实际收入；如果这些新增货币用于商业性支出，购买劳动和生产性物质资本，则按照 15% 的资本的产出率，每年可以新增 300 000 英镑的商品，在边沁看来，这 300 000 英镑的商品才是每年真实收入的增加量。36 年之后，也就是到 1837 年，新增货币引起的物价上涨将会使国民收入的名义价值翻一倍，变成 42 000 000 英镑，除此之外，还要加上新增货币用于投资增加的国民收入约为 10 800 000 （30 000 × 36） 英镑，这也是 36 年的实际收入增加额。从实际收入来看，1837 年 42 000 000 英镑的名义货币收入与 1801 年的 216 000 000 英镑的名义收入所代表的实际收入是相同的，也就是 1837 年每 100 英镑的名义价值相当于 1801 年 50 英镑的名义价值，如果某个人的名义收入在这期间一直没有发生变化，则每个固定收入者的收入将被征收 50% 的间接所得税。如果某个人在 1837 年的名义货币收入是 1801 年的 2 倍，则他的实际财富并没有发生变化，从这点来看，他既不是新增货币的得利者，也不是输家，但是边沁认为，从效用的角度来看则不见得如此，因为他一方面是财富的得利者，另一方面又是输家；而从人的本性和构成来看，从所得利益中得到的享受绝不等于遭受的损失。

综合以上两个例子来看，边沁认为即使新增的货币用于资本性支出，其新增的产出数量有限，而造成的不合理的收入再分配结果却非常严重。在他看来，尽管国家通过增发货币强制进行资本积累比通过直接向民众征税增加资本积累更容易被民众接受，因为这种剥削方法更隐蔽，但其实前者相对后者对固定收入阶层剥削更重，他写道："在这种情况下，这一行动与已经受到谴责的行动相吻合，即通过税收筹集的资金来增加大量的国家资本。不同之处在于它们筹集资金的方式上，它①是以更不利的条件筹集的，其不利的程度甚至超过了高利贷，因为这种资金筹集是以固定收入者应支付 300% 的利息为代价的。"② 这也是他反对政府通过增加货币来增加资本积累的根本原因。

---

① 这里是指通过增发货币筹集资本。

② Bentham, Jeremy. 1801. The Institute of Political Economy. In Vol. Ⅲ of *Jeremy Bentham's Economic Writings*, ed. W. Stark, London: George Allen & Unwin, 1954, P. 348.

第五节　边沁的货币政策主张

　　尽管边沁提出通过强制储蓄手段，增加货币有利于一国产出与就业增长，但边沁并不主张政府这么做，边沁在其著作中明确地表现了他的货币政策立场。他认为最好的货币政策就是维持货币与商品之间的比例不变，以此来维持物价稳定，为商品生产者与交易者提供稳定的价格预期。他写道："至于货币与可供买卖的物品之间的比例，最理想的状态是前者的总和与后者总和之比在任何时候都应保持不变：不要在某一时间增加，在另一时间减少。"① 边沁提出上述观点基于四点原因：第一，在一国经济中，流通中的货币量急剧变动会引起收入不合理分配。在他看来，这种基于政策而非基于要素贡献产生的收入分配差距是非常不公平的。第二，在其著作中，他肯定了货币的非中性性质，认为增加货币会促进一国产出与就业的增长，但他认为增加货币带来的产出与就业上的好处比增加货币对社会造成的不良后果要小得多。第三，他认为减少货币会造成一国经济陷入衰退。因为商品交易可能会因货币不足而陷入中断。第四，他认为货币最重要的功能还是充当商品的价值尺度，方便商品的交易与流通，而只有物价稳定的时候，货币才能充分发挥以上功能。

　　之所以边沁不建议采取扩张性的货币政策，主要是他认为增加货币带来的产出与就业上的好处比增加货币对社会造成的不良后果要小得多。在他看来，就算新增货币全部转化成新增资本，其促进的产出增长也只有新增资本的15%。但是，这些新增的货币一旦完成资本的购买就融入到存量货币中，就会引起物价上涨，形成虚幻的名义价值增加，按照英国当时名义货币量与名义财富价值约1:3的比例标准，其增加额为新增货币的300%左右，相当于对固定收入阶层征收的间接税，新增的300%左右的虚幻名义价值在扣除15%的新增产出后的余额，完全要由固定收入阶层负担，对这些人来说形成了极大的不公平。因此，在边沁看来，即使新增的货币转化成资本能增加产出，但是它只能产生新增资本15%的产量增量，但同时却会给固定收入的人带来新增货币300%的负担，产出增加幅度相比增加的虚幻名义价值而

---

① Bentham, Jeremy. 1801. The Institute of Political Economy. In Vol. Ⅲ of *Jeremy Bentham's Economic Writings*, ed. W. Stark, London: George Allen & Unwin, 1954, P. 350.

言，是微不足道的，为获取一点小小的利益却造成了更大的不公平是不合算的。而如果新增的货币用于非商业性支出，则这部分货币并不能带来任何产出的增加，完全用于价格的上涨，固定收入阶层负担需要负担的间接税额就是新增货币量的300%，不能在其中有任何的扣除，固定收入阶层负担的间接税就会更重。总之，在边沁看来，由新增货币产生的间接税对固定收入阶层的剥削比高利贷更重，他认为这会带来很大的不公平，这是边沁所深恶痛绝的，因此，对边沁本人来说，他并不赞同政府通过新增货币来增加产出，所以一方面他认为新增货币如果转化成资本能增加社会总产出；另一方面，为了防止政府经常利用这种行为来增加产出，给固定收入人群带来损失，在其一部分著作内容中，他会刻意地缩小货币对产出的影响，甚至有时对新增货币能否促进财富生产会产生疑问，他写道："假设在过去半个世纪里，整个商业世界财富增加了1/4，同时价格上涨了1倍。则在现有的货币中，扔掉其中的一半可能会更好，因为它们被用来征收上述的非生产性所得税。至于财富的增加，哪一部分财富甚至是否存在任何一部分财富是由这些新增的货币产生的，是一个不确定的问题，因为如果没有这种增加，它也可能会产生，当然也可能是由货币产生的。"①

对于货币减少导致的后果就更严重了。他认为经济中处于流通的货币量如果突然减少，会引起大量的商业破产，在他看来经济中所交易的商品与流通的货币数量关系应该保持稳定，一旦货币量出现大幅减少，一些商品的交易就无法进行，商人手中的商品就会卖不出去，就会导致他们破产。他写道："如果货币突然出现减少的趋势，并且数量比较大，将会引起普遍的破产，在任何一段时间内达成的大量金钱交易，当然是基于当时流通中的货币数量与可供交易的物品数量的比率，而不是假定的突然发生的比率，或任何其他较低的比率。"② 不仅如此，边沁认为货币减少会导致物价下跌，同样也会导致不合理的收入分配，相当于对一部分人征收间接税，与增加货币导致的间接税不同，边沁认为，减少货币引起的间接税，其税赋承担者是那些每年需要缴纳一笔固定支出的居民，在物价下跌时，他们每年固定支出的货币的实际价值会增加，相当于他们缴得更多，多缴的部分就等同于缴纳了一笔间接税。

---

①② Bentham, Jeremy. 1801. The Institute of Political Economy. In Vol. Ⅲ of *Jeremy Bentham's Economic Writings*, ed. W. Stark, London：George Allen & Unwin, 1954, P. 350.

边沁还区分了增发纸币与增发金属货币对经济的影响，他认为，新增金属货币的危害只限于通货贬值引起的收入分配不公平，而如果是新增纸币，除了会导致通货贬值引起的收入分配不公平外，还会增加普遍性破产的风险。在他看来，发行的纸币必须履行与金属货币兑换的承诺，而一旦纸币发行过多，就可能产生纸币不能兑换金属货币的风险，很多人就会去银行兑换金属货币，银行可能会因为挤兑而破产，同时，人们会对纸币的价值信心下降，导致纸币价值下降，最终有可能产生像法国滥发纸币一样的后果，纸币变成了无人愿意接受的废纸，大量生产者破产，持有纸币的普通民众损失惨重。他写道："至于货币的增加是以金属货币的形式产生的，它所产生的危害仅限于以上通货贬值引起的伤害，如果是以纸币的形式增加的货币，这些纸币包含了兑换金属货币的承诺，其数额如果在金属货币的形式上是可相互转换的，那么实际危害除贬值所造成的危害之外，经济还会增加普遍性破产的巨大风险。"① 他还对政府增发货币与私人增发货币进行区分，认为当政府用纸币来增加货币时，通常是以非商业的方式；而当私人单独或联合起来新增货币，最常见的是商业方式，即使政府很多时候增发纸币是用于公众开支，也不应该肆意增加货币，他甚至把这些滥发纸币的君主称为"强盗"。他写道："这些未受委托的主权者或不受惩罚和无可指责的强盗（因为他们可能被称为两者或两者之一）应该尽可能多地取消纸币的发行。"②

因此在边沁看来，最好的货币政策就是保证流通中的货币与可出售商品总量始终处于稳定状态，以此来维持物价稳定，这样既不会导致不合理的收入再分配，还会为生产者和商品交易者提供一个稳定的价格预期。在这种稳定的价格环境下，每一个生产者和商品交易者都能更准确地计算出自己的成本与收益，从而能够做出最优的生产与经营决策，而发行纸币则加大了经济运行的风险，政府无论是出于什么目的，都不应该滥发货币。

---

①② Bentham, Jeremy. 1801. The Institute of Political Economy. In Vol. Ⅲ of *Jeremy Bentham's Economic Writings*, ed. W. Stark, London: George Allen & Unwin, 1954, P. 348.

第六节　对边沁货币非中性思想的评述

一、边沁货币非中性思想产生的重要影响

强制储蓄理论成为古典经济学家解释货币非中性的重要依据，尽管经济学界对谁最先提出古典货币理论存在争议，但根据哈耶克的研究，强制储蓄理论的原型就是强制节约理论，他认为边沁最早产生了该理论思想，他写道："尽管现在不可能明确杰里米·边沁形成这一观点之后怎样传播的，在我看来，很显然关于这一理论最早、最明确以及最详尽的陈述是在他的著作中找到的。在 1804 年的一段短文中已经形成了它的最终形式，尽管该理论的草稿形式可能会更早，直到 1843 年在他出版的《政治经济学手册》一文中才得以正式被世人所发现。他对这一现象作了一些详细的论述，他称之为"强迫节俭"。[1] 在边沁提出该理论之后，很快被很多其他古典经济学家所采用，使该理论得到了继承和发展，形成了古典经济学时期流行的强制储蓄理论，在整个 19 世纪，该理论甚至与货币数量论齐名，成为人们分析货币与经济影响的重要工具，在经济学界产生了巨大的影响。以下节选了一些学者利用强制储蓄理论分析经济问题的片段。

桑顿在论述货币非中性问题时，利用强制储蓄理论说明了在工资存在刚性时，增加货币会强制把一部分劳动者的实际收入转化为社会储蓄，从而增加一国的资本积累，促进产出增长。他写道："必须承认，假设我们过度发行纸币，可能一段时间内会提高商品的价格，而劳动力的价格则可能保持不变，这样必然会引起产出增加；对于劳动者来说，根据这一假设，可能会被迫使他消费更少的物品，尽管他从事与之前同样的劳动，但是，这种储蓄以及由于收入下降遭受同样苦难的其他社会不生产阶级所增加的额外储蓄，将会导致同比例的苦难与不公平。这种假定也意味着承认我们正在争论的观点，即增加的纸币发行往往会提高商品的价格。"[2]

---

① Hayek, Frederich A. Von. 1932. A Note on the Development of the Doctrine of "Forced Saving". *Quarterly Journal of Economics*, November 47, pp. 123 – 133.

② Thornton, Henry. 1802. *An Enquiry into the Nature and Effects of the Paper Credit of Great Britain*. London, Hatchard, P. 264.

马尔萨斯在《对李嘉图关于黄金高价格解释的评论》一文中，把整个社会划分为生产阶级与非生产阶级，利用强制储蓄理论说明了货币数量变化对生产阶级与非生产阶级造成的影响，以及对整个国家资本积累的影响。他认为，当一国货币增加之后，会使流通媒介在不同阶级之间重新进行分配，其结果是生产阶级用于从事生产的资本增加了，非生产阶级用于消费的支出下降了，"相当一部分货币从闲置者和靠固定收入生活的人手中拿走，并转移给农民、制造商和商人，资本和收入之间的比例将大大改变，以利于资本；在短时间内，国家的产品将大大增加"①。

约翰·穆勒在《关于政治经济的一些悬而未决的问题》一文中，在分析银行发行不可兑换纸币时，利用强制储蓄理论说明了银行家的活动是如何将收入转化为资本的过程，他写道："如果用纸币不可兑换（的做法）取代硬币贬值（的做法），那么，银行发行纸币就是向每个持币者或有应收账款的人征税。因此银行侵吞了其他人的一部分资金和收入。资金可能用于贷款，或为资金所有者自用，这部分原本由所有者使用的资金现在改变用途，用于贷款。收入或者积累起来，在某些情况下已经变成资本，或者用于消费，在后一种情况下，收入转变为资本，因此，看似奇怪，货币贬值就是以这样的方式在一定程度上强迫人们积累。"②

此外，瓦尔拉斯在1879年清楚地阐述了强制储蓄理论，这启发了维克赛尔，使他在讨论总储蓄与总投资时，也采用了强制储蓄理论。

可以看出，随着该理论的发展，与边沁最初提出的"强制节约"理论略有不同的是，后期形成的"强制储蓄理论"并不再强调新增货币必须用于购买生产性资本才能增加产出，而是认为新增货币最初无论是用于消费还是投资都能形成积累，增加产出。因为如果用于消费，商品的价格必然上涨，固定收入者的实际收入下降，而这些减少的实际收入形成了资本家利润，资本家为了赚取更多的利润必然会把这部分被转移过来的收入用于投资，增加资本积累。尽管如此，强制储蓄理论与强制节约理论的主要经济思想是一致的。

① Hayek, Frederich A. Von. 1932. A Note on the Development of the Doctrine of "Forced Saving". *Quarterly Journal of Economics*, November 47, P. 128.

② 穆勒：《论政治经济学的若干未定问题》，商务印书馆2015年版，第87页。

二、马克思主义经济学视角下的边沁货币非中性思想

与休谟相比，边沁的进步在于他认为货币刺激必须通过资本形成来发挥作用，而不是像休谟所宣称的那样，通过激活闲置的人手来发挥作用。也就是说，在边沁这里隐约地区分了货币、货币资本和生产资本，当货币用于生产中使用的劳动力和物资生产资料时，货币从货币转化为了资本。不仅如此，边沁还认为，资本不仅包括物资资本要素，还包括生产的劳动要素，尽管边沁还不能区分劳动和劳动力要素，也不能从生产关系的角度准确地定义资本。这一点在马克思主义经济学家看来是值得赞扬的。也正是基于这样的认识，边沁才得以阐明货币促进就业和生产增长的机制。马克思后来在《资本论》中清楚地说明了这一点，任何货币资本的积累，还必须要求市场有相应的实物要素的增长，否则就不能实现资本积累和生产增长。但是，无论是马克思主义经济学家还是凯恩斯主义经济学家，都不会同意边沁关于货币用于非商业用途时就是非生产性的研究观点。其实，边沁的这一观点来自斯密和李嘉图等古典经济学家，因为这些经济学家从不同的角度论证了生产性劳动和非生产性劳动，而边沁也就将货币的用途区分为生产性用途（商业用途）和非生产性用途（非商业性用途）。根据马克思主义经济学的方法论和理论观点，一方面，如果消费不足以消耗掉资本主义制度下的生产，那么，就可能引起消费不足的经济危机。而资本主义条件下的分配不公，正是造成危机的主要根源。如果撇开资本主义性质，马克思的货币理论也表明，在商品经济条件下，当货币充当流通手段和支付手段职能时也可能导致流通的中断，从而引起生产的下降，引发经济危机发生的可能性。另一方面，马克思理论清楚地表明，资本家与工人之间的交换是资本与劳动力的交换，而工人用手中的货币购买其生活必需品而补偿其劳动力价值的活动，则是货币与商品的交换，这种交易虽然不具有资本主义性质，但是这种交易的结果，工人对产品的消费则具有资本主义性质，因为它为资本主义生产和再生产劳动力。因而，从这个意义上讲，非商业性质的交易也是生产性的，货币也是中性。与此同时，在凯恩斯主义者看来，边沁的这一观点也是不成立的。在凯恩斯主义经济学家看来，非商业性质的支出即消费在一定条件下，将引起乘数效应。从这个意义上讲，非商业性质的支出仍然是非中性的。可是，边沁并没有看到这一点。

关于边沁对利率的分析我们评论如下：利率的确会随着财富增长而下

降。在马克思主义经济学看来，利率是平均利润率的组成部分，在不考虑供求关系时，利率本质上是劳动者生产的剩余价值的一部分，从这个视角来看，在技术、资本有机构成等因素不变的条件下，资本主义经济增长必然伴随着利润率下降，因而利率随之下降。但是另一方面，马克思也指出，正因为利率是利润的组成部分，那么，如果利率过高，就会导致产业资本家减少对生息资本家手中的货币资本的需求，因而，从这个意义上讲，利率下降又会导致产出的增长，而边沁仅仅看到前者。与此同时，边沁还认为，利率降低是资本增加的结果，这一观点从马克思主义经济学来看，也是值得商榷的。因为边沁这一观点是在供求论下讨论利率，即利率是由资本的供给和需求决定的。显然，这只有在利润率不变时才成立。因此，利率与资本量变动、生产和就业的关系是十分复杂的，边沁对此的分析是模糊的。

第七章　桑顿的货币非中性思想

亨利·桑顿（Thornton Henry，1760～1815）是一位出色的银行家，桑顿的货币非中性理论主要体现在《对大英帝国纸币信用的性质与影响的研究》一书中，他写该书的目的是说明对英格兰银行暂停纸币与黄金兑换的一些错误认识，以及对纸币性质的一些错误认识。全书分为11章，主要介绍了纸币信用与商业信用的性质以及产生与发展的过程、英格兰银行的性质以及其纸币发行业务、1797年英格兰银行暂停纸币兑换的背景及原因、1800～1802年英镑汇率下降、黄金价格高于金币价格的形成原因以及解决办法、乡村银行发行纸币的好处与缺陷、减少货币发行的后果以及过度发行货币的后果等内容。桑顿在书中还专门介绍了英格兰银行发行信用货币的依据、英格兰银行在英国金融体系中的独特作用以及如何利用英格兰银行来促进英国经济稳定发展的建议，这些内容依然被看成当代信用（或者货币）理论的精髓，成为当代中央银行学课程的主要内容，他也因此被公认为"中央银行之父"。无论是哈耶克还是熊彼特都高度赞扬了这本书的历史价值，用熊彼特的话说："虽然它在细节上不是无懈可击的，也不是完全成熟的，在某些点上却能走在未来一个世纪的分析发展前面。在这一时期没有其他的著作堪与比拟的。"[1]"桑顿的贡献就理解的广度和分析能力来说，都超过了所有其他的人。"[2]

在英国1797年暂停黄金兑换之后，19世纪早期拿破仑战争期间英国发生物价上涨、汇率下跌以及金币价格低于黄金市价等问题，形成了两个相互对立的学派，"金块主义"与"反金块主义"。"金块主义"的学者认为，英国出现以上不利经济局面的原因是暂停黄金兑换之后，以英格兰银行为主的银行过度发行纸币导致的，而"反金块主义"的学者否认了以上观点，

---

[1]　约瑟夫·熊彼特：《经济分析史》第2卷，商务印书馆2010年版，第484页。

[2]　约瑟夫·熊彼特：《经济分析史》第2卷，商务印书馆2010年版，第510页。

他们认为英格兰银行严格按照真实票据需求来发行货币。根据真实票据理论，如果货币是根据经济中的真实商业票据贴现发行的，就不会产生货币过度发行问题。英国出现的物价上涨、汇率下跌以及金币价格低于黄金市价等问题主要是由于英国巨额的国际收支逆差造成的。桑顿在该书中的很多观点被"反金块主义"引用并用以反驳"金块主义"的主张。

在《对大英帝国纸币信用的性质与影响的研究》一书中，桑顿毫不掩饰地表明了货币非中性观点，他认为增加货币至少能够从以下几方面促进社会的产出与就业：（1）增加货币能够提升人们的商业信心、促进投资的积极性。（2）由于工资相比价格更不易变动，增加纸币引起的通货膨胀可以降低企业成本。（3）增加货币形成的强制储蓄效应能够增加一国的资本积累。（4）增加货币能够促进消费，降低企业存货，从而促进企业生产。而减少货币则会从相反的方向形成对经济的不利影响，因此，针对英国经济经历汇率下降、黄金外流、黄金铸币价格低于市场价格等不利局面时，与斯密等学者认为这是纸币发行过多造成的结果不同，他认为这是由于英国粮食大幅减少不得不从国外进口大量粮食以及由于战争引起的大规模支出造成的，英格兰银行并没有大规模增发纸币，处于流通中的纸币也不过剩，因此，他强烈反对斯密等学者提出的通过紧缩货币来解决以上问题的方案。桑顿认为，英格兰银行不仅不能通过紧缩货币来提高银行券价值，防止黄金外流，促进国际收支平衡，相反，英格兰银行迫切需要通过增加银行券的发行来促进工商业企业发展，增强英国企业在国际市场上的竞争力，以此来扩大出口，促进经济发展，从而改善国际收支，扭转黄金外流的局面。但他同时也认为，受闲置劳动力数量的影响，增发纸币促进产出与就业的作用是有限的，当经济社会达到充分就业之后，继续增发纸币会造成物价上涨的比例比促进产出增加的比例大得多，在这种情况下，确实有可能会形成斯密所说的汇率下降、黄金外流、黄金铸币价格低于市场价格等不利后果。此外，桑顿还拓展了纸币的范围，他认为商业票据也能执行纸币的各种职能，因此也应被视为货币，当考虑一个国家流通中所需要的货币发行量时，必须把商业票据也考虑在内，商业票据的数量变化也会对一国产出与就业产生影响，具有非中性特征。

第一节 桑顿对货币非中性的描述

一、货币数量增加表现出的非中性

与休谟和边沁对发行纸币的谨慎态度不同，桑顿认为用纸币充当价值尺度与流通媒介时比铸币具有更多优点，同时他也认为，纸币的发行不必完全受黄金数量的限制，只要维持人们对发行纸币的信心，纸币就不会大幅贬值。与约翰·罗一样，桑顿非常赞同利用银行发行纸币来解决经济中流通媒介不足的问题，与他不同的是，桑顿更强调通过维持人们对纸币的信心来稳定纸币的价值，因此，他并不主张无限制地发行纸币，经济中的货币量能够满足交易需要即可，不能超出这个量过度发行，否则就会引起通货膨胀，动摇人们对纸币的信心。在谈论货币对经济的影响时，桑顿坚信货币是非中性的，会对产出与价格同时造成影响。以增加货币为例，他认为增加货币对产出的影响主要体现在以下几个方面。

（1）桑顿认为新增的货币必然会有一部分被企业获得，一部分被消费者获得。对于企业获得的那一部分新增货币，经常会以新增贷款的方式流入社会，形成额外的投资，增加全社会的资本总量，从而扩大全社会的生产能力。他写道："当英格兰银行扩大其纸币发行时，在同样的程度上，正如我们必须在这里假设的那样，它增加了对个人的贷款。我们有理由相信，这些得到优惠的人马上会想，他们已经获得了一种额外的资本。即便这些资本是借来的，如果任何其他人的商业或制造业不会因为他们的增加而出现减少，通过这种新增资本，他们可以增加整个英国的制造业或者商业。"① 但桑顿也认为，新增货币对促进社会的总量资本的作用是有限的，一方面，新增货币之后，社会总产量不会出现立刻增加，新获得货币的那一部分人可以拿着新增的货币购买一部分资本，必然会导致原有货币的所有者能购买的资本数量减少，也就是新增的货币资本会对原有的货币资本产生挤出效应，他写道："银行向他们授予了可以购买一定数量商品的权力，这些商品可以为自

---

① Thornton，Henry. 1802. *An Enquiry into the Nature and Effects of the Paper Credit of Great Britain*. London，Hatchard，P. 258.

已使用或是实现其他目的。毫无疑问，这些新发行的货币不会引起整个王国所拥有的商品数量马上发生变化，如果这些新的货币持有者比之前没得到货币时获得了更大比例的英国现有商品的权力，则保持原有的纸币数量的人不得不拥有较之前更小比例的现有商品的权力。因此，同一份纸币将只能购买更少的货物，换句话说，商品的名义价值将上升。新发行的纸币将刺激经济增长，而原有纸币的所有者，能够指挥更少的财产，能够雇佣的劳动力将更少。"① 在他看来，只有在经济社会存在大量剩余物质生产资源时，由于原有货币所有者只购买了社会的一部分经济资源，还存在部分剩余物质生产资源时，新增货币可以实现对整个社会剩余资源的购买，把这部分剩余物质生产资源转化为生产力，此时，新增货币才会极大地增加整个社会的资本，而一旦经济社会中已经没有了剩余物质生产资源，新增货币购买的社会资源量必然就是原有货币持有者必须减少的社会资源量，此时，新增货币并不会促进整个社会资本增长。同样，桑顿认为，当经济中存在大量失业人群时，新增货币对促进社会产出的作用会更明显，但由于经济中闲置的劳动人员是有限的，当新增货币使全社会达到充分就业之后，再继续增加货币，很可能满足不了新增投资所需雇佣的劳动人员，于是会从以前的生产中吸引一部分劳动者，从而影响以前的生产能力，形成新增资本对先前资本的挤出，这种情况下新增货币对促进社会产出增长作用就十分有限，他写道："很显然，新增资本能够雇佣的闲散人员是有限的，因此，如果无限新增货币，它将导致一个部门从另一部门吸引一部分劳动力，由此可以推断，从新增货币中得到的好处是有限的，一次不受限制的较大幅度的货币增加将会得到增加货币所带来的全部好处。"② 因此，桑顿对于那些认为只要货币持续增加，经济就能持续得到刺激的人的观点进行了批评，他认为这些人只是简单地看到从新增货币获得的新资本增加了整个英国的资本，但他们并没有意识到，其他人的资本会因为整个社会新增货币而出现减少，另外，整个社会的劳动力也是有限的，当它们达到充分就业之后，再继续新增货币，已经不再能增加额外的劳动力，全社会的产出也将不再发生变化，新增货币将同比例地促进物价水平上涨。

（2）桑顿认为增发的纸币如果首先被消费者获得，将会产生对现有商

---

① Thornton，Henry. 1802. *An Enquiry into the Nature and Effects of the Paper Credit of Great Britain*. London，Hatchard，pp. 259 – 260.

② Thornton，Henry. 1802. *An Enquiry into the Nature and Effects of the Paper Credit of Great Britain*. London，Hatchard，pp. 258 – 259.

品更旺盛的需求，这就会导致企业常备库存的减少，这部分减少的库存不仅刺激原有工业企业扩大生产，并且新增货币产生的旺盛商品需求也会为新增的制造业成长提供条件，这样，无论是原有工业企业扩大生产还是新增工厂都将新增大量资本，雇用大量新工人，整个社会的生产能力和就业率都会增加。因此，新增的货币会同时刺激需求端与供给端，为社会创造更多的产出与就业机会。他写道："新增加的货币发行会对现存物品产生更快的需求，并在一定程度上促进更迅速的消费；更迅速的消费意味着对现有存货的减少，这就给新鲜工业提供了生命；为了弥补经济中原有工厂提供的库存不足，将会有更多新生工业产生并生产出更多库存商品，而新的流通媒介将以这种方式为自己创造更多新的就业。"① 不过，桑顿也同样认为，对货物和劳动力的需求比以前更迫切必然会导致劳动力和商品价格上涨。他写道："假设对货物和劳动力的需求比以前更迫切了，这种对需求的迫切要求所造成的后果必然是促进劳动力和商品价格上涨，这正是我要强调的问题。事实上，不管我们对这个问题采取什么看法，我们似乎不得不承认，虽然额外发行的纸币会促进产出增加，但商品成本的上升将是另外一种影响。"②

（3）桑顿还认为，当货币数量发生变动时，工资的变动并没有价格变动那么快。因此，当增发纸币促进商品价格上涨时，劳动者的工资不一定马上上涨。这样在商品价格上涨与劳动者工资还没有来得及上涨的空隙，企业会因价格的上涨，成本相对不变使利润增加，促进企业扩大生产，增加就业。另外，劳动者由于工资的相对下降不得不在提供同等劳动时消费更少的商品，形成强制储蓄效应，从而促进社会资本增加，产出增长。但他同时也强调，这种强制储蓄效应是以这些普遍劳动者以及社会不生产阶级的生活质量下降为代价的。他写道："这也必须承认，假设我们过度发行纸币，可能一段时间内会提高货物的价格，而劳动力的价格则可能保持不变，这样必然会引起产出增加；对于劳动者来说，根据这一假设，可能会被迫使消费更少的物品，尽管他从事与之前同样的劳动，但是，这种储蓄，以及由遭受同样苦难的社会不生产阶级收入下降所增加的额外的储蓄，将会导致同比例的苦难与不公平。这种假定也意味着承认我们正在争论的观点，即增加的纸币发

---

① Thornton，Henry. 1802. *An Enquiry into the Nature and Effects of the Paper Credit of Great Britain.* London，Hatchard，P. 260.

② Thornton，Henry. 1802. *An Enquiry into the Nature and Effects of the Paper Credit of Great Britain.* London，Hatchard，P. 261.

行往往会提高商品的价格。"①

二、货币数量减少表现出的非中性

桑顿认为，增加货币或者保持一国货币充足能刺激一国经济增长，促进一国经济繁荣；相反，如果一国货币不足或是货币大幅减少时，则会产生相反的结果，导致一国产出减少，失业率上升，经济陷入衰退。他从以下四个方面说明了减少货币对经济带来的危害。

（1）桑顿认为，如果减少纸币数量能使所有商品的价格和生产要素（尤其是工资）的价格都同比例下降，对本国生产的商品并没有任何影响，甚至在某些方面还有刺激作用，因为生产成本下降能使本国产品在国外出售时获得成本上的优势。但现实情况是，由于工资相对价格更不易变动，纸币数量的减少会造成商品价格比工资以更快的速度下降，这就会造成很多生产者销售收入减少，而经营成本却仍然保持不变，生产者的利润必然会减少，这会打击生产者的积极性，全社会的生产将会受到抑制。他写道："诚然，如果我们可以假设银行纸币数量的减少会永久性地降低所有物品的价值，并且公平地假设，也相应减少了工资的价值，那么，尽管这可能会对已经生产出的存货造生一些损失，但对制造商的未来生产并无任何影响。然而，真实情况很可能是银行纸币数量突然大幅度减少会造成一种不寻常的、暂时的萧条，并导致商品价格的下跌。但是，这种暂时萧条可能不会引起工资率的相应下降。因为价格的下跌和萧条将被人们理解为是暂时的，而且我们知道，工资的变化并不像商品的价格那样容易变动。因此，有理由担心我们刚才所说的银行纸币数量突然大幅度减少带来的短暂萧条以及由此造成的价格下跌会打击制造业。"② 由此可以看出，桑顿较早地观察到工资变化要慢于价格的变化这一经济现象，发现了一条全新的货币影响经济的途径。

（2）桑顿认为大幅度减少纸币会打乱正常的商业计划，使国家的许多工业被迫处于闲置状态，无法发挥出正常的生产力，还会造成整个社会资源产生错误配置，导致全社会生产效率低下。这主要是因为货币数量的突然下降会导致一些人出现支付手段短缺，无法按照之前正常的商业和制造计划开

---

① Thornton, Henry. 1802. *An Enquiry into the Nature and Effects of the Paper Credit of Great Britain.* London, Hatchard, P. 264.

② Thornton, Henry. 1802. *An Enquiry into the Nature and Effects of the Paper Credit of Great Britain.* London, Hatchard, pp. 82 – 83.

展生产经营活动，而整个社会的生产经营活动又是相互依赖的，某一个生产者缺少货币资金也会对其他生产者产生不利影响，导致其他生产者也不能正常开展经营活动，进而又会影响与他们相关联的另外的生产者，直至这种相互影响蔓延到全社会。此外，桑顿还认为，从全社会来看，商品在各部门之间的分配比率也会遭到破坏，本来为某一部门生产的商品可能被出售给其他部门，整个社会生产与消费原有的结构与比例就会发生改变，资源配置就会发生扭曲。而各部门商品按固定比例的生产与分配是一个国家经济良性发展的重要前提条件，缺少这一条件，一国生产就会陷入混乱，资源配置效率就会下降，从而导致产量减少，失业率上升，出口商品数量也会相应减少。他写道："纸币的大幅减少使该国的大部分工业无法在正常情况下生产。当人们对预期付款方式不足而感到非常失望时，经济社会就会经历多重失败，商人和制造商的计划以及已订立的各种改进计划都会被更改或暂停，部分劳动力将会被解雇。如果预期能够正常使用且造价昂贵的机器已经建好，但由于货币变得非常紧缺，可能会导致机器闲置。本来应该占据代理商或店主的房屋，并需要借助他们来出售的一部分商品，却还躺在制造商的仓库里，由于存放的时间太久，正在遭受损坏。另外，一些销售可能会被迫进行，为某个市场准备的货物，本应在该市场销售，却被出售给了其他市场，在这种情况下，供应与消费不再以之前最相适应的规律和严格的比例来进行，而这是保持生产与分配富有效率，使工业富有成效和增加国家物质财富的伟大手段。纸币的每一次大规模和突然的抑制不仅抑制工业的发展，而且也会导致资源的错误配置，国家一般财富也会因此而减少，出口也会因减少了货币而下降。"[1] 此外，桑顿还认为伦敦缺乏货币要比乡村地区缺乏货币造成的后果严重得多，伦敦是英国的经济中心，其收付款占据整个国家的绝大多数，且需要的纸币较少，很大一部分交易由于数额巨大，需要借助商业票据进行支付。在伦敦长期以来形成的完整的支付体系中，根据银行家们的经验，需要多少纸币往往是固定的，因此减少纸币数量，将很难保证伦敦的正常支付，任何一种付款不准时都容易被认为是当事人陷入了破产，这将对伦敦乃至整个英国产生严重的后果。假如伦敦的银行券减少 1/3 或以上，整个伦敦都会陷入支付危机，公众的信心会受到打击，商业系统也会陷入瘫痪，制造业也会陷入停滞。因此，无论一个国家黄金数量多寡，英格兰银行都需要发行必

---

① Thornton, Henry. 1802. *An Enquiry into the Nature and Effects of the Paper Credit of Great Britain*. London, Hatchard, pp. 84 – 85.

要数量的银行券。

（3）桑顿认为纸币的异常减少会引起国外的信任危机，从而损害本国工商业发展。由于纸币数量减少，一些工商业从业者会出现货币不足，一方面，这会促进国内出口商增加向国外销售商品，以弥补本国资金不足；另一方面，本国出口商销售商品给外国进口商时，不得不缩减外国人的信用，以加速回款，这样会减少一部分依赖商业信用购货的国外客户。同样，国内的进口商也会因为缺少货币，不得不推迟外国商品的进口，或者以更长的商业信用期限来购买。但是因加速回款从国外得到的较多收入以及因推迟购买形成的较少支出只能给本国带来短期利益，进出口的下降必然会损害双方经济长远发展。此外，整个国家经济还会因外国出口商变得更加谨慎而愈发艰难，本国出口商比以前更难获得国外的商业信用，不仅如此，这些外国出口商还会向本国进口商催还以前的欠款，使得本国进口商的经济处境更加困难。此外，在货币数量减少造成的严重不信任时期，国家还必须承担向国外大量出口制成品的义务，不是为了支付进口货物的费用，也不是为了购买黄金，而是为了消除债务。因此，突然的银行券减少会导致经济陷入恐慌，从而阻止而不是促进黄金的流入，这也会增加银行经营的风险。

在 1796～1797 年，英国经济陷入衰退，国际收支逆差扩大，黄金外流严重，英镑汇率不断走低，以斯密、李嘉图为代表的古典学者提出一种维持汇率稳定的办法，认为通过减少银行券，促使国内物价下降，使之与国外相比更便宜，这样，本国商品在国际市场上会更有竞争力，一方面能促进本国商品的出口，另一方面进口也会下降，从而有利于改善英国的国际收支，实现黄金流入，以此来维持汇率稳定，但桑顿不认同以上观点，强烈反对这种建议。

他认为大幅减少货币会导致国内经济陷入深度衰退，很多出口商可能会因此倒闭，导致出口商品不仅不会增加，反而会大幅减少。他写道："国内的低价格可能诱使商人出口他们的物品，希望在国外得到更好的价格，这绝不是一个不合理的假设。但是，从另一方面来看，首先，如果我们所有的贸易商都比通常更渴望出售商品，必然会伴随着普遍的不愿意购买，这似乎是必然的，更显而易见的是，当商人群体普遍遭受到资金困难时，他们会尽量出售库存的商品以筹集资金，自然也会推迟从制造商那里进货，或者他们会要求制造商们延长商业信用，但制造商们遇到了与商人同样的资金困难，不可能给予他们更长的商业信用。制造商们的销售也因此被暂停了。但只要他的生产还在继续，他就要继续支付每天和每周的各种支出。换句话说，他只有钱出去，却没有钱进来，这种情况发生在一个信用普遍紧张的时期，他不仅无法借款，以满足他的特殊需要，而且他还要被要求比以前更快地支付原材料费用，因此，制造商由于不寻常的资金短缺，即使他的产品的销售价格应该是有利可图的，也可能被迫放松甚至暂停他的生产，商业世界遭受如此大的压力，必然导致从事制造业的劳动者的失业，显然这并不是增加产品出口的捷径。"①

此外，从进口结构来看，桑顿认为英国当时主要进口三类物品：一是粮食，由于英国粮食减产，国家从国外进口了大量谷物；二是转口贸易类产品，指从国外进口经过简单加工后再倒卖给第三国的货物；三是国内制造业生产急需的原材料。在桑顿看来，第一种商品——谷物是人们的生活必需品，第二种商品给英国带来了巨大利润，第三种商品则是发展英国制造业的基础，因此这三种商品的进口都不能减少，抑制这三类物品的进口，都会有损英国的利益。

此外，由于英国国内货币紧缺导致的工商业不景气，国外的出口商也收紧了对英国商人的信贷，并催促那些欠下债务的英国人偿还之前欠下的债务。英国商人不得不将大量生产的商品送到国外，不是为了支付进口货物，也不是为了追求黄金，而是为了偿还债务。因此，他得出如下结论："因此，尽管我们可能怀疑，对银行发行纸币的某些适度限制可能不利于弥补一个国家的不利的贸易局面。但似乎足够清楚的是，任何非常突然和猛烈的银行纸币减少都必将导致经济的动荡与混乱，从而会阻止黄金进入该国，并且会增加银行本身倒闭的危险。"②

（4）桑顿认为经济中的货币数量不足会影响人们对商业的信心。桑顿非常重视商业信心对经济发展的促进作用。他认为，一般而言，商业信心与物价水平呈正相关关系，当经济中的货币供应增加时，物价上涨，人们的商业信心上升，人们更愿意从事商业活动，全社会投资支出就会增加。相反，当经济中的货币供应下降时，物价下跌，人们的商业信心下降，人们对从事商业活动更加谨慎，全社会投资支出就会减少。他以1793年英国发生的经济危机为例对这一问题进行了说明。1793年英国对法国宣战，英国对法国及欧洲大陆的出口出现严重萎缩，国内物价水平一路下跌。1792～1793年，

① Thornton, Henry. 1802. *An Enquiry into the Nature and Effects of the Paper Credit of Great Britain*. London, Hatchard, pp. 80 – 81.

② Thornton, Henry. 1802. *An Enquiry into the Nature and Effects of the Paper Credit of Great Britain*. London, Hatchard, P. 87.

以棉纱为例，100 只棉纱价格从 30 先令跌至 16 先令，令很多企业损失惨重，破产数量急剧增长，由于大量企业经营资金来自银行的借款，这些企业的破产使得银行无法收回贷款，带动了大批银行破产。桑顿认为英格兰银行在这次危机中并没有减少货币发行，但是由于危机导致货币流通速度减慢，使得流通中的实际货币数量减少了，加速了经济衰退。在桑顿看来，这主要是因为在危机期间，商业信心出现了普遍下降，人们开始担心付款日期到来时没有足够的货币应对，不得不事先储备一些货币。对商人而言，出于谨慎，在这段危机期间，他们把本应放在银行的货币取了出来，保留在自己手中，这种行为导致了货币流通速度下降，熊彼特认为，桑顿是第一个把流通的速度看成是一个变量，随信心的状况而波动，实质上是随一般商业状况而波动的人，并把它看成桑顿对货币思想史所做的三大贡献之一。此外，由于危机期间人们普遍使用信用更高的英格兰银行发行的银行券来替代乡村银行发行的银行券，也增加了对英格兰银行券的需求，使得流通的英格兰银行券数量不再能满足人们的日常支付需求，货币数量的不足加速了经济衰退，反过来又打击了人们的商业信心，这样实际货币数量减少与商业信心下降陷入了恶性循环，使经济陷入深度衰退。为了应对这次危机，英国议会通过一项法案，在商业人士能够提供合适担保品的前提下，尽可能多地向他们提供国库券贷款。结果在国库券还没有实际发行之前，工商业的经营情况就开始好转，破产的企业明显减少了，这主要是人们预期货币供给会增加，使得商业信心开始逐渐恢复，一些工商业企业开始扩大投资，促进了经济恢复。

因此，在桑顿看来，针对英国经济陷入衰退、国内黄金数量外流严重、人们对银行发行的银行券信心不足、本国货币汇率下降、黄金价格高于金币价格等不利局面，减少纸币发行并不能促进黄金回流，促进汇率提升，从而维持本国货币稳定，反而会伤害一国工商业企业的正常发展，加速经济衰退，造成更加严重的后果。在桑顿看来，促进一国工商业的发展才是解决上述问题的根本办法，只有本国工商业发达了，才能扭转本国的贸易逆差，促使黄金流入，才能维持本国货币稳定。因此，在桑顿看来，当时英国最重要的任务是稳定整个社会的信用体系，确保人们对发行纸币的信心，同时通过增加纸币供应来促进经济发展，提升制造业企业在国际市场的竞争能力，通过扩大本国企业出口来扭转贸易逆差，最终解决英国黄金外流的问题。桑顿认为，纸币数量的缺少比黄金数量的不足对经济的影响更大。当黄金数量不足时，人们可以通过发行银行券来进行弥补，在他看来，只要一个国家的银行券发行的数量不太多，银行家们和一些有影响力的工商业人士都接受并使用这些银行券，一国的国际收支状况良好，不需要黄金的支持，人们就会对银行券充满信心，银行券与金币的兑换比例也会保持稳定不变。

第二节 商业票据的货币属性

桑顿认为商业信用是纸币与商业票据产生的基础，纸币与商业票据一样，都是商业信用发展的产物。在原始社会时期，人们就利用信用进行商品交易，比如某个制造商暂时赊销一些商品给某个农民，等到农民粮食丰收后，再进行偿还。后来随着商品交易的扩大，这种口头承诺的信用方式已经不能满足交易的需要，之后，随着信用的发展，各种商业票据与纸币开始用于人们的日常交易，它们的使用使商业信用不再只是一种口头承诺，纸币与商业票据作为交易媒介也减少了在支付合同中必须注明的一些文字描述，节约了稀有贵金属的使用，使商品的交易不用再携带沉重的金属货币，使交易变得更加便捷。此外，纸币与商业票据的使用反过来又增加了交易商之间的信用，使得信用交易成为商品交易的主要形式，极大地扩大了社会商品交易规模。纸币与商业票据作为交易媒介也存在一些区别，首先，相对商业票据，纸币是一个国家商业信用最发达时出现的产物。他写道："当信心在某一国家上升到某一高度时，对某一些人来说发行纸币就可以获得丰厚的利润，通过这些纸币能够便利地交换金属货币，纸币开始代替金属货币流通。一部分由纸币替代的金属货币留在银行作为准备金，剩余的部分由纸币发行者贷出并给他们带来利息收入。"[1] 其次，由于人们持有纸币没有利息收入，而持有商业票据则存在利息收入，人们更愿意长期持有商业票据，使得商业票据的流通速度要慢于纸币。但总体而言，在桑顿看来，商业票据与纸币一样起着流通媒介的作用，因此也应该被视为纸币，其数量的变动与纸币数量的变动一样，能对经济产生相同的影响。

一、商业票据的产生

桑顿认为，在原始社会，人们商品交易的方式是以以物易物的方式进行

---

① Thornton，Henry. 1802. *An Enquiry into the Nature and Effects of the Paper Credit of Great Britain.* London，Hatchard，pp. 37 – 38.

的，随着社会的发展，人们交易的商品逐渐增加，以物易物不再能满足需要，人们开始逐渐使用金银、银行券，以及商品汇票与期票等流通工具来作为商品交易的媒介。桑顿认为，自从有了商业票据，英国商人买卖商品的日期不再是他支付的日期，如果他必须有足够的钱来支付才能从事买卖，那他必须在手中持有大量货币，这样他就会丧失一部分利息，为了避免这一损失，并且让他有足够的时间来准备钱，他可以通过使用信用的方式来购买，也就是开出一张承诺未来某一天付款的票据来进行支付，这样他就有更大的自由来决定买与不买，或是卖与不卖。

他举例说明了商业汇票的产生以及充当流通媒介的特点，假如在伦敦有10家制造商向约克的10位零售商出售商品，在约克也有10家制造商向伦敦的10位零售商出售商品，这样在约克的10位零售商就没有必要向伦敦的10家制造商支付几尼，在伦敦的10位零售商也没有必要向约克的10家制造商支付几尼，在约克的制造商只需向约克的零售商收取货款，然后通过给伦敦债务人回信确认收到了这笔款项，并指示在伦敦的债务人手中准备好款项付给伦敦的制造商，以便以与约克相同的方式取消伦敦的债务。这样就可以节省两地之间汇款的费用和风险，这种转移债务的信件被称为商业汇票，也就是用一个地方债务与另一个地方债务交易的凭证。期票也是一种常见的商业票据，其本质是一种远期付款的凭证，简单地说如果某人出售商品给购买人，而购买人并没有即时付款，而是给予了一张记录未来某一天付款数量与付款方式的凭证。

在当时的英国，大量的乡村银行、商店老板都参与到票据承兑业务中，不仅可以收取一定量的佣金收入，还可以持有票据直至到期获得产生的利息收入。一些商人在从事商业票据业务中获得了大量收益，使得票据的种类不断增加。从大的分类来看，一类是之前所提到的基于商品交易产生的真实票据，另一类是没有发生商品交易业务而发行的便利票据，这种票据主要是以融资为目的的，也被称为虚假票据。他举例说明了这类票据的产生，比如 A 由于缺少 100 镑，给 B 开出一张在两个月后承兑的汇票，B 在收到这种汇票后，给 A 支付货币，A 在两个月后汇票到期日再按汇票约定的金额支付给 B。桑顿认为，由于便利票据和真实票据都能贴现，都在一定程度上取代了金属货币的流通，因此便利票据也构成了一国的流通手段，或者说纸币的一部分。当时社会上一部分人认为真实票据因为与每一种销售商品相对应，所以代表一个国家的实际财产，而便利票据因为没有与销售商品相对应，因此是一种带欺骗性质的虚假票据，应该予以取消。桑顿并不认同这种观点，他认为，真实票据也不完全是与所销售的商品一一对应的，也具有像这些人所说的"虚假"性质，他举例说，如果 A 出售给 B 100 镑的商品，收到 B 开出的一张 6 个月到期的期票，B 又把这些商品以 100 镑出售给 C，收到 C 开出的一张 6 个月到期的期票，C 又把这些商品以 100 镑出售给 D，收到 D 开出的一张 6 个月到期的期票，交易像这样一直持续下去，这样 6 个月后将同时存在 6 张 100 镑的期票，但实际上它们只代表 100 镑的真实商品。因此，在桑顿看来，所谓的真实票据数量也不一样代表真实财富数量，在某种意义上也具有虚假票据的性质。

二、商业票据的货币性质

桑顿认为，商业票据的使用不仅节省了货币，而且在许多情况下也占据了它的位置，使得商业票据具有货币的性质。他举例说："让我们想象一个农民为了偿还 10 英镑债务给他的邻居杂货店老板，他用他出售粮食后，伦敦的粮食批发商给他开出的汇票进行支付，杂货店老板把这张汇票背书后转移给邻近的糖商，以清偿类似的债务，糖商经背书后把它寄给一个在港口的西印度商人，这个西印度商人把它交给他的国家的银行家，银行家经背书后，再把它送到进一步的流通中去。在这种情况下，汇票就像一张 10 英镑的纸币一样实际上实现了 5 个支付，在这种情况下，它的流通主要是基于它的每一个收款人对付款人的信任；然而，一张纸币的流通是由于发行人的名字是众所周知的，能够给大家一种普遍信用感。在这个国家，许多商业票据是以所描述的方式在商人和商人之间流通的；从严格意义上讲，它们显然是王国流通媒介的一部分。"[①] 他还举例说，在利物浦和曼彻斯特两地，当地银行并不发行纸币，买卖商品的支付都是用当地银行所发行的可以在伦敦进行承兑的 1~2 个月到期的商业票据进行的。在他看来，在这些地方，商业票据显而易见完全替代了货币，使得经济中需要的货币数量大幅减少了。他写道："商业票据虽然被认为是为了将一个人欠的债务换成另一个人欠的债务而开出的，但实际上它并不完全是为了充当可贴现的物品以及为应付意外开支而产生的；由于它在任何时候都能够兑换成现金，它们使需要储存的现

---

① Thornton, Henry. 1802. *An Enquiry into the Nature and Effects of the Paper Credit of Great Britain.* London, Hatchard, P. 40.

金数量大大减少了。"① 当然很多学者并不认同桑顿把汇票等商业票据视为货币的观点，比如博伊德在写给皮特首相的信中，就提到流通媒介就是货币，它可以包含银行券和金属货币，但汇票、国库券以及其他协议形式的票据并不是流通媒介，更不构成货币，它们只是单纯的循环器，而货币是流通的对象。桑顿还对斯密进行了批评，认为他并没有注意到，商业票据也具有纸币的性质，他写道："斯密博士，虽然他在某种程度上讨论了纸币流通的问题，但他根本没有提到商业票据的大量使用形成的对纸币的节约，或在许多情况下他们提供替代纸币的能力。"②

尽管桑顿认为商业票据具有货币的性质，但其流通速度比黄金或纸币要慢很多，因为人们无论是持有黄金还是纸币，都不能产生任何收益，因此，持有纸币和黄金的人会急于把他们用出去。相反，汇票一般都有利息，占有者持有它的时间越长，获得的利息收入越多，因为汇票要等到到期日才能获得它的全部面值，在没有到期之前需要根据到期日的时间长度扣除一部分从持有至到期的利息，持有的时间越长，这部分扣除利息就越少，因此人们更愿意持有汇票。他通过估算，一些乡村银行发行的金额为 100 镑的纸币，可能在 3 天内平均支付一次；而一张 100 镑的商业票据可能需要 9 天才平均支付一次。但桑顿并不把国库券和股票看成货币，因为在他看来，成为货币的物品其面值应该是稳定的，而且在进行转让时，不存在成本，而股票的面值波动很大，而且在买卖时存在佣金，国库券尽管面值波动不大，但在买卖时存在一定量的佣金，因此他们不能当成流通媒介，也就不能构成货币。

第三节 乡村银行发行货币的重要性

一、乡村银行的产生

在桑顿所在的时代，英国就已经存在大量的乡村银行，在 1793 年时，

---

① Thornton，Henry. 1802. *An Enquiry into the Nature and Effects of the Paper Credit of Great Britain.* London，Hatchard，P. 42.

② Thornton，Henry. 1802. *An Enquiry into the Nature and Effects of the Paper Credit of Great Britain.* London，Hatchard，P. 39.

达到 353 家[1]，他们分布在各小城镇，主要从事商业票据贴现、存贷款等业务，他们也发行纸币，并且这些纸币在发行地的一定范围内流通，代替金属货币成为主要的流通工具。

桑顿认为，在乡村银行产生之前，在每一个城镇和一些村庄，都有一些商人、制造商或店主在许多方面充当了银行的作用。例如，店主们由于商业往来，习惯向伦敦开出汇票，并把汇票汇到那里，偶尔也会帮他的客户承兑一些汇票，然后把这些汇票一并带到伦敦。一些不是他顾客的人由于急需货币或者想投资汇票，也在这些店主那里把货币兑换成汇票或是把汇票兑换成货币，店主会因为给他们提供了便利而收取一些费用。不久，这些店主发现承兑和开出汇票的交易有利可图，于是，他们不断扩大这种业务，为了吸引更多的客户，这些店主开始在他们的门上印"银行"，并在他们开出的汇票上也印上这两个字，即便他们并没有发行纸币，也把这两个字刻在他开出的汇票上。此外，这些店主也会以支付一定的利息率为代价吸引他的邻居们把剩余的钱放在他那里，再利用这些钱去从事他的商业获得利润，为了安全经营，店主一般会要求在提前通知的情况下才能在他那里取款，这些业务在乡村银行产生之前就已经广泛存在了。之后，为了使借贷更加规范，这些店主开始发行一些带有利息的记账凭证，记账凭证上记载了该凭证是借款凭证还是存款凭证，利息率大小以及到期的时间，这些凭证也可以进行转让和流通，但由于转让时，利息率的计算非常麻烦，凭证每转手一次利息就要重新计算一次。人们不太愿意接受将其作为付款手段，特别是还有很长时间才到期的这些凭证。虽然这些记账凭证大量流通，但不迅速。为了促进流通，从而增加整个记账凭证的数量，店主们减少了记账凭证到期的时间，因为他们发现，较低的利息率足以使人们接受它，甚至在短时间内到期但不带任何利息的票据也要比在非常遥远的时期到期但附有利息的票据更好流通。当信心在英国上升到某一高度时，店主们发现自己发行纸币就可以获得丰厚的利润，通过这些纸币能够便利地兑换成金属货币，人们对纸币充满信心，纸币开始代替金属货币流通；一部分由纸币替代的金属货币留在银行作为准备金，剩余的部分由纸币发行者贷出并给他们带来利息收入。但人们最愿意接受的纸币是在没有任何通知的情况下支付的纸币，最开始时，有些银行一方面希望鼓励流通自己发行的纸币，另一方面要求取款人必须在取款之前的某

---

[1]　Thornton，Henry. 1802. *An Enquiry into the Nature and Effects of the Paper Credit of Great Britain.* London，Hatchard，P. 154.

个时间事先通知才能取款，主要是为了避免在没有通知的情况下，银行来不及准备金属货币，造成无法支付，引发挤兑。同时，事先通知的时间越短，人们越愿意接受，流通的纸币的数量和比例就越大，之后，随着银行采取了更多缩短通知时间的安全措施，逐渐发展到不需要通知就可以去银行兑换黄金，这样银行发行的纸币被大家普遍接受，黄金在流通领域逐渐被纸币取代。

此后，乡村银行的数量开始激增，主要是因为其发行的纸币能够随时兑换黄金获得了人们的认可与支持，乡村银行家发行纸币并把它作为资本借给各类经营者，满足了人们对资金的需要，从中获取利息收益，人们也愿意或者说不得不接受它，并把它作为一种现成的付款工具。随着乡村银行业务的广泛发展，以前直接与伦敦的通信银行进行业务往来的商人逐渐把自己的业务转向乡村银行，这主要是乡村银行较伦敦的通信银行支付的佣金要低得多，且在地理位置上的优势使得商人不用经常往返伦敦，通信银行也希望乡村银行能够广泛发展，因为乡村银行往往会寻找他们作为代理银行，以进行存款、资金投资和其他交易，这样伦敦的通信银行逐渐放弃了直接与商人进行交往的零售业务，专注经营批发业务。

二、乡村银行发行货币促进了经济发展

（一）乡村银行发行货币促进了资本积累

桑顿认为乡村银行与英格兰银行一样，通过发行它们的银行券，促进了整个国家生产资本的积累。他认为，通过乡村银行发行银行券使英国的制造业更加兴旺了，国外贸易扩大了，整个国家的土地也分享了更多的利润，各行各业都呈现出新的面貌。他借用斯密的观点："斯密博士说，这（乡村银行发行银行券）不是通过增加国家的资本，而是通过使更多的资本更加活跃和更具生产性，从而促进了英国的工业发展。'闲置的资本'，他观察到，被转换成活跃的、具有生产力的资本。"[1] 在桑顿看来，无论使用纸币被称为将闲置的和非生产性的资本转化为活跃的和生产性的资本，还是直接增加了整个国家的资本，都是一回事。桑顿之所以这样认为，是因为他认为纸币的大量发行节约了大量之前处于流通领域的黄金，而人们可以用这些黄金去

---

① Thornton, Henry. 1802. *An Enquiry into the Nature and Effects of the Paper Credit of Great Britain.* London, Hatchard, P. 168.

购买大量的机器设备，从而促进整个国家的生产性资本增加，使全社会能够生产出更多的商品。他写道："从流通领域节省的黄金带回了建筑用的木材、制造机械用的铁或钢、制造商加工所需要的棉花和羊毛，因此，纸币促进了整个国家真实资本的增加，增加的量与因纸币流通导致出口的黄金数量完全相等；而这种额外的资本，就像国家资本的任何其他部分一样，为工业提供了生命。"① 因此，他认为一国黄金资本越少，其他类型的资本就越多，得益于纸币的大量流通，数量较少的黄金存量就可以完成之前需要大量黄金才能完成的工作，从这个角度来说，他认为纸币的使用给整个国家增加了大量资本。他还把纸币的使用比作在生产中使用一种新的机械，其安装成本较以前更低了，但是它也能有效地完成所需的工作，但借助于这种方式，它能使制造商在制造过程中生产更多的货物，这就相当于增加了该国的资本。

他反对一些人提出的乡村银行只是提供了虚假资本的观点，这些人认为，乡村银行出现之后，向农民提供了大量贷款，而农民并没有把这些贷款用于农业生产，而是缓解了他们出售粮食的压力，使他们能够长时间囤积粮食，等到粮食价格上涨之后才进行出售，在这些人看来，乡村银行的出现并没有增加土地资本积累，而是提高了粮食的价格。但桑顿认为，农民的资本，无论是借来的还是他们自己的，都被用于土地投资，并大幅增加了农产品的产量。他写道："事实情况是，在最近这些年里，农民在有乡村银行之后获得的贷款比没有乡村银行时获得的贷款要多得多。向农民提供的资本可能会在某些时候诱使他们中的一些人在手中保存更多的粮食。然而，我们知道，1800 年秋季的粮食总库存特别低。因此，虽然农民的总资本中有一小部分，不管是借来的还是他们自己的，用于了囤积粮食，但最主要的资本份额还是被用于土地改良，并极大地增加了粮食产量；毫无疑问，从农场获得的农作物的产量主要取决于种植和改良所付出的货币金额。乡村银行发行的纸币因此增加了粮食的一般供应，通过扩大产量，有效防止了粮食价格上涨。"②

（二）乡村银行发行货币促进了社会分工

桑顿认为，有了乡村银行之后，社会各行各业的分工更加精细了，工商业主日常发生的繁杂的收付款业务被分离出来，转交给了乡村银行进行集中

---

① Thornton, Henry. 1802. *An Enquiry into the Nature and Effects of the Paper Credit of Great Britain*. London, Hatchard, P. 168.

② Thornton, Henry. 1802. *An Enquiry into the Nature and Effects of the Paper Credit of Great Britain*. London, Hatchard, P. 169.

受理，既节约了成本，也提高了效率。他写道："乡村银行在很多方面都带来了好处，给各行各业的人都提供了便利，特别是对那些从事商业的人。它被认为有利于劳动分工，这是一个国家富裕的前提，即便是中等贸易商，货币的收据和付款现在都不必在家里进行，而是在银行家手中成为一个单独的业务分支。可以想象得到，那些转移这部分业务给银行的贸易商将为他们节省大量劳动力，并节约了最昂贵的流通媒介金银币的使用。通过乡村银行的这些专门技能，以远远低于交易商由自己职员来完成所必须承担的费用，他们不把利润全部留给自己，这不亚于对客户的节省，可以被视为对王国带来的明显好处。"①

此外，桑顿认为乡村银行带来的其他好处还有：（1）乡村银行的存在促进了国家的储蓄，为公众提供了一个可以获得一定利息收益的安全机构，当公众都习惯于把钱存入乡村银行时，不仅为他们带来了利息收入，而且使无数分散的小额货币汇集起来形成了数量巨大的资本，乡村银行再把这些资本提供给工商业企业，为企业聚集生产经营资金提供了巨大的便利，促进了整个社会的生产。（2）更有利于甄别交易商的信用。乡村银行的客户分布比较集中，银行家们对客户会更熟悉，通过观察这些客户的账单交易，就可以很方便地区分这些客户是谨慎的交易者和还是风险业务偏好者。（3）减少了公众税收。政府每年要从乡村银行的纸币发行与票据兑换业务中收取大量的税收，如果不存在纸币信用，这些税收就要从其他生产性行业或是从人们的财产中进行征收，这会增加其他生产性行业和人们的负担。

三、提高乡村银行安全经营的办法

一些人认为，由于发行货币能够给乡村银行带来收益，这使得乡村银行经常存在过度发行纸币的倾向，最终可能会因为其黄金储备不足，导致人们无法用手中的纸币兑换黄金，从而引发挤兑行为，造成乡村银行破产倒闭，使人们对发行的纸币失去信心，而桑顿则认为乡村银行通常情况下不会过度发行纸币，从而把自己陷入高风险经营困境中，因为人们一旦发现某乡村银行发行的纸币数量明显过多时，公众就会要求用该银行发行的纸币兑换金币或是英格兰银行的纸币，因此乡村银行过度发行纸币的倾向受到了其向伦

---

① Thornton, Henry. 1802. *An Enquiry into the Nature and Effects of the Paper Credit of Great Britain.* London, Hatchard, pp. 163–164.

敦银行开出商业票据义务的限制，比如某一地区的某乡村银行发行了过多的纸币，则该地区用该纸币标价的商品价格就会上涨，而如果在伦敦地区英格兰银行的纸币发行数量比较稳定，物价也比较稳定，则人们就会用乡村银行发行的银行券兑换英格兰银行发行的银行券，再到伦敦地区购买商品，然后将它带回到价格上涨的乡村地区出售，而英格兰银行由于发行的银行券数量总量稳定，无法满足日益增加的兑换需要，必然会在某个时间点停止对过度发行银行券的兑换，而一旦人们无法兑换英格兰银行的银行券或是黄金，乡村银行发行的银行券就会失去信任，引起挤兑甚至破产，因此乡村银行的银行家在注意到这一风险后，发行银行券必然会更加谨慎，因此，在桑顿看来，在对英格兰银行发行银行券需求变化不大的情况下，只要英格兰银行发行的银行券数量相对稳定，其价值变化不大，受银行券相互兑换的限制，乡村银行发行的银行券数量也会保持相对稳定，以保持与英格兰银行发行的银行券维持固定价格比例。正如他所说："人们已经注意到，英格兰银行发行的银行券数量受到该行董事会的限制；而乡村银行发行的银行券的数量并不受发行人的行为限制，而是受到与英格兰银行发行银行券可兑换的限制。"[1]

不过，桑顿也承认，经济社会中发生一些例如战争、粮食大幅减产等事件，确实会引发民众的恐慌情绪，使很多人担心乡村银行发行的纸币不能兑换黄金或是英格兰银行发行的银行券，造成人们都会去银行要求兑换黄金或是英格兰银行发行的银行券，如果乡村银行自身储备的黄金不足，又得不到外部足够的援助，确实极易引发破产，由于在这种不利环境下人们都不愿接受乡村银行发行的纸币，黄金或是英格兰银行发行的纸币开始作为人们交易的手段，但这显然满足不了人们对货币的需求，流通媒介的极度短缺必然对一国的各行各业都会产生不利的影响。不过总体而言，在分析利弊关系后，桑顿认为乡村银行发行纸币给社会带来的好处要胜过它对社会造成的伤害，他主张维持乡村银行的货币发行权力，但他也提出了促进乡村银行安全经营的一些建议：（1）在乡村银行经营陷入困境时，英格兰银行应该加大救助的力度。他写道："如果英格兰银行在未来的恐慌季节愿意比以往更大程度地延长贴现，那么通过该机构的慷慨，就可以避免乡村银行陷入破产的灾难。"[2]桑顿的这一建议后来演变为各国中央银行的最后贷款人职能。（2）乡村银

---

① Thornton, Henry. 1802. *An Enquiry into the Nature and Effects of the Paper Credit of Great Britain.* London, Hatchard, P. 228.

② Thornton, Henry. 1802. *An Enquiry into the Nature and Effects of the Paper Credit of Great Britain.* London, Hatchard, P. 186.

行需要增加纸币发行的财产准备。这些财产准备要么是黄金或是英格兰银行发行的纸币，要么是能够很快转换成英格兰银行的纸币或是黄金等其他财产，那么乡村银行抵御风险的能力将大大加强。（3）通过加大对商业知识的传播增强人们对乡村银行发行纸币的信心。让公众能够公正地评价由不同乡村银行所发行纸币的真实信用，避免因意外事件的发生引发群体性恐慌事件。

第四节　桑顿对货币影响产出的程度分析

一、增加货币数量对产出的影响程度

尽管桑顿认为扩大纸币供给会促进工商业发展，为新生工业提供更多资本与市场，从而扩大全社会的生产与就业，但是他同时也认为，这种增加是有限的，新增的纸币不能完全被新增商品数量所吸收，一部分甚至有可能是绝大部分新增纸币产生的影响是促进了社会物价水平的上升。他写道："应该承认纸币通过给新生工业带来生机从而具有扩大商品数量的能力，同样也可以证明工业的增加绝不会与纸币的增加同步。"[1] 因此在他看来，"不管我们对这个问题采取什么看法，我们似乎不得不承认，虽然额外发行的纸币将会促进额外的新增的工业，但同样也会造成商品价格上升的影响。"[2]

为什么说新增货币中只有一部分起到了促进社会产出的作用，而另一部分则造成了物价上涨呢？而不是像一些人所认为的那样全部新增的货币都会被新增的产出所吸收，不会促进价格上涨呢？他举例说，假如有一个人 A 因为银行增发纸币，向银行借了 2 万镑，由于这 2 万镑货币留在手上不会给他带来任何利息，他会尽快把它花掉，假如他 3 天后用货币向 B 商人购买了商品或者资本、土地等生产要素，则 B 手上就会有 2 万镑的额外货币，与 A 一样，B 也在 3 天后将货币全部用于向 C 商人购买上述物品，如果以上过程不断重复下去，假定商品的价格不变，则新增货币形成的购买力不再

---

① Thornton, Henry. 1802. *An Enquiry into the Nature and Effects of the Paper Credit of Great Britain.* London, Hatchard, P. 264.

② Thornton, Henry. 1802. *An Enquiry into the Nature and Effects of the Paper Credit of Great Britain.* London, Hatchard, P. 261.

仅仅是最初新发行的 2 万镑，而是每 3 天就会新增 2 万镑的购买力，一个月就会形成 20 万镑的购买力，一年就会形成 240 万镑的购买力，如果英格兰银行新增 3 500 万镑货币，则物价水平不变时，形成商品的需求将是 20 亿~30 亿镑，而且还会持续下去，假定这些商品全部由新增的企业生产出来，显然是不可能的，一方面是由于新增的货币有可能会用于偿还借款，不会形成产品的需求，更重要的是，受社会闲置劳动力和闲置资源有限的影响，新增的产出最终会存在极限。他写道："很显然，新增资本能够雇佣的闲散人员是有限的，因此，如果无限新增货币，它将导致一个部门从另一个部门吸引一部分劳动力，由此可以推断，从新增货币中得到的好处是有限的，一次不受限制的较大幅度的货币增加将会得到无限量发行货币所带来的全部好处。"① 也就是说，当经济资源都达到充分利用时，整个社会的总产量将达到最大值，不会再有增长。如果货币购买力继续增加，过多的需求追逐一定数量的商品，商品的价格必然上涨。因此，他认为英格兰银行如果持续不断地增发纸币，其对新增产出的贡献将是有限的，他写道："英格兰银行的银行券有如下两点性质，一是任何地区都不会长时期保留过多的数量。二是如果大量增加银行券，不太可能创造出过多新的资本来为新发行的货币提供使用条件。因此，面对几乎数量相同的商品，必然会引起物价上涨。"② 在他看来，一般情况下英国社会总是处于充分就业或是接近充分就业状态的，新增的货币对英国经济的影响更多是提高价格，他还用历史上每次黄金增加产生的影响进行说明，他写道："可以通过提及黄金的情况来提供对目前学说的非常有力的证明。没有人怀疑，每一次从金矿里开采出大量黄金，其价值的下降与其数量的扩大几乎成正比变化；特别是如果它被用于流通工具这一特定目的，并且也是唯一的流通工具时。"③

二、减少货币对产出的影响程度

相比增加货币可能造成的增加产出的效应，桑顿更关注紧缩货币对经济带来的负面影响，在他看来，增加货币促进的产出增长与减少货币引起的产

① Thornton, Henry. 1802. *An Enquiry into the Nature and Effects of the Paper Credit of Great Britain.* London, Hatchard, pp. 258 – 259.

② Thornton, Henry. 1802. *An Enquiry into the Nature and Effects of the Paper Credit of Great Britain.* London, Hatchard, P. 267.

③ Thornton, Henry. 1802. *An Enquiry into the Nature and Effects of the Paper Credit of Great Britain.* London, Hatchard, P. 268.

出下降是不相称的，增加货币促进的产出增长幅度要明显小于减少货币导致的产出下降幅度，这主要是由于存在挤出效应，在劳动力处于充分就业之后，再增加货币对经济的促进作用将会相当有限，而如果紧缩货币，就不会受充分就业的限制，造成的产出减少不会存在任何下限。他写道："纸币的大幅减少使该国的大部分工业无法像正常情况下生产。当人们对预期付款方式不足而感到非常失望时，经济社会就会经历多重失败，商人和制造商的计划以及已订立的各种改进计划都被更改或暂停，部分劳动力将会被解雇，如果昂贵的机器在预期能够正常使用情况下已经建成，因为迫切需要支付手段，可能会导致机器闲置……国家一般财富也会因此而减少，出口也会因减少了货币而下降。"① 其原因是：（1）桑顿认为工资相对价格更不易变动，纸币数量的减少会造成商品价格比工资以更快的速度下降，这会造成很多生产者的销售收入减少，而经营成本却仍然保持不变，生产者的利润必然会减少，这会打击生产者的积极性。（2）桑顿认为经济中货币数量不足会影响人们对商业的信心，形成对未来经济悲观的预期，这会导致投机活动减少，银行信贷更趋谨慎，各行各业都会缩减投资。在货币数量充足时，经济繁荣，物价上涨，人们对经济前景充满信心，这也会滋长经济中的投机行为，一部分人可能用自己的钱去购买一些价格看涨的商品，而另一些人则有可能从银行贷款来购买这些价格上涨的商品，而此时经济中的产出已经接近充分就业产出，这些投机性的支出对促进产出的增长作用相当有限，更多的是促进价格上涨，而一旦收缩货币，人们就会预期商品的价格不再上涨，这些投机者也会恐慌性抛售手中因投机持有的商品，商品的供应就会在短时期内大量增加，价格就会暴跌，很多企业会破产，各行各业对经济的前景充满悲观的情绪，勉强生存下来的企业也会减少投资，一些前期借钱投机的人可能血本无归，无力偿还银行借款，使得银行出现亏损甚至破产，为了自身经营安全，银行也会收紧信贷，造成一些身处困境的企业也无法获得银行的信贷，加速企业破产，使整个经济陷入衰退。（3）桑顿认为纸币的大幅度减少还会打乱正常的商业计划，这主要是因为货币数量的突然下降会导致一些人出现支付手段短缺，无法按照原来的正常商业和制造计划开展生产经营活动，使国家的许多工业无法发挥出正常的生产力，而且还会造成整个社会资源产生错误配置。此外，桑顿认为纸币的异常减少还会引起国外的信任危机，从

① Thornton, Henry. 1802. *An Enquiry into the Nature and Effects of the Paper Credit of Great Britain*. London, Hatchard, pp. 84 – 85.

而损害本国工商业的发展。因此，桑顿非常强调，一个国家在流通领域必须保持充裕的货币，一旦货币数量持续减少造成流通领域货币不足，经济将产生灾难性后果。

第五节　桑顿对货币非中性的原因分析

一、改变人们的商业信心

桑顿认为当经济中的货币数量发生变化时，会影响人们对商业的信心，从而影响经济的发展。当经济中货币数量增加时，人们会预期物价上涨，企业和投资者会因此预期投资回报率上升，从而增强人们的商业信心，让人们对经济发展产生乐观预期，于是各行各业都会扩大投资支出，全社会的产出与就业就会增加。相反，如果经济中货币数量减少或是货币供应不足，人们会预期物价下跌，企业和投资者会因此预期投资回报率下降，从而打击人们的商业信心，让人们对经济发展产生悲观预期，于是各行各业都会减少投资支出，全社会的产出与就业会因此减少。桑顿认为，当国家信用非常脆弱时，轻微地限制英格兰纸币的发行都有可能会给信心带来巨大的冲击，从而给经济带来严重后果。

他把 1793 年英国经济的衰退归因于人们商业信心的下降，他认为 1793 年英国发生的严重危机的直接原因是英国对法国宣战，英国对法国及欧洲大陆的出口下降引起的，但如果经济中的货币发行量不变或是政府及时地增加货币供给，经济不至于陷入之后的严重危机。但现实情况却是大量乡村银行破产导致经济中货币数量减少，物价持续下降，加剧了人们对经济的悲观情绪，各行各业都收紧了投资，失业率急剧上升，导致经济陷入衰退。

英国政府最终意识到了衰退是因为流通中的货币大量减少导致的，为了增加经济中的纸币供应量，议会通过了一项法案，要求政府尽可能多地向商业人士提供国库券贷款，这一政策的效果是非常明显的，在国库券还没有实际发行之前，工商业的经营情况就开始好转，破产的企业明显减少了，这主要是人们预期货币供给会增加，使得商业信心得以恢复，因为人们预期企业获取的国库券增加后，可以将国库券贴现为英格兰银行发行的银行券，这些银行券又可以兑换成几尼，这种预期首先缓解了伦敦由于英格兰银行券不足引发的危机，随后又减少了农村地区对几尼的需求，整个国家的信心开始恢复。议会委员会随后的报告也证明了桑顿的观点。根据该报告提供的数据，申请国库券贷款的总数为 332 份，总额为 3 855 624 英镑；其中有 238 份申请获得批准，授予贷款金额为 2 202 000 英镑；有 45 份申请被撤回，金额合计为 1 215 100 英镑；另有 49 人因各种原因被拒绝，很大一部分贷款在没有到期之前就偿还了，剩下的部分也在规定时间进行了偿还。该报告还认为议会实施的这项贷款法案便利了企业筹资，流通中的货币数量随后持续增加，商业信心得以迅速恢复，一些危机期间停止生产的企业开始恢复生产，招募工人，促进了国家的经济复苏与就业的增加。

桑顿还认为商业信心会影响货币流通速度，当经济中的商业信心很强时，人们就会减少意外事件持有的货币量，从而加速货币流通；相反，一种不信任的状态会导致纸币的流通速度下降，在这种情况下，为了完成同样数量的支付需要更多的货币，当极度恐慌的季节来临时，国家的货币在某种程度上就会非常短缺，原因是人们把钱币囤积起来了。而在正常情况下，商人们都会把纸币寄存在银行，而在商业信心下降时，有一些胆怯的商人就会选择把钱从银行取出来，因为每个人都怕自己在付款日到来时无钱可用，最安全的办法就是提前准备好，而这样导致的结果是同样数量的纸币实现的交易数量减少了，或者换句话说，减少了货币的流通速度，因此在桑顿看来，1793 年经济危机期间，货币减少的另一个原因就是人们的商业信心下降，造成货币流通速度减缓。

二、工资刚性

桑顿较早发现了在现实生活中存在工资变动滞后于商品价格变动的现象，并认为这会导致货币非中性。虽然在他之前，休谟也观察到了这一现象，他认为在货币刺激下，各行各业都开始进入景气扩张周期时，生产者并不会立刻给工人涨工资。但他并没有明确说明这会导致什么结果，而桑顿不仅明确提出了工资相比价格更难发生改变的事实，而且说明了由此产生的后果。桑顿明确指出，由于工资的变动没有价格变动那么灵敏，因此，当货币增加导致物价上涨时，工资的上涨会滞后于价格的上涨，导致工人的真实工资下降，对生产者而言，这意味着其销售收入上涨，而劳动成本却保持不变，利润必然会增加，从而刺激其扩大投资，增雇工人，整个社会的产量就会增加，就业就会提升。相反，当货币减少导致物价上涨时，由于工资的下降滞后于价格的下跌，导致工人的真实工资上升，对生产者而言，这意味着其销售收入下降，而劳动成本却保持不变，利润必然会减少，企业就会缩减投资，解雇工人，整个社会的产量就会减少，就业就会下降，他写道："诚然，如果我们可以假设银行纸币数量的减少会永久性地降低所有物品的价值，并且公平地假设，也相应减少了工资的价值，那么，尽管这可能会对已经生产出的存货产生一些损失，但对制造商的未来生产并无任何影响。然而，真实情况很可能是银行纸币数量突然大幅度减少会造成一种不寻常的、暂时的萧条，并导致商品价格的下跌。但是，这种暂时萧条可能不会引起工资率的相应下降；因为价格的下跌和萧条将被人们理解为是暂时的，而且我们知道，工资的变化并不像商品的价格那样容易变动。因此，有理由担心我们刚才所说的银行纸币数量突然大幅度减少带来的短暂萧条以及由此造成的价格下跌会打击制造业。"[1]

桑顿把工资变化滞后于价格变化的原因归因于劳资双方签订的名义工资合同，在合同中，制造业主及商人会规定在一段时间内需要支付给工人的工资，这一工资水平往往要经过很长的时间才会调整，所以在名义工资合同的约束下，即便是劳动力市场的供求状况发生了改变，原有的名义工资已经不能够使劳动力市场出清，工人的工资在短期内也不会发生变化，而商品的市场价格则很少受合同约束，它会随市场供求关系的调整及时发生变化，使商品市场重新回到出清状态。因此工资的变化一般滞后于价格的变化。他写道："随着形成当前纸币价值的减少，商品的当前价格会等比例上升。如果工人只得到与贬值之前相同的名义工资，那给他支付的实际报酬就减少了。先行的签订的金钱合同，尽管是名义上的，也许在法律上需要强制履行，但履行起来并不公平。"[2]

尽管他认为在工资刚性的作用下，增加货币能促进经济增长，但他同时也认为，只有当经济处于衰退时，才能采用扩张性货币政策来拉动经济发展。因为当经济处于衰退时，经济中的实际产出水平会远远低于充分就业的潜在产出水平，失业率也会远高于处于潜在产出水平的失业率，此时，采用扩张性货币政策可以提高企业的预期投资利润率，从而刺激其扩大投资，增

---

① Thornton, Henry. 1802. *An Enquiry into the Nature and Effects of the Paper Credit of Great Britain.* London, Hatchard, pp. 82 – 83.

② Thornton, Henry. 1802. *An Enquiry into the Nature and Effects of the Paper Credit of Great Britain.* London, Hatchard, P. 188.

雇工人，促进社会总产出增加，使经济快速走出衰退，加速回归到正常状态。但是一旦经济回归到正常水平，他就不再主张继续采用扩张性货币政策去刺激经济。在他看来，当经济恢复到潜在产出水平之后，工人们基本上已经都处于被完全雇佣的状态，由于没有剩余劳动力和其他生产资源，再增加货币对促进全社会产出增长的作用会非常有限，此时，过多的货币引起的需求增加只会导致价格更快速地上涨，而由于工资并没有价格上涨快，就会使工人的实际收入下降，在桑顿看来，这部分工人本来就属于社会的低收入人群，在经历真实工资下降时，他们的生活就会变得更加艰难，造成社会收入分配更加不公平。他写道："必须承认，假设我们过度发行纸币，可能一段时间内会提高商品的价格，而劳动力的价格则可能保持不变，这样必然会引起产出增加；对于劳动者来说，根据这一假设，可能会被迫使他消费更少的物品，尽管他从事与之前同样的劳动，但是，这种储蓄，以及由于收入下降遭受同样苦难的其他社会不生产阶级所增加的额外储蓄，将会导致同比例的苦难与不公平。这种假定也意味着承认我们正在争论的观点，即增加的纸币发行往往会提高商品的价格。"① 他还认为，一旦由纸币增发引起的价格上涨造成了收入分配不公平，即使之后纸币的价值又恢复到正常水平，但对因价格上涨造成实际收入下降的那些人造成的伤害将是无法挽回的，他写道："诚然，该国的财富存量可能保持不变；当特定困难的时期已经过去后，有可能纸币又恢复到原来价值。然而，在某种程度上，不公平和不平等将会同时产生，并可能感到许多压力，而较低收入阶层的人可能感受到了更大的压力，他们的工资很少被提高，除非当价格上涨并且已经开始存在一段时间后。"② 因此，尽管桑顿认为在经济紧缩时，不但不能减少，反而要增加经济中的货币量，但他也十分反感银行不受约束地滥发货币，他曾对英国乡村银行日益增发的小额纸币倍感忧虑，认为这会引起流通的硬币的巨大和永久的减少，导致以硬币为标准的纸币价值有可能使纸币大幅贬值，从而引起不合理的收入分配。

---

① Thornton, Henry. 1802. *An Enquiry into the Nature and Effects of the Paper Credit of Great Britain.* London, Hatchard, P. 264.

② Thornton, Henry. 1802. *An Enquiry into the Nature and Effects of the Paper Credit of Great Britain.* London, Hatchard, P. 188.

三、改变企业的存货

桑顿认为，货币数量的变化会改变社会的总需求，必然会导致企业的商品库存发生变化，为了维持原有库存数量不变，企业就会调整生产计划，甚至变动生产规模。例如，当货币供给增加时，会带动社会总需求增加，必然会促进企业的商品销售，减少企业的商品库存，为了弥补库存下降，原有企业就会扩大生产，同时，增加的商品需求也为新增企业生产的商品提供了市场，这会吸引社会资本兴办企业，这不仅会增加就业，全社会的财富创造能力也会增加。在桑顿看来，新的流通媒介将以这种方式为社会创造更多的产出与就业机会。他写道："新增加的货币发行会对现存物品产生更快的需求，并在一定程度上促进更迅速地消费；更迅速地消费意味着对现有存货的减少，这就给新生工业提供了生命；为了弥补经济中原有工业提供的库存不足，这将会促使新生工业生产更多的库存，而新的流通媒介将以这种方式为自己创造许多新的就业。"① 相反，当货币供给减少时，会带动社会总需求下降，企业的商品销售将变得更加困难，商品库存上升，为了消化掉过剩的商品库存，原有企业就会减少生产，社会资本在兴办企业时会更趋于谨慎，这不仅会减少就业，全社会的财富创造能力也会下降。

四、强制储蓄效应

桑顿还谈到了增发货币能引发强制储蓄效应，从而使货币呈非中性，他认为，当经济中货币数量增加时，物价会上涨，而工人的工资却不会立刻发生变化，对于这些工人来说，相当于他们领到的实际工资下降了，他们的消费就会被迫减少，而对整个社会而言，生产的产品必然是一部分用于消费，剩下的则用于储蓄，显然工人的消费减少了，整个社会的储蓄就会增加，相当于物价上涨后工人被迫减少的那部分消费被强制转化成了社会储蓄，最终被用于企业投资，增加了全社会的资本积累。他写道："这也必须承认，假设我们过度发行纸币，可能一段时间内会提高货物的价格，而劳动力的价格

---

① Thornton, Henry. 1802. *An Enquiry into the Nature and Effects of the Paper Credit of Great Britain.* London, Hatchard, P. 260.

则可能保持不变，这样必然会引起产出增加；对于劳动者来说，根据这一假设，可能会被迫使消费更少的物品，尽管他从事与之前同样的劳动，但是，这种储蓄，以及由遭受同样苦难的社会不生产阶级收入下降所增加的额外的储蓄，将会导致同比例的苦难与不公平。这种假定也意味着承认我们正在争论的观点，即增加的纸币发行往往会提高商品的价格。"①

五、扭曲资源配置

桑顿还谈到了当货币数量减少时形成的社会资源扭曲问题，他认为，在正常货币环境下，每一件生产出的商品都会在它最适合的市场上进行销售，而一旦经济中的货币数量减少，一些企业必然会因货币数量不足导致生产经营困难，最终要么减产，要么破产，对于消费者而言，其收入分配也发生了改变，大部分人可能会在因货币数量减少导致的经济衰退中变得更加贫困，而持有大量现金资产的人可能在因货币数量减少导致的通货紧缩中变得更加富有，那么社会的生产结构与消费结构都会发生变化，为普遍工人生产的生活必需品由于工人的购买力下降可能被迫在其他市场上销售，或者这些生产生活必需品的生产资源被迫调整成为少数富有人士生产奢侈品，这样就会扭曲资源配置，导致生产的无效率，他写道："因此，为某一市场准备的货物，本应最适合在该市场销售，却出售给了其他市场，在这种情况下，使供应与消费最相适应的规律和严格的比例不复存在了，而这种分配方式使每一种资源投入到社会最需要的产品生产，这是使工业富有成效和增加国家财富的伟大手段。每一次纸币突然大规模减少不仅抑制了工业发展，而且也会导致资源的错误配置，国家一般财富也会因此而减少，出口也会因减少了货币而下降。"②

---

① Thornton，Henry. 1802. *An Enquiry into the Nature and Effects of the Paper Credit of Great Britain*. London，Hatchard，P. 264.

② Thornton，Henry. 1802. *An Enquiry into the Nature and Effects of the Paper Credit of Great Britain*. London，Hatchard，pp. 84 – 85.

第六节 桑顿的货币政策主张

一、反对斯密的纸币发行标准

（一）斯密认为纸币的发行数量应等于没有纸币流通时所需要的金银货币量

斯密认为，尽管纸币的发行繁荣了经济，但纸币只是替代金银货币流通，因此流通中的纸币数量不能超过它所替代的金银货币的数量，或者说没有纸币存在的情况下流通中所需要的金银货币量。否则，如果纸币的发行数量超过黄金的数量，就会造成纸币贬值，引起黄金铸币价格低于黄金市场价格，过剩的纸币就会回流到银行要求兑换金币，人们就会用纸币按法定兑换比率去兑换金属货币，然后再将金属熔化成黄金，再按黄金的市场价格出售，这样他就可以获得利润。为了维持纸币兑换铸币的承诺，银行必须满足人们用纸币兑换铸币的要求，当其金币数量不足时，银行必须要从市场上以较高的市场价格去购买黄金，再把黄金铸造成铸币，然后按较低的法定兑换比率兑换给人们，以满足人们的兑换需求，在这个过程中，银行会出现亏损。而只要黄金的市场价格高于铸币价格，民众把纸币兑换成金币就会有利可图，整个过程就会一直持续下去，直到银行不能承受持续亏损，不再遵守纸币兑换铸币的承诺为止。斯密认为当时的英格兰银行就曾有过这样的经历，在一段时间内它发行了太多的纸币，导致一部分超过流通的银行券回流到英格兰银行兑换几尼金币，在这种情况下，促使该银行不得不以更高的价格在市场上购买黄金，然后以较低的铸币价格出售，使英格兰银行蒙受了巨大损失。他写道："由于发行纸币量过大，剩余纸币不断回流要求兑换黄金，英格兰银行每年都必须铸造金币，从 80 镑到 100 镑不等……银行必须以每盎司 4 镑高价购买金块，铸成金币后每盎司却仅值 3 镑 17 先令 10 便士半，损失达 2.5% ~3% 。"① 同样，他认为苏格兰银行由于发行过多货币不得不以 1.5% 或 2% 的费用委托伦敦代理人收集货币，然后以 0.75% 的保险

---

① 亚当·斯密：《国民财富的性质与原理》，中国社会科学出版社 2007 年版，第 664～665 页。

费运回，但即使这样也不能满足公众兑换的需要，使得苏格兰银行不得不向伦敦往来银行开具需要支付利息和佣金的汇票来筹集货币，在斯密看来正是因为发行过多纸币产生的筹集黄金的费用使得苏格兰银行经营困难。为了避免出现以上不利的局面，维持纸币价格稳定，斯密认为，银行必须通过紧缩纸币来提升纸币价值，这样才能使金币价格重新等于黄金市场价格，货币市场才能重新实现稳定。桑顿坚持反对斯密的这种观点，认为这种方法只能加剧这种上升。首先，桑顿认为经济中不仅仅只有银行发行的纸币充当流通媒介，还有汇票、本票等商业票据也被人们用于充当交易媒介，这样斯密所提出的要使流通中纸币的数量与不使用纸币而直接用黄金来充当货币的数量相等的观点显然是错误的，因为斯密所说的货币不包括商业票据，则经济中有很大一部分商品是用商业票据进行买卖的，商业票据在本质上已是纸币的一部分。其次，如果包括商业票据，而纸币的流通速度又远高于商业票据，这样整个社会的商品完全用纸币进行流通和完全用商业票据流通所需要的数量也是不同的。桑顿写道："斯密博士的错误在于，他认为在没有金银货币的情况下，流通的纸币数量与没有纸币时流通的金银货币的数量是一样的；然而能够流通的货币数量并不是实际流通的数量，流通的纸币数量很多，但是实际流通的数量可能很小，反之亦然。同一张银行券可能在一天可以实现10 次交易，也有可能 10 天才能完成一次交易，这样要完成同样的交易，需要 100 张银行券。"[1] 因此，在桑顿看来，由于货币流通速度的不确定性，经济中需要的纸币量也变得不确定，要使纸币数量等于它所替代的金银货币的数量当然就不成立了。

（二）桑顿对铸币价格低于黄金价格的原因分析

1793 年，英法爆发拿破仑战争，1797 年，由于谣传法国已侵入英国本土，再加上英国经济陷入衰退，英格兰银行出现了民众用纸币挤兑黄金的不利局面，由于英格兰银行黄金储备持续下降，不足以应对挤兑危机，政府颁布暂停纸币兑换黄金的法案。1798～1799 年，随着英国经济好转，黄金出现了回流，英镑汇率开始回升，但到 1800 年，英镑汇率又开始大幅下降，黄金的市场价格开始明显高过金币价格，直到 1804 年才有所好转，沃特·波也特认为这一时期英国国内英镑汇率下降以及黄金价格高于铸币价格是英

---

[1] Thornton, Henry. 1802. *An Enquiry into the Nature and Effects of the Paper Credit of Great Britain.* London, Hatchard, pp. 37 – 38.

格兰银行银行券发行过多造成的，在1801年他写给首相皮特的信中，就提出："金块升水，汇率低落，一般商品的高价，就是纸币过多的证明，也是它导致的后果。"① 并且他把纸币发行过多的原因又归罪于暂停纸币兑换黄金的法案。他写道："近2、3年内，几乎所有的东西（尤其是谷物，作为与货币交易最迅速的物品，感受涨价最为迅速）都涨了价，究其原因，是由于拥有发行纸币的权力，也具有应人们需要兑换银行券义务的英格兰银行，在实际上只是发行纸币，而不履行兑换的义务。"② 早在1776年，斯密在《国富论》中就说明了纸币发行过多会导致这样的后果。桑顿并不认同波也特与斯密的这一观点，尽管他认为银行券发行过多确实会产生这样的结果，但他认为英格兰银行的银行券并未多发货币，1800～1803年黄金价格大幅高于铸币价格并不是英格兰银行造成的，而是由于当时英国玉米歉收，从德国的汉堡等地大量进口玉米等粮食造成的，此外，英国高额的国外军事开支、外国人在英国投资带走的分红以及从英国转移到西印度群岛的大量投资等因素加剧了英国国际收支不平衡，他写道："一次好的或差的收成就能对国际收支产生相当大的影响，今年和去年英国进口玉米或其他粮食的数量花销将近数百万英镑。"③ 当英国向德国汉堡地区进口大量粮食时，位于汉堡的出口商会向伦敦开出大量的汇票，而此时购买这些伦敦汇票的需求减少，用德国汉堡货币购买这些汇票的价格就会下跌，于是汉堡货币相对英国货币升值，英镑汇率下降。当诸多不利因素导致英国出现巨额贸易逆差时，为维持贸易平衡，英国就必须通过出口黄金的方式来支付多进口的这些商品，这必然会导致英国国内的黄金需求增加，黄金的价格就会上涨，而按银行的规定，1英镑的纸币与1英镑的黄金铸币始终是等价的，于是，黄金的市场价格就会高于铸币价格。一些人就会用纸币按固定比例兑换成金币，再把金币熔化为黄金获取差价，在桑顿看来，黄金的市场价格高于铸币价格的现象显然不是由于银行发行银行券过多造成的，而是由于巨额贸易逆差造成的。当时英格兰银行资本充足，经营利润比较可观，银行的股票价格也高于近几年的平均水平，表明人们对英格兰银行的信心是非常充足的。因此，在桑顿看来，汇率的下跌，黄金价格高于铸币价格以及由此产生的银行券大量兑换金币的需求是英国当时巨大的国际收支不平衡造成的，巨额的国际收支逆差使得英国需要大量黄金来进行支付，造成英国国内黄金数量减少，黄金

---

① ②　陈岱孙、厉以宁：《国际金融学说史》，中国金融出版社1991年版，第67页。

③　Thornton, Henry. 1802. *An Enquiry into the Nature and Effects of the Paper Credit of Great Britain*. London, Hatchard, P. 118.

的价格上升，而金币和纸币的兑换比例要求始终保持一致，其价值并没有发生相应的变化，其结果是黄金的价格高于其铸币的价格。

（三）桑顿认为英格兰银行不会超发货币

桑顿认为，斯密把铸币价格低于黄金价格归罪于英格兰银行滥发纸币是错误的，他认为，在现有的银行体系下，英格兰银行根本不会超发货币。一些欧洲国家的银行如哥本哈根银行、斯德哥尔摩银行以及维也纳银行经常会通过增发货币的方式为政府进行融资，从而导致纸币贬值，汇率下降。但桑顿认为英格兰银行的运行与这些欧洲银行的运行完全不同，它是一家完全由私人出资兴办的银行，完全独立于英国政府，它的运营目的是给私人投资者带来最大的回报，因此，它不会像这些欧洲银行一样，通过增发货币为政府进行融资，尽管它把大部分资金都贷给了政府，少部分贷给了其他商业机构和个人，但这是由双方的性质决定的，并且会给双方带来巨大利益，一方面，英格兰银行有着大量需要出借的资金；另一方面，政府又有巨额的货币需求，两者天然结合在一起，因此英格兰银行借款给政府并不是英格兰银行缺少独立性，为了证明这一点，他举例说，在暂停现金支付之前，政府的资金是非常匮乏的，但英格兰银行坚持要求政府偿还 450 万镑贷款，说明了该银行是独立于政府的。此外，英国财政部可以轻易地通过向居民发行国债筹集到大量的资金，因此它并不会要求用过量增发货币这种可能威胁英格兰银行生存的方式来为英国政府融资，他写道："英格兰银行想通过增发银行券来为政府贷款的最高金额几乎不可能超过 400 万或 500 万英镑；我们很难相信，一个能够立即筹集 2 000 万英镑甚至 3 000 万英镑的政府为了四五百万英镑（它必须支付与公众贷款几乎相同的利息）的贷款，而使银行系统偏离正常轨道，使信贷陷入困境，或危及英格兰银行的安全。"[①] 此外，桑顿认为英格兰银行的股东也不会批准大量增加银行券，因为增加银行券给他们带来的红利收益很少，而且冒着银行券因快速贬值而失去信用的风险，他写道："英格兰银行的股东们不太可能会批准任何危险的货币超发行为，即使是他们自己的纸币；他们和银行董事都知道将银行纸币限制在习惯范围内的重要性，而且他们被认为更喜欢纸币信用，而不是考虑自己小幅增加的微不足道的股息，这种增加将被证明是虚幻的，如果大量增发货币，将会使所有

---

① Thornton, Henry. 1802. *An Enquiry into the Nature and Effects of the Paper Credit of Great Britain.* London, Hatchard, P. 63.

纸币发生贬值。"①

他还用英格兰银行公开的货币发行数据来证明其发行的货币数量一直比较稳定，并没有大幅增发，他写道："现在看来，在任何较短的时间内，它们的发行数量从来没有发生过很大的变化，在没有发行 1 英镑和 2 英镑纸币时期，他们发行的货币在最近几年里也很少低于 1 000 万英镑或 1 100 万英镑，如果包括 250 万英镑的 1 英镑和 2 英镑纸币，他们在任何时候都没有超出大约 1 550 万英镑货币。"②

（四）紧缩货币的后果

当金币价格低于黄金价格时，斯密认为，通过紧缩货币，可以降低国内商品物价，黄金的价格也会相应降低，因为黄金也具有商品的性质。此外，国内商品价格下降后，还可以通过增强本国商品在外国市场上的竞争力，刺激出口，抑制进口，改善对外贸易逆差，外流的黄金数量就会减少，甚至有可能会彻底改变对外贸易逆差的局面，形成贸易顺差，黄金也会随之回流英国，随着国内黄金供给增加，黄金价格下降，金币价格低于黄金价格以及英镑汇率下降的局面都可以得到改善。此外，对于已经发生的银行危机，公众自然而然地认为，在危机期间，经济形势变差，一些银行甚至会遭遇挤兑危机，银行理所当然应该采取更加稳健的措施，减少贷款，收回以前发放的贷款以应对危机，而桑顿并不认同上述观点。桑顿认为金币价格低于黄金价格以及英镑汇率下降是由于当时英国玉米歉收从德国的汉堡等地大量进口玉米、英国高额的国外军事开支等原因造成的，并不是增发货币造成的，在这种情况下紧缩货币会导致经济陷入更加不利的局面，国内出口企业由于缺少货币导致经营更加困难，英国出口货物会进一步萎缩，外贸逆差会进一步加大，从而加剧黄金外流，此外，国内经济的进一步下滑有可能会使人们陷入恐慌，必然会导致人们向银行挤兑金币，在这些不利因素影响下，金币价格低于黄金价格以及英镑汇率下降的局面不仅得不到扭转，还会进一步加剧。他写道："正如每个人都必须承认的那样，过度地限制银行券的数量必将导致失败；而失败必然会引起恐慌，而恐慌必然会导致人们向银行挤兑金币。

---

① Thornton, Henry. 1802. *An Enquiry into the Nature and Effects of the Paper Credit of Great Britain.* London, Hatchard, P. 68.

② Thornton, Henry. 1802. *An Enquiry into the Nature and Effects of the Paper Credit of Great Britain.* London, Hatchard, P. 66.

总之，无论银行的金币以多快的速度减少，银行都不能减少银行券的数量。"① 对于斯密等提出的通过减少国内银行券发行，从而提升银行券和金币价值，使黄金铸币价格与黄金价格趋于一致，从而减少黄金外流的观点，桑顿也不赞同，他认为减少银行券会对英国的工商业造成永久损害，而这些工商业正是以后英国恢复贸易平衡甚至获取贸易盈余的最主要来源，一旦这些工商业受损，英国不仅失去了平衡贸易最根本的动力，而且经济也会陷入衰退。此外，桑顿还认为通过减少纸币产生对本国汇率有利的影响可能需要较长时间，而在这段时间内，英国的汇率可能变得更有利了。桑顿认为，上述结果还受其他国家的纸币数量变化的影响，如果其他国家也跟着减少纸币，这一政策就会失败。因此，他写道："通过对这一不利的汇率问题进行更深入的分析，使我们得出了与前一章基本相同的结论，即银行应避免过度紧缩发行纸币。"② 他还用实例进行了说明，在北方联邦后期，英国的汇率下降得非常厉害，对英国极为不利，为改变这一不利局面，银行减少了银行券发行，结果使得英国的工商业受到沉重打击，出口到欧洲大陆的商品下降，失业率上升，桑顿把这一经济形势变差的原因归罪于银行减少货币后，经济中用于商品交易的货币变得不足。由于货币稀缺，出口商出口的商品数量减少，通过减少银行券从而改善汇率的目的最终不仅没能实现，而且汇率比之前下跌的幅度更大，经济形势变得更加严峻。正因为如此，在 1793 年与 1797 年英国经历经济危机期间，对于英格兰银行减少银行券的做法，桑顿是不赞成的，他认为这两次减少银行券数量并没有使经济摆脱危机，反而加剧了危机。他写道："伦敦很大比例的付款是用人们普遍接受的商业票据支付的，而任何一个人不准时支付被认为是在英格兰银行内出现了清偿危机……从刚才所说的情况来看，英格兰银行突然大量减少纸币发行都会产生严重的后果，无论是对大都市还是对整个王国。对于那些没有考虑到这一问题的人来说，减少这些纸币似乎是适度的……减少 1/3 或 2/5，也许足以在伦敦产生一种非常普遍的破产，其影响将是信任的中止、商业的紊乱和全国各地制造业的停滞。"③

---

① Thornton, Henry. 1802. *An Enquiry into the Nature and Effects of the Paper Credit of Great Britain.* London, Hatchard, P. 90.

② Thornton, Henry. 1802. *An Enquiry into the Nature and Effects of the Paper Credit of Great Britain.* London, Hatchard, P. 133.

③ Thornton, Henry. 1802. *An Enquiry into the Nature and Effects of the Paper Credit of Great Britain.* London, Hatchard, P. 75.

（五）货币发行过多的后果

此外，桑顿也不同意银行过度发行货币，尽管他不认同斯密的观点，即认为当时英国金币价格低于黄金价格是英格兰银行过度发行纸币造成的，但他也承认，如果银行过度发行纸币确实会导致本国货币汇率下降、金币价格低于黄金价格的后果。其过程为：银行增发银行券，导致国内物价上涨，汇率如果保持不变，折算成外币后的物价也会同比例上涨，而国外商品折算成本币后的物价会下跌，由于出口商品需求下降，进口商品数量需求增加，外国人对本国开出的汇票数量就会增加，而购买汇票的需求下降，汇票的价格就会下降，意味着本币贬值，当银行券能够按政府规定的含金量兑换金币时，金币的价格也会下降，但如果不考虑运费、保险费等费用，黄金的价格在各个国家应该是相同的，也就是说黄金的价格不会下降，因此过多的银行券发行会造成黄金的铸币价格与市场价格不相等，于是人们会把银行券兑换成金币，再把金币熔化成黄金，流通的银行券和金币都会大量减少，商品交易所必需的货币得不到保证，此外，银行不得不用更高的价格来重新铸造金币，满足人们的兑换需求，给银行也会带来额外的损失，上述机制表明增发银行券会造成一国货币的不稳定。为此，他还指出了欧洲大陆一些国家超发纸币引发的后果，由于这些国家长期超发纸币，汇率不断下降，纸币由于常年贬值，已经不能按官方规定的含金量来兑换金币，金币的价格按黄金的市价来计算。

此外，桑顿还认为过度的货币发行还会导致一定的投机行为，当物价上涨过快时，人们便会囤积一些商品，导致市场上商品供给减少，进一步促进物价上涨，如果上涨到一定程度，企业持有囤积的利润比生产商品利润更高时，企业也会加入投机活动中，其产出反而会下降，但商品的价格不可能持续上涨，一旦价格下跌，必将导致大量企业破产，大量工人失业，经济陷入持久的萧条。

二、桑顿的货币政策主张

（一）不应把黄金当成维持纸币信用的唯一手段

桑顿批评当时仍然存在的一些陈腐的重商主义观点，他们认为黄金的数量是一国财富的唯一象征，而黄金的缺少，无论多么短暂，都将会影响一国的经济发展。而桑顿并不完全认同上述观点，他认为即便采用金本位制，现实中所有的日常交易也很少用金币来支付，金币只是用来衡量流通中的纸币与商业票据的标准，银行不可能有如此数量庞大的金币来从事支付。此外，由于银行业务的不透明性，一家银行并不需要为发行的纸币保留100%的黄金储备，甚至在他看来，只要能维持人们对纸币的信心，一家银行持有的黄金数量并不是特别重要，那么怎样才能使纸币代表的价值与金币价值保持一致呢？桑顿认为，首先银行要有一定数量的黄金储备以供人们用纸币兑换金币，而这种储备数量的多少并没有统一的规定，取决于一个国家的习惯、纸币的流行程度以及对纸币的信心等因素。他以苏格兰为例进行说明，在暂停银行券兑换前的一段时间，由于不利的贸易环境，人们对法国入侵英国的恐慌等原因，加剧了人们兑换黄金的需求，使得英国很多地区出现了挤兑，英格兰银行黄金数量明显减少，但在苏格兰却没有发生大规模的挤兑情况，苏格兰银行的黄金数量也没有明显下降，而无论是苏格兰银行还是苏格兰地区的乡村银行为发行纸币储备的黄金都没有英格兰银行以及英格兰地区的乡村银行高，桑顿认为这主要是由于苏格兰地区人们长期使用纸币，养成了使用纸币的习惯，对纸币代表的价值始终都充满信心。桑顿甚至认为，当经济中出现一些恐慌性的事件导致人们对纸币信心不足，银行出现挤兑，黄金数量不足以应对危机时，可以通过法律暂停银行券对金币的兑换，因此他非常赞同1797年英国议会通过英格兰银行暂停银行券兑换黄金法案，认为通过该法案的实施，议会减少了这一极端事件预期带来的冲击，为了应对流通中不断减少的货币，英格兰银行当时还发行了价值为1英镑和2英镑的不可兑换纸币，为了使普通大众对这些纸币有信心，英格兰银行首先让这些纸币在高等级的人士之间进行流通，等到这些社会高等级人士普遍接受之后，再向普通大众发行，最终人们很自然地接受了这些不可兑换纸币，银行也立即将其纸币数量扩大到通常流通所需要的金额，通过这种方法，不仅银行的信贷恢复了，而且随着英国的经济开始恢复，贸易形势好转，黄金流出的趋势开始扭转，银行的黄金数量也开始不断增加，英镑的汇率也开始上升，变得对英国更为有利。当时议会实施这一政策时，也遭受到了巨大的压力，人们认为，从法律上讲，每一张纸币都是所发行银行向持有人兑换黄金的承诺，英格兰银行当然有义务兑换，议会没有权力介入这一事件中，但桑顿认为，银行因为把大部分黄金都用于投资，只留少部分黄金用于兑换纸币，如果任由这种非理性恐慌性兑换持续下去，无论银行储备多少黄金都会消耗殆尽，为了稳定纸币信心，必要时可以停止纸币兑换，桑顿也用上述实例说明了在紧急情况下实现这一政策的有效性。

在桑顿看来，尽管黄金的缺少会对一国产生不利影响，但是它可以阻止对一国更不利的影响发生，当一个国家处于巨额贸易逆差时，黄金是用来弥补逆差最有效的手段之一，通过黄金的输出可以保证两国贸易平衡，阻止本国货币贬值，两国的汇率也会因此保持不变。而这种黄金的暂时输出对一国影响也不会太大，一方面，通过宽松的货币环境使本国工商业复苏之后，随着出口逐渐增加，两国贸易状况就会逆转，黄金又会回到本国，他写道："我们的黄金最近为部分玉米提供了快速付款，这是我们消费所必需的。普通制造商如果了解自己的利益，将批准而不是抱怨用银行券来替代黄金，因为黄金的出口首先减轻了它的负担，以后可能再买回这些出口的黄金，所付出的代价也会小得多。因为他所生产的货物的价格，以及他自己的劳动的价格，与减少银行券导致的大量低价物品充斥国外市场上相比，会更高一些。"[①] 在桑顿看来，只要限制银行券的过度发行，保持人们对纸币的信用充足，就算缺少足够的黄金做支撑，纸币的价值也能保持稳定，在黄金数量十分短缺时，政府还可以通过暂停纸币兑换等方式来应对，他举例说，在英国暂停现金兑换的几年时间内，银行券是不能够兑换金币的，这一时期商品的交易主要依赖银行券，整个社会的商品也都顺利实现了交易，并且这一时期无论是纸币的价值还是商品的价格都比较稳定。

（二）始终维持与经济发展相适应的货币数量

桑顿认为一国财富主要由一个国家的生产能力决定，而生产能力则取决于一国的人口、制造业、商业及贸易资本等实物要素，只要这些要素能够正常发挥生产力，一个国家的经济就会繁荣，即便是遇到意外事件导致经济陷入困境时，也能使一国经济能够尽快恢复。最优的货币政策就是要始终维持与经济发展相适应的货币数量，确保这些实物要素都能有效地发挥出它们的生产力。桑顿认为，当经济中发行过多的货币或是过少的货币时都会阻止这些要素正常发挥作用，从而抑制经济的正常运转，要保证这些要素的运行不受货币数量的影响，银行必须放弃把黄金当成维持纸币信用的唯一手段，避免一国黄金数量减少时按比例缩减经济中的纸币，应根据有利于人口、制造业、商业及贸易资本等实物要素充分发挥生产力的需要发行纸币，当经济中

---

① Thornton, Henry. 1802. *An Enquiry into the Nature and Effects of the Paper Credit of Great Britain*. London, Hatchard, P. 134.

的黄金数量不足时，不仅不能根据黄金数量的减少相应紧缩货币，还要通过增发纸币来弥补经济中金属货币减少的部分，以此来维持经济中的货币数量稳定，他写道："无论该国拥有多少黄金，都要采取措施保证银行发行其通常数量的纸币，或采取措施，以提供其他手段替代纸币。"① 他还写道："可以肯定的是，当一个国家的主要财富源泉不受损害时，即当它的人口、工业、制造业和贸易资本、商业、国家信用、殖民财产、政治实力与独立、法律和宪法仍然存在时，只要将它的纸币保持在其习惯的范围内，即便是没有黄金，特别是如果它是一个或多个不利局面所导致的后果时，这种不利局面既不可能持久，也不可能在任何情况下非常重要。在这种情况下，实质性地改变旧的和习惯的纸币信贷制度，特别是在任何非常特殊的情况下限制更负责任的银行发行纸币的数量，就是剥夺一个国家自然所拥有的自我恢复经济平衡的能力。"②

（三）当经济发生衰退时，应增加货币供应

根据他所提出的货币非中性理论，他还认为，当经济发生衰退时，增加货币供给能够通过增加市场信心、加快消化企业库存、降低企业成本、强制储蓄等方式促进经济增长，使经济重新回归到充分就业水平。因此，当一国经济发生衰退时，他主张政府应该采取扩张性货币政策，无论该国的黄金数量多少，甚至不惜以暂停纸币兑换为代价，银行都需要大量发行纸币来帮助经济重新恢复均衡。为此，他对英格兰银行在 1793 年危机发生时紧缩货币的做法进行了批评，认为当时英格兰银行应该采取相反的做法，增加货币供应来缓解危机，他写道："如果英格兰银行的行为有任何过错，正如我所设想的那样，这一过错在于最近经济出现危机时期，它过多地限制了货币发行，而不是大幅地增加它们。在这样做时，它似乎听从了斯密博士的建议。"③ 当银行按照这一标准发行纸币时，如果遇到特殊事件导致一国的黄金数量不足以应对民众的兑换需求时，政府应果断暂停纸币兑换黄金，而不是采取紧缩货币的方式防止黄金流出。在他看来，如何激活人口、制造业、商业及贸易资本等实物要素充分发挥生产力才是经济发展的关键。

---

① Thornton，Henry. 1802. *An Enquiry into the Nature and Effects of the Paper Credit of Great Britain*. London，Hatchard，P. 77.

② Thornton，Henry. 1802. *An Enquiry into the Nature and Effects of the Paper Credit of Great Britain*. London，Hatchard，P. 142.

③ Thornton，Henry. 1802. *An Enquiry into the Nature and Effects of the Paper Credit of Great Britain*. London，Hatchard，P. 90.

（四）桑顿与约翰·罗在货币政策主张上的区别

在英国陷入经济衰退时，桑顿反对李嘉图等提出的采取紧缩货币以防止黄金外流，促进国际收支平衡的做法，相反，桑顿主张通过增加银行券的发行来促进英国工商业企业发展，以促进经济复苏。这一观点和约翰·罗主张通过发行纸币刺激经济的做法有一定的相似性，桑顿在其著作中肯定了约翰·罗提出的增加纸币有利于经济发展的货币非中性观点，并十分赞赏约翰·罗在法国初期实施的货币改革计划，他写道："流通媒介的增加能够短暂地促进工业的发展，已经被约翰·罗在法国所提出的密西西比计划所证明，法国的作家们也都相信这一点，他们都认为罗先生的银行发行的纸币在有一段时间似乎有非常强大的影响，扩大了对劳动力的需求，并扩大了王国的有形财富和金融资产。"[1] 但桑顿的这一思想比约翰·罗更加成熟，尽管桑顿主张在经济陷入衰退时，应该采用增发纸币的方法来刺激经济，但他认为受闲置劳动力数量的影响，增发货币来促进产出与就业的作用是有限的，如果在经济达到充分就业之后，继续增加货币供应，会引起物价以更快速度上涨，这样就会降低本国企业在国际市场上的竞争力，引起进出口逆差，形成本币贬值，黄金的铸币价格低于市场价格的不利局面，因此他主张在经济达到充分就业后应停止扩张性货币政策。而约翰·罗只是一味地强调通过增发纸币来刺激经济，在他看来，货币数量越多越好，当本国劳动力充分就业之后，货币数量继续增加还可以吸引外国人到本国来工作。因此，约翰·罗并没有意识到纸币无限增加必然会导致本币贬值、通货膨胀的经济后果，而桑顿对经济整体运行考虑得更加全面，他意识到货币的主要职能仍然是充当价值尺度与流通媒介，为了更好地发挥这一作用，他认为流通中的货币不能过少，也不宜过多，刚好能满足日常商业交易，确保经济处于充分就业是最理想的。此外，约翰·罗还论述了以土地作为纸币发行的好处，主张成立土地银行以土地为抵押来发行纸币，而桑顿认为，黄金、白银、政府有价证券等价值稳定的资产都可以充当纸币发行准备。

---

[1] Thornton, Henry. 1802. *An Enquiry into the Nature and Effects of the Paper Credit of Great Britain.* London, Hatchard, P. 263.

第七节　对桑顿货币非中性思想的评述

一、桑顿非中性思想产生的重要影响

（一）根据经济发展需灵活发行纸币的思想

早在重商主义时期，约翰·罗主张通过发行纸币刺激经济的做法，但约翰·罗的主张过于偏激，认为在任何时候新增货币都可以给一个国家带来好处，没有意识到纸币发行过多带来的危害，最终导致他在法国发行纸币的失败，这也证明了纸币发行的数量应该有个限度。而桑顿显然对这个限度把握得非常准确，他认为在经济衰退时，政府应该增发纸币来促进经济复苏，而当经济达到充分就业时，就不宜再采用扩张性货币政策。总之，在桑顿看来，货币的发行数量应该以满足经济发展的需要为标准，过少或过多都不利于一国经济的平稳运行。为灵活实施该政策，他还隐晦地批评了金本位制度，认为在该制度下，银行券只是替代黄金流通，银行储备多少黄金才能发行多少银行券的观点，限制了一国根据经济需要来调节货币，他主张英格兰银行应根据经济形势灵活运用政府债券、商业票据等工具来自由发行与回笼纸币。凯恩斯继承了他的这些观点，一战结束后，英国政府决定按战前平价恢复金本位制，凯恩斯就持坚决反对态度，他认为，"一战"期间，英国物价水平大幅上涨，按战前平价恢复金本位制必然要实行紧缩性政策，限制货币发行，而这必然会阻碍英国战后经济复苏，这一想法正是受 1797 年暂停法案的启示以及桑顿货币政策主张的影响，可惜当时英国政府并没有考虑这一建议，最终如同凯恩斯所料想的，英国政府为恢复战前金平价采取的紧缩性经济政策严重伤害了英国经济。在经历了 1929～1933 年大萧条之后，他更加清楚地认识到了货币政策在经济中所起的重要作用，在综合了维克塞尔等的货币思想后，1936 年在他出版的《就业、利息与货币通论》一书中系统地阐述了利用货币政策调节经济的思想，这些思想在当前仍然被很多国家视为制定货币政策的主要理论依据。一些人曾认为，在调节经济运用上，凯恩斯更加注重利用财政政策，而忽视货币政策，这显然是一种误读，实际上他出版的 3 部最重要的著作名称中都包含有货币二字，这足以表明他对货币问题的重视。

（二）工资刚性理论的影响

尽管休谟在桑顿之前就注意到了工资刚性现象，但在他看来，工资刚性只是引起价格刚性的原因之一，而只有在价格刚性的前提下，货币数量的变化才会对产出与就业产生影响，表现出非中性。桑顿首次完整表达了由工资刚性引起的货币非中性的观点，这一观点之后被庇古、希克斯、凯恩斯等所采用，构成了古典学派、凯恩斯学派以及新凯恩斯学派解释一些经济现象的重要理论基础。

工资刚性理论对之后经济理论的发展产生了重要影响。庇古利用工资刚性现象解释了劳动力市场不能达到均衡的原因，在庇古的失业理论中，如果工资能够灵活变动，劳动力市场就能随工资的及时调整迅速回到均衡状态，但是如果货币工资存在刚性，劳动力市场则存在长期失衡的可能。凯恩斯非常认同货币工资刚性观点，他写道："货币工资常常具有刚性（rigid or sticky），比真实工资稳定，故工资单位（以货币计算）不容易下降。"[1] 凯恩斯还分析了在资本工资存在刚性时，货币政策对产出与就业的影响，他写道："边际成本中之诸生产要素，只要尚未全部就业，便不要求货币之增加，在这种情形之下，则只要有失业现象存在，工资单位就不会变更，生产之报酬既不递增亦不递减。因此，当货币数量增加时，若还有失业现象，则物价毫不受影响，就业量则随有效需求作比例的增加、而有效需求之增则起于货币数量之增；但当充分就业一经达到，则随有效需求作同比例之增加者，乃是工资单位与物价。"[2] 凯恩斯把货币工资刚性的原因主要归因为受合同约束，他写道："社会上有一部分人士，其收入是由契约用货币规定的，例如利息阶级以及公私机关中之固定薪水阶级。假使货币工资不变，则在这批人与劳工之间，可以达到最大限度的、实际可行的公平办法。"[3] 正是因为凯恩斯对工资刚性问题的系统研究使得当代经济学文献甚至包括一部分教科书在利用名义刚性解释货币短期非中性时，总是把它与凯恩斯主义经济学联系在一起，误认为这是凯恩斯最早提出的一个概念，其实桑顿早就已经对该问题进行过论述。在当代新凯恩斯主义理论体系中，真实工资刚性理论成为该学派解释货币政策非中性的重要理论基础，该学派从隐含工资、效

---

① 凯恩斯：《就业、利息和货币通论》，译林出版社 2014 年版，第 200 页。
② 凯恩斯：《就业、利息和货币通论》，译林出版社 2014 年版，第 256 页。
③ 凯恩斯：《就业、利息和货币通论》，译林出版社 2014 年版，第 230 页。

率工资以及局内人—局外人等理论解释了真实工资刚性现象，试图为原凯恩斯主义构建微观基础，同样也产生了广泛影响。

（三）为中央银行的设立提供了理论基础

在桑顿所处的时代，英格兰银行是一家由私人股东出资成立的股份制银行，是当时英国注册资本最多、经营规模最大的一家银行，同时拥有发行银行券的特权。和其他股份制私立银行一样，最初英格兰银行经营的宗旨是追求为股东带来最大的回报，而不是为了国家利益按政府的意志去实施一些货币政策，桑顿意识到了面对股东利益与国家利益冲突时，英格兰银行面临的两难困境，桑顿认为应该赋予英格兰银行国家银行的特殊地位，要求英格兰银行应该以国家利益至上，根据经济形势的变化制定与实行有利于经济发展的货币政策。此外，桑顿还看到了当时大量乡村银行倒闭引发的连锁反应对整个金融系统造成的破坏性影响，因此他提出英格兰银行应在维持金融体系稳定中发挥更为重要的作用，比如必须承担起救助经营不善银行的义务，桑顿对英格兰银行提出的这些主张都转变成了现代中央银行的重要职能，他也因此被称为中央银行之父。

对于桑顿在货币理论发展上所做的巨大贡献，熊彼特给予了公正的总结，"桑顿的贡献就理解的广度和分析能力来说，都超过了所有其他的人"[1]。

二、马克思主义经济学视角下的桑顿货币非中性思想

桑顿的纸币非中性的特点是：他看到了货币资本与物质资本的积累，认为虚拟的货币资本积累要求有现实的实际资本的积累，他清楚地看到只有当新增货币能够购买到剩余物质资源和失业时，才会引起产出的增长。同时桑顿看到，在社会总物质资本不变时，一部分人的新增资本是其他人的资本减少部分，这意味着桑顿逐渐从总量资本积累和增长，转变为从产品结构的视角出发认识实际资本的积累。并且桑顿还认为，货币工资的变动滞后于物价水平的变动，企业就会因为成本的暂时降低和利润的暂时增加而提高产出水平，这种观点也是值得肯定的。

但是桑顿认为劳动力需求增长是货币增长的结果的观点值得进一步商

---

[1] 约瑟夫·熊彼特：《经济分析史》第 2 卷，商务印书馆 2010 年版，第 510 页。

榷，因为，劳动力需求是由资本中预付的可变资本决定的，而这又是由资本主义制度决定的。同样桑顿认为货币减少会导致商业计划打乱，从而导致生产下降的观点也是不成立的，这实际上是货币量的变动导致的商品相对价格混乱引起利润变动所导致的。与此同时，桑顿尤其指出了支付手段的缺失导致整个社会支付链条断裂而使经济陷入支付危机。马克思在《资本论》中指出，在危机时期，信用突然中断，一切到期款额都要用现金支付，因而货币奇缺，这又会导致商业信心下降，从而导致生产下降。因此，桑顿所分析的货币量下降引起的商业信心下降的观点是值得肯定的。但是，桑顿并没有看到，这种繁荣与萧条是资本主义制度造成的，是资本主义制度下资本家无限制追求剩余价值导致的繁荣、衰退、萧条、复苏的经济循环过程。因此，从马克思主义经济学方法论出发，我们看到桑顿的理论仍然停留在资本主义经济现象的分析，而没有深入资本主义制度本质的生产关系的分析。

第八章　马尔萨斯的货币非中性思想

托马斯·罗伯特·马尔萨斯（Thomas Robert Malthus，1766～1834）被认为是早期古典经济学代表人物之一，出生于英国萨立州的一个土地贵族家庭，马尔萨斯年幼时在家接受教育，直到1784年被剑桥大学耶稣学院录取学习哲学和神学，后成为一名牧师。马尔萨斯以其人口理论闻名于世，在经济学研究上也取得了巨大成就。他出版的经济学论著主要有《政治经济学原理》《论纸币的贬值》《图克——论物价的高低》《商品的价值》《供给条件》等，对商品价值、价格、地租、货币、供求关系等问题进行了分析，被认为是早期古典经济学代表人物之一，他对经济学的突出贡献在于：他首次提出了经济体中存在消费不足的内在趋势，所以，一定要通过社会上那些只消费不生产的人（教士、教师、仆人、公务员以及其他人）和地主来填充缺口，从而有助于防止社会因生产过剩陷入衰退。马尔萨斯认为消费不足引起了1815年以来英国出现的滞胀和萧条，全社会资源过多投入于储蓄的积累，用于满足战争生产需要，造成储蓄与消费严重失衡，使经济陷入生产过剩的经济危机。凯恩斯赞扬马尔萨斯能够理解经济体保持充分就业的困难，并受马尔萨斯的影响，基于边际消费倾向递减、资本边际报酬递减、流动偏好三大定理，提出了有效需求不足理论。

在货币理论上，他明确质疑李嘉图关于货币仅是一种交换媒介的观点，认为货币数量的变化会对实体经济产生影响。他认为，新增货币对经济的影响主要体现在改变了一国货币在生产阶级与非生产阶级之间的重新分配，使更多的货币被分配给了生产阶级并转化为了资本，从而增加了一国资本总量，进而促进一国产出与就业的增长，而不在于货币本身的增长，这观点实际上是对强制储蓄理论的继承与发展，此外，他还提出了增加货币可以通过促进技术进步、降低利率、降低固定费用支出等途径来增加一国的产出与就业，不过可惜的是他对这些问题的研究并不深入，比如在增加货币对利率的影响上，他就写了一句话，"增发钞票就会使国家资本增加，并且虽非绝对必然，但也几乎是必然地使利息率降低"①。

第一节　马尔萨斯对货币非中性的描述

一、货币数量变化对产出的影响

（一）不同货币分配会影响一国产出水平

马尔萨斯认为一个国家促进财富增长的方式主要有三点：一是资本的积累，二是土地的肥力，三是节约劳动的新发明。这些观点在他之前就被很多经济学者提出来了，并不是马尔萨斯首创，但他开创性地提出，增加一国货币数量会引起一国货币数量在不同人群间重新分配，使货币分配更有利于生产阶级，不利于非生产阶级，从而促进一国资本积累，带动其产出与就业增长。他写道："我们认为，通货增加能在什么程度上和以什么方式增加资本的问题是非常重要的，很值得加以解释。我们所知道的著作家中似乎没有一个充分地认识到：一个国家流通媒介的不同分布必然会对将来用于协助生产的积累资本产生影响。然而从有关资本的最正确和最适当的观点中却会直接得出这个结论。"② 马尔萨斯在经济学说史上较早提出了货币数量变化通过影响流通媒介的重新分配从而影响资本积累和产出的非中性途径，在前人基础上进一步延伸了对资本理论以及货币非中性理论的研究，成为货币非中性思想的重要理论来源。

马尔萨斯以亚当·斯密的产品划分理论为基础，分析了货币数量变化对社会总产品分配造成的影响。亚当·斯密认为任何一个国家每年生产出的全部产品，最初由生产者生产出来时就自然而然地被划分为两部分，一部分被用于产品的再生产，主要是用于更新和增加资本，具体而言就是用于新增或者补充生产用原料、工具、机器设备以及新建工厂等；另一部分则构成了居民收入，主要用于居民的生活消费。斯密还认为只有用于资本的产品才能用于社会再生产，增加社会财富，全社会用于资本的产品越多，整个社会生产

---

① 马尔萨斯：《政治经济学论文五篇》，商务印书馆 2016 年版，第 29～30 页。
② 马尔萨斯：《政治经济学论文五篇》，商务印书馆 2016 年版，第 28 页。

的财富就越多，而用于消费的产品越多，用于资本的产品必然就越少，整个社会生产的财富也就越少。马尔萨斯非常认同亚当·斯密上述关于产品划分的观点，认为他正确理解了资本的主要来源，以及资本在社会再生产中所起的重要作用。但是，马尔萨斯认为斯密并没有深入分析在社会总产出一定时，用于资本的部分与用于收入的部分是否会发生变化，以及如何发生变化的问题。是不是在社会总产出一定时，用于这两部分的产品数量比例就永远不会发生变化了呢？如果会的话，影响资本与收入变化的因素有哪些，这些因素如何改变资本与收入之间的比例呢？在马尔萨斯看来，上述划分比例并不是一成不变的，一国货币数量的变化就会改变总产出在资本与收入之间的分配，从而影响一国资本积累。

根据是否在社会生产中直接发挥作用，马尔萨斯把全部社会成员划分为生产阶级与非生产阶级，在他看来，生产阶级主要包含农业资本家、手工业生产者以及商人等，非生产阶级主要包含各行各业依靠固定收入为生的人和地主等有闲阶级，在他看来，生产阶级增加的收入主要用于储蓄或社会再生产，非生产阶级增加的收入主要用于消费，正因为如此，他认为一国货币总量在生产阶级与非生产阶级间的不同分配会影响社会总产品在资本与消费之间的分配比例，从而影响一国的资本积累以及产出水平，为了说明这种影响，他列举了两种不同的货币分布情形。第一种情形为：如果一国货币被平均分配给每一个人，则社会总产品分配给消费的比例会上升，分配给资本的比例会下降，从而减少一国资本积累，削弱一国生产能力。他写道："十分肯定的事实是：流通媒介要是被平均分配给社会一切成员之间的话，就会差不多完全摧毁积集任何大量原料的能力，也会破坏制造适当的机器、仓库、船舶等的能力；此外，维持足够的人手以便进行有效分工的能力也会遭到破坏。在这种分配方式下，资本与收入的比例就会大大不利于资本。"[①] 如果不改变这种不利于资本积累的货币分配方式，一国的产出就会持续减少，就业就会持续下降，经济不可避免陷入衰退，在几年之内，该国经济就会由盛转衰，国力就会由强转弱。第二种情形为：如果一国货币分配更有利于生产阶级，也就是整个国家的货币分配给生产阶级的比例更多一些，分配给非生产阶级的更少一些，则这种流通媒介分配方式就会促进一国资本的积累，从而促进一国的产出与就业增长。他写道："另一方面，如果流通媒介的分配使一国的产品支配权主要归于生产阶级，也就是说，如果相当大量的通货从

---

① 马尔萨斯：《政治经济学论文五篇》，商务印书馆2016年版，第28页。

有闲阶级和依靠固定收入为生的人手中转移到农业家、工业家和商人手中，那么资本和收入的比例就会大大有利于资本；该国的产品在短期内就会大大增加。"①

（二）增加货币会提高社会总产品分配给资本的比例

在分析了一国货币在生产阶级与非生产阶级之间的不同分配对一国产出与就业的影响之后，马尔萨斯又分析了增加货币可能对产出与就业的影响。从理论上看，增加货币数量的方式会有很多，不同的增加方式可能引起的社会总产品分配形式也可能会多种多样，从而对一国资本积累、产出与就业形成完全不同的影响。那么在现实经济中，货币更有可能以哪种形式在不同阶层间重新分配呢？

马尔萨斯认为在实际经济运行中，如果一国的货币数量增加，这些新增的货币更多会流向生产阶级，而流入非生产阶级的数量则会较少，这样就会改变一国货币总量在生产阶级与非生产阶级间的分布，使一国货币分配更有利于生产阶级，这种流通媒介分配方式就会促进一国资本的积累，从而促进一国产出与就业增长。他写道："但每次发行新钞票时，并不只是流通媒介量增加，全部媒介的分配也会改变。流入既消费又生产的人手中的一部分较大，流入只消费的人手中的部分较小。我们一向认为资本是国家的积累与年产品中归于从事再生产的人支配的那一部分；这样，我们就不得不承认，增发钞票就会使国家资本增加。"② 为进一步强调新增货币更有利于生产阶级，以及说明生产阶级如何利用这些新增货币促进生产，他还写道："在实际情形下，新发行的钞票更多是被分配到这些打算用来办理和扩充有利企业的人手中，使资本和收入的比例有利于资本。在这种情形下，进入市场的新钞票就会成为新增加的资本，可以用来购买必需的物质。"③ 因此，在马尔萨斯看来，增加货币对产出的影响，不在于流通媒介数量的单纯增加，而是在于增加的货币改变了整个流通媒介在生产阶级与非生产阶级间的分配，这种改变表现为生产阶级可以得到更多新增货币用于投资，而非生产阶级只能得到很少的新增货币用于消费，从而促进整个社会的资本积累增加，产出增加，如果新增的资本被平均分配给每一阶级，就不会产生资本积累的效果，社会的产出也就不会增加。正如他所说："必须经常记住的是：这里所说的影响

---

① 马尔萨斯：《政治经济学论文五篇》，商务印书馆 2016 年版，第 28～29 页。
②③ 马尔萨斯：《政治经济学论文五篇》，商务印书馆 2016 年版，第 29 页。

并不是由流通媒介的数量所决定的，而是由不同的分配所造成的。如果流通过程中增加了 10 亿镑钞票，并完全按照以往的同一比例分配于社会各阶级，那么这个国家的资本便不会有任何增加，借贷的便利也不会有任何增加。"[①]

二、货币数量变化对农业的影响

马尔萨斯被当代很多经济学家认为是地主阶级的代言人，在他的经济学著作中，他花了很大的篇幅对农业和地主阶级的利益问题进行了研究。他专门研究了农产品价格上涨对农产品生产的促进作用以及对地租的影响，并且得出了货币数量增加可以带动农产品价格上涨，从而促进农业经济增长的结论。他写道："那么，很明显，随着谷物价格的上涨而开始的贵金属价值的下跌，在继续下跌中，会强有力地促进新土地的耕种和地租的上升。"[②]

（一）货币数量增加对农业的影响

1. 马尔萨斯认为农产品价格上涨能促进农业的发展

马尔萨斯提出，扩大农产品价格与生产费用（包含利润）之间的差额能够促进地租上涨，而导致其差额扩大的原因主要有：（1）资本积累导致的利润率下降；（2）人口持续增长导致的谷物工资下降；（3）促进农业发展的技术进步；（4）农产品的价格上涨。在他看来，第（4）点即农产品价格上涨不仅可以在不降低工人实际工资的情况下增加农业资本家的利润与地主阶级的地租收入，还会刺激农业投资，提高农产品产量，促进农业发展。这主要是因为农产品价格上涨会吸引更多社会资本投资农业，一部分新增投资会用于新修水利设施、改良农田、发明新的高效农具，从而促进农业的科技创新，这不仅能够阻止农业资本边际报酬递减，促进农业资本利润率上升，还能够阻止耕种劣等地造成的劳动边际报酬递减，从而维持劳动者工资不变甚至增加，这样既能吸引更多新资本进入农业，还能吸引新的劳动力从事农业生产，从而促进农业繁荣。他写道："同其他国家比较起来，我们的劳动和商品的价格就有了普遍的提高，即贵金属的价值降低了……在这里，偶然原因引起的货币价值的变动完全淹没了和隐藏了必然原因所起的作用。这时利润不是下降，而是上升……1813 年最后耕种的土地，并不比 1790 年

---

① 马尔萨斯：《政治经济学论文五篇》，商务印书馆 2016 年版，第 28 页。
② 马尔萨斯：《政治经济学原理》，商务印书馆 1962 年版，第 139 页。

最后改良的土地需要更多的劳动，而后一时期的利润和利息率都比前一时期高，而两期的劳动谷物工资则差不多相同。但是利润并没有高到使这一段时期不利于地租增加。虽然由于种种原因曾经出现过严重障碍，但是对农业的巨大刺激所促成的大规模的水利和长期性的改良工程犹如新土地一样地增加了国家的实际财富和人口，使谷物产量能够在不增加劳动和困难的情况下获得提高。那么，很明显，随着谷物价格的上涨而开始的贵金属价值的下跌，在继续下跌中，会强有力地促进新土地的耕种和地租的上升。"① 这段话中"偶尔因素的变化"就是指农产品价格上涨，"淹没了和隐藏了必然原因所起的作用"就是指打破资本边际报酬递减规律和耕种劣等地造成的劳动边际产品递减规律。很显然，马尔萨斯在这段话中说明了农产品价格上涨不仅可以刺激农业投资，还可以刺激农业创新，从而提高农业的生产效率，促进农业发展，这样的结果不仅可以提高农业资本家的利润，还可以提高工人的实际工资和地主阶级的地租，形成这三个阶级共赢的局面。

在马尔萨斯看来，不仅仅是价格上涨，谷物和劳动的绝对价格较高时，也能促进农业的发展。他认为，在谷物和劳动相对价格保持不变，而绝对价格都比较低时，耕种土地获得的收益会很少，地主阶级获得的地租会很低，而在谷物和劳动相对价格不变，货币价格较高时，耕种土地获得的收益就会很高，地主阶级获得的地租也会较高，从而刺激农业资本家的投资。正如他所说："假使谷物和劳动的货币价格都比较低，可是彼此保持着同样的比例关系，那么耕种同样质量的土地就不能获得同样的利益，也就不能在同样的利润率和劳动的实物工资的条件下获得同样的地租。"② 而在谷物价格上涨到较高水平时，谷物价格与耕种费用之间的差额就会变大，这样就可以增加农业资本家利润，从而给予农业改良以巨大的刺激，鼓励资本在新土地上进行投资，并且使旧土地的生产力得到提高。

而一旦价格上涨使农业资本从投资农业中获得大量利润，他们又会将利润转化为农业资本，形成农业资本的进一步积聚，形成促进农业发展的持续动力，马尔萨斯以英国1793～1813年的农业投资为例说明了这一点。1793～1813年，英国粮食价格持续上涨，农业投资也持续增长，他认为这期间增加的大量资本并不是来自工商业，而是这期间农业资本获得的高额利润，而形成高额利润的原因就是这期间农产品价格上涨以及受此刺激形成的农产品

① 马尔萨斯：《政治经济学原理》，商务印书馆1962年版，第139～140页。
② 马尔萨斯：《政治经济学原理》，商务印书馆1962年版，第138页。

耕种办法的持续改良。

2. 货币数量的增加可以促进农产品价格上涨

那么哪些因素可以导致农产品的价格上涨呢？马尔萨斯认为主要有两点原因：（1）在农产品产量不变时，增加了贵金属货币数量。（2）在保持农产品供给不变时，对农产品的需求增加。但无论是哪种原因导致的价格上涨都能促进农业的发展，正如他所说："我们知道这些利益是常常有的，而且可以因种种刺激而增加——则货币价格的下跌，不论是普遍地由于贵金属矿产供给的增加，还是局部地由于某一国对谷物和劳动的需求，都必然会鼓励农业投资的增长，扩大次等土地的耕种，并提高地租。"① 马尔萨斯在这段话中明确说明了贵金属矿产供给增加与农产品需求增加一样会引起货币价值的相对下跌以及农产品价格的相对上涨，从而鼓励更多资本投资农业。在谈到贵金属增加的途径时，除了通过发掘和开采金矿这种最原始的方式外，马尔萨斯还认为通过开展海外贸易可获得更多的贵金属，马尔萨斯在其著作中对通过发掘金矿获取黄金的说明并不多，因为在当时欧洲并不是盛产黄金、白银等贵金属的主要地区，因此在他看来，在英国，通过这种原始方式获取的贵金属非常有限，他主张通过扩大海外贸易来获取更多黄金以便维持国内农产品价格持续上涨，从而给农业资本带来更多利润，刺激农业发展。马尔萨斯认为，英国在这一点上做得相当成功，依靠其强大的工业实力向世界各地输出了大量工业制品，换回了大量金银货币，使英国的农产品能够长期维持较高的价格水平，从而促进了英国国内农业的长期发展。他写道："在一个继续依靠对制造品的巨大和不断增加的需求来养活人口的国家中，同样的结果也会产生。因为如果这些制造品在国外市场的货币价值由于需求而增加，它们所能换回的货币价值也会跟着增加，这就必然使劳动和农产品的货币价格上涨。因此对农产品的需求和对制造品的需求都将增加，从而给予土地上的各种改良以巨大刺激，尽管这种刺激也许达不到和前一种情况下同样的程度。"② 马尔萨斯在这段话中真实地反映了在他所处的资本主义时期，工业快速发展带动农业发展的现实，当时的英国是世界上最先进的制造业国家，利用先进的技术生产出大量物美价廉的工业制品，这些商品在国外很受消费者喜爱，占领了大量的海外市场，为英国带回了大量的金银，而这些金银数量的增加也带动了英国国内农产品需求增加，价格上涨，从而刺激更多

---

① 马尔萨斯：《政治经济学原理》，商务印书馆1962年版，第141页。
② 马尔萨斯：《政治经济学原理》，商务印书馆1962年版，第140页。

资本投资于农业，带动了农业的繁荣。从这一点来看，马尔萨斯并不认为当时英国工业资本主义的发展阻碍了农业的发展，触动了地主阶级的利益；相反，他认为英国工业快速发展带回了大量贵金属货币，带动了英国国内农产品价格上涨，促进了农业发展。他写道："结果我们就看到，在富裕的工商业国家里，工商业产品价值对增加了的农产品价值之比是很高的。反之，在制造业和国外贸易不发达的贫困的国家里，农产品的价值虽然和它的领土范围对比来说是微乎其微，但是却几乎构成它的全部财富。"[1] 并且，在这种情况下，农业劳动者的工资也会跟随农产品价格上涨，特别是农业劳动者在购买外国商品上就会变得十分有利，使得其实际工资至少不会下跌。

（二）货币数量减少对农业的影响

马尔萨斯还认为如果一国农产品价格不再上涨，一种情况是一个国家的对外贸易优势逐渐丧失，进出口顺差逐渐减少甚至变成了逆差，导致其不能持续从外国获得贵金属货币，另外该国又不能通过开采金矿获得货币，那么该国的货币增速就停止了，如果农产品的供求关系没有发生变化，则该国农产品价格就会停止上涨，从币值下跌中增加的农业收益也就消失了，如果一国货币数量出现了减少，引起货币币值上升，物价普遍下跌，还有可能反向经历一段衰退，抵销之前货币贬值带来的一部分收益。他写道："不过，在谈到币值下跌中有时产生的利益时，应当时常记住：如果这种下跌超过了能够长期保持的限度——这是一种很可能发生的事——那就必然会出现倒退现象，这种倒退对国民财富来说，虽然不会抵销以前给予生产的刺激的全部影响，但地主、资本家及劳动者等一切有关方面都会感到它是一场非常痛苦的灾难，悔恨自己竟会受到这种刺激，但是无论如何，我们仍然应该考察这样一种刺激在其存在期内所起的作用。"[2] 从这段话可以看出，马尔萨斯认为从币值下跌中获得收益在长期会有一个限度，这主要是要使一国物价持续上涨，币值持续下跌，就需要持续增加货币供应，而一旦一国货币贬值到明显低于他国购买力时，商品的出口也会因实际汇率提高变得不利，增加国内货币供给难度会变得越来越大；相反，一国货币流出变得越来越容易，经济很有可能会走向衰退，但马尔萨斯坚定地认为，此时发生的衰退不可能抵销之前货币贬值带来的全部收益。

---

① 马尔萨斯：《政治经济学原理》，商务印书馆1962年版，第140页。
② 马尔萨斯：《政治经济学原理》，商务印书馆1962年版，第141~142页。

第二节 马尔萨斯对货币影响产出的程度分析

马尔萨斯认为变动货币对产出的程度影响非常大，他对增加货币对一国产出的促进作用表现出非常乐观的态度，认为每次增加货币都能使绝大部分流通媒介转移到农业家、工业家和商人这些生产阶级手中，使资本与收入的比例朝更有利于提高资本的方向发生变化，从而使产出大幅增长，但同时他也认为从货币增加到产出增长并不会马上发生，会经历一段时间，在最初阶段，增加的资本较少，一国的产品还来不及增加，或者增加的较少，这时，"任何人要取得更多的产品就不可能不减少其他人的份，这种减少是因为价格上涨引起的，而价格的上涨是由新增加的货币引起的"①。而在一段时间后，随着新增货币不断促进资本积累，资本也会积累到相当大的规模，而且这些增加的资本会在很长一段时间内促进产出增长，事实上，他认为产出增加的幅度是如此之大，在最初增加货币形成短期内价格上涨之后，由新增货币积累的资本形成的新的生产力会在一段时间内新生产出足够多的产品，使上涨的价格又回落到最初的水平，也就是他认为新增的货币会被新积累的资本所生产出的产量完全吸收，从而不会影响经济的价格水平。他写道："诚然，每次发行新钞票时，物价的上涨会使一定量硬币退出流通过程，只是退出的数量肯定不会等于钞票发行量。通货跟它所要周转的商品比起来，最初是数量加大，接着是价值降低。但我们认为，常见的情形是物价的上涨使被解放出来的硬币作有利的利用，并使转移到生产阶级手中的产品支配力增加以后，就会使一个国家的生产力受到刺激，以致在短期内就由于商品增加较多而恢复商品与通货的平衡，这样一来，物价又恢复到以往的水平上去了。"② 马尔萨斯对斯密与休谟的一个观点的反驳也可以间接地反映出该观点，在1751年和1752年，苏格兰粮食价格陡然上涨，而这两年苏格兰银行业也发展很快，流通中的纸币出现大幅增加，到1759年时，苏格兰的粮食价格又出现了大跌，而斯密认为1751～1752年苏格兰粮食价格上涨不是货币增加造成的，而是因为年成不好，天时不利，粮食减产造成的，到1759年时，粮食价格回归到了正常水平，斯密又认为这是粮食丰收之后的结果，

---

① 马尔萨斯：《政治经济学论文五篇》，商务印书馆2016年版，第29页。
② 马尔萨斯：《政治经济学论文五篇》，商务印书馆2016年版，第31页。

因为斯密并不认同增加纸币总量会降低通货价值，在他看来，增加多少纸币，就会有多少金银货币退出流通，用作它用，流通中的货币总量并不会增加。但马尔萨斯并不认同斯密的观点，他与休谟在《政治论文集》中得出的结论一样，认为1751～1752年苏格兰粮食价格上涨是由于苏格兰货币增发造成的，而对于1759年粮食价格的下跌，马尔萨斯则认为是因为1751～1752年增发的大量货币形成了大量资本积累，使得之后年份生产出的产量大幅增加，货币与产出的比例又回到了1951年货币增加之前的大小，所以价格又回到1951年之前的水平，甚至更低。所以他写道："然而，1751年和1752年的昂贵价格很可能曾受到纸币的影响，因为我们看不出用纸币代替硬币时，物价何以能不增长。但资本的这种增加使工业受到了新刺激，因而商品在1752～1759年这一段时期数量大增，以致和增加的通货恢复了平衡。"[①] 可见，在马尔萨斯看来，由增加货币形成的资本积累可以在相当长的一段时间内促进产出增长，以致最终这些新增的货币能够被新增的产出全部吸收，使货币与产出之间的比例又恢复到货币增加之前的大小，但这时不仅经济中的货币数量增加了，经济中的产出也成比例地增加了。由以上分析可以看出，马尔萨斯认为由增加的货币引起的资本积累可以在相当长的时间内促进产出增长，从他所举的上述例子中可看出，他认为1751年增发的货币到1759年还在对经济总量产生影响，在他看来，货币不仅短期呈非中性，而且在长期也表现为非中性，马尔萨斯是学说史上少数认为货币在长期也呈非中性的经济学者。

第三节　马尔萨斯对货币非中性的原因分析

一、强制储蓄理论

（一）马尔萨斯提出的强制储蓄理论

边沁是最早提出强制储蓄理论的经济学家，而在他之后约10年，马尔萨斯也对该理论进行了更详细的描述，因此在哈耶克看来马尔萨斯也是较早

---

① 马尔萨斯：《政治经济学论文五篇》，商务印书馆2016年版，第31页。

提出该理论的学者之一。哈耶克写道:"我所注意到的另一处详细描述强制储蓄现象就是马尔萨斯在对李嘉图关于黄金的高价格分析中的评论,在我所著的《价格与产品》一文中已经引用一些内容了。这里我只是想把读者的注意力吸引力到马尔萨斯与边沁关于强制储蓄的区别上来。"① 哈耶克所说的马尔萨斯有强制储蓄的这些内容,在前文中也有反映,马尔萨斯认为增加货币会造成现有的货币在不同阶级之间被重新分配,从有闲阶级和依靠固定收入为生的人手中流入到农业家、工业家和商人手中,扩大了全社会投资,增加了全社会的资本积累,提升了全社会的资本收入比例,进而促进了全社会产出与就业的增加,从而构成强制储蓄。

(二) 马尔萨斯与边沁在强制储蓄理论上的区别

边沁与马尔萨斯都是强制储蓄理论的早期提出者,都对该理论的发展作出过重大理论贡献。总体而言,他们对强制储蓄理论的核心内容表述基本相同,都认为新增货币会造成收入从固定收入者向生产者转移,从而提升一国资本积累水平,促进一国产出与就业的增长,货币表现为非中性,但他们所提出的强制储蓄理论也存在巨大差异,主要体现在以下几点:(1) 关于形成强制储蓄的原因。边沁认为新增的货币既可以用于消费(非商业性支出),也可以用于投资(商业性支出),只有用于商业性支出,才能促进一国资本积累,产出增加。如果新增的货币用于消费,则不能促进资本积累,因此在他看来,新增货币能否表现为非中性以及能否产生强制储蓄效应取决于货币发行者的用途。在马尔萨斯看来,只要新增货币,就能产生货币在不同阶级之间的重新分配,新增货币更多会分配给生产阶级,非生产阶级则分配得很少,生产阶级分配的部分会转化成资本,促进社会产出增加,因此在马尔萨斯看来,只要一国新增货币就能产生强制储蓄效应。(2) 强制储蓄作用的时间长短及对产出的影响不同。边沁认为,如果新增货币用于商业性支出,那么它只是在第一次购买劳动与物质性资本时促进资本增加,而且形成的资本也只能在一个较短的时间内对产出有促进作用,增加的产出也只有投入资本的15%,当时英国投资的平均利润率约为15%,所以边沁认为新增货币如果用于投资支出,增加的产出也为15%,而在马尔萨斯看来,新增货币一旦形成资本,其对产出的促进作用会很久,从他所举的例子中,他

---

① Hayek, Frederich A. Von. 1932. A Note on the Development of the Doctrine of "Forced Saving". *Quarterly Journal of Economics*, November 47, pp. 127 – 128.

认为新增货币形成的资本在此后的 8 年内都在促进产出的增长，并且马尔萨斯认为这些新增的资本对产出的促进作用非常大，在他看来，由新增货币形成的资本所新增的产量能使整个社会的物价水平恢复到新增货币之前的水平，也就是新增的产出可以之前的价格吸收新发行的货币，不会使价格上涨，因此在他看来，货币在长期也是非中性的。（3）强制储蓄对收入的再分配效应。边沁认为，无论是用于商业性支出，还是用于非商业性支出，都会引起通货膨胀，造成固定收入者的实际收入下降，相当于货币发行者向固定收入阶级的人征收了一笔永久的间接税，从而引起社会的收入分配不公。而马尔萨斯认为，强制储蓄并不会引起收入分配的不公，一方面，他认为尽管最初新增货币产生的资本在增加产出之前，会形成价格上涨，固定收入阶层的收入减少，转化成生产阶级的利润，但随着资本增加的产出越来越多，商品的价格也会越来越低，最终恢复到货币增加之前的价格水平，固定收入阶层从长远来看，并不受损；另一方面，他认为贵金属的数量发生变化的原因无法被控制，所以所造成的收入分配不公就成为必然会发生的结果。（4）对增发货币的立场不同。边沁认为无论是金属货币还是纸币，增发货币形成的强制储蓄效应相当于对固定收入阶层征收了一笔 300% 的间接税，比高利贷利率剥削程度更高，造成了社会收入分配不公平，而强制储蓄效应形成的产出效应则很少，只有新增资本的 15%，因此他极力反对国家为了获得很小的一点产出利益而增发货币，因为在他看来这会导致严重的收入不合理再分配，社会付出的代价更大。而马尔萨斯认为，只要一国发行的纸币与相等面值的金币是等值的，能够相互兑换，那么增加货币供给形成的强制储蓄效应就能为一国积累更多的资本，能够在很长一段时间内促进产出增长，最终产出增加的幅度可以完全吸收最初发行的多余货币，从而保证商品的价格不变，因此他极力地倡导一国增加货币。

二、固定费用与工资刚性

在马尔萨斯的著作中，固定费用支出及工资刚性也是货币呈现非中性的原因，他在论述地租变化原因时对这一现象进行了说明。在他看来当农产品价格上涨时，无论这种上涨是由货币增加引起的，还是由农产品的需求增加引起的，耕种农业的生产费用（包括名义工资）都具有一定刚性，不会随农产品的价格上涨而立马上涨，或者即使上涨，上涨的幅度也没有农产品价格上涨的幅度大，这样与农场主取得的货币收入相比，就能带来农场主货币支出的暂时或永久下降，使得农产品价格与耕种费用之间的差额扩大，农场主耕种农产品的利润增加，从而刺激资本对农业投资，促进农业发展。在谈到生产费用支出刚性时，他写道："劳动价格最终提高到和谷物价格相适应的原有水平，二者都比以前高得多……但是在这种变动过程中，劳动之外的一切其他资本开支绝不可能都在同一时间内增加，甚至最后也不可能按同一比例来增加。因此必然会出现这样一个时期，使农产品价格和生产费用的差异能扩大到大大地刺激农业的生产。"① 在谈到工资刚性时，他写道："每当由于上述四个原因的作用，农产品价格与生产手段的费用之间的差额增大时，地租就会上升。然而，并不需要这四个原因同时都起作用，所需要的只是这里所说的差额增大。例如，如果农产品价格上涨，劳动的货币工资以及资本的价格都没有同比例地上涨，同时农业上又普遍采用进步的耕作方法，那么很明显，尽管农业资本的利润不仅没有下落而且会显著上升，这种差额仍然会增大。"② 马尔萨斯只是描述了生产费用刚性这种现象，但并没有解释生产费用具有刚性的原因，他还特意以进口商品为例说明了生产费用的相对刚性，他写道："人们公认，当货币价值下跌的时候，课税商品不会与其他商品同比例地上涨；假设这种下跌只发生在个别国家中，那么那些全部或部分从外国进口的不同商品，也不会与其他商品同比例地上涨，这些进口商品有许多构成农场主的资本，因此，农场主就会从相对于这些商品而言的谷物货币价格当中获得更大的力量。"③

此外，在马尔萨斯看来，生产费用刚性的存在具有长期性，在农产品价格发生变化时，这些费用甚至比工人的名义工资更难发生变化，因此，一旦货币增加引起农产品价格上涨，其产生的利润就会比较长久，农产品价格上涨不仅可以使之前投入农业的资本获利，还可以使新进的资本也能在相当长时间内获利，因为生产费用在相当长一段时间内保持不变，使得这些新进的资本生产费用与原有资本一样保持较低水平，这样就更能吸引新资本进入。他写道："而且，因为有机会获得高额的暂时利润而增投的资本，由于很少能够全部从土地上抽回，因此这样产生的利益，有一部分是持久的；此外，因谷物价格的长期上涨超过农场主资本中某些实物价格的上涨而产生的全部利益，也是持久的。"④

马尔萨斯还认为，尽管固定费用价格比较难变化，但和名义工资一样，

---

① ③ ④ 马尔萨斯：《政治经济学原理》，商务印书馆 1962 年版，第 141 页。

② 马尔萨斯：《政治经济学原理》，商务印书馆 1962 年版，第 142 页。

一旦货币停止增长，谷物价格也会停止上涨，生产费用的价格最终会缓慢上涨到与谷物价格在其价格变化之前的比例，农业资本家利润也逐渐减少，对农业的刺激也会逐渐减弱。因此，为了使生产费用持续滞后于谷物价格上涨，就要使货币数量不断增长，使资本产生投资农产品的持续动力。

三、技术创新

马尔萨斯在论述货币促进农业发展的作用中，也提出了货币能刺激创新的观点，从他的论述中，可以看出其传导机制是：货币供给增加会引起农产品价格上涨，在生产费用和工资滞后于价格上涨时，耕种农产品的利润就会增加，从而促进农业资本家在农业改良、新修水利等方面进行投资，从而促进农业创新，提升土地的生产效率，他写道："那么，这个国家的农产品价格当然会大大地上涨；若是这时耕种费用的相应上涨是逐步的、缓慢的，农产品价格就可能在很长时间内遥遥领先，给予农业改良以巨大的刺激，鼓励资本在新土地上进行投资，并且使旧土地的生产力得到提高。"[①] 他还用实例进行说明，在他看来，英国在 1793～1813 年间，农业生产率得到了极大提升，其原因正是在这期间农产品价格持续上涨，促使大量资本投资于农业，通过耕种方法的改良等一系列创新促进了农业的发展，并且，农业生产率的提高提升了农业资本的回报率，给农业资本带来了大量利润，这些利润的很大一部分又形成资本积累，为农业扩大再生产提供了资本来源，进一步促进了农业发展。

此外，马尔萨斯还表达了增加货币能够降低市场利息率的观点，他写道："增发钞票就会使国家资本增加，并且虽非绝对必然，但也几乎是必然地使利息率降低。"[②] 但在整个古典经济学时期，除了马尔萨斯、托伦斯等少数学者表达过这种观点外，并没有人系统地表达过这种思想，其他两种利率理论在当时更加流行，一种是由休谟提出的，认为利率取决于借款的需求意愿与可供出借资金的大小，另一种是由斯密与巴贲提出的，认为利息率取决于实物资本的供给与需求。直到维克塞尔的出现，货币供求利率论才重新引起人们的注意，不过维克塞尔认为现实生活中至少存在两种不同的利息概念，其中两种分别是货币利率与自然利率。而货币供求利率论广泛被人们所

---

① 马尔萨斯：《政治经济学原理》，商务印书馆 1962 年版，第 137 页。
② 马尔萨斯：《政治经济学论文五篇》，商务印书馆 2016 年版，第 29～32 页。

接受，还是得益于凯恩斯系统重构了货币需求理论与货币供给理论。

第四节 马尔萨斯对强制储蓄造成的社会不公平程度的分析

一、维持通货和贵金属等价就不会导致收入分配不公平

与边沁、桑顿等不同的是，马尔萨斯反对强制储蓄一定会导致收入不公平的观点，他写道："反对通货增加过多对国家生产力发生刺激作用的人，最大的理由就是：要完成这种作用，就必须付出代价，造成不公平的事情，这种说明可以合理地解释：国家财富为什么往往会在个人贫困增加时增加；物价上涨为什么往往和公众繁荣状况相联系，而物价跌落则与国家衰落一同出现。但不论这些说法能帮助解释什么问题，它们总归不能改变是非的根本，而且也丝毫不能赞同财产的不公平转移。"① 他承认强制储蓄效应会导致收入再分配，但他同时也认为这种结果对固定收入阶级来说并不一定就不公平，要分情况进行考虑，在他看来，如果具有固定收入的人所得到的货币和贵金属维持等价水平，他们就不能认为自己受到了不公平待遇，因为贵金属本身的价值也是经常变化的，有时会上升，有时会下降，谁也无法左右，因此，如果某个时候贵金属的价值降低给固定收入阶级带来了一定损失，完全可以从其他时候贵金属的价值上升给固定收入阶级带来的利益中进行补偿，何况当货币供应增加之后，由新增货币形成的增加的产出有可能使商品的价格最终恢复到增加货币之前的水平，对固定收入阶层的实际收入水平不会产生任何影响。他写道："如果他的收入继续以等量的硬币支付，或以等价的纸币支付，那么不论他有时怎样抱怨物价上涨，他也不会觉得自己有理由抱怨说自己受到了不公平待遇。因此，只要一国的通货和贵金属维持着等价水平，那么国家资本和国家工业从银行方面所得到的增长便不会伴随发生任何重大的流弊。"②

---

① 马尔萨斯：《政治经济学论文五篇》，商务印书馆 2016 年版，第 30 页。
② 马尔萨斯：《政治经济学论文五篇》，商务印书馆 2016 年版，第 32 页。

二、绝对的通货贬值会导致收入不公平分配

但是，马尔萨斯也认为如果发生绝对的通货贬值，强制储蓄效应会导致收入再分配，确实对固定收入阶级来说不公平，他所说的绝对的通货贬值是指纸币的价值低于贵金属的价值，与斯密、李嘉图等学者一样，他认为，如果银行发行的纸币过多，确实会造成纸币贬值，使其所代表的金币价值低于黄金的市场价值，在这种情况下，对固定收入阶层来说就是相当不公平的，他写道："如果我国所有的商品都规定两种价格，一种是金银块价格，另一种是纸币价格，而且假定纸币价格比金银块价格高出 15% 或 20%；那么我国素以公正著称的立法机关如果认为用这种价值显然低于原来契约，但名义数量相等的纸币支付给无数的公职人员与公债债权人，仍然可以无损于其信誉，那便是令人很难想象的事。"[1] 在这种情况下，会造成黄金以及白银从流通领域完全消失，甚至会被偷偷带出到国外，因为在国外，黄金的市场价格会更高，这样就会给一国带来巨大损失，马尔萨斯甚至认为这一损失远远超过原先通货膨胀使商业得到的好处。

第五节　马尔萨斯的货币政策主张

马尔萨斯并没有明确地提出具体的货币政策主张，从他的相关论述中，我们可以大致推断出他的货币政策立场，首先，他极力地表明货币是非中性的，并且从强制储蓄效应、生产费用刚性、工资刚性、促进创新以及降低利率等方面说明了增加货币能增加产出的原因，并且，他认为新增货币形成的货币能在很多年内增加产出，并且产出增加的数量是如此之多以至于新增的货币最终并不会引起价格的上涨。其次，他又认为纸币发行过多的唯一适当标准是贬值到贵金属以下，而不是特定的纸币量，如果纸币过量发行造成纸币价值低于金属货币价值，对经济的发展又是极为不利的。

一方面，这会让接受纸币支付的人受损。他写道"如果我国所有的商品都规定两种价格，一种是金银块价格，另一种是纸币价格，而且假定纸币

---

[1]　马尔萨斯：《政治经济学论文五篇》，商务印书馆 2016 年版，第 32 页。

价格比金银块价格高 15% 或 20%；那么我国素以公正著称的立法机关如果认为用这种价值显然低于原来契约，但名义数量相等的纸币支付给无数的公职人员与公债债权人，仍然可以无损于其信誉，那便是令人很难想象的事。"① 他认为当时的英国就属于这种情况，由于多年来银行一直过度发行纸币，每家银行发行的货币量远超其金属货币储备，造成纸币价值明显低于贵金属价值，银行现金兑付压力增大，面临金属货币被兑空的风险，在议会的许可下，以英格兰银行为代表的商业银行早已停止现金支付。但当时的英国政府却无视纸币明显低于金属货币的事实，强令同面值纸币与金属货币价值相等，在商品的买卖中也只允许有一种交易价格，这与欧洲其他国家不同，在一些货币发行过多的欧洲国家，商品的交易既规定了贵金属价格，也规定了纸币价格，承认纸币在兑换贵金属时有一定比例的贴水，相应的，纸币价格会低于贵金属价格，马尔萨斯认为，这种做法要比英国好得多，一是因为那些被迫接受纸币支付的人得到了公平的支付，不会遭受损失；二是贵金属不会因价值被低估而退出流通，甚至被偷偷运输到国外，造成英国金银货币的损失，而这正是英国当时发生的情况，在贵金属价值已经明显高于纸币代表的价值的情况下，政府还强制要求其与纸币等值流通，造成金属货币几乎从流通领域消失，因此他写道："我们所讨论的这个时期，纸币如果不公开贴水，就不可能不使商业遭受极大困难，以致大大超过原先的通货膨胀使商业得到的好处。"②

另一方面，他担心银行纸币脱离黄金流通会像法国在约翰·罗任财政大臣时期一样导致纸币滥发，他批评了当时一些银行家的做法，只要人们有足够的抵押品，就可以按法定的利息借出人们所需要的货币，而不管这些借出的货币是用于多少危险的投机或者贷出这些货币时经济形势多么萧条，他认为这些英国银行家的做法和约翰·罗的做法有几分相似，充满了风险，并且全然不顾纸币价值贬值后低于贵金属价值的后果。不过在他看来，当时英国银行业总体来看发行货币还算是比较克制的，并没有明显滥发，马尔萨斯认为，这主要是因为银行家们还在受暂停现金兑换之前纸币可以兑换黄金时形成谨慎习惯的影响，而他担心，如果纸币长时期不恢复现金兑换，这种现金兑换时期银行业的谨慎习惯就会被完全抛弃，纸币发行将会失去控制。

---

① 马尔萨斯：《政治经济学论文五篇》，商务印书馆 2016 年版，第 32 页。
② 马尔萨斯：《政治经济学论文五篇》，商务印书馆 2016 年版，第 33 页。

　　因此综合来看，马尔萨斯的货币政策可以总结为：为充分发挥货币对产出的促进作用，一国可以任意扩大金属货币量，通过增加金属货币来增加流通中的货币量，进而促进经济中产出与就业的增长。如果一国的贵金属数量有限，不能通过增加金属货币量来增加流通中的货币量，也可以通过扩大纸币发行量来刺激经济，但采用这一政策时，无论纸币与金币是否能自由兑换，必须要保证纸币价值与同面值金属货币价值相等，不能过度发行纸币造成纸币价值低于同面值金属货币价值。因为，如果一国扩大金属货币的供应量，则由于强制储蓄效应、固定费用刚性等货币非中性原因，可以增加一国的产出与就业，这种做法不会产生任何负面影响；但如果一国扩大纸币供应，则必然要以纸币与金属货币能够自由兑换为限，如果超过这个限度，纸币就是过度发行，其面值就会低于金属货币面值，人们就会把金属货币窖藏起来甚至把金银货币运出国外，此时，对经济的危害会超过增发货币带来的好处。

第六节　对马尔萨斯货币非中性思想的评述

一、马尔萨斯货币非中性思想的重要意义

　　从货币非中性思想产生的原创性来看，马尔萨斯以农业为例，提出了增加货币能够促进农业资本积累，从而促进农业技术创新的货币非中性途径，这一思想尽管没能在经济学界得到普遍认可，在 20 世纪流行的货币理论中几乎找不出该观点的痕迹，但是这绝不是一种假想的观点；相反，在现实生活中也能找到这样的例子，比如对于那些因货币不足陷入困境的创新性企业，如果在扩张性货币政策的环境下重新存活了下来，并发展成为一家引领科技创新的知名企业，增加货币当然能促进科技创新，因此，马尔萨斯的这一观点也为人们研究货币对经济的影响开启了新的思路。

　　马尔萨斯还发展了强制储蓄理论，在边沁提出强制储蓄理论约十年之后，马尔萨斯对该理论进行了更详细的描述，对该理论进行了创新，这种创新主要表现为：（1）马尔萨斯把整个社会的人口分为生产阶级与非生产阶级，认为新增货币会在不同阶级之间进行分配，并且他观察发现，每次新增的货币流入生产阶级的部分较大，流入非生产阶级的那部分较少，而流入生

产阶级的那部分货币都转化成了资本，构成强制储蓄效应。这样根据马尔萨斯的观点，只要新增货币都会引起强制储蓄效应，而不必依赖于边沁提出的新增货币只有用于商业性支出，才能促进一国资本积累。（2）马尔萨斯还认为，强制储蓄不会引起收入分配不公，因此，由强制储蓄效应新增的产出最后会使价格恢复到新增货币之前的水平，对固定收入阶层的实际收入不会产生影响，为人们研究强制储蓄引起的收入效应提供了新的视角。

马尔萨斯还提出了货币增加会使市场利息率下降的观点，尽管约翰·罗在重商主义时期就表达过这一观点，但在整个古典经济学时期，这种观点并没有得到重视，经济学界偏向接受利率由可贷资金供求决定或是实物资本的供给与需求这两种观点。但最终货币供求利率论在凯恩斯的重构下成为一种流行的利率观点。

二、马克思主义经济学视角下的马尔萨斯货币非中性思想

马尔萨斯的确意识到了货币作为社会再生产的推动力，以及货币作为货币资本可以促进就业和增长。但是，马尔萨斯却是从一个错误的观点出发，即从斯密关于社会总产品在资本与收入之间的错误划分为理论依据进行研究的。斯密由于价值理论的不完善而不能对社会总产品的价值构成进行分析，错误地认为资本只有不变资本，而忽略了可变资本。同时，斯密意识到社会总产品在物质形态结构上，一部分是生产资料，另一部分是消费资料。但由于斯密没有认识到社会总产品在价值形态上要补偿不变资本价值，从而斯密也就没有认识到对工人来说是收入的东西，对资本家而言却是资本。马尔萨斯认为，非生产阶级的收入更多地用于消费，生产阶级增加的收入更多地用于资本积累和生产。同时，马尔萨斯又将货币等同于收入和资本，认为收入和资本就是货币，因此，总收入在生产阶级与非生产间的分配等同于货币在生产阶级与非生产间的分配，从而影响消费与资本之间的比例，从而影响资本积累。这样一来，货币也就有了非中性的特征。但是，如前所述，马尔萨斯在斯密理论的基础上发展起来的货币分配学说同样忽略了工人的消费，即不变资本的补偿在资本主义制度下也具有生产性。如果考虑到这一点，那么当货币用于生活资料的消费就不意味着它是非生产性的，也不意味着用于消费的比例越高，资本积累就越少。与此同时，将货币等同于资本的观点也是错误的，因为资本在社会再生产过程中依次经历货币资本、生产资本和商品资本等几种不同的形态，只有当货币转化为货币资本，货币资本再转化为生

产资本，社会再生产才能顺利进行。而马尔萨斯忽略了这一过程，认为只要货币量增长，就能促成这两个阶段顺利进行。然而，即使从今天各国的实际情况来看，在包含资本市场在内的生产要素市场不发达的情况下，货币作为储蓄的代表形式未必能有效地转化为资本，并在市场上购买到其所需要的生产要素。因而，从这个意义上讲，马尔萨斯尽管看到了货币所起到的作用，但是马尔萨斯却是在假设一个完全竞争市场的条件下研究问题的。

　　马尔萨斯对货币数量增长与农业产出增长的关系研究也值得商榷。首先，按照地租是由农产品价格上涨而引起的，这一点被李嘉图证明，马克思在《资本论》中也接受了这一观点。但是，李嘉图已经证明，农产品价格上涨的原因正是人口增长导致更多土地和资本投入生产呈现的边际报酬递减而产生的结果。这一结果不是货币增发带来的。马尔萨斯从货币数量论出发，认为货币量增长降低了货币的价值而提高了农产品的价格，这一观点是在假设货币在进入流通领域之前是不存在价值的，并认为货币价值降低最终推动地租增加和利润率提高，从而增加农业生产，这与休谟的货币数量论犯了类似的错误，前文已经阐述，这里不再赘述。这里的真正要点是，流通中的货币量超过了流通中实际需要的货币量，引起农业部门的价格相当于工业部门的价格更高，从而提高了投资于农业部门的资本的利润率，也提高了地租。地租和利润率的提高，的确增加了农业部门投资的积极性，因而对产出确实存在影响。但是，这一观点要在长期中成立是十分困难的。因为在长期农业部门不可能一直保持较高的垄断权，从而只有资本在农业和工业部门不能自由流动时，上述观点才是正确的。而且这一结论成立的前提必须是在产业结构以农业为主的经济体中，因为一旦经济体产业结构以工业为主，人们的消费结构则会发生较大的变化，农业部门较低的需求收入弹性，导致货币流向农业部门的比例较小。显然，在这种情况下，通过货币增发而暂时提高农业部门的利润率和地租，从而实现货币推动生产的发展是十分困难的。因此，马尔萨斯关于货币在长期中也是中性的这一说法本身难以站住脚。马尔萨斯之所以持有这种观点，我们认为这与马尔萨斯所处的时代背景紧密相关，因为他所处的时代，英国的工业革命尚未完成，还没有演进为以工业为主的产业结构。从另一个角度，按照古典宏观经济学的观点，在长期中，经济增长是由经济体潜在的生产能力决定的，即由生产要素的量和质的增长变化带来的，在索洛模型中，我们清楚地看到这一点，资本的增长带来了产出的增长。但由于存在资本的边际报酬递减，因而要保持经济的持续增长，显然无法离开技术进步。马尔萨斯在货币影响产出的程度时指出，长期来看，货币量的增长引起的物价水平上涨会由于产量增长而降低。问题是，这需要物资资本、生产技术和劳动力的持续进步和增长，但这些因素的变动在短期内不一定能实现，即使在一个较长期的时间内也不一定能推动这些要素的增长。后来的经济学家，如弗里德曼意识到了这一点并指出，货币量增长引起产量偏离自然产出水平只是暂时的，如果长期潜在生产能力不能持续提高，必然发生通货膨胀，因此，货币非中性也只是短期的，而且产出增长的程度本身决定于实际产出对潜在产出的偏离程度。马尔萨斯本人并不是没有意识到这一点，他本人也认为货币推动产出和就业的增长需要一个较长的时期。由于马尔萨斯所处时代的计量经济学工具和统计学工具尚未发展起来，因此，要对这一问题进行计量模拟分析是十分困难的。因此，尽管马尔萨斯理论存在诸多缺陷，但他的确为我们研究货币中性问题提出了一个可供借鉴的理论视角。

更进一步分析，马尔萨斯谈到了货币推动增长的主要机制：一是强制储蓄说；二是固定费用与工资刚性；三是技术进步。对马尔萨斯的强制储蓄说，我们在讨论边沁货币非中性理论时已经做了研究，这里不再做分析。对于马尔萨斯提出的固定费用和工资刚性假说，笔者提出两点看法：第一，马尔萨斯为了证明其观点只是对生产费用刚性做了观察和藐视，但并不对其原因做出解释。笔者推论，马尔萨斯之所以作出这个假设，与他本人在创作《人口论》时所采用的抽象演绎分析法相关。在《人口论》中，马尔萨斯从几条公理出发演绎出一套人口学说，而这几条公理是归纳法所观察的结果，既没有逻辑实证研究，也没有统计学上的经验证明。在这里，马尔萨斯采用了同样的方法去研究货币非中性问题。他还特意以进口商品为例说明了生产费用的相对刚性，他写道："人们公认，当货币价值下跌的时候，课税商品不会与其他商品同比例地上涨；假设这种下跌只发生在个别国家中，那么那些全部或部分从外国进口的不同商品，也不会与其他商品同比例地上涨，这些进口商品有许多构成农场主的资本，因此，农场主就会从相对于这些商品而言的谷物货币价格当中获得更大的力量。"[①] 第二，关于工资刚性假说也是源于其《人口论》的假说，因为按照他的理论观点，人口增长与土地产品供给之间存在一种均衡机制，这种均衡机制必然使得人口的工资维持在一个不变的水平，即古典经济学家所说的"工资铁律"。因而，马尔萨斯在这里采纳了这一论点。但问题是，马尔萨斯在论证货币非中性时，已经假设了

---

① 马尔萨斯：《政治经济学原理》，商务印书馆1962年版，第141页。

货币工资即名义工资不变。而当货币增发时，如果保持实际工资不变，名义工资必然上涨。在短期内并不会引起利润率的变动。事实上，李嘉图在研究其地租理论时所建的"谷物模型"中已经证明，随着农产品价格的变动，劳动者的货币工资是要逐渐提高而不是保持不变，否则劳动者的实际工资就必然会下降。也正是如此，李嘉图才会得出结论说，长期中的工资和地租挤占了利润导致资本积累的动力下降。因而，马尔萨斯认为货币工资维持一个刚性的水平本身是与古典经济学背离的，从而不能从工资刚性出发来解释货币非中性。

第九章 麦克库洛赫的货币非中性思想

约翰·雷姆赛·麦克库洛赫（John Ramsay McCulloch，1789~1864），生于苏格兰的威格敦郡，毕业于爱丁堡大学，先学习法律，后转而研究经济学论著，麦克库洛赫在1825年出版了《政治经济学原理》，这本著作中很多观点受李嘉图影响很深，被看成李嘉图学派的成员，在这本书中，他还引出了一个让早期经济学界关于劳动价值理论是否合理的争论话题，即葡萄酒的自然发酵过程是否属于"劳动"的问题。

麦克库洛赫非常重视货币对经济的影响，在他研究的后期，写了很多关于货币对经济影响的论著，主要有《税收和筹资制度的原则和实际影响的论文》《关于商业原则、实践和历史的论文》《关于纸币的小册子》等，在这些著作中，涉及货币基本性质、货币与经济关系、对货币数量的调节等货币银行学重点讨论的内容。在货币与经济关系问题上，麦克库洛赫摆脱了李嘉图思想的束缚，接受了很多桑顿的观点，与桑顿一样，他认为货币是非中性的。他主要从货币变化不会改变固定费用、货币变化引起商业信心变化、货币变化引发商业周期等角度说明了货币数量的变化会对经济产生的影响。在政策方面，他反对扩张性的货币刺激政策，认为这既会导致收入分配不公，又会诱发各种投机活动，引发商业周期，加剧经济波动。在他早期的研究中，他主张采用"金块本位制度"，认为这既能有效阻止民众用纸币去兑换黄金，又能维持纸币与黄金价格的稳定，而在他研究的后期，他倾向于赞同政府出台的"比尔条例"。

第一节　麦克库洛赫对货币非中性的描述

一、货币非中性的第一种表现

（一）货币数量增加时，固定费用的存在对产出的影响

麦克库洛赫认为，一国货币数量的变化能在很多方面影响一国产出水平，他在《论税收与筹资制度的原则与现实影响》中引用了一段休谟关于货币促进经济增长的话："在每一个金钱流动比以前更丰富的王国里，一切都会带来新的面貌，劳动力和工业生机勃勃，商人变得更有进取心，制造商更加勤奋和熟练，甚至农民也会更加敏捷和专注他的耕耘，但当黄金和白银减少时，工人却没有从制造商和商人那里得到同样的就业机会，但他却要为市场上购买的每一件商品需要付出了同样的代价，虽然他必须向地主支付同样的租金，贫困、乞丐和懒惰就很容易预见到来了。"[1] 麦克库洛赫非常认同休谟在这段话中提出的货币变化会影响产出的观点，他也认为，当货币增加时，能够刺激生产；在货币减少时，会收缩生产，货币呈非中性。但他并不完全认同休谟提出的货币作用于产出的机制，尽管他也认为休谟提出的作用机制也会对经济产生一定的影响。他认为货币呈非中性的最主要原因在于经济中存在着大量的固定费用，这些固定费用不会因货币数量的改变而即时变化，就会对生产者的成本与利润产生影响，从而改变生产者的生产计划，进而影响全社会的产出与就业。比如当一国流通中的货币数量增加时，如果流通中交易的商品数量不变，商品的价格必然会上涨，而在经济生活中有很多费用的支出却不因货币价值的变化而变化，在很长一段时间内都会保持不变。在麦克库洛赫看来，在这些固定支出费用中，有很大一部分是由那些从事商业或勤劳事业的阶级付给那些不从事商业或勤劳事业的阶级的，比如税收支出、土地租金、利息等。因此，货币价值的任何大幅度下降，都会给那些从事商业或勤劳事业的阶级带来好处，由于减轻了他们的实际税收负担和

---

[1]　McCulloch, J. R. 1852. *A Treatise on the Principles and Practical Influence of Taxation and the Funding System.* Longman, Brown, Green, and Longmans, P. 375.

其他固定费用支出，他们获得的利润率普遍提高了，有了更多的利润积累，他们就能够扩大生产，增雇工人，从而扩大全社会的产出与就业。他写道："货币价值的大幅度下降给后者带来的好处，即那些其福利虽然不恰当地被认为与公众福利相同的人，通过减轻他们的税收负担和所有影响他们的固定费用获得了巨大的好处，普遍地提高了工业的生产力和利润率，几乎没有必要补充说，由此增加的利润给生产带来了刺激，加快并促进了贸易的发展，并使对劳动力的需求也增加了。"①

（二）货币数量减少时，固定费用的存在对产出的影响

在麦克库洛赫看来，固定费用的存在不仅使货币价值下降时表现为非中性，而且在货币价值上升时同样表现出非中性。根据他的描述，如果经济中货币减少了，货币价值就会增加，制造商、农民、商人等社会勤劳阶级出售商品的价格就会下降，而他们需要支付的一些固定费用却没有发生相应减少，其利润就会下降甚至出现亏损，他们就会减少投资，少雇工人，减少生产，整个社会的经济就会萎缩，经济呈现一片萧条景象。他写道："相反的结果是，货币不但没有贬值，反而变得更有价值，税收和固定费用就会同等程度地增加，这些主要由从事商业或勤劳事业的阶级承担的成本支出增加，利润按比例减少，工业受到抑制，生产阶层的情况变差。"②

二、货币非中性的第二种表现

此外，麦克库洛赫还认为货币数量变化还会通过改变人们的商业信心影响社会生产经营活动，从而表现出货币非中性。在他看来，当货币数量发生变化时，商品价格会发生改变，人们对未来经济形势发展的预期与从事生产经营活动的信心也会相应发生改变，生产阶级与商人也会根据未来经济形势的预期改变生产经营活动，从而影响其实际生产经营活动。例如，经济中货币数量增加时，商品物价普遍上涨，大部分人会形成未来价格进一步上涨的预期，生产阶级与商人就会对未来的经济充满乐观情绪，从而鼓励他们增加投资，扩大生产，刺激经济活动进一步繁荣。但麦克库洛赫同时也认为价格过快上涨也会助长人们的投机活动，投机性生产经营又会导致价格进一步上

---

①② McCulloch, J. R. 1852. *A Treatise on the Principles and Practical Influence of Taxation and the Funding System.* Longman, Brown, Green, and Longmans, P. 377.

涨，形成价格上涨与投机活动相互促进的不利局面。最终价格不再上涨后，随着投机活动的快速撤离，价格急剧下降，企业正常的生产经营会遭受到极大破坏，对经济产生严重的不利影响。

他以五金器具为例进行了说明，他写道："假设由于新市场的开放，对某种器具的需求突然增加，器具的价格将立即上涨，制造商将获得相对较高的利润，但除非该行业长期处于垄断，否则在任何相当长的一段时期内，竞争机制的运行使较高利润都不能持续下去。因为一旦价格上涨，就会有额外的资本开始用于生产，而那些已经从事这一行业的人将努力通过借贷新资本来扩大其业务范围。同时许多从事其他行业的企业也将会从之前行业撤出资本并进入其中，但不幸的是……资本的流入并不会立即停止，产量将会继续保持增长，以至于产生供应出现大量过剩和随之而来的行业急剧收缩。"[1]他认为是很多原因共同促成了这样的结果，最主要的是价格上涨提升了人们的信心，成千上万的人相信自己的好运，市场上宽松的信贷供给使投资者能轻易借入资金，最终过于乐观的情绪导致人们从这种特殊产品的需求增加中获得的利益被夸大了。

在麦克库洛赫看来，必须存在某些摩擦因素去阻止这种盲目投资，否则，在不完全信息下，任何价格上涨的预期都会无限放大，引发经济过度投资，破坏经济的长远发展，正如他所说："任何一个部门出现异常繁荣的信号越大，随之而来的反向收缩程度也就越大，对任何商品的需求增加，使其价格比共同水平高出 10%，肯定会使其生产过剩，因此有时会引起反向收缩，但如果价格比共同水平上涨 30% 或 40%，那么在生产中使用更多资本的诱惑就会非常大，这两种情况下由反向收缩引起的衰退就会更早发生，而且会更加严重。"[2]

三、货币非中性的第三种表现

麦克库洛赫还提出，货币数量变化会改变纳税商品与非纳税商品之间的相对价格，对经营纳税商品的企业与非纳税商品的企业利润产生不同的影响，从而改变社会资源在不同企业以及行业间的重新配置，进而影响全社会

---

[1] McCulloch, J. R. 1831. *A Treatise on the Principles, Practice, and History of Commerce.* Baldwin & Cradock, pp. 72 - 73.

[2] O'Brien, D. P. 1970. *J. R. McCullch: A Study in Classical Economics.* New York: Barnes and Noble, P. 157.

的生产经营活动。

麦克库洛赫举了如下例子来说明，他假设一定数量的猪肉和茶叶的价格在货币价值没有变化时都等于 100 镑，出售猪肉不用缴税，而出售茶叶要缴纳卖价一半的税收，假设由于货币数量增加了 10%，货币价值随之下降了 10%，麦克库洛赫认为不用税赋的商品猪肉的价格将立即上升到 110 镑，而茶叶价格的一半是由税额构成，这些税额在短期内不会受货币价值贬值的影响，贬值只会影响茶叶价格中扣除税收后的那一半，因此，茶叶的价格只会上升到 105 镑。如果货币价值下降之前，所有行业的利润都是一样的，在货币价值变化后，猪肉的生产者或茶叶的生产者利润不再相同，一方面，由于货币价值下降，茶叶生产者的税收负担按比例减少，茶叶生产者的利润将会增加，会超过猪肉生产者的利润；另一方面，茶叶的价格相对猪肉的价格下降了，人们对茶叶的需求数量会增加，茶叶的生产者将会更容易销售其商品，而猪肉的情况则刚好相反。结果是资本开始从生产猪肉的行业中撤出，流入到茶叶的生产中，于是经营猪肉的行业开始收缩，而经营茶叶的行业开始扩张。

麦克库洛赫用这个例子说明："假定不同行业的利润率相同，如果货币价值下降，税收的负担就成比例地减少，所有从事纳税商品生产的人将会增加利润；相反，如果货币的价值上升，那些生产纳税商品的人的利润将明显低于这一水平，因此，货币价值的波动，无论方向如何，都会干扰商业计划和投机，造成一些企业生产经营陷入停滞，而相应的另一企业则生产经营更加兴旺。"[1] 这样，就会造成资本在不同行业重新分配。但总体而言，麦克库洛赫认为，当货币价值上升的时候，勤劳阶级的利润就会减少，而当货币价值下降的时候，勤劳阶级的利润就会增加。因此他写道："从一个国家的角度来看，这种好处是由于自然原因或是黄金生产效率的提高使贵金属价值下降形成的优势。"[2]

---

[1] McCulloch, J. R. 1852. *A Treatise on the Principles and Practical Influence of Taxation and the Funding System.* Longman, Brown, Green, and Longmans, P. 386.

[2] McCulloch, J. R. 1852. *A Treatise on the Principles and Practical Influence of Taxation and the Funding System.* Longman, Brown, Green, and Longmans, P. 387.

第二节　金属货币、纸币货币、银行信贷
变化对经济影响的区别

一、麦克库洛赫对货币的认识

麦克库洛赫不仅从固定费用支出等多角度分析了货币对经济的影响，而且他还认为金属货币、纸币以及银行信贷等不同类型货币数量的变化对经济的影响存在很大区别。其中纸币数量变化和金属货币数量变化的主要区别在于："由纸币引起的通货膨胀后果在于它最终必然会产生一段相应的通货紧缩，并且由通货紧缩产生的对经济的破坏作用可能会超过之前由通货膨胀产生的刺激作用。但金属货币产生的通货膨胀并不必然会引发通货紧缩，这也是纸币与贵金属货币增加所引起的通货膨胀的重要区别。"[①]　而对于银行信贷数量的变化而言，麦克库洛赫认为，如果银行过于放松信贷条件，短期内会促进经济繁荣，但从长期来看，则会造成全社会投机盛行，最终会因为大量风险爱好者投机失败引起经济衰退。

麦克库洛赫之所以形成这种思想，主要与他对货币与信贷的认识有关。在麦克库洛赫看来，金、银本身就是商品，具有交换价值。金、银货币具有可分性、易转移、体积小、耐腐性以及价值稳定等货币特点，使得金、银成为天然的货币材料，但是其在充当货币用途时，转移起来并不是特别方便，而且还限制了它在非货币上的其他用途，时间久了也会出现磨损消耗，为了解决这些不便，人们便发明了纸币来替代金属货币流通，而银行的出现使得这种替代更加具有便利性、安全性和普遍性，这些观点与斯密、桑顿基本一样。因此，在麦克库洛赫看来，金属货币才是真实的货币，纸币只是替代金属货币流通的货币符号，它本身不像金银货币那样具有价值。

在他研究的早期，麦克库洛赫受李嘉图的影响较深，他接受了李嘉图的观点，认为金、银的交换价值决定于它的成本，当金属货币的供给固定时，其价值决定于货币的需求。在他研究的后期，他又认为金属货币的供给成本

---

① O'Brien, D. P. 1970. *J. R. McCullch: A Study in Classical Economics.* New York: Barnes and Noble, P. 161.

对其价值而言，并不太重要，其价值主要取决于金属货币总量与需要交易的商品数量之比。而对于纸币的价值而言，他认为其价值主要取决于对其数量的限制，通过限制其数量，它的交换价值可以上升到任何可以想象的程度，同样，如果银行不受限制地大量发行纸币，它的交换价值会变得一文不值。对于非法定的期票而言，他认为其交换价值取决于人们对于它的信心，如果人们对其有信心，就可以按规定的利率按面值进行贴现，如果人们对其失去信心，则无任何价值。

二、纸币数量变化对经济的影响

如果金银数量不变，银行大量增发纸币，最终这些增发的纸币也会因人们兑换黄金流入银行，造成市场上货币减少，因此前一时期大量增发纸币引起的对经济的刺激作用最终会被这些纸币流回银行引起的对经济的负面影响所抵销。而一旦出现大量银行不能满足人们兑换黄金的要求出现破产，人们就会对纸币失去信心，只愿意接受金属货币作为支付手段，这就会造成市场上的流动性急剧短缺，经济就会出现严重收缩，形成严重的经济社会危机，其对经济造成的负面影响就会远超过前期刺激作用，麦克库洛赫似乎从以上纸币超发过程中感觉到了纸币价值变化引起的商业周期，他把 1825～1836 年英国的经济危机归因于货币因素，正是因为这一时期纸币数量与价值的突然变化引起了这一时期商业的波动。1825 年之前，大量新增的乡村银行不断增加货币供给，物价持续上涨，引发生产者和商人对未来的经济过于乐观，形成对未来价格进一步上涨的预期，从而鼓励制造商扩大投资和商人投机活动，但前期过度投资与投机导致生产严重过剩，从 1825 年 7 月起，英国爆发了一次大的经济危机，大量商品卖不出去，物价暴跌，很多工商企业破产，投机商损失惨重。1826 年工业危机达到高潮。据统计，1825 年 10 月至 1826 年 10 月，破产的工商企业达到 3 500 多家。1824～1826 年，英国当时重要的出口产品棉布的出口从 3.45 亿码降为 2.67 亿码，即减少了 23%。机器制造业、建筑业以及其他几乎所有的行业都遭到了危机的沉重打击。大量企业破产使得许多银行无法收回前期发放给这些企业的贷款，损失惨重，许多银行纷纷倒闭，1825～1826 年，英国就有 70 多家银行破产，这些银行发行的纸币贬值严重，有些完全沦为了废纸，人们不再接受这些银行发行的纸币作为支付手段，持有这些纸币的民众也损失惨重，英格兰银行的黄金储备从 1824 年底的 1 070 万镑降至 1825 年底的 120 万镑。大量银行破产又使得整个社会经济的货币供给不足，整个社会的信用关系遭到严重破坏，处于经营困难的企业不能从银行得到贷款，进一步加剧了危机的程度，使整个经济社会处于极度的恐慌和混乱之中。正如布赖恩在分析麦克库洛赫对这场危机的观点时指出："他认为后期乡村银行无法兑付大量发行的纸币最终打击了人们对市场上流通纸币的信心，导致人们对这些纸币信心不足，造成纸币大幅贬值，人们纷纷抛弃这些纸币，从而产生对货币流动性的大量需求，导致经济出现流动性不足的严重危机"[1]。同样，有着不少于 40 家分行的北方银行也因为过度发行货币险些陷入破产危机，1836 年，在英格兰银行的救助下，避免了该机构的破产，但为了应对危机，它从个人与企业那里收回了大量的信贷资产，使得一些工业企业受到非常严重的冲击，各种商业投机更是一度完全陷入瘫痪，大量人员失业，特别是在伯明翰等城镇，这种反向货币收缩所引起的痛苦非常普遍，而且持续时间很长。因此，他认为纸币发行人在任何情况下都应该由汇率的状态来管理，或者更确切地说，由金条的流入和流出来管理，不能让纸币发行与黄金完全脱离关系。

三、金属货币数量变化对经济的影响

在麦克库洛赫看来，金银本身就具有内在价值，是世界各国普遍接受的支付手段，在世界各国具有几乎相同的价格。因此一国金属货币的增加并不影响该国货币与外国货币的汇率，也不会引起纸币大量挤兑金属货币的风险。相反，一国黄金数量增加了，更能满足纸币兑换黄金的需求，由突发事件引起的纸币挤兑黄金的风险就会减少。从货币非中性的角度来看，只有金银货币数量增加，流通中的纸币才能相应增加，这样增加的纸币就不会回流银行，其引起的物价上涨将是永久的，对生产的促进作用也将是永久的，而不会像增加纸币促进生产必然会导致经济最终出现收缩。

麦克库洛赫认为每一次世界黄金产量的大幅增加都会引起黄金价值的下降，并极大地促进了黄金流入国的经济增长。16 ~ 17 世纪，美洲大陆发现大量金矿，开采后大量的黄金流入了欧洲，与休谟一样，麦克库洛赫肯定了这些运回欧洲的黄金对欧洲经济的发展产生的巨大促进作用。当时全世界又从俄国、利比亚、加利福尼亚等地发现了特大型金矿，他认为从这些金矿能

---

[1]　O'Brien，D. P. 1970. *J. R. McCullch：A Study in Classical Economics.* New York：Barnes and Noble，P. 155.

够开采的黄金总量并不会比 16 ~ 17 世纪从美洲发现的金矿开采的黄金总量少。他写道："最近从俄国的亚洲地区黄金矿的冲洗中得到的黄金的数量供给是史无前例的，如果持续一段时间，即便没有其他地方黄金的供应，它都会使黄金相对白银和其他商品的价格下跌。从官方数据来看，1830 年从利比亚生产的黄金产量只有 6 普特（俄国的重量单位），然而之后它经历了快速增长，到 1846 年时，达到了每年 1 363 普特，在同一年，俄国的黄金产量达到了 1 677 普特，也即相当于 3 414 427 镑黄金。"① 麦克库洛赫还认为这些数量只是向官方申报纳税的黄金数量，由于存在大量为逃避关税而发生的私自开采行为，实际开采的黄金数量比官方数量要多，以俄国为例，由于开采黄金纳税的比例高达 25%，很多生产者受利益驱使，非法私下开采黄金以及和官员串通走私黄金，如果加上由于逃税非法开采的部分，1846 年总的产量可能达到 4 097 312 镑黄金，再加上 1848 年加利福尼亚发现的特大金矿，据估计其黄金产量可能达到每年 8 000 000 ~ 10 000 000 镑，因此他认为随着这些地方的黄金的开采，欧洲将会自美洲大陆发现金矿以来，再一次有希望大量增加黄金产量并带动整个欧洲经济增长。他写道："如果这些预计的产量都能实现，并且黄金的开采持续相当长一段时间，最初由美洲金矿的发现所产生的货币价值的变化又会被重新经历……毫无疑问，如果俄罗斯和加利福尼亚的黄金产量能像 1850 年那样持续几年，那么黄金的价值就会出现实质上的下降，而且正如我们已经看到的那样，这种减少将对这个国家和大多数其他国家的生产阶层的状况产生强大而有益的影响。"② 因此他认为如果这些地方的黄金都能开采出预期的黄金数量，黄金的价值将会下降，社会的勤劳阶层将会受益。

四、银行信贷变化对经济的影响

麦克库洛赫认为商业信用的过度增加与纸币过度增加一样会造成经济过度波动，他把英国当时盛行的商业投机和频繁发生的商业破产的原因归因于商业信用的滥用。他写道："这种滥用在这个国家普遍存在，目前制造商在一年中能从 20 家或 30 家出口商收到向西印度群岛、南美洲、德国、东印度

① McCulloch, J. R. 1852. *A Treatise on the Principles and Practical Influence of Taxation and the Funding System.* Longman, Brown, Green, and Longmans, P. 384.

② McCulloch, J. R. 1852. *A Treatise on the Principles and Practical Influence of Taxation and the Funding System.* Longman, Brown, Green, and Longmans, pp. 384 – 385.

群岛和太平洋地区出口货物的订单，通常的信用期限为 12～15 个月和 18 个月，由于制造商发出货物后，并没有收到等额的汇款，他一方面主要靠在国内银行获得信贷的便利，另一方面如果他的货物销路很好，也可以用国外通讯银行获得担保贷款，从而继续增加他的出口。"① 但是如果社会时尚发生了改变，或是有其他国外生产者提供更物美价廉的产品时，制造商的产品就会滞销，那么他要么破产要么根据义务与债权人达成的协议行事。因此，他认为如果制造商获得的信贷少一些，这将大幅减少一些具有赌博性质的过度投机的业务，尽管整个社会开展的经济业务也会少一些，但所从事的交易会更安全，破产的概率将大大降低。

　　麦克库洛赫还认为通过长期票据贴现扩大信贷供给是引发不安全投机的又一大诱因，他把 1837 年英国发生的经济危机的原因主要归结为从事美国贸易的英国商人提供了过度的信贷，在他看来，当时的英国长期信贷不仅非常宽松，而且贷款期限很长，刺激了大量风险很高的投机活动，用他的话来说："我们的信贷体系的性质过于宽松，因为它经常使那些投机商能够得到贷款资金，在某些情况下，那些身价不值 6 便士的人甚至会背负超过 11 万镑或更多的债务。"② 他又写道："当一个人获得他不被要求在 6 个月、1 年或 18 个月内支付的钱时，他就会冒险从事长期才能回款的项目，经常发生的情况是，当汇票到期时，他通常不能支付，或者只能通过从撤回资本的巨大损失中获取资金来进行支付，或者通过在非常不利的条款上作出新的贷款而支付它。"③ 麦克库洛赫以英国当时图书出版业的经营情况证明了这一说法。在他看来，与其他行业相比，出版是一个更需要有足够的资本和良好的联系的行业，在当时的英国，与图书相联系的部门都被授予了长期信用，结果是资本非常有限的人也被诱惑从事出版冒险，而在他看来这些冒险的危害是非常大的，而当还款时间到来时，出版商必须履行还款的义务，他们为了应付支付危机，不得不在市场上以很低的甚至不超过纸币的价格来投放他们的出版物，这也是当时出版贸易的状况不令人满意的主要原因，麦克库洛赫认为这正是银行通过贴现长期票据轻易地扩大长期信贷造成的结果，严重损害了出版行业的利益，他坚信，如果在书商、印刷公司、造纸制造商以及作者之间引入现金支付或短期贷款的制度，将更有利于促进其繁荣。

---

① McCulloch，J. R. 1831. *A Treatise on the Principles*，*Practice*，*and History of Commerce*. Baldwin & Cradock，pp. 75 – 76.

②③ McCulloch，J. R. 1831. *A Treatise on the Principles*，*Practice*，*and History of Commerce*. Baldwin & Cradock，P. 76.

他还以荷兰为例，说明通过长期票据贴现扩大长期信贷并不会给经济带来好处，荷兰一直是一个短期信贷的国家，通常给予迅速付款较大折扣，比如2个月内付款会给予2%的折扣，大多数商品交易的信贷条件和即期货币付款所允许的折扣都按惯例确定，并被视为所有交易的基本条件，但商人们从来没有感觉到受资金不足的限制；相反，他们随时准备从事任何冒险的行业，无论多么遥远或危险，即便是这些行业只有适度的甚至是平均利润，但荷兰却实现了持久的繁荣，这表明长期信用对于刺激荷兰的商业企业是不必要的。

第三节　麦克库洛赫对货币非中性的原因分析

一、固定费用支出理论

(一) 固定费用影响产出的原因

休谟认为货币之所以对产出起作用，是因为增加的货币最初只能流入少部分人手中，因此整个社会的物价水平不会马上上涨，在货币增长与物价上涨的间隔期内，这些最先得到货币的人要么拿着这些货币去直接进行生产经营活动，扩大社会的产出与就业，要么拿去消费，去促进被消费产业的发展，间接扩大社会的产出与就业。他认为主要原因是：物价上涨使工商业生产阶级需要支付的实际费用下降，使工商业生产阶级利润增加，从而刺激工商业生产阶级扩大生产造成的。在麦克库洛赫引用休谟关于货币促进经济增长的论述中，他非常认同货币增加会增加产出的观点，但并不认同其提出的货币增加引起产出增长的原因。麦克库洛赫认为尽管休谟提出的货币影响经济的机制也能发挥作用，但并不是货币影响产出的主要原因。他写道："休谟似乎认为，他所描述的由大量资金流入工业所带来的刺激，来源于这些额外增加的货币首先进入到了资本家手中，使他们能够扩展自己的业务和雇佣更多的人工作，这无疑会有一定的影响，但我们倾向于认为，这位哲学史学家忽略了货币数量的增加和货币价值下降有助于激励工业和企业的主要模式。这种货币价值下降成比例地减少了勤劳阶层所承担的税收和其他固定的货币，商品的价格随货币价值的变化而变化，而税收、租金、抵押贷款和其他金钱负担则继续保持不变。"①

他把整个社会人群分为勤劳阶级和非勤劳阶级，勤劳阶级包括农民、制造商和商人，而非勤劳阶级包括地主、货币放贷者、房屋出租者等这些不劳而获的人以及牧师、律师、医生这些依靠提供某种特殊服务生存的人。在他看来，社会上绝大多数的固定费用支出是由社会上从事生产的勤劳阶级支付给非勤劳阶级的，货币数量增加引起的货币价值下降提高了生产商品的价格，增加了勤劳阶级的收入，而他们支付给非勤劳阶级的费用却没有相应增加，这就会增加勤劳阶级的利润，促进他们扩大生产，增加雇佣人手，全社会的产出与就业就会增加。他在描述这种费用刚性对勤劳阶级的影响时写道："对农民而言，当他们在向房东支付同样的租金和向政府缴纳同样的税款时，将会以与货币贬值成比例增加的价格出售其产品，同样的方式，商人和制造商对他们的货物支付同样的关税、同样的港口和市场税、同样的通行费、同样的商店和仓库租金、同样的资本借贷利率，而他们出售的商品价格却上涨了。"② 因此在他看来，农民、制造商和商人的生产经营条件的改善是以他们的地主和债权人、资金所有者和其他税收接受者为代价的，通过货币价值的下降，这些人的收入暂时或永久减少了。货币价值下降得越大，对他们越有利；反之，当货币数量减少了，经济就会经历通货紧缩，农民、制造商和商人这些勤劳阶级生产与销售的商品价格就会下降，然而对他们的货物同样需要支付相同的关税、相同的港口和市场税、相同的通行费、相同的商店和仓库租金、相同的资本借贷利率等固定费用，因此他们的收入下降的同时，费用却没有下降，他们的经营条件就会变差；相反，地主和债权人，资金所有者和其他税收接受者的实际收入会增加，而他们情况的改善反过来是以勤劳阶级的情况变差为代价的。

（二）固定费用的分布

麦克库洛赫认为，一个社会存在的固定费用非常普遍，从民间到政府，分布在各行各业、各个阶层，种类繁多，支出数额巨大，他写道："当我们考虑一个国家无穷无尽、各种各样的固定金钱支付时，不仅包括作为支付公共债务利息的款项，而且还包括其他政府支出的大部分，这些支出不能迅速适应货币价值的变化而调整，包括租赁农场和房屋应支付的租金，或者根据

---

①② McCulloch, J. R. 1852. *A Treatise on the Principles and Practical Influence of Taxation and the Funding System*. Longman, Brown, Green, and Longmans, pp. 375 – 376.

同等协议应缴的费用，抵押贷款和其他固定贷款的利息，支付给私人年金和牧师的款项，律师、医生的费用等。很明显，这些付款总额必须是一笔非常庞大的数字。"①正是因为一个社会存在数量庞大的固定费用，所以以货币价值的变化对整个社会的产出影响非常大，但同时他也认为，社会上某一些人，可能既有固定费用需要收取，又有固定费用需要支付，因此对这一部分而言，由于货币价值的波动造成的收益和损失可以相互抵销，使得货币贬值的效果不会像想象中那么大，但他认为这种情况并不多见，他写道："尽管存在这种收益和损失可以相互抵销，总的说来，不用怀疑，整个社会大部分的固定费用支付是由从事商业或工业的勤劳阶级支付给不从事商业或工业的勤劳阶级的。"② 正因为如此，他才认为增加货币引起的货币贬值会对从事商业或工业的勤劳阶级有利，对不从事商业或工业的非勤劳阶级不利，进而促进社会生产，便利商业贸易。如果货币数量减少，其影响就刚好相反。

(三) 固定费用存在的原因

在论述形成固定费用的原因时，他认为商品的价格之所以随着货币数量的变化而即时发生变化，而税收、租金、抵押贷款利息和其他生产费用会在长期内固定不变，是因为这些费用在发生之前就被合同规定为一定数量的货币，只有在合同结束再重新签定时，这些费用才会发生变化。而当货币的价值随着货币数量变动发生变化时，生产者出售商品的价格并不像一些固定费用那样受合同约定，而是随货币的价值变化以及商品供求关系的变化及时发生变化。他写道："商品的价格随着货币数量的变化而变化，但是税收、租金、抵押贷款利率和其他金钱负担继续保持不变，这些费用是以一定数额的货币进行评级或指定的，在费用到期后被支付方有义务收到规定数额的付款，尽管自合同或约定之日起，货币的价值下降了5%、10%，甚至50%，那些应付款项的人，他们也有义务支付相同的款额，尽管这时钱的价值应该得到相应的提高。"③正因为如此，他认为货币数量的变动导致的货币价值变化会对不同社会阶层收入分配产生不一样的影响，当货币价值减少，社会的债务人或需要支付固定货币的人就会受益，而社会的债权人或者接受固定货

---

①③　McCulloch, J. R. 1852. *A Treatise on the Principles and Practical Influence of Taxation and the Funding System.* Longman, Brown, Green, and Longmans, P. 376.

②　McCulloch, J. R. 1852. *A Treatise on the Principles and Practical Influence of Taxation and the Funding System.* Longman, Brown, Green, and Longmans, P. 377.

币支付的人就会相应受损；反之，当货币价值增加，社会的债务人或需要支付固定货币的人就会受损，而社会的债权人或者接受固定货币支付的人就会相应受益。

（四）固定名义税收费用引起的实际税收负担的变化

麦克库洛赫非常关注货币价值的变化对税收变化的影响，他认为一个国家的名义税收水平往往在相当长的时间会保持不变，而税收种类繁多，占整个国家的收入比重非常高，是构成整个社会固定费用的重要组成部分，而当货币数量变化引起货币价值发生变化时，实际税收会相应发生改变，因为他认为"税收压力受货币价值的变化影响，货币价值上升时增加，贬值时减少"①。因此为了公平衡量一个国家不同时期的税收负担，首先必须明确不同时期的货币是否具有相同的价值，在他看来，当货币价值较低时，一笔名义数额较多的税收可能比货币价值较高时名义数额较少的税收负担更轻一些。他分析了英国 19 世纪上半叶部分年份实际税收水平的变化，认为在 1814～1816 年英国的货币平均贬值了 20%，但由于大量私人银行破产，从 1816 年之后，英国国内纸币数量减少，货币开始升值，到 1820 年时，纸币代表的黄金价值与黄金的市场价格已经几乎相等了。1814～1816 年英国平均每年的国民收入为 6 800 万镑，考虑到货币的贬值，以 1848～1850 年货币价值为标准，这一数值只相当于 5 400 万镑，而 1848～1850 年英国平均每年的国民收入为 5 500 万镑，因此他认为，1814～1816 年（英法战争后期）社会勤劳阶级因货币贬值使实际税收水平下降了，再加上他们从租金、利息等其他固定费用支出中获得的好处，这一时期，社会勤劳阶级的生产成本是非常低的。1816 年之后，由于英国名义税收水平变化不大，尽管政府还取消了一些税收，在麦克库洛赫看来，英国勤劳阶级的实际税收负担却因货币价值的缓慢上升而增加了，1814～1816 年所涉期间所承担的负担远远低于他们自那时以来所承受的负担，从而在战争后期货币贬值给勤劳阶级带来的好处，刺激了勤劳阶级的生产积极性，不至于使全社会的生产水平因战争下降非常之多，也有利于战争后期社会生产的快速恢复。但也有一部分人认为英国勤劳阶级的实际税收并没有变化，麦克库洛赫反驳了这一观点，他认为那些认为勤劳阶级的实际税收负担没有变化是不对的，之所以勤劳阶级

---

① McCulloch, J. R. 1852. *A Treatise on the Principles and Practical Influence of Taxation and the Funding System.* Longman, Brown, Green, and Longmans, P. 375.

没有感觉到负担的增加，主要是战后英国的财富和生产能力很快就恢复了，并在之后得到了极大增长，勤劳阶级的收入也普遍出现了快速增长，他们的税赋承担能力变得比之前更强了，因此没能感觉到货币价值上升给他们造成的实际税收增加，他举例说道："一个人的年收入在只有 300 英镑时遭受税收引起的贫困要比他收入增加到 450 英镑或 500 英镑时征收同样税收引起的贫困多得多，我们倾向于认为，我国与法国的战争结束后，英国的收入与税收就呈现这种比例关系。"① 因此他总结道："在战争后期，如果考虑到由货币贬值引起的税收减少，再加上由于租金利息和其他固定付款的减少而给社会生产部分带来的好处，人们就会发现，尽管战争结束后废除了这么多税收，但他们在所述战争期间所承受的负担远远小于他们在战后不得不承受的负担。"②

（五）基于固定费用理论在货币政策上的矛盾心态

尽管麦克库洛赫认为货币数量增加后形成的货币贬值会使企业实际承担的固定费用下降，有助于增加企业的利润，促进社会生产与就业，但他另一方面又担心货币贬值带来的一些严重后果。比如损害固定收入人群的利益，造成社会收入的不合理分配，促进资本外流，以及加剧经济波动，等等。所以他在政府能否采用货币贬值刺激经济发展时，表现出一定的矛盾心理。他曾经非常推崇通货膨胀的产出效应，尽管他也承认，通货膨胀会将一部分实际收入从固定收入的消费者手中转移到从事工商业的经营者手中，但与其他人不同的是，他赞扬这种再分配效应，他并不认为由此会产生任何不公正，因为他认为对整个社会而言，增加货币形成的通货膨胀效应产生的收益将超过损失。从收益来看，除了生产者之外，整个社会还会受益于产出、就业和资本形成的增加，而损失仅限于一小群租客和商人，但他排除了工薪阶层，因为他认为工资往往会随着价格的上涨而上涨。在 1830 年 12 月 3 日的政治经济俱乐部会议上，经济学家们讨论了休谟提出的通货膨胀对经济的作用机制，他非常赞同休谟的观点，并极力主张通过增加货币来刺激经济，尽管很多经济学家表达出这种经济政策会导致收入不公平分配的担忧，但麦克库洛赫却不以为然，根据马利特（J. L. Mallet）的日记："麦克库洛赫以他讽刺

---

① McCulloch, J. R. 1852. *A Treatise on the Principles and Practical Influence of Taxation and the Funding System.* Longman, Brown, Green, and Longmans, P. 379.

② McCulloch, J. R. 1852. *A Treatise on the Principles and Practical Influence of Taxation and the Funding System.* Longman, Brown, Green, and Longmans, P. 378.

· 192 ·

和愤世嫉俗的方式嘲笑了图克先生对老绅士和老太太、继承亡夫遗产的遗孀、未婚女人和土地所有者的关心。他不在乎这些人的处境会变成什么样子，也不在乎他们是不是从客厅被赶到阁楼上去了，只要生产者——即从事生产的勤劳阶级——能从中受益，而他也毫不怀疑通过货币价值逐渐贬值能产生这样的结果。"[1]

但在他更多的著作中，可以看到的是他在书中多次谴责货币贬值对固定收入人群造成的伤害。在 1852 年时，他在《论税收与筹资制度的原则及其现实影响》一书中写道："尽管在我们看来，货币价值的下降虽然对社会上固定收入阶层的人有害，但总的来说对一个国家是有利的，这一点毋庸置疑，但我们希望不会由此推断我们愿意在任何程度上赞成故意降低货币价值。货币作为价值的衡量标准，最重要的是它应该尽可能少地变化，政府必须尽其所能使个人的合同合法和约定生效，如果他们试图通过提高或降低货币价值以牺牲一部分人的利益而使其他某些阶层受益，这是非常不公平的。另外，人们完全有理由认为，无论通过货币贬值带来的收益如何，都会小于伴随着货币贬值而带来的公然失信造成的损失，公共和私人信贷将在一段时间内遭到破坏，大量资本将转移到其他更安全的国家。"[2] 显然他不仅认识到了通货贬值对固定收入人群带来的损失，而且他还意识到了通货贬值会导致人们对通货失去信心以及由此引起的资本外流的风险。对于有一些人认为，通货贬值可以减轻国家偿还发行国债利息的压力，从而减少政府对民众的税收，进而鼓吹这种做法时。麦克库洛赫非常严厉地反驳了这一观点，他认为政府通过这种方式来减轻自己的债务负担是不光彩的一种行为，他写道："当一个国家有必要宣布破产时，如果能以个人不得以宣布破产时那样，以公平、公正并公开的方式宣布破产，这对国家来说是最诚实，并且对债权人来说伤害最小的一种方式，当一个国家为了掩盖真正破产的耻辱，不得不求助于一个如此容易被识破，同时又如此极端有害的做法时，它的诚信肯定是很难得到保障的。"[3] 从这句话中，可以看出，他对通过扩张货币来减轻政府的税收负担非常反感。他认为，如果真要减轻政府偿债的困难，更合适的办法是从公共债务中扣除同等数额，因为这种措施既可以达到减轻政

　①　O'Brien，D. P. 1970. *J. R. McCullch*：*A Study in Classical Economics.* New York：Barnes and No-ble，P. 166.

　②　McCulloch，J. R. 1852. *A Treatise on the Principles and Practical Influence of Taxation and the Funding System.* Longman，Brown，Green，and Longmans，P. 379.

　③　McCulloch，J. R. 1852. *A Treatise on the Principles and Practical Influence of Taxation and the Funding System.* Longman，Brown，Green，and Longmans，pp. 379 – 380.

府债务负担的目的，又不会影响每一个借钱给别人或赊销货物给别人的债权人的正当债权。

二、货币变化会使商业信心发生改变

麦克库洛赫认为，人们对未来经济发展的信心对促进当前经济发展非常重要，尽管企业在生产中存在大量固定费用是货币呈现非中性的主要原因，但货币数量的变化会通过改变人们对经济发展的信心，进而放大货币数量变化对经济的影响。比如当经济中货币数量减少时，由货币紧缩造成的商品价格水平下跌可能会使生产者对未来经济增长缺乏信心，从而削减投资，少雇工人，使经济活动处于很低的水平；而由货币扩张引发的价格上涨，则会增加人们的商业信心，促进社会增加投资，扩大就业，使经济不断扩张，但他同时也认为，过度充满信心也会引发大量的投机活动，在促进经济短暂繁荣的同时，也会为经济长期稳定发展带来隐患，甚至导致经济危机。

（一）货币数量变化会影响商品价格

麦克库洛赫认为，由于从事商品交易者很难准确地预计商品的实际供应量与实际需求量以及一些其他影响商品价格的因素，因此每个人为了再次出售而购买的每一笔交易实际上是一种投机行为，他需要对未来这种商品的供给与需求以及其他影响商品价格的因素进行预计，从而使他能够在未来处置它时获得想要的利润，显然投机能否成功取决于该商品未来的价格，这就需要每一个商品生产者或是买进商品伺机出售的商人对决定商品未来价格走势的一些因素进行分析，这些因素主要包括：（1）商品的供给与需求的变化。如果人们了解到某种商品的供给下降了，或者由于社会时尚的改变开辟了新的商业渠道对某种商品的需求增加了，人们就会预期该商品的价格将会上涨，商人们就会买进商品；相反，如果人们了解到某种商品的供给由于某种便利增加了，或者由于时尚的改变，关闭了新的商业渠道，对某种商品的需求减少了，人们就会预期价格将会出现下跌，商人们就会卖出商品。总之，各行业商品的价格都易受供求变化的影响，从事农业生产的人必须面对不同年份天气的变化，从事制造业生产的则需要面对不同年份时尚的变化。（2）货币价值变化引起商品价格变化。麦克库洛赫认为商品价格预期变化不仅仅受实际发生的商品供求变化的影响，还受货币数量变化的影响，他认为当整个社会生产的商品总量不变，市场上的货币数量增加时，会形成超额的商品需求，必然会加剧买方的竞争，从而引起的货币价值下降，促使商品价格的上涨；相反，当整个社会生产的商品的总量不变，市场上的货币数量减少时，会形成商品的供给相对过剩，需求相对不足，必然会加剧卖方的竞争，从而引起货币价值的上升，促使商品价格的下跌。显然，在麦克库洛赫看来，无论是稳定的货币环境还是非稳定的货币环境下，都可以引发商品价格上涨，从而刺激投机活动。一种情况是某种商品需求非常旺盛，而预期供给又不足时引发大量的投机活动，这取决于人们对供求变化方向与程度的认识；另一种情况则完全是增发货币引起价格上涨造成的，这完全取决于银行的货币政策制度。在上述两种情况下，如果政府通过限制对外贸易阻止商品进口，将会加剧国内商品价格上涨，进一步刺激国内投机。

（二）商品价格的变化会引起商业信心改变

麦克库洛赫认为，商业投机的成功取决于对未来价格预期的准确程度，而对商品价格的预期是非常困难的，因此它不仅受很多实际因素的影响，还受人们对这些因素预期的影响。因此，在所有高度商业化的国家，拥有庞大的资本的商人们在使用他们的资本时只能凭自己的判断力和远见，他们总是尽力地了解他们所交易商品的一切信息，但是这种情况往往是非常困难的，有时也是不可能预见的。在麦克库洛赫看来，尽管人们对未来的价格预期非常复杂，但在大多数情况下，无论是由供求变化引起的价格上涨还是由货币扩张引发的价格上涨，都会引导人们形成价格进一步上涨的预期，从而增加人们对商业的信心，鼓励人们当前去从事各种生产与投机活动；相反，无论是由供求变化引起的价格下降还是由货币减少引发的价格下降，都会引导人们形成价格进一步下跌的预期，从而削减人们对商业的信心，人们在从事各种生产与投机活动时会更趋谨慎。

此外，在麦克库洛赫看来，商人和生产者不仅会根据当前的价格变化预期未来价格走势，他们的生产投机行为还具有"从众"心理，这就会进一步放大由信心变化对经济造成的影响，当某个行业商品价格出现上涨，在最开始少部分人增加投资时，这部分人的行为给了其他人信心，其他人也会跟随他们进行投资，造成该行业社会投资的急剧增加，而盲目的跟从行为在短期内扩大了生产与投资的同时，各种投机活动也被市场上高涨的热情所激发，促进经济在短期繁荣的同时，还可能在长期造成行业供过于求与信贷违约的风险。他以棉花行业为例写道："少数在行业内有影响的商人在预期价格上涨时购买商品，或是在预期价格下降时出售商品，经济中的投机活动往往会被那些模仿别人投资的人的跟随行为激发到合理限度之外。这些人可能从来没有考虑过投机中的价格变化，投机与其他大多数行为一样，一个人从另一个人的购买或销售中获得信心，一个人购买或出售商品并不是因为他对供求状况掌握了任何真正准确的信息，而是因为其他人在他之前就这样做了。所以最初诱发投机的行为就会迅速扩大，甚至那些对投机行为保持谨慎的人也加入到投机活动中。尽管他们会想到价格上涨的预期是不安全的，而且过度投机必然最终会造成行业收缩，必然充满风险，但他们预期他们能够在收缩开始之前就能撤出。"①

（三）货币数量增加会刺激投机性经济活动

麦克库洛赫认为，当经济中由价格产品上升提升人们商业信心时，制造商出于扩大生产的需要与部分风险爱好者出于投机的需要，对货币的需求就会大幅增加，而如果此时经济中货币总量不变，制造商与部分投机商人就会很难获得资金，扩大生产与经济中的投机行为也会受到抑制。而如果此时银行增加货币供给，将为生产与投机提供资金来源，使扩大生产与投机能够顺利实现，从而会增加行业过剩的风险，加剧货币对经济的影响。

在麦克库洛赫来看，首先是急于提高信贷以扩大收益的那部分制造商与投机商，当他们看到商品价格一路上涨、供不应求时，会迫不及待地想尽一切办法去扩大生产与囤积货物，冒险和乐观情绪会鼓励他们去尽可能借入更多的资本，在他们看来这是通往财富的捷径；同时许多出借资本的银行与货币资本者，他们也一直在等待有利机会把钱借出去，当他们发现这样的机会时，也加入到投机中去。其次是一些冒险家放弃他曾经经营过的企业，作为竞争者也进入这一新的行业，结果是整个社会过多的资本数量被吸引到该利润丰厚的商业上，最终会导致该行业市场供给大量过剩，商品卖不出去，前期上涨的价格也随之转向急速下跌，大量企业及投机商会损失惨重，对于那些出借货币的人则有可能无法收回本金，整个行业不可避免地陷入毁灭性萧条，而如果是银行向该行业出借了大量资本，则银行有可能会因收不回贷款而陷入破产倒闭，对经济造成更严重的破坏。

由此可见，在麦克库洛赫看来，货币数量的增加与某一单一商品由于供给减少或需求增加都会导致商品价格的上升，而价格上涨会让人们形成经济

---

① McCulloch, J. R. 1831. *A Treatise on the Principles, Practice, and History of Commerce.* Baldwin & Cradock, P. 71.

向好的预期，增加企业与商人的信心，从而刺激生产与投机，货币供给的增加又为生产与投机活动提供了资金来源，使扩大生产与投机活动更容易实现，但由于货币增加形成的整体价格水平上涨与由供求关系形成的一种商品价格水平上涨，尽管都能提升人们的投资信心，但存在很大的区别。对于货币增加形成的整体价格水平上涨，尽管每一种商品的价格都上涨了，但商品之间相对价格水平并没有发生改变，因此并不会影响资金在各个行业之间的转移，信心的提升会让每一个行业都均匀地扩大投资与增加产量，而在这种情况下每一个行业的产量扩张会相对有限，不太可能会造成产能扩张太多，尽管也会造成产品普遍过剩的风险，但过剩的程度会相对较低。但对于由供求关系形成的一种商品价格水平上涨一旦提升人们的投资信心，商品之间的相对价格水平就会发生改变，资金就会在各个行业之间重新转移，从价格不变的行业流入到价格上涨的行业，自信心的高涨、投资的盲从，以及行业信息的缺失往往让价格上涨的行业流入过多的资金，导致生产产能扩张太多，造成严重过剩的风险。

　　他以英国农业发展为例进行了说明，他写道："那些调查这个国家或任何其他国家的工业发展历史的人会发现，在任何一个行业中产生的某种特殊的繁荣几乎一致地表现为该行业走向衰败的先兆。以农业史为例，高价格形成的农业繁荣时期与低价格形成的农业大灾难时期之间的交替是如此惊人。"[1] 在 1800 年和 1801 年，农产品的高价格引起人们纷纷投资农业，极大地刺激了农业的发展，1802 年由议会通过的扩大土地和改良排水的法案几乎是之前任何一年的 2 倍以上，大量的草地被用于耕种，很多促进农业改良的活动发生，结果是玉米产量在 1804 年大幅增加，价格大幅下跌，以至于低于之前很多年份的平均水平，给投资农业的生产者造成了巨大损失，其中的一些人将他们悲剧的处境呈上议会，要求政府对进口国外粮食给予额外限制，1811 年、1812 年和 1813 年的高价也同样吸引了大量新资本到土地上，导致了 1814 年玉米产量的丰收，同样尽管政府限制从国外进口粮食，玉米的价格仍然出现了大幅下跌，给农业生产者带来了严重损失。正因为如此，他认为在竞争性的经济中必须存在某种干预机制，否则，在充满竞争的情况下，价格上涨的刺激将会产生过量的投资。

　　因此，商业的投机属性、人们信心和预期的变化以及经济中的不确定事

---

　　① McCulloch, J. R. 1831. *A Treatise on the Principles, Practice, and History of Commerce.* Baldwin & Cradock, P. 73.

件使商业活动变得非常复杂，先前繁荣的一个或多个部门可能突然转向萧条，先前萧条的一个或多个部门可能突然转向繁荣，在麦克库洛赫看来，货币数量的变化引起的价格变化不仅改变了人们的信心，而且改变了人们投机性的货币需求，因此，货币数量的变化不仅造成了经济的波动，而且在多数情况下也加剧了这种波动，使得货币呈现非中性。而且，在商业投机活动中，尽管很大一部分人会亏损，但也有一部分人会获利，每个人的收益都有可能不一样，但总体而言，所有从事投机的人都只能获得平均利润，那些能够准确预期商品价格的聪明商人能够获得的收益会高于平均水平，实现巨大的财富，而那些预期商品价格完全错误的商人获得的收益会低于平均水平，甚至会发生巨额亏损，使他们的身份一夜之间从资本家转变为工人。

第四节　麦克库洛赫的货币政策主张

一、麦克库洛赫的货币政策的思想基础

（一）担忧增发货币会引起收入不公平分配

尽管麦克库洛赫赞成休谟提出的通货膨胀有利于产出的观点，并用固定费用理论对这一产出机制进行了详细分析，并且他还曾经在 1830 年 12 月 3 日的政治经济俱乐部会议上，极力主张通过增加货币来刺激经济，但从他的绝大多数作品中，表现出来的却是对这种经济政策导致收入不公平分配的谴责，以及对货币价值不稳定（特别是纸币的价值）引起的经济波动的担忧，这些担忧可以从他所写的以下几段文字中清楚地看出：一是他对英格兰银行停止纸币兑换后增发纸币造成收入不合理分配的谴责，他写道："英格兰银行的错误（它制造了最悲惨的结果）在于 1797 年危机过后，没有立刻恢复现金支付，结果是 1797 年标准放弃之后，货币从 1800 年开始一直贬值到 1819 年，特别是 1809～1816 年，也许令人遗憾的是，没有在 1815 年或 1816 年将黄金的铸币价格标准从每盎司黄金 3 镑 17 先令 10.5 便士提高至 4 镑 15 先令①，货币的贬值对那些在 1800 年之前借钱给国家或借钱给个人的

---

① 1809～1816 年，黄金的市场价格从每盎司黄金 3 镑 17 先令 10.5 便士上升到 4 镑 15 先令。

人来说，无疑是一种极大的不公平，虽然最初属于他们的债务或信贷的很大一部分已经在贬值期间按比例折价进行了换手。如果将 1815 年或 1816 年的标准降低到以上提到的程度，对这些当事方会造成的进一步不公平就不会像最初所设想的那样严重。"① 因此，在 1819 年议会通过按旧标准恢复纸币兑换的决议时，他强烈地呼吁议会的目标不仅仅是恢复其承诺要达到的旧标准，更重要的是要关上纸币超发的大门，防止出现新的贬值，即防止纸币价值在 1819 年几乎回归到黄金的价值后再次出现贬值。二是他对 1851 年议会试图再次贬值纸币的批判。他写道："那些在 1819 年反对纸币贬值的意见，对 1851 年每一个试图使纸币贬值的计划都有着不可估量的影响，但是，即使可以证明 1819 年《罗伯特·皮克爵士的法案》在过去的时候是不合适的，这将对那些继续为废除或修改而大声疾呼的人的辩诉变得毫无意义。恢复标准以来，纸币的价值得以维持了 32 年，99% 的合同都是在这期间签订的，篡改它将是愚蠢的。如今，我们将再次目睹最有害的颠覆私人财富的行为。债务人将以牺牲债权人的利益为代价而致富；无知和不小心的人将会成为狡猾者的猎物；资本家们会迫不及待地离开这样一个国家。在这个国家，由于政府的不诚信，除了有可能以贬值的货币偿还贷款之外，是不可能提供贷款的。因此，无论怎样，利用哈里斯先生公正而有力的言论，无论出于多么紧急事务的需要，我们希望通过降低货币标准来消除债务这种肮脏、隐蔽并且可怕的方法将是最后在逼不得已的情况下被迫采用的方法。这关系到我们未来的命运。"② 麦克库洛赫还专门权衡了增加货币引起的利弊，认为增加货币所促进的产量与就业上的利益要远小于货币贬值带来政府失信所产生的损失，他写道："尽管在我们看来，货币价值的下降虽然对社会上固定收入阶层的人有害，但总的来说对一个国家是有利的，这一点毋庸置疑，但我们希望不会由此推断，我们愿意在任何程度上赞成故意降低货币价值。货币作为价值的衡量标准，最重要的是它应该尽可能少地变化，政府必须尽其所能使个人的合同合法和约定生效，如果他们试图通过提高或降低货币价值以牺牲一部分人的利益而使其他某些阶层受益，这是非常不公平的。另外，人们完全有理由认为，无论通过货币贬值带来的收益如何，都会小于伴随着货币贬值带来的公然失信造成的损失，公共和私人信贷将在一段时间内遭到破

---

① McCulloch, J. R. 1852. *A Treatise on the Principles and Practical Influence of Taxation and the Funding System.* Longman, Brown, Green, and Longmans, P. 381.

② McCulloch, J. R. 1852. *A Treatise on the Principles and Practical Influence of Taxation and the Funding System.* Longman, Brown, Green, and Longmans, P. 383.

坏，大量资本将转移到其他更安全的国家。"① 从这几段话中，可以看出麦克库洛赫对货币贬值造成的收入不公平分配非常不满，再加上货币贬值带来的公然失信造成的损失，他宁愿放弃扩张性货币政策对经济的促进作用，也要维持整个社会收入分配公平。

（二）增发的纸币会引发经济波动

另外，他非常强调增发货币引发的商业周期会对经济长远发展产生不利影响，在可兑换的情况下，任何在短期内由银行大量增发的纸币最终必然会导致纸币贬值，造成纸币代表的价值低于贵金属价值，民众就会用纸币去银行兑换贵金属，银行增发的纸币必然又会回流银行，因此，银行发行的纸币必然受贵金属数量的限制。因此，在可兑换下，任何增发纸币引起的通货膨胀必然会导致此后出现相对应的一段通货紧缩过程，并且在通货膨胀期间对经济产生的刺激作用要远远小于之后通货紧缩对经济产生的破坏效应。在不可兑换的情况下，大量私有银行会竞相大量增发纸币，必然会导致纸币币值大幅下降，物价飞涨，引发各种投机行为，最终必然会导致民众对这些发行的纸币失去信心，发行这些纸币的银行也会最终损失惨重，经济重新回到用金属货币进行交易，由于金属货币的数量相对有限，人们对货币的需求将得不到满足，商品的需求也会因货币不足出现下降，从而引发经济危机。因此，短期内通过增发纸币引发的通货膨胀对经济的刺激作用将是短暂的，一段时间之后银行不得不收回这些增发的纸币，或者在不可兑换情况下这些不可避免造成严重通货膨胀的纸币最终会被人们抛弃，经济又会因货币减少引发通货紧缩，对经济产生严重的破坏作用，前期对经济的刺激不仅会被后期的经济收缩所抵销，并且多数情况下后者产生的破坏作用会超过前者产生的刺激作用。

基于这些原因，麦克库洛赫主张一个经济社会应该具备一个稳定的货币环境，围绕着怎样实现这一目标，他的货币政策不断随着社会实践发生调整，总体来看经历了两个阶段。

---

① McCulloch, J. R. 1852. *A Treatise on the Principles and Practical Influence of Taxation and the Funding System*. Longman, Brown, Green, and Longmans, P. 379.

二、麦克库洛赫早期货币政策主张

（一）金属原则的缺陷

在麦克库洛赫研究的早期，他认为恢复纸币可兑换是阻止纸币超发、稳定货币价值的重要条件。在可兑换下，货币有一种自发阻止纸币超发的机制，麦克库洛赫认为银行之所以能够滥发货币，其根本原因在于1797年后银行不再承担纸币兑换黄金的义务，这种自发阻止纸币超发的机制也就消失了，银行可以在缺少黄金储备的情况下自由贴现商业票据发行货币。因此，他认为恢复纸币可兑换是稳定货币价值的重要条件，他写道："当我们采用金本位制，把黄金作为货币标准时，我们有责任确保纸币在平价水平上替代黄金来流通，如果我们这样做时，商业危机的长度、范围、深度都会得到大大缓和。"① 但是他并不主张恢复到1797年之前的纸币自由兑换金币的方案，他把这个方案称为金属原则，麦克库洛赫认为在"金属原则"下，银行无条件接受人们用纸币兑换黄金，只能根据人们的兑换要求被动变动经济中的货币数量，不能根据经济发展需要主动地控制经济中的货币数量，且遇到突发事件时，会造成经济中的货币量波动较大，极易加剧经济波动，也不利于维持汇率稳定。他对金属原则下货币的发行与弊端进行了总结，他写道："一切讨论按国家需要分配纸币供应量，而不是通过扩大或缩小其数量，以使本国货币的价值与他国货币的价值处于平价水平都是徒劳的。如果董事会遵循任何其他原则，他们肯定会犯错误。只要人们向他们要求用纸币兑换金币，他们就必须逐步缩小货币发行量，只要人们不向他们要求用纸币兑换金币，他们就会逐步扩大货币发行量，而不会去关心流通中的纸币的实际数量。当人们对金币有需求，他们又想稳定经济中的货币数量以避免给商业带来冲击时……他们将极大地加剧他们试图避免的恶作剧。迟早，为了防止他们的金库完全耗尽，减少经济中的货币数量对他们来说将不再是可以选择的，他们将被迫采取他们在任何情况下都应该采取的步骤。当他们推迟减少发行量时，乡村银行的过度发行，以及人们很便利地通过贴现获得的货币将会使经济中充满冒险的赌博和荒谬的投机行为，当银行被迫不得不

---

① McCulloch, J. R. 1958. *A Treatise on Metallic and Paper Money and Banks：Written for the Encyclopaedia Britannica.* Adam and Charles Black，P. 465.

缩小发行货币时，经济衰退就会相应地变得非常严重。"① 从以上可以看出，麦克库洛赫认为以金属原则作为货币发行标准，主要存在两点缺陷：一是在"金属原则"下，人们可以自由利用任何数量的纸币去银行兑换金币，导致纸币兑换金币没有任何限制，从而很难稳定经济中的纸币数量；二是乡村银行发行货币时，没有足够的安全准备，导致乡村银行可以滥发货币。

（二）主张实行"金块计划"

为了消除在"金属原则"下发行货币的弊端，使发行银行能够在一定程度上控制流通中的货币数量，以维持物价水平稳定，麦克库洛赫以李嘉图提出的"金块计划"为基础，提出了一个修订版的"金块计划"，麦克库洛赫在他所著的《国家的财富》第一版中，非常详细地介绍了该计划，并强调如果银行按该计划来管理货币发行，必定能够控制流通中的货币数量，维持社会商品价格稳定。该计划的主要内容是：银行需要恢复纸币兑换黄金的可兑换制度，但纸币持有人不能像在"金属原则"下那样可以用任意数量的纸币去向银行兑换金币，而是直接用纸币兑换黄金，并且规定纸币兑换黄金的最低数量标准是 500 镑或是 1 000 镑，远超过李嘉图提出的"金块计划"中 20 镑的最低标准。他认为整个社会中能够拥有 500 镑的人并不多，这样就可以阻止相当大一部分人利用小额货币去银行兑换黄金，这样既避免了在"金块计划"下，经济稍有恐慌情绪，人们都跑去银行兑换金币，导致银行金币迅速枯竭的情况；又可以阻止因黄金流出过多导致经济中货币过度紧缩的局面，阻止了恐慌进一步蔓延，银行在货币发行数量上具有了更大的自由决定权。到 1826 年时，麦克库洛赫发现当经济面临战争或农业歉收等重大不利事件时，一些有钱人就会拿着大额纸币去银行兑换黄金，上述方案可能还不足以有效阻止黄金外流。他受发行不可兑换纸币通过汇率贬值可能有效阻止黄金外流的启发，对他所提出的"金块计划"进行了补充，补充的内容主要是：银行在实施"金块计划"时通过限制纸币的数量使纸币的价值高于黄金价值 4% 或 5%，这样，当经济面临战争或农业歉收等重大不利事件时，当人们想用纸币兑换黄金出口时，汇率就需要下降 4% 或 5%，而他通过观察英国纸币在不可兑换期间的对外贸易发现，在汇率下降 4% 或 5% 时，完全可以扭转因战争或农业歉收引起的贸易逆差，这也就有效阻止

---

① O'Brien, D. P. 1970. *J. R. McCullch: A Study in Classical Economics.* New York: Barnes and Noble, P. 174.

了黄金的外流。他写道："假定一个国家的货币完全以黄金来流通，它的价值必然和其他国家的黄金价值相等，如果该国进口突然增加，会造成黄金出口，此时，经济中的货币数量减少，商品价格下降，国内信贷开始紧缩，如果我们假设货币不是由部分纸币和部分可以兑换为纸币的金币构成，而是由部分纸币和部分可以兑换为纸币的金块构成，在这种情况下……英格兰银行将完全有权力控制流通中的纸币数量。"① 此外，还有很多人认为，如果把纸币的价格控制在高于黄金价值4%或5%以上，就会导致黄金流入英国，然后向英格兰银行要求兑换纸币。对于该问题，他做了进一步的补充，建议银行仅仅只在黄金的市场价格低于纸币价格4%或5%时才允许用黄金兑换纸币，这样不仅可以阻止纸币价格高于黄金价格4%或5%以上，同时也可以阻止黄金进口商在低于这一缺口时，向银行兑换纸币。

他特别强调阻止纸币兑换贵金属的效果，因为这样可以使流通中的货币数量更稳定，从而可以避免因货币数量短时期内大量减少而导致的经济萧条，但他同时又不希望像1797年那样完全暂停纸币兑换黄金，他认为这样会激发银行过量发行纸币的冲动，不利于货币价值稳定。从这一点来看，他的理论虽然来源于李嘉图的"金块计划"，但他的观点更加偏向桑顿的银行学派，两者都过度强调通货紧缩给经济带来的严重后果。不过，麦克库洛赫的"金块计划"也存有很多问题，首先，他自己非常担心经济产生通货紧缩，但是他自己提出的使纸币的价值控制在高于黄金价值4%或5%以上，这就要求银行必须要减少流通中4%或5%的纸币，必然会给经济造成4%或5%的通货紧缩。此外，如果按照他所提出的"金块计划"，经济中流通的货币必然全部是纸币，这就会出现伪造纸币的风险，他不久也认识到了这一问题。总之，与1797年之前纸币与金币同时流通相比，麦克库洛赫提出的"金块计划"具有明显的进步意义，该计划既可以降低货币流通成本，而且经济中流通的货币数量更不易受汇率波动影响，货币的价值也就更稳定。

（三）对乡村银行发行货币的建议

麦克库洛赫强调要增加乡村银行的发行准备。与李嘉图不同的是，麦克库洛赫并不反对乡村银行发行货币，但他也认为大量乡村银行滥发货币，以

---

① O'Brien，D. P. 1970. *J. R. McCullch*：*A Study in Classical Economics.* New York：Barnes and Noble，P. 169.

及很多乡村银行经营不善破产是英国货币数量大量波动的原因，但麦克库洛赫认为，这主要是因为乡村银行发行货币缺少发行储备造成的。因此，他强调乡村银行发行货币必须要有足够的发行储备，他还给出了一个最低的底线数据，发行准备至少应占发行货币的2/3，这不仅可以减少乡村银行在经营失败时对公众造成的损失，更重要的是这样可以有效阻止它们过度发行货币。总的来说，他非常希望乡村银行在安全的情况下发行货币，因为乡村银行更易识别他们自己发行的货币，从而不易伪造，但他认为乡村银行发行货币的最小面值不应低于英格兰银行，为了更进一步稳定乡村银行的货币发行，通过他们需要提供发行准备来阻止货币发行的弹性。他还建议政府把英格兰银行发行的货币作为法定货币，并以此作为乡村银行的发行储备，以弥补国内黄金不足时，乡村银行货币过于紧张的发行储备，也可以在乡村银行面临困境时防止英格兰银行硬币面临枯竭的窘境。

此外，尽管麦克库洛赫反对由一家银行完全垄断货币发行，但麦克库洛赫在早期非常支持在伦敦只有英格兰银行一家发行银行，他认为由英格兰银行对全国的银行体系实施控制非常重要，这样既可以更好地控制全国的货币总量，又能保证整个银行体系运行更加安全。这种控制可以通过变动银行利率，买卖国库券，从而首先影响债券的价格，然后影响乡村银行和人们的信心来实现。麦克库洛赫还受桑顿的影响，非常重视汇票的发行，认为汇票在很多场合发挥了货币的功能，并为商业信贷提供了方便，使一些暂时缺少现金支付的交易也能顺利进行。同时他对汇票的滥发保持高度警惕，认为这也是造成货币价值波动以及物价波动的重要原因，他借鉴桑顿区分汇票与银行券的方法，提倡取消50镑以下汇票的发行。麦克库洛赫认为，如果按他提出的政策来实施，汇票与乡村银行发行的银行券的不稳定性都会被他所提出的银行的经营准则极大地缓解，从而可以确保纸币能够安全地发挥货币的作用，他也因此被称为通货原理的创始人。

三、麦克库洛赫晚期货币政策主张

在麦克库洛赫研究的晚期，英国颁布了"比尔条例"，他的货币政策主张也逐渐发生了改变。1844年，英国实施了历史上有名的"比尔条例"，该条例的主要内容是：（1）规定英格兰银行为国家发行银行，规定英格兰银行自1844年8月31日起划分为发行部和银行部，使商业银行业务与发行银行分开，英格兰银行的发行限额为1 400万英镑，这部分信用无须黄金准

备，必须全部以政府公债作为抵押，超过此限额发行必须有十足的货币金属
（黄金或白银，其中白银不得超过 1/4）作准备；（2）法案颁布后不得再产
生新的发行银行，1844 年 5 月 6 日止已享有发行权的其他银行其发行定额
不得超过 1844 年 4 月 27 日前 12 年的平均数，如有放弃发行权、破产，或
两个及两个以上合并的银行，都不得再发行银行券，由英格兰银行按其发行
定额的 2/3 增加发行。

　　尽管在 1844 年之前，麦克库洛赫不认可"比尔条例"的很多细节，不
过在经过最初的怀疑甚至不信任之后，他之前的很多货币政策观念逐渐发生
了改变，他开始逐渐接受该条例，并最终把该条例视为当时解决货币控制问
题的最好办法，认为它以代价最小的方式实现了金币可兑换性目的，成功阻
止了货币数量与价值的突然波动，能够维持物价水平保持长期稳定。下面这
段话证明了他对该条例的认可，他写道："然而英国经历的商业波动无论是
在 1844 之前还是之后与美国比起来都要小得多，但我们也绝不能认为有了
该法案之后，英国就不会经历商业波动了，它的目的是确保任何时候黄金与
纸币等价，并且消除掉不利的汇率，尽管这两个目的能够实现，我们仍然会
面临与扩张信用无关的意外事件导致的波动，投机行为与计算错误仍然存
在，信用借给了那些不应获得贷款的人，粮食收存坏的年份也会存在，美国
和其他一些进口我们国家产品的大的进口商有时也不再与我们签订协议，好
的公司也会出现管理不善，错误的观点在公众中流行，这些偶然发生的不利
事件可能特别严重，持续时间很长，在公众中广泛传播，但是，一方面，这
些由增发纸币产生的不自然的财富不再产生了，这在之前是经常存在的；另
一方面，由增发纸币之后必然经历的收缩产生的严重的破坏性也不再存在
了。"① 为了表述他对该法案的支持，防止对该法案的再次修改，他还写信
给当时的英国财政大臣路易斯："我坚信，任何再想修改该法案的想法都是
多余的，毫无疑问，这些修改都将导致不利的后果。"②

---

　　① O'Brien, D. P. 1970. *J. R. McCullch: A Study in Classical Economics*. New York: Barnes and No-
ble, pp. 183 – 184.

　　② O'Brien, D. P. 1970. *J. R. McCullch: A Study in Classical Economics*. New York: Barnes and No-
ble, P. 184.

第五节　对麦克库洛赫货币非中性思想的评述

一、麦克库洛赫货币非中性思想产生的重要影响

麦克库洛赫在经济学说史上，较早产生了货币经济周期的思想，并把英国1825年发生的经济危机归因于货币发行过多诱发大量投机造成的。在麦克库洛赫看来，增发纸币对经济的刺激作用将是短暂的，并且最终必然伴随一段经济衰退。他认为在可兑换情况下，由货币增发引起的通货膨胀会诱导人们去银行兑换黄金，银行又不得不收回这些增发的纸币；在不可兑换情况下造成严重通货膨胀的纸币最终会被人们抛弃。在以上两种情况下，经济又会因货币减少引发通货紧缩，对经济产生严重的破坏作用，前期对经济的刺激不仅会被后期的经济收缩所抵销，并且多数情况下后者产生的破坏作用会超过前者产生的刺激作用，因为在整个货币扩张与收缩的过程中会增添银行破产引发的额外风险，这实际上构成他对货币周期理论的解释。奥布莱恩简明地评价了麦克库洛赫关于货币数量突然变化引起的商业周期现象，他写道："麦克库洛赫事实上很好地解释了由货币数量或是货币价值的改变引起的商业波动，他把1825年和1836年的危机归因于货币因素，货币供给数量的增加引起的通货膨胀会让那些预期价格会进一步上涨的商人过度投资，但是更重要的是货币数量的突然减少会使人们对乡村银行发行的纸币失去信心，导致货币供应量不足，人们对货币的需求普遍得不到满足，这样也会造成对社会商品需求的不足。"[①]

麦克库洛赫的货币经济周期思想为人们研究经济周期问题提供了指引，在他之后，很多经济学家都开始从货币角度出发研究经济周期问题，他们或多或少都受到了麦克库洛赫的影响。比如，马克思也提出了类似观点，他在《资本论》中分析指出："也可能有这种情况，即一种商品的供给可能低于平均水平——例如，在谷物、棉花等歉收的场合……可是对借贷资本的需求却会增加，因为人们指望价格会进一步提高而进行投机，而提高价格的最直

---

① O'Brien, D. P. 1970. *J. R. McCullch: A Study in Classical Economics.* New York: Barnes and Noble, P. 155.

接的手段，就是暂时从市场上撤走一部分供给。"① "信用过度投机一方面使得实体经济中的生产过度膨胀，而另一方面则使得大量商品因滞销而堆积在仓库中。而到危机爆发时，信用收缩，商业资本家、银行资本家和产业资本家都会受到危机的袭击，整个经济繁荣的景象一下子就消失了。"② 魏克赛尔积累过程理论也体现了货币经济周期思想，当经济处于平衡时货币利率等于自然利率，当银行扩大信贷，就会降低货币利率，从而使货币利率低于自然利率，这就会促进企业从银行借款，扩大生产，这又会带动对原材料、土地、劳动力的需求，使得这些要素供给者收入增加，又会增加他们消费，促进消费品价格上涨，这样就会形成生产品价格上涨—资本品价格上涨的积累过程。米塞斯和哈耶克提出的经济周期理论其根源也在于信贷变动引起的投资变动。他们认为，银行信贷的扩大通过强制储蓄效应刺激了投资，而一旦银行停止信贷扩张，经济就会因为缺乏资本而爆发危机。霍特里也认为资本主义内在不稳定性根源来自货币体系的不稳定，他写道："我认为，商业循环的周期特征完全来源于货币因素。"③ 弗里德曼也认为，货币供给的波动会引发经济周期，他把 1929～1933 年的大萧条就归因于美联储的错误货币政策。他写道："对凯恩斯主义理论提出质疑的另一个重要因素是重新审视货币历史，特别是在大萧条期间。当对证据进行了详细的审查，结果表明，糟糕的货币政策是导致危机加重的罪魁祸首。在美国，货币数量从 1929 年到 1933 年减少了 1/3。这种货币数量的减少显然是造成衰退程度比以前更大、深度比以前更深的原因……这是美联储不当的货币政策导致的直接后果。"

二、马克思主义经济学视角下的麦克库洛赫货币非中性思想

麦克库洛赫关于货币的许多观点与马克思货币理论都是类似的，例如"纸币是用于替代金属货币流通的，因而纸币数量要受到金属货币数量的限制""金、银本身就是商品，具有价值，其物理属性使其成为天然的货币材料"等。但是麦克库洛赫在后期的研究中又认为金属货币供给成本对其价值不太重要，其价值主要是由金属货币总量与需要交易的商品数量之比决定的。因此，麦克库洛赫在这里同休谟等思想家类似陷入了货币数量论，错误

① 《资本论》第三卷，人民出版社 2004 年版，第 582 页。
② 陈征：《〈资本论〉解说》第三卷，福建人民出版社 2017 年第 4 版，第 397～334 页。
③ Hawtrey, R. G. 1928. *Trade and Credit.* London, Longmans, P. 155.

地将金属货币等同于纸币看待。根据马克思的观点，当金属货币充当流通手段职能时，流通中的金币虽然磨损但仍然充当流通手段的职能，因而"金的铸币存在同它的价值实体完全分离了"[①]，从而"相对地说没有价值的东西，例如纸票，就能代替金来执行铸币的职能"[②]。马克思进一步研究认为纸币替代金币衡量商品的价值只有在"纸币的发行限于它象征地代表的金（或银）的实际流通的数量"[③] 才是与金属货币作为流通手段时一致，一旦超出实际流通数量，则相同的价值需要更多的纸币来衡量，这表现为价格的增长。换言之，则同样数量的纸币所能买到的商品量就降低了。因此，一些经济学家就认为纸币也是有价值的，其价值由其所能买到的商品量决定。麦克库洛赫也不例外，他在后期的研究中认为，纸币的价值就决定于其数量，同时也认为金属货币的价值决定于金属货币总量与需要交易的商品数量之比。因此，麦克库洛赫实际上将纸币的购买能力或纸币对商品（金属）货币的替代能力与纸币是否具有价值混为一谈，同时又将纸币的价值与金属货币的价值混为一谈。

麦克库洛赫早期的研究中正确地理解了纸币数量必然受到金属货币数量的限制。同时麦克库洛赫认识到，在发行可兑换纸币的条件下，纸币发行过多可以通过回流机制减少纸币在市场上的数量，从而经济会重新回到金属货币流通的状态。麦克库洛赫因此认为经济会因货币减少而发生通货紧缩，由此给经济造成的损失抵销了前期货币增发对经济的刺激效应。事实上，我们应当清楚看到，麦克库洛赫的研究是基于微观经济行为而不是宏观总量行为对货币与实体经济关系的研究，显然这恰好迎合了现代新古典经济学家的偏好。

我们在这里要进一步讨论的是，麦克库洛赫关于固定费用支出理论的观点。与休谟不同，麦克库洛赫并不将货币扩张引起的在不同产业和地区分布"时滞"或"不均衡"而引起的相对价格变动看作是货币非中性的原因。在麦克库洛赫看来，货币增发之所以会对实物经济产生影响，是因为实物经济中的固定费用或固定的名义税收并不因货币增发而增长，从而勤劳阶级利润增长并导致了产出扩大。这实际上就是货币增发导致的通胀效应引起的财富重新分配的结果。用标准的马克思主义经济学的观点看，这种分配效应实际上就是经济利益在不同经济主体之间的重新配置，即按照麦克库洛赫的观点

---

①② 《资本论》第三卷，人民出版社 2004 年版，第 149 页。

③ 《资本论》第三卷，人民出版社 2004 年版，第 150 页。

就是经济利益在勤劳阶级和不勤劳阶级以及从事服务业生产者之间的重新分配，它反映了商品经济条件下人与人的利益关系，而这种利益关系的调整将使得生产得以增长。事实上，这一观点并不是一个全新的观点，正如马克思所指出的那样，麦克库洛赫善于贩卖别人的经济思想。这一思想观点已经由法国重农主义学者发起，并经由斯密加以改造的生产劳动和不生产劳动理论予以阐述，且在马尔萨斯的货币非中性理论中，我们也看到了类似的阐述。按照斯密的观点，收入如果能更倾向于利于生产劳动领域的分配，那么，这将引起经济增长。显然，麦克库洛赫接受了这一思想，且在实质上与斯密等经济学家一致，即货币的通胀效应引起的收入分配更利于勤劳阶级，因而导致了勤劳阶级的利润率提高而引发了投资和产出效应。

麦克库洛赫清楚地看到了商业信用过度扩张对经济造成的虚假繁荣，使得资本主义经济危机从可能性一步一步向现实经济危机转化。我们知道，商业信用和商业票据是银行信用和银行券的基础，因为当资本家用银行券购进期票，实际上就是用真正的信用货币在替代商业货币。因此，马克思指出："就像生产者和商人的这种互相预付形成信用的真正基础一样，这种预付所用的流通工具、票据，也形成真正的信用货币如银行券等的基础。真正的信用货币不是以货币流通（不管是金属货币还是国家纸币）为基础，而是以票据流通为基础。"① 因而，毫不奇怪麦克库洛赫很快就将长期票据贴现导致的信贷规模扩大而引发的不安全投机列为经济危机的又一大诱因。马克思在《资本论》中，对此也进行了详细的论证："现在，如果加尔各答某商行为英国购买一船货物，用该行向伦敦代理商签发的汇票来支付，并把提单送往伦敦，那么，这种提单就会立即被他们拿到伦巴特街去获取贷款；因此，在他们的代理商必须兑付汇票以前，他们有 8 个月的时间可以利用这宗货币。"② 而正是这种投机行为使得资本主义经济危机从可能性再一次向现实性转化。因此，马克思在批判富拉顿时指出，在危机发生时，只会增加对货币的需求，不会增加对资本的需求。

---

① 《资本论》第三卷，人民出版社 2004 年版，第 450～451 页。
② 《资本论》第三卷，人民出版社 2004 年版，第 466 页。

第十章　罗伯特·托伦斯的货币
非中性思想

罗伯特·托伦斯（1780～1864）生于爱尔兰，1797 年参加海军，1837年升为上校军官。在服兵役期间，他开始学习与研究政治经济学问题，退役后，专门从事经济学研究与写作。1821 年与詹姆斯·穆勒和李嘉图等创立"政治经济学俱乐部"，并被选为会长。托伦斯研究政治经济学的范围很广，1820 年以前重点研究生产理论、分配理论和价值理论。其后重点研究货币政策、殖民政策和贸易政策。国际贸易领域著名的比较优势理论就是他首先提出的，李嘉图在他的基础上进一步发展了该理论。

在货币理论方面，他的主要论著有《关于货币与纸币的论文》（1812）、《关于财富生产的论文》（1821）、《论 1844 年银行法的实施对商业信贷的影响》（1847）等。在这些论著中，他坚持货币非中性观点，认为增加货币能够促进一国的产出。他深受斯密分工理论的影响，特别强调增加货币能够促进整个社会分工，成倍地增加了每一个人的生产效率，正如他写道："良好运行的纸币也是一样，通过把更多的商人的信用带到市场，并替代了金属货币，促进了商业交易。如果没有纸币，这些都不能发生，这些给予贸易的新的便利，每个人可以把自己更多的精力投入到自己的专业领域中去，使得他能更集中妥善安排自己的时间，从而获得了更多的灵巧和技能，使得他的田地能以大自然赋予的最合适的方式进行耕种。然后在每一个行业中，新的就业分工都会给劳动的生产能力带来更多的能量。"[1] 此外，他还继承了固定费用理论，提出当货币供给增加时，劳动者的工资、企业贷款的利率、上缴给政府的税收等固定支出费用不会立刻发生变化，使得企业销售商品价格的上涨速度会快于这些成本支出速度，企业的利润就会增加，生产者的信心也会得到提升，从而增加投资，扩大生产。与边沁、桑顿等多数古典经济学家一样，他也认为通货膨胀会给以固定收入为生的人带来伤害，但他认为从整

---

① Torrens, Robert. 1812. *Essay on Money and Paper Currency*. W. Heney, P. 91.

个国家的角度来看，由增发货币产生的收益要比给整个国家造成的损失少得多。因此，在货币政策上，他反对严格的金本位制度，认为这一制度不能根据人们的需求来供给货币，主张通过不断增加货币来刺激一国经济增长，在纸币的发行上，他倾向于真实票据理论的观点，主张根据经济社会对货币的实际需求来发行纸币。

第一节　托伦斯对货币非中性的描述

托伦斯认为，当社会成员出现过剩商品时，他就会想用这些过剩的商品交换他稀缺的商品，而以物易物的交易非常缺乏效率，阻止了商品交易进一步扩大，尽管随着社会的发展，出现了像牛、羊，甚至贝壳等一般等价物，方便了交易，但由于这些物品不好分割，不易携带，或者不易长期保存等缺点，使得这些商品都没能成为人类普遍接受的交易媒介。直到金、银货币开始作为商品交易的价值尺度与交易媒介，才克服了之前作为货币材料的很多缺陷，迅速扩大了商品交易的规模与种类，极大地推动了商品经济发展。并且托伦斯还认为，货币价值的变化与数量的变化还会对工业和财富产生显著影响。他写道："货币作为一种商品交换另一种商品的工具，它的每一次波动都必然会对市场产生相应的影响，其数量的增加或减少、其流通速度的快与慢，以及其价值发生的改变，在任何时候都或多或少地对工业和财富产生了影响。但在这种商业工具所面临的所有变化中，其数量的增减是最重要的。"[1] 由此可以看出，托伦斯是一个货币非中性思想的倡导者，他不仅认识到货币数量的变化会表现出非中性，其流通速度的变化以及价值的变化也会表现出非中性。

一、增加货币表现出的非中性

为了进一步说明货币变动对经济带来的具体影响，托伦斯还分别从增加货币和减少货币的角度进行了说明。他假定某个国家突然来了一批新的定居者，他们带来了 50 万镑的货币，在他看来，只要这些居民并不是把这些增加的货币放在家里储存起来，而是把它们花掉，无论他们用这些货币去购买

---

[1]　Torrens，Robert. 1812. *Essay on Money and Paper Currency*. W. Heney，P. 24.

商品，还是用这些货币去从事生产，都会增加整个社会的财富，促进整个社会的就业。因为如果这些居民拿着这些货币去购买商品进行消费，则必然会增加所购买商品的需求，当商品的供给不变时，就会提高这些物品的价格，那么从事这些商品生产与销售的人都会从中获益。对于这些把商品直接出售给消费者的商人而言，他们将能够以更高的价格和更快的速度销售这些商品，如果他们是利用自己的资本从制造商那里购进的商品，则投入的资本得到了更快的周转，从而能够获得更多的利润；如果他们是从制造商那里赊购的商品，由于能够以更高的价格和更快的速度销售这些商品，他们较之前能够更加及时地偿还制造商的货款，同时也能获得更多的利润。而对于制造商而言，当他们发现自己生产的商品供不应求时，他们就会急于扩大生产，及时填补存货的短缺。这样，他们也就会增加对工人的需求，工人的工资也会随之上涨，整个社会的就业人数就会增加，人们的生活也得到了改善。

而如果这些新定居者把带来的 50 万镑的货币不是用于消费，而是直接用于生产与经营，以一种能带来利润的方式进行安排。托伦斯认为，相比这笔钱用于消费，这将会给整个社会带来更大的刺激。因为一方面，如此多的货币资本一旦进入流通，必然最终会减少货币的价值或是提高所有其他商品的货币价格，而价格的上涨必然会给贸易和工业带来好处，这在这笔钱用于消费时已经描述过了。另一方面，他认为，由于这笔钱是全部直接用于了生产与经营，显然对整个社会形成的资本积累要比用于消费间接增加的社会资本要多一些，更多的资本需要雇佣更多的劳动力与之匹配，这样新增货币用于资本雇佣的劳动力也要比用于消费间接增加的劳动力多得多，由于财富的生产主要来源于资本与劳动，因此，对整个社会而言，增加的产量也会比用于消费间接增加的产量要多。综上所述，他认为这些新定居者把带来的 50 万镑的货币直接用于生产与经营将比用于消费给社会带来更多好处。

此外，对于一些人认为，一个国家增加 50 万镑的货币与增加 50 万镑的商品是无差异的，托伦斯对此进行了反驳，他认为，一个国家增加 50 万镑的货币比增加 50 万镑的商品会带来更多好处。他用如下例子进行说明："让我们假定，一批在我国定居的外国地主收到的是价值 50 万镑的布，而不是 50 万镑汇款。那么在这些地主享受舒适和奢侈生活之前，他们必须要在我国市场上先出售这批布，这就会增加国内布的供给，降低布的价格，对于那些之前以较高价格陈集了很多布的投机商而言，他会发现他的布比之前更不好出售了，除非他有足够多的资本，否则他将会破产。在市场供过于求的情况下，在较高价格时期采购原材料的制造商也将无法获得足够的回报，纺织工人、纺纱工人和羊毛种植者都将遭受到利润的减少和雇佣工人的减少……如果外国人在英国市场上投放英国国内每年生产的同样数量的布，则英国国内布的生产商将停止生产，用于生产布的劳动力和资本将被赶出该行业。"① 而如果这些外国土地所有人收到从国内寄到的 50 万镑汇款，则会像之前所描述的那样，会给一国经济带来繁荣，他写道："我们会立刻察觉到对贸易、工业以及财富完全不同的影响，这些钱如果不增加供给，就会增加对所有舒适品和奢侈品的需求，这将增加把它们推向市场的资本家和工人的利润，增加的利润将增加贸易商的资本，扩大他们的投资，工资的上涨使工人和其他劳动者能够及时成为各自行业的主人，通过逐步积累起来的资金，将使更多的工业发展起来，并增加生活的必需品和舒适品，直到使之前的居民更富裕或是国家能够维持更多的人口为止。"②

二、减少货币表现出的非中性

托伦斯认为一个国家货币数量如果减少，其对经济的影响与货币数量增加刚好相反，将会导致一个国家的产出与就业下降。他假定，如果某个国家的居民移居去了国外，同时也带走了一大笔金银货币，对于国内那些之前为移民提供舒适和奢侈生活的制造商和商人来说，对他们商品的需求量就会下降，为了使生产的商品全部卖出去，现在就不得不通过降低价格来寻找新的顾客；而对于其他生产相同商品的制造商和商人来说，也不得不降低他们商品的价格来留住他们的顾客，因此在卖方的激烈竞争中，商品的价格将会普遍下降，货币价值将会上升，同样数量的钱将会交换更多的货物。那么这会对一个国家的贸易和工业产生什么样的影响呢？他写道："如果所有商品的货币价格降低，那么在降价之前拥有大量库存的商人将无法获得他们预期的利润，而且还可能会遭受损失，无法像以前那样广泛地进行投机，而且商人们在付款时不能准时，也无法履行支付义务，制造商生产的商品需求也会减少，商品的价格会进一步下降，对劳动力的需求和工资也将减少，劳动力相比以前收入就下降了，将无法从农民那里购买同样数量的农产品，因此农业利润将持续减少，除非农民有足够的财富来支付他的地租，否则利润的减少会影响土地所有者的收入。因为土地所有者的收入减少了，生活必需品的消

① Torrens，Robert. 1812. *Essay on Money and Paper Currency*. W. Heney，pp. 30 – 31.

② Torrens，Robert. 1812. *Essay on Money and Paper Currency*. W. Heney，P. 35.

耗量就减少，对每一种工业和商业的需求就会减少，贸易的减少和持续的衰退会使农业萧条，而萧条的农业会使贸易的源泉枯竭，直到贫困、人口的减少和随之而来的所有痛苦蔓延到整个土地。"① 托伦斯所描述的由货币数量减少引起的一系列连锁反应是他对社会经济现象仔细观察与思考的结果，这为后来凯恩斯提出乘数效应提供了思想渊源。还有一些人认为，这些移居去了国外的人，带走一大笔金银货币和带走相等价值的商品对一个国家的财富生产是一样的效果时，托伦斯进行了反驳，他认为如果这些移居去了国外的人带走相等价值的商品，则会刺激该国经济的发展，因为当他们带走商品后，国内的商品供给下降，而货币数量并没有变化，商品的价格就会上涨，正如货币数量增加会引起价格上涨那样，这就会增加商人、制造商以及农民的利润，刺激他们扩大商品生产与贸易的规模，从而扩大全社会的产出与就业。然而如果是带走了一大笔金银货币，则会造成商品价格下跌，全国各地的许多商人可能不得不以低于原始成本的价格出售他们的存货，这不仅将会占用他们的资本，而且有可能会使他们完全资不抵债，至少会使他们更难履行对国内和国外债权人的义务，并限制他们今后在国内和国外市场上的购买，整体的商业将会陷入停滞。制造商生产的商品的需求与价格也会跟着下降，他们不可能再雇佣与之相同数量的工人，随之而来的将会是对工人需求的减少以及工人工资的下降，所有工业部门的发展将会受到阻碍，生活必需品的供应量将会减少，人们的生活会变得更加贫穷。

第二节　纸币对经济的影响

一、纸币对经济发展的促进作用

与桑顿一样，托伦斯认为，商业票据、期票和纸币一样都是价值符号，都能替代金属货币进行商品交易与流通，因此他把商业票据、期票也视为广义的纸币。在他看来，纸币和各种商业票据在替代金属货币流通时，除了携带方便，方便商品交易外，一种管制良好的纸币在替代金属货币之后，起码可以从两个方面促进社会产量的增加。

---

① Torrens, Robert. 1812. *Essay on Money and Paper Currency*. W. Heney, pp. 100 – 101.

一是纸币是一种比金属货币便宜得多的贸易工具。商业票据、期票和纸币都是价值符号，几乎没有任何内在价值，可以很少或根本不花钱制造，而金属货币则是由非常昂贵的材料和非常复杂的工艺组成的。因此，当用纸币取代金属货币进行各种商业交易，并替代其流通之后，就节省了大量用于流通的金属货币，人们就可以使用节省下来的金属货币去从事生产经营，从而可以创造更多的财富。为说明这一点，他把每个社会的财富分为两部分，一部分是用来维持或增加固定资本的，主要是各种机器和各种节省劳动的发明物品；而另一部分是用来维持和增加流动资本的，它是工业运转和消费品的来源。托伦斯认为金银货币起到了增加与维持固定资本的作用，因此把它们归属于社会财富的前一部分。当一个国家用纸币替代金属货币，并把替代的这部分用于增加购买材料、支付工人的工资时，就可以在维持固定资本不变的情况下增加流动资本，整个社会的收入就会增加。他还用一个具体的例子进行了说明，如果一个国家在没有使用纸币之前，每年需要花费 100 万镑金银来维持流通媒介，使用纸币替代金银货币之后，在不妨碍商业交易的情况下，如果金银货币减少到 10 万镑，则剩下的 90 万镑就可以用于新的商业或生产活动，这将会增加全社会的产出与就业。在当时的英国，几乎每一笔大额交易都是利用商业汇票等信用工具进行的，出售商品的人收到了商业票据，在这些商业票据到期后，持票人会收到相应的货币，没到期之前也可以用于支付或贴现，实际上充当着货币的功能，托伦斯认为通过这些商业票据替代金银货币流通，英国不仅节约了大量制作与携带金属货币导致的流通成本，而且大量节约出的金属货币被用于投入生产与经营，极大地促进了英国经济社会的发展。

二是纸币相对金属货币更具有弹性，使得人们对流通媒介需求的每一次增长都能立即得到满足。托伦斯认为，当社会上人们对某种商品产生需要时，如果想供给这种商品的人没有足够的金属货币，则他就没有办法生产。而在纸币流通环境下，他就可以通过开出汇票的方式去购买生产的原材料，等到汇票到期时，再进行支付，这种弹性力量可以为生产者以信用的方式获得资本，瞬间填补扩大需求的真空，不仅快速地满足人们对商品的需求，而且在很大程度上繁荣商业，促进社会分工，增加社会财富。而如果纸币不能取代金银货币，则会导致社会产量的下降，托伦斯写道："如果取消了纸币，为了产生同样的商品交易便利，那么，就需要用同样数量的金币来替代流通中的纸币、票据和期票，这将导致可供消费的商品数量致命地减少。因为，在劳动、商品的维持基金中，相当于所有可能在紧急情况下流通的汇票和银行票据的金额，将不得不从消费、材料采购和工业支付中抽取出来，并被送去国外购买金银。"①

此外，一个国家的纸币供应会比金属货币更加稳定，首先，一国发行的纸币和各种商业票据一般不能在国外流通，也就很少流入国外，一般只限于国内流通，而对金属货币来说，它是世界公认的价值尺度，任何国家都把它当成最主要的交易媒介，因此，当黄金在各个国家的购买力不一样时，就会造成黄金的流进与流出。其次，由于人们持有商业票据具有利息收入，而持有金银货币则没有，这也使得纸币供应比金属货币更稳定。如果一个商人在6个月前出售货物并接受汇票作为付款，他就会收取这张汇票的法定利息。如果他急需现金，也可以向银行贴现，银行扣除利息后支付给他现金，所以人们愿意持有商业票据。但如果一个商人把货物出售到1 000英镑的金银货币，由于金银货币躺在他的金库里不能产生任何收益，当其他国家黄金价值更高时，黄金和白银就会被以各种方式偷运到国外，造成这个国家金银货币的不足。因此，在托伦斯看来，一个拥有管制良好的纸币的国家在任何时候都会满足商人对流通媒介的需求；相反，一个以黄金和白银进行交易的国家却永远无法保留足够数量的这些金属，以应付财富和商业波动可能造成的意外紧急情况。

二、纸币对经济发展的负面影响

托伦斯认为纸币对经济发展的主要负面影响在于纸币代表的价值容易受意外事件影响，从而出现大幅波动，这既会影响纸币持有人的购买能力，又会影响流通中的货币数量，而对于金属货币来说，其价值则不会因为出现意外事件发生大幅波动，因为其本身就具有价值，而且黄金是世界通用货币。在托伦斯看来，纸币是一种信用货币，它一般只能在本国内流通，人们之所以使用它，是因为人们相信他所持有的货币能交换到同等金额的金属货币，也就是说，纸币具有的价值取决于人们对它的信心，而一旦发生战争、粮食大幅减产、大量银行破产、纸币超发等不利事件时，人们就会对纸币的信心下降，纷纷抛售纸币，挽回金属货币，这就会造成纸币贬值，纸币的交换价值下降，在严重的情况下，纸币可能会变成一张废纸，一文不值。这样不仅持有纸币的人会遭受巨大损失，而且对整个国家来说，由于人们不再信任纸

---

① Torrens, Robert. 1812. *Essay on Money and Paper Currency*. W. Heney, pp. 85 – 86.

币充当交易媒介，不得不重新使用贵金属货币流通，就会造成流通中的交易媒介大幅减少，而大量的商品需要用更少的货币数量来完成交易，商品的价格必然会下降，制造业主、商人以及农民的利润都会下降，甚至出现亏本，很多工商业者出现破产，大量劳动者会失去工作，经济陷入衰退。

托伦斯专门举例说明了纸币超发的形成过程。他假定在某个国家，最开始时只有500万镑的硬币流通，现在该国如果增加100万镑的纸币进入流通，假如公众对货币发行人的廉洁充满信心，接受纸币的可交换价值与同等数量的硬币相等，则投入到市场上的货币总量达到600万镑，由于增加任何物品的供应而没有在需求中发生同比例增加时，都会降低其价值，于是该国货币的价值必然会下降，但由于黄金的价值还是与世界其他国家保持一致，不会发生变化，人们就会把价值下降的铸币融化成黄金以获得更高的交换价值。于是，市场上的货币数量开始减少，货币价值开始缓慢上升。如果市场上需要交易的商品数量不变，当市场上100万镑的铸币以这种方式退出流通后，货币的价值会重新恢复到之前的标准，此时，流通中的货币将由400万镑铸币和100万镑纸币组成。假如再增加100万镑纸币投放市场，同样市场上需要交易的商品数量不变，则会重复以上过程，100万种铸币将消失，流通中的货币将由300万镑贵金属铸币和200万镑纸币组成。如果持续投放纸币，等到市场上刚好有500万镑纸币时，贵金属铸币将完全从流通中消失，纸币将完全取代贵金属铸币充当流通媒介，但直到此时，由于流通媒介的数量保持不变，纸币不会贬值。假如市场上再继续增加100万镑纸币投放市场，而市场上不再有大量的铸币被挤出，市场上流通中的货币将达到600万镑，如果交易的商品数量不变，那么货币数量的增加必然会使其价值下降，货币会永久贬值。

一些人认为，尽管将额外数量的纸币投入流通会降低每一单位纸币所代表的价值，但这些纸币代表的总的交换价值将会与它们所替代的纸币价值相等，不会降低其所代表的铸币价值，在上面例子中，也就是600万张纸币应与以前流通的500万张具有相同的交换价值，都代表500万镑铸币价值，因此，在纸币名义数量增加的同时，流通媒介的实际数量可能保持不变，国家不会因此交换工具的缩减产生经济衰退的困境。托伦斯批评了这种错误观点，他认为任何物品的交换价值绝不与它的供给数量变化成同比例变化。他举例说，荷兰人之所以经常销毁香料岛的一部分产品，就是因为荷兰人发现销毁之后剩下产品的价格比之前最昂贵的商品所能获得的价格还要高，出售产品之后得到的收入也比销毁之前多。他还说，如果货币供应量远超需求量，就会变得像遍地的沙子一样不值钱，就像法国在约翰·罗当财政大臣之后过量发行纸币，最后变得分文不值。因此托伦斯认为纸币超发之后，很有可能会造成单位纸币的交换价值大幅下降，导致所有纸币所代表的总的交换价值也跟着下降，极端情况下，纸币变得一文不值，人们放弃它作为流通工具，所有纸币所代表的总的交换价值也就为零，流通媒介的实际数量减少，商品的价格下降，生产者利润都会下降，经济陷入衰退。

因此，为消除纸币滥发和纸币不足对经济产生的不利影响，政府必须查明出现这些问题的原因，然后有针对性地提出相应解决办法以维持货币数量稳定。他写道："因此，由于纸币贬值和流通媒介供应减少而必然产生的可怕灾难，在每一个纸币进入流通的国家，都应使立法机构调查和消除产生这种贬值和减少的原因。"[①]

第三节　托伦斯对货币非中性的原因分析

一、货币的增加能够促进分工

托伦斯主要从增加货币能够刺激有效需求，带动商业发展，从而促进社会分工的角度出发，说明了货币对产出的刺激作用，此外他还提到了工资刚性。

（一）分工促进了生产效率的提高

受斯密的影响，托伦斯认为劳动分工极大地提高了每一个劳动力的生产效率，这不仅提高了每一种产品的产量，而且由于分工创造出了很多新的产品，从而促使了整个社会生产的产品得到了极大的丰富与提高，他写道："现在分工所带来的额外财富是如此巨大，几乎使我们无法计算，因为我们的需要和愿望是非常不同的，所提供的劳动必须是非常不同的，而且如果一个人试图为自己制造所有必要的物品来使自己能够舒适地生存，一半的时间就会花在转移他的工具和调整他的材料上，他的工作的多样性也分散了精力与时间，使得他不能专注于一件事，他也不会成为专家。但当一个人专注于

---

① Torrens, Robert. 1812. *Essay on Money and Paper Currency*. W. Heney, P. 102.

一个行业，他的时间不再花在从一种工作到另一种工作的转换上，他从这种工作的习惯与经验中，获得的娴熟技巧会让那些生活在遥远乡村的人非常吃惊，这些人从来没有看到过完美分工的效果。"① 并且他认为地域上的分工比机械分工更能增加一个国家的财富。因为他认为不同的土地适合种植不同的作物，他举例说，如果有一些地方的土地草长得很茂盛，一些地方的土地生产玉米产量很高，而另一些地方的土地则适合种植葡萄树。如果我们全世界的土地都按土地适应种植的农产品来进行分工，在适合长草的地方建立牧场养羊，在适合耕种玉米的地方种植玉米，在适合种葡萄的地方建造酿酒工厂，我们就可以享受更多的玉米和羊毛，喝更多的酒，那么土地的产量将增加到几乎无法估量的程度。

（二）商业的发展促进了分工

既然分工能给我们带来如此的好处，那从历史的角度看，人类社会的分工协作为什么发展得如此之慢呢，各个国家的生产至今也没有达到如此完美的分工协作呢？或者说是什么影响了分工的发展呢？托伦斯认为，这主要是受商业发展的制约，有了商业和商人的存在，才能帮助人们互通有无，一个完全生产玉米的地方才能用自己生产的玉米去交换自己想要的其他东西，满足他的全部生活所需，但很明显，如果没有贸易和商业，我们就无法建立这些地区性的就业分工，如果牧场主不能用他的牛换取玉米和葡萄酒，他将被迫利用一些适合种草的土地去种植玉米和葡萄。同样，如果葡萄园的主人不能以其剩余的葡萄酒换取他可能需要的玉米和羊毛，他将不得不把葡萄园的一部分变成绵羊的牧场和耕地；如果种植玉米的主人不能以其剩余的玉米换取他可能需要的葡萄酒和羊毛，他将不得不把玉米地的一部分变成绵羊的牧场和葡萄园，这样整个社会的产量就会减少。而如果社会的商业越发达，人们就越容易交换商品，反过来就会促进全社会的分工程度更深，分工的行业更细，整个社会的生产率也会得到提升。

（三）货币的发展促进了商业和社会分工的发展

既然是商业的发展促进了分工，那么是什么促进了商业的发展呢？托伦斯认为是货币，因此它既是商品交易的价值尺度，又是商品交易的交易媒介。有了货币，人们才能顺利地完成交易。托伦斯分析了人类历史上货币的

---

① Torrens, Robert. 1812. *Essay on Money and Paper Currency*. W. Heney, pp. 46 – 48.

起源与发展对商业及分工的影响。他认为最初的交易是源自原始社会的以物易物形式，出去打猎的猎人有了多余的肉，就会与那些制造简易打猎工具的人交易，慢慢地整个社会就会形成原始的分工，一些身强力壮、胆识过人的人就会去做猎人；而一些身体虚弱、胆小懦弱的人就会去生产打猎工具，这种最简单的分工实际上也提升了生产效率，同时也扩大了商品交易的规模。但以物易物使人交易非常不方便，如果田地里剩余农产品的农夫想要得到衣服，他就会去找附近的织工交换商品，但如果织工已经得到了他所需要的食物，就不愿意接受这种公开的交换，那么农夫要想与织工交易，就不得不先购买一种织工需要的商品（比如说织工需要鞋），再来和织工进行交换，这种交易的不便显然限制了商业的发展，也就阻止了社会进一步分工。

随着社会的发展，人们从商品交易实践中逐渐分离出一般等价物，其他商品可以随时随地与这种一般等价物交易，这种一般等价物也可以随时随地交易人们想要的商品，商品的交易变得比较方便起来，由于预期能顺利地交易到自己想要的商品，每一个人就更愿意去从事他所擅长的行业，分工就更细了，整个社会的商业也得到了很大的发展。然而最初充当一般等价物的商品比如牛、羊、贝壳等，都存在这样和那样的缺陷，比如牛不好分割，如果一头牛能交易到 10 件衣服，而一个拥有多余牛的人只想要 2 件衣服，显然他不能交易到他想得到的理想数量的商品，而如果一个人离国外很远，要拉一头牛去国外交易也非常费事，这都限制了商业的进一步发展，同时也限制了更宽广范围的社会分工。直到人们在商业实践中，发现用金银充当一般等价物，在商业交易中非常便利，比如说金银体积小、易分割、易保存、价值高等优点，人们才最终把金银作为货币固定下来充当一般等价物。后来为了解决金银货币称重与纯度检验的麻烦，在国家的支持下，开始把金银制作成代表一定价格与纯度的金币、银币用于商品的交易，金银货币出现之后，人们可以交易到他想要交易的任何数量的商品，交易更加方便了，国内国外的商业都得到了极大的发展，大大地推动了全社会的分工协作。托伦斯对金银货币对经济的影响给予了极高的评价，他写道："金银就像一条高速公路或通航河流，促进了商业交易，完善了就业分工，把社会的财富以及人们消费的商品数量提升到了不可估量的程度。"①

---

① Torrens, Robert. 1812. *Essay on Money and Paper Currency*. W. Heney, P. 49.

从以上托伦斯关于货币的演变对经济的影响可以看出，他认为正是货币形式的不断发展和数量的不断增长带动了商业的发展促进了社会的分工，从而提高了整个社会劳动力的生产力。他写道："从上面的论述可以看到，货币促进经济发展的作用是显而易见的，第一，它节省了交易所需要的时间和劳动，当人与人之间的交易是由三人进行时，必须经常进行干预，然后才能向一个人提供他想要的物品；第二，它鼓励交流，促进了贸易和商业的发展，从而使无论是机械的还是领土的劳动分工能够更加彻底地建立起来。在第一种作用中，它使劳动力从非生产性就业中脱离出来去从事生产性就业；在第二种作用中，通过更加精细分工，它帮助每个人从他所从事的工作中获得了更多灵巧和技能，使各行各业的劳动力的生产能力达到惊人的程度，并促进不同的国家以及不同地区根据其气候条件和土壤的用途种植最适宜的产品，通过这两种方式，货币给全社会的财富带来了不计其数的增长。"①

此外，在托伦斯看来，当人类社会普遍接受金银货币之后，货币越多的国家，经济就会越发达，这主要是因为货币越多，对国内商品的需求就会越多，价格就会上涨，制造商和商人的利润就会增加，由于有了更多的剩余，再加上他们想赚更多的钱，制造商和商人就会扩大生产规模，购买更先进的生产工具，这样就会促进制造业企业内部的分工，进一步促进企业内容效率的提升，托伦斯所说的这些内容实际上构成了现代经济学规模经济理论的来源。而且，由于世界各国都逐渐接受把金银作为国际交易的统一形式，随着金银开采数量的增加，金银货币的数量也不断增长，国际间的商业交易因为有了更多货币数量也越来越频繁起来，各个国家基于土地最有效率的生产方式的地域分工就开始逐渐形成了，所以从全世界的角度来看，金银货币的增加满足了人类社会商品交易规模扩大后对货币的需求，促进了各种产品根据它生产的绝对优势在世界范围内形成合理的分工，然后再通过贸易的方式交易各自需要的商品。

（四）纸币促进了商业和社会分工的发展

在托伦斯看来，只有金银才称为货币，它们具有真实的商品价值，而纸币只是替代金属货币流通的工具，它自身并没有价值，只能被称为价值符号，人们用纸币来替代金属货币流通，不仅仅是纸币较金属货币携带更方

---

① Torrens, Robert. 1812. *Essay on Money and Paper Currency*. W. Heney, pp. 22 – 23.

便，而且，增加纸币供应比增加金属货币容易得多，也就是纸币的供应比金属纸币更有弹性，当一个国家的贵金属数量不能满足国内商品交易需求时，也可以暂时用增加纸币数量的方法来弥补金属货币的不足，具体而言，如果经济中的人们对某种商品产生了巨额需求，而想从事该商品生产与贸易的制造商和商人又缺少金银货币资本，这时，如果银行能够通过商业票据贴现释放出更多的纸币，制造商和商人就可以通过商业信用的方式来从事该商品的生产与销售，使得之前缺乏金银货币资本不能进行的生产与贸易也能开展了，全社会的商品生产与交易就会更加便利，整个社会的商业会变得更加繁华，全世界的社会分工也就更进一步加深了，社会生产力也获得了极大的发展。他写道："与贵金属相比，纸币能以更快的速度和精度按比例分配货币量，以满足经济生活突然产生的货币需求……货币便利了贸易，建立了更多新的和更加精确的分工，从而成倍地增加了每一个人的生产效率，良好运行的纸币也是一样，通过把更多的商人的信用带到市场，并替代了货币，促进了商业交易，如果没有纸币，这些都不能发生。这些给予贸易的新的便利，每个人可以把自己更多的精力投入到自己的专业领域中去，使得他能更集中妥善安排自己的时间，从而获得了更多的灵巧和技能，使得他的田地能以大自然赋予的最合适的方式进行耕种，然后在每一个行业中，新的就业分工都会给劳动的生产能力带来更多的能量。"① 他还借用斯密的观点说明了纸币出现对社会分工的影响，他写道："在一个伟大的商业国家，一个有偿付能力的商人欠另一个商人的钱，由于汇票和银行票据的存在，每当流通中贸易的需求突然增加时，就会以很多种方式促进商业大轮的转动，不受阻碍地把每个行业的剩余产品分配给彼此行业的成员，没有人再会在被迫从事很多职业中浪费自己的时间，或在不合时宜的土壤劳动中培养一根玉米或一片草，以此来消磨他的技能，劳动以很多方式被节约和细分了，它的生产力也提高了，用伟大的政治经济学之父的话来说，财富的产生给社会最底层的人带来了比许多非洲王子所享有的更多的生活必需品和舒适品。"② 总之，在他看来由信用工具产生的每一笔债务都能在市场上自由流通，这就更加便利了交易，创造了更多精细的分工，从而增加了社会的生产力。那么，纸币在多大程度上促进了社会的分工，增加了社会的财富呢？他认为是无法计算的，只能以实际的例子来进行说明，他认为当时的英国尽管劳动的成本很高，政府

---

① Torrens，Robert. 1812. *Essay on Money and Paper Currency*. W. Heney，P. 91.

② Torrens，Robert. 1812. *Essay on Money and Paper Currency*. W. Heney，pp. 93 – 95.

的税收也很高，但还是能够向所有其他国家低价出售商品，一个很重要的原因就在于当时的英国建立了比其他国家更发达的纸币和信用制度，这使得它在精细的劳动分工和工业生产能力方面胜过了所有其他国家，所以英国才会如此繁荣富强。

二、固定费用

（一）增加货币引起的通货膨胀会减少企业的固定费用支出

与边沁、麦克库洛赫等学者一样，托伦斯也认为经济社会中存在大量固定费用，当货币数量增加时，商品的价格会出现上涨，而这些固定费用会在相当长时间内保持不变，使得生产者的利润增加，促进他们扩大生产，增加雇佣人手，全社会的产出与就业也会相应增加。相反，当货币数量减少时，商品的价格会出现下跌，而这些固定费用同样会在相当长时间内保持不变，使得生产者的利润减少，他们就会减少生产，解雇多余的工人，全社会的产出与就业也会相应减少。

（二）增加货币引起的通货膨胀会促进人们就业

同时，他也认识到了货币增加后引起的货币贬值会造成以固定收入为生的人群的实际收入下降，他写道："没有完全没有杂质的物品，不少商业债权人将因货币数量的增加和货币价值的减少而受益，所有领取年金的人或以固定收入为生的人都将受到伤害，如果我每年拥有 100 块黄金，而这些黄金由于大量贵金属的涌入失去了一部分可交换价值，因此它们不再能让我获得同样数量的生活便利，因为虽然我的名义收入保持不变，但我的实际财富却减少了，这也是人们一直担心的以及无法避免的罪恶。"①

此外，托伦斯还认为这些固定收入的人群中相当一部分是不劳而获的，他们依靠自己拥有的资本、土地等要素生活，并不是通过自己的劳动来获取收入，造成了整个社会劳动力的损失。而当这些固定收入阶层的处境在通货膨胀影响下变得更艰难时，为了维持家庭的必要生活开支或者维持他们原来的生活质量标准，他们必须更努力工作，甚至会迫使之前专门依靠领取年金、收租、放贷利息等不劳而获的固定收入阶层在收入明显下降不能维持家

---

① Torrens, Robert. 1812. *Essay on Money and Paper Currency*. W. Heney, P. 40.

庭支出的情况下，不得不加入到劳动大军中，增加整个社会的劳动人数，这样就可以为社会生产出更多的产品。他写道："除此之外，这些领取年金的人或者固定收入者发现他们的收入在社会中所处的位置一直在下滑时，为了避免这种不利情况长期持续下去，这将促使他们去寻求一些其他的努力，从而使那些整天无所事事，对社会总产量没有任何贡献的闲散人数减少，工业将受到两倍的刺激。"①

(三) 通货膨胀对社会造成的负面效应要小于它对社会的贡献

与休谟、边沁、李嘉图以及麦克库洛赫等学者不同的是，他并不认为因为这些以固定收入为生的人受到通货膨胀伤害，就应该禁止采用这种货币刺激政策，相反，他认为从整个国家的角度来看，由增发货币产生的收益要比给整个国家造成的损失少得多，因此，总的来说，对国家是有利的。因此，他主张政府应该积极增加金银货币供给，他写道："但是，幸运的是，通货膨胀给人们带来的好处超过了由通货膨胀给固定收入阶级带来的伤害。持有年金和固定收入的人数在整个社会中所占比例是如此之小，以至于他们可能因货币价值下降而遭受的任何不便都会变得微不足道。不仅如此，与增加货币带来的诸多好处相比，例如普遍的富裕，贸易的繁荣，劳动工资的增加，这些固定收入人群遭受的损失完全可以忽略。"②

三、其他货币非中性理论

(一) 工资刚性

托伦斯还认同工资变动会滞后于价格变动的观点，他也认为当货币数量变化时，由于工资变动会滞后于价格变动，这样就会改变企业利润，影响其生产决策，从而对全社会的产出与就业形成影响。政治经济学俱乐部在 1830 年 12 月的一次会议中专门讨论了休谟在《货币论》中提出的通货膨胀有益经济发展的理论，托伦斯出席了会议，并陈述了他的观点，根据 J. L. Mallet 对会议的记录："托伦斯……把利润看作是增加一般财富的主要手段，当工资长时间固定下来不变时……也许在货币

---

① Torrens，Robert. 1812. *Essay on Money and Paper Currency*. W. Heney，P. 41.
② Torrens，Robert. 1812. *Essay on Money and Paper Currency*. W. Heney，pp. 40 – 41.

价值下跌后的很长一段时间内，资本家实际上在很长时间内支付的都是下降了的实际工资，他们是巨大的受益者。"① 麦克库洛赫在随后的报告中也非常赞同他的观点。

（二）名义利率刚性

托伦斯还提出了名义利率刚性观点，他指出，如果名义利率调整落后于通货膨胀，从而使实际利率下降，那么货币增长也可以刺激工商业发展，当这种情况发生时，"所有借入资本的雇主也都会因此受益，因为他们的利息支出变得更少了，这对生产会产生巨大的刺激作用"②。托伦斯还表达了利率不会受利润率变化，而是主要受货币需求变化影响。对于有些经济学者认为当经济中出现商品供过于求，产品卖不出去，经济增长陷入停滞，企业利润率下降时，一些经济学者比如休谟、边沁等都认为此时的利息率也会下降，因为他们认为利息率与利润率会呈同方向变化。而托伦斯不这样认为，他觉得经济中出现商品供过于求不是由于过度投资造成的，而是因为经济中的货币短缺造成的，由于货币短缺，人们对货币的需求就会增加，利率反过来会上升。由此可以看出，托伦斯还是古典经济学时期少有的提出利率决定了货币的供给与需要的经济学者之一。不过，在整个19世纪，由休谟提出以及之后由斯密与巴贲所发展的可贷资金利率理论更具影响力，他们认为利息应是企业利润的一部分，货币市场的贷款利率只不过是实物资本利润率的影子，实物资本是以货币的形式贷出的，可是货币的数量多少与实物资本的数量并没有直接关系，也就是与利息率并无直接关系，也就是说利息率取决于实物资本的供给与需求。

此外，托伦斯还认为，增加货币可以提升人们的商业信心，从而鼓励生产者扩大投资，增雇工人。他写道："信心的扩大总是会产生预期的市场扩大的效果。"③

---

① ②　Corry, B. A. 1862. *Money, Saving and Investment in English Economics*：1800 – 1850. London：Macmillan，P. 58.

③　Robbins, Lionel C. 1958. *Robert Torrents and the Evolution of Classical Economics*. London：Macmillan，pp. 282 – 287.

第四节 托伦斯的货币政策主张

一、针对金属货币提出的政策主张

（一）货币只是在短期内促进经济增长

休谟曾提出，尽管增加金属货币能促进一个国家经济的发展，但促进作用不会持续很长时间，随着物价上涨，多余的部分必然会流向他国，最终金银货币会在各个国家根据其富裕程度成比例分布。托伦斯很可能受到了休谟的影响，也提出了类似的观点，他认为一个国家如果新增了一笔货币，对经济的刺激作用也将是短期的，一旦超出国内的有效需求，这些货币也会最终流入他国。其原因是，由于新增的货币最初不会提升产出，导致更多的货币追逐同样数量的商品，物价就会上涨，而企业固定支出费用却依旧保持不变，这样就会增加企业利润，促进企业扩大生产，细化企业分工，由此带来国家财富的增长，这也将会对货币产生新的需求，一是因为新增的财富需要流通媒介来流通，二是因为国家富裕了，金银货币价值下降了，民众会购买更多金银饰品，但当这些新的需求得到满足时，多余的黄金白银就会流向国外，之后，货币对经济的刺激作用就消失了，国家无论制定什么法律都将无法使其保留在国内，只有让货币流入他国，带动其他国家经济增长，从而促进世界范围分工合作，使货币总量在世界各国重新分布之后，一国再增加货币，才会重新刺激经济增长。他写道："因此，货币的增加对经济的激励必然是短暂的，在一个繁荣昌盛的国家，货币的不时增加就像一条肥沃的河流对一块土地进行周期性的浇灌一样，在一个季度里促进人类工业的发展，然后迅速下降，依赖河流的再次浇灌来焕发新的生机。"[①]

（二）政府不应该采用强制性措施追求货币积累

在托伦斯看来，政府强制性地通过法律手段想把一个国家的黄金留在国内的政策是不可取的，也是无法做到的，他以西班牙和葡萄牙为例进行了

---

① Torrens，Robert. 1812. *Essay on Money and Paper Currency*. W. Heney，1958，P. 55.

说明。

西班牙和葡萄牙为了使他们从美洲和非洲获取的大量黄金完全归他们自己所有，对贵金属的出口采取非常严厉的措施，对正常出口黄金征收重税，对非法出口黄金给予严厉的惩罚，最终随着国内黄金数量越来越多，远远超出了国内对黄金的实际需求量，商品的价格不断上涨，黄金的价格不断下跌，造成西班牙和葡萄牙国内黄金价值远低于欧洲其他国家的黄金价值，面对出口黄金的巨额利润诱惑，大量走私者冒着生命危险将黄金偷偷地运输到欧洲其他国家，最终西班牙和葡萄牙还是没能把多余的黄金留在国内，不仅如此，托伦斯还认为，这些法律还限制了商人正常的进出口贸易，阻碍了国内外建立更合理的分工协作，制约了世界经济的发展，西班牙和葡萄牙强盛的国力也因此落后了。

此外，在托伦斯看来，通过重商主义的贸易政策，以鼓励出口、禁止进口或是限制进口的方式，强制使国内的出口超过进口，积累黄金的外贸政策也是不可取的，在他看来，这种贸易政策也不会长久，主要原因还是和以上一样，随着一个国家黄金数量的不断积累，国内的物价会越来越高，出口会越来越少，而对于贸易逆差国来说，随着黄金数量的不断减少，黄金价值会越来越高，国内的物价会越来越低，出口会越来越有竞争力，就算出口受到限制不会增加，走私者也会将黄金从顺差国走私到该逆差国，最终使各国的黄金数量大致平衡。

因此，在托伦斯看来，单纯地为了追求黄金数量而积累黄金是没有意义的，黄金并不代表财富本身，财富是能够满足人们生活需要的物品，国家应该利用黄金发展经济，促进本国财富的增长，为了实现该目的，各个国家就应该取消对黄金数量的进出口限制，因为对黄金数量的限制就是对国际贸易的限制，也是对合理分工的限制，只有大力发展自由贸易，才能在世界范围内形成更合理的分工，各国不再制造它所需要的全部产品，而是集中财力把其最具有优势的制造品生产出来去与他国交换它需要的商品，同样，农产品也能根据不同的国家以及不同地区的气候条件和土壤的用途种植最适宜的产品，然后通过交换互通有无，通过这两种方式，不仅整个世界的财富会大大增加，每个国家的财富也会大大增加。

二、针对纸币提出的政策主张

托伦斯尽管从诸多方面论述了纸币对经济发展的诸多好处，但他同时也看到了引入纸币后给经济带来的风险，其中主要是由战争、粮食歉收以及纸币过度发行等因素导致的纸币大幅贬值。对于战争、粮食歉收等外部风险因素，他认为经济社会无法预测，也无法控制，经济社会也很少发生这些意外事件。在他看来，纸币过度发行是经济社会经常发生的问题，也是最需要解决的问题，并且，与其他意外事件不同，他认为只要建立一个合理的纸币发行制度，过度发行问题就可以避免。

（一）可兑换现金制度的优点

与斯密、李嘉图一样，托伦斯认为，在可兑换现金的制度下，如果持有人可随时将纸币兑换成黄金和白银，则纸币不可能在一段时间内因超额发行导致贬值，这是因为如果银行超额发行纸币，导致纸币出现贬值，则货币发行者不仅不能获得额外收益，还会出现巨额亏损，托伦斯的分析如下：如果银行发行过多纸币，则会导致货币贬值（纸币与铸币同等幅度贬值），由于货币发行人有义务保证纸币与铸币按相同面值进行兑换，则持有纸币的人就会向发行银行兑换同等数量的铸币，再将铸币熔化成黄金或出口到国外，他就可以获得利润，这是因为尽管铸币的价值与纸币一样同比例贬值了，但该国的黄金的价值却和世界其他地方的黄金一样，不会发生变化，所以将铸币熔化成黄金或直接出口铸币再到国外熔化成黄金就可以获得利润，当人们为了避免货币贬值都去向银行兑换金币时，则前期大量发行的纸币又会重新回到发行者手中。此时，如果发行银行金币储备不足，为了履行它的兑换承诺，满足人们的兑换需求，它不得不再用纸币在市场上以较高的市场价格来购买黄金，然后再将黄金铸成金币以便民众用纸币兑换金币，发行银行这样做时就会蒙受一定的损失。对银行来说，更糟糕的是，这可能形成一个循环，因此它在市场上用于购买黄金支付出去的纸币又会回流到银行兑换金币，而当银行金币不够时，又必须再用纸币以更高的价格去购买黄金，因此市场上的黄金数量随着出口会越来越少，也必然会越来越贵，银行购买同样数量的黄金支付的纸币就会越来越多，而高价购回的黄金铸成一定成色的金币后，只能根据事先的承诺交换同等数额的纸币，因此每一轮循环银行损失的就更多。他认为1797年英格兰银行之所以被迫停止兑换，就是因为以上原因。

（二）可兑换现金制度的缺陷

尽管托伦斯认为在可兑换现金的制度下银行不可能超发纸币不会造成纸

币贬值，但他并不认为恢复纸币兑换黄金制度就是一种良好运行的货币制度，在他看来，尽管这一制度可以有效避免纸币贬值，但在很多时候也会带来一些不便，甚至在某些时候，产生的负面影响远远超过让它贬值的后果，这是因为在这种制度下，银行必须根据黄金市场的状况调整其纸币发行，而不是根据市场对流通媒介的需求来调整，当信用非常好的商人或制造商想通过贴现商业票据的方式增加现金需求时，尽管可以通过贴现获取利息收益，银行也很可能会拒绝，因为如果它开展此类贴现业务，每次通过贴现发行一笔纸币，在可兑换情况下，它必然要准备相同数量的黄金，以应对因发行更广泛的货币而引起的越来越多的现金需求，否则，它就会因储备不足面临挤兑的危险，不管它的资本有多大，不管它的事务处理得多么谨慎，都可能在一段时间后破产。如果银行的黄金数量不够，它可能需要花费比贴现利润更多的支出来弥补发行储备，就算银行的发行储备充足，这些黄金作为发行准备只能锁在银行的保险柜里，并不能用于其他用途获取收益。他写道："如果银行用它发行的纸币贴现了 1 000 镑的商业票据并扣除了法定的利息，它将不得不保留相同数量的黄金和白银在银行保险柜，而这部分黄金或是白银也就不能产生任何收益，因此，他在一方面产生了收益，而在另一方面，它却花费了成本，使其失去的利润与他从另一方获得的利润一样多，因此，通过贴现票据发行纸币并不会给他带来收益。"[1] 因此，在可兑换制度下，银行家会经常拒绝大额票据贴现，除非大额票据贴现产生的利息收益超过它必须留在金库里的黄金的机会成本。商人和生产者如果不能通过贴现票据获取资金，他们就会面临资金短缺，即使经济中对他们生产和销售的商品有很大的需求，他们也很可能因为资金不足无法开展很多商业活动和生产活动，经济中的产出就会下降，商业活动就会萎缩，失业人数就会增加，经济就会陷入停滞，因此在可兑换制度下，银行无法满足制造商通过商业票据贴现的需求，也就无法根据社会生产的需要及时为他们提供资金，整个社会的生产就会遭受损失，国家将失去监管良好的纸币制度所带来的许多好处。

（三）主张根据真实票据理论调节纸币数量

那么如何发行纸币，既能确保纸币不会因超发而贬值，又能及时保证经济社会对纸币的需求呢？托伦斯非常赞同真实票据理论的一些主张，认为银行通过贴现短期、真实商业票据来发行货币是一种有效的手段。因为在银行

---

① Torrens, Robert. 1812. *Essay on Money and Paper Currency*. W. Heney, P. 117.

开展商业票据贴现时，它给票据贴现人（通常是商人们和制造商们）支付了一笔货币，商人们和制造商们用这笔货币从事相应的商业与生产活动，由于商业票据是具有真实商品交易的真实票据，所以每一张这种商业票据都对应一笔真实的商业活动，满足了社会商品生产对货币的需求，由于这些商业票据都是短期票据，到期时间都不会很长，商人们和制造商们完成这笔交易后，商业票据也就到期了，商业票据的承兑人就会用纸币支付商业票据到期后的本金与利息给票据贴现银行，所以银行就又能很快回收这笔发行出去的货币，不会进入流通领域，不仅如此，由于银行持有商业票据期间是有利息收益的，所以回收的纸币比发行出去的更多，显然通过这种方式发行货币，银行既可以将纸币这种流通媒介的供应量限制在需求量的范围内，又能及时保证经济社会对纸币的需求。托伦斯认为这种货币发行与可兑换条件下发行货币具有同样的安全性，一是这种商业票据是由信誉好的商人发行的真实票据，二是这种商业票据期限比较短。他写道："因此，我们可以看到，如果不同的银行公司把自己限制在一个固定的、适度的日期对应付的商业票据进行贴现，那么，对于每一张被贴现的票据来说，就不会发生过多的纸币发行或纸币贬值，这将构成对流通媒介的真正需求，而随着这种增加的需求的减弱，由银行贴现增加的纸币将以支付商业票据的方式重新回到银行，一方面货币从银行源源不断地流入流通渠道，但作为一条对等的渠道，货币也会不断地从流通渠道回流到银行，货币的发行不会过量。"①

第五节　对托伦斯货币非中性思想的评述

一、托伦斯货币非中性思想的重要意义

在马尔萨斯、麦克库洛赫等古典经济学家那里已经见惯了托伦斯的一些观点，诸如货币增长将会提高商品价格从而增长利润，进而投资、产出和就业必然增长，以及托伦斯关于固定费用、工资刚性等的观点，这些观点我们在讨论马尔萨斯、麦克库洛赫等经济学家的观点时已经做了评述。我们的重点是分析托伦斯关于货币、市场和分工之间的关系。托伦斯关于货币促进商

---

① Torrens，Robert. 1812. *Essay on Money and Paper Currency*. W. Heney，P. 128.

业发展从而促进社会分工并最终影响产出的增长。显然，这种思想来自斯密。按照斯密的理论，是交易促进了社会分工，而要解决交易中的困难，就必须由货币作为交换媒介，但与斯密不同的是，托伦斯从货币演变的角度更加深入地分析了货币对分工的促进作用，他认为正是货币形式的不断发展和数量的不断增长带动了商业的发展，促进了社会的分工，从而提高了整个社会劳动力的生产力。从货币政策上来看，托伦斯信奉真实票据理论，主张在可兑换制度下根据经济需要来发行纸币，这样可以利用纸币扩大市场规模，促进市场分工，促进经济增长。而斯密与李嘉图一样，是一个严格的金属货币论者，主张根据黄金储备来发行同等数量的货币，认为这样才能维持物价稳定，因此，他认为金属货币的增加可以促进社会分工，带动经济增长，但是斯密并不认为脱离了金属货币基础来发行纸币能够促进经济增长。斯密与托伦斯所强调的货币促进分工理论为人们研究货币非中性问题提供了新的思路，比如杨小凯和黄有光就提出了一个新古典货币内生模型，进一步拓展了古典框架内货币的产生和作用的解释，根据该模型，分工和专业化是货币产生的必要条件，一方面货币的出现是分工演进的一个结果，另一方面货币的出现又强化了分工，没有商品货币，高级分工就不可能实现，而纸币代替商品货币大大地提高交易效率因而促进分工和生产率。尽管该模型被认为是第一个可解释货币出现对生产力影响的一般均衡模型，但很显然，托伦斯很早就表达了这一思想。此外，斯密与托伦斯所强调的货币促进分工理论实际上还构成了现代经济学规模经济理论的来源，该理论从微观层面强调了企业生产规模扩大能够促进企业分工，从而提高企业的生产效率。

二、马克思主义经济学视角下的托伦斯货币非中性思想

虽然马克思与斯密以及托伦斯关于社会分工与交换的关系存在较大的差异。但是，马克思与斯密和托伦斯的观点在货币是如何产生的问题上有相同之处，尽管马克思对货币的来源做了更加细致的分析，但他也非常强调货币的产生对促进分工与交换所起的巨大作用。正是因为货币解决了交易的困难，从而也就解决了分工需要市场才能进一步扩大的瓶颈。从这一视角出发，关于纸币是如何促进实体发展的，托伦斯的分析是从两方面进行的。一是认为纸币交易可以节约金属货币，并认为节约下来的金属货币可以用作资本去购买劳动力和生产资料，因而本质上托伦斯依然持有的是金属货币论观

点。二是纸币相对金属货币更具弹性，其能更好地适应商品流通对货币的需求。马克思在研究金属货币的时候认为金属货币的储藏功能使得金属货币具有较大的弹性。与托伦斯不同，马克思后来研究纸币时认为，纸币的流通具有严格的刚性，但马克思同样也认为在货币回流规律的作用下，商业票据和银行票据也是具有弹性的。托伦斯看到了信用货币条件下，如果出现了意外事件导致纸币贬值，这将会使得经济衰退。但遗憾的是，托伦斯并没有看到信用货币的扩张导致经济过度扩张和商业的表面繁荣从而最终可能导致危机，也就是说之所以发生危机可能是源于先前的过度繁荣，因而托伦斯只是简单地将其视为生产的增长。

从货币政策观点来看，在当时，托伦斯与马尔萨斯是非常相近的，他们都认为增加金银货币会刺激经济发展，主张政府通过增加金银货币促进经济发展，但是他们在增加货币引起的收入分配问题上的看法却完全不一样，托伦斯遵从了休谟、边沁、李嘉图等的看法，认为货币增加后引起的贬值会造成以固定收入为生的人群的实际收入下降，只是与休谟、边沁、李嘉图等不同的是，他并没有考虑社会公平的问题，而是从整个社会的效率出发货币增加后引起的贬值给整个社会带来的收益远超过损失，所以主张通过增加金银货币来刺激经济发展。而马尔萨斯却认为增加货币能刺激经济增长，但并不会引起通货膨胀，以固定收入为生的人群的实际收入也就不会出现下降，在他看来，由新增货币增加的资本积累促进产出增长的幅度是如此之大，以至于在最初增加货币形成短期内价格上涨之后，由新增货币积累的资本形成的新的生产力会在一段时间内新生产出足够多的产品，使上涨的价格又回落到最初的水平，也就是他认为新增的货币会被新积累的资本所生产出的产量完全吸收，从而不会影响经济的价格水平上涨。正因为如此，他也非常赞同通过增加金银货币来刺激经济发展。

第十一章　托马斯·阿特伍德的
货币非中性思想

托马斯·阿特伍德（Attwood Thomas，1783～1856）曾是英国伯明翰银行家和政治改革家，1783年10月6日出生在伯明翰附近的哈勒肖恩教区。他的父亲马蒂亚斯是一名钢铁制造商，1791年创办了一家银行，后又创办了伦敦银行，托马斯·阿特伍德在沃弗汉普顿学校毕业后，大约在1800年加入了他父亲的银行，不久就成为了合伙人，并积极参与银行的管理。阿特伍德长期在银行工作的经历使他熟知货币银行知识。他还积极投身政治运动，表现出了非凡的领导天赋，1830年1月他创立了伯明翰政治同盟，1832年当选为代表伯明翰的下院议员，宪章运动开始后与宪章派联合。丰富的货币银行知识以及较高的政治地位使得他在拿破仑战争后1/4多世纪的英国货币争论中发挥了突出的作用。他是一位多产的货币经济学家，经常写信给各类报纸和期刊，出版了十几本关于货币理论的小册子，这些作品主要有：《对目前经济衰退的思考》（1816）、《写给利物浦的鹰派，关于议会两院委员会的报告以及关于银行限制法案问题》（1819）、《对最近的繁荣，目前国家所处的不利形势的解释，以及解决办法》（1826）、《对农业的衰退及解决办法的探索》（1828），这些论文分析的问题包括1815年和1816年的通货紧缩、1819年政府恢复现金兑换、1825年英国经济危机以及1844年的"比尔条例"等。此外，他还写了很多有关货币政策与货币改革的书信，这些书信很多都寄给了当时的政治权势人物，包括当时的财政大臣、两院议员等，在这些书信中，他不断敦促政府进行货币改革，反对恢复现金兑换制度，主张彻底放弃金本位制。为了让政府能够接受这些货币主张，他在1839年议会上提出宪章派第一次全国请愿书，在请愿书被否决后不久放弃议员席位，脱离政治活动。阿特伍德并不是唯一反对英格兰银行在1821年恢复现金兑换的人，也不是唯一鼓动放弃金本位制的人，但他比任何人都有资格成为主张这一类事件的代表人物。

在货币理论上，阿特伍德主张货币非中性，把英国19世纪前半期发生的几次经济衰退都归因于货币紧缩，他认为，经济衰退的原因在于货币数量减少导致的物价下降，而企业的一些固定费用支出会慢于价格调整，这会导致企业实际成本增加，利润减少，打击了生产者的信心，使他们收紧投资支出，这也是他所强调的两条货币非中性的重要原因。因此，在他看来，只有增加货币数量，恢复价格上涨才能增加生产者利润，从而提升人们的商业信心，刺激生产者投资，使经济摆脱危机，回归到充分就业的理想状态。正如他所说："毫无疑问，通过发行纸币，新的货币将会进入人们所从事的各种商业活动，由此信心将会取代沮丧，国家的一般消费和贸易将得到恢复，工人将有效地就业；简而言之，富人将恢复到他们之前的富裕状态，穷人获得的面包也将恢复到之前的数量。"[1] 正因为如此，他强烈反对金本位制，认为在该金融体系下，社会缺乏扩大或缩小现有法定货币数量的能力，当经济中货币应该扩张时，它却保持固定不变甚至出现收缩；当它应该收缩时，它却保持固定不变甚至出现扩张。尽管在他之前很多古典经济学家比如边沁、桑顿、麦克库洛赫、托伦斯等都表达过同样的货币非中性观点，但他比上述经济学家在主张采用货币刺激经济问题上走得更远，为了让银行能够自由发行纸币以刺激经济，他不仅主张政府暂停现金兑换法令，甚至建议政府永久废除金本位制，彻底摆脱黄金对货币发行的制约，建立一家由政府建立的货币发行机构，通过买卖债券来控制经济中的货币数量。

第一节 阿特伍德对货币非中性的描述

一、增加货币表现出的非中性

1815～1816 年英国国内经济陷入严重的衰退，用阿特伍德的话说："在过去的两年里，地主收不到租金，农民挣不到钱；商人现在白白地耗尽了他的资本和产业；制造商看到他辛苦赚来的积蓄逐渐消失；农业工人和机械工

---

① Attwood, Thomas. 1816. The Remedy or Thoughts on the Present Distresses. In *Selected Economic Writings of Thomas Attwood*, ed. F. W. Fetter, London: LSE Reprints of Scarce Works on Political Economy, 1964, P. 38.

人被赶进了工人屋或坟墓。"① 在阿特伍德1816年7月写给公共编辑部一封名为《对目前衰退的思考与治理方案》的信中,对这种严峻的经济形势及存在的问题进行了深入分析,认为衰退主要是英国国内严重的通货紧缩造成的后果,并进一步把物价水平下降归因于纸币系统的收缩、商品供给过剩以及民众的贫困与恐慌三方面。他描述道:"因此,有三个不同的原因,但来自同一个来源,导致目前的价格低迷;第一,纸币数量的收缩,以及税收和政府开支的减少;第二,大量存量商品涌向市场造成了市场的供给大量增加;第三,由于普遍的贫困和恐慌,导致市场需求急剧减少。"② 下面是他对以上三方面原因进行具体分析的结果。

对于纸币数量的收缩,阿特伍德认为这主要是由于1815年拿破仑战争结束后英国想要重回金本位制,恢复自1797年以来中断了19年的货币兑换黄金制度。而在当时黄金的铸币价格已经明显低于黄金的市场价格,这就需要英格兰银行立刻紧缩货币,提升纸币价值,使之恢复到1797年暂停兑换之前的价格。李嘉图等主流学者早在1809年就对1797年纸币暂停兑换黄金之后,对纸币超发形成的后果进行了分析。1809年,英国黄金的市场价格达到每盎司4英镑12先令,英镑的汇率贬值了近20%,商品的价格也上升了近20%,在这种情况下,大量的金币被熔化成金块,然后被偷偷地运到国外,在流通领域金币几乎消失了。对于这种不利形势,1809年8月李嘉图在《晨报》上发表《关于黄金价格》一文,认为这是由于英格兰银行纸币发行过多的结果,1810年初,李嘉图又发表了小册子《黄金的高价》,再次指出金价上涨与外汇汇价下跌是纸币过多的证明,而且提出了治理纸币贬值的方案,指出防止纸币贬值的出路在于停止执行1797年的暂停兑换法令,恢复纸币兑换金属货币,这就需要英格兰银行立刻紧缩货币,提升纸币价值,使之恢复到1797年暂停兑换之前的价格。而同一时期,一些反金块主义者并不同意李嘉图的主张,认为紧缩货币会影响英国商业和工业生产的发展,使英国经济陷入萧条,他们借用桑顿的观点,认为物价上涨是由于农业歉收、战争巨额支出造成的,汇率下跌是由于国际收支逆差导致的,他们主张继续停止兑换的法令。而当时执政的托利党政府并没有接受李嘉图的意

① Attwood, Thomas. 1816. The Remedy or Thoughts on the Present Distresses. In *Selected Economic Writings of Thomas Attwood*, ed. F. W. Fetter, London: LSE Reprints of Scarce Works on Political Economy, 1964, P. 25.

② Attwood, Thomas. 1816. The Remedy or Thoughts on the Present Distresses. In *Selected Economic Writings of Thomas Attwood*, ed. F. W. Fetter, London: LSE Reprints of Scarce Works on Political Economy, 1964, pp. 8 – 9.

见，这主要是持续的英法战争使英国政府负债累累，为了应付巨额财政赤字，不得不以发行国债的方式向英格兰银行融资，而暂停兑换意味着英国政府将不能再用这种方式融资。之后，在英国政府持续融资的需求下，英格兰银行继续增发货币，在 1813 年和 1814 年，通货贬值达到了最高峰，金价每盎司达到 5 镑 10 先令和 5 镑 8 先令，直到 1815 年英法战争结束，英国政府终于考虑重回金本位制，为了恢复货币自由兑换黄金，必须要使黄金的铸币价格重新回归到 1797 年暂停兑换时黄金的市价，为实现这一目标，政府要求英格兰银行开始紧缩纸币。阿特伍德粗略地估计了当时英国流通中货币的缩减规模，从名义数量上看，当时英国流通中的银行券从 1814 年的 29 000 000 镑下降到 1816 年的 2 600 000 镑，但他认为实际上流通中有效货币量减少的可能更多，这主要是由于当时经济恐慌情绪的蔓延导致人们对乡村银行发行的货币缺少信心，人们开始普遍抛弃乡村银行发行的货币，要求用乡村银行发行的货币兑换英格兰银行发行的银行券，因此，有几百万英格兰银行发行的银行券被用于替代乡村银行发行的货币进行流通，此外，还包括几百万的英格兰银行发行的银行券被居民囤积起来退出了流通以及 100 万~200 万镑的英格兰银行发行的银行券在国外流通，如果考虑这些因素，他认为当时英国流通中的银行券真实数量可能在 1 800 万~2 000 万镑，相比 1814 年市场上流通的 2 900 万镑，大概下降了 1/3，他认为这样计算出的货币数量下降比例与当时英国国内物价下跌的幅度就基本相吻合了。

从商品数量供给来看，阿特伍德认为，由于民众普遍相信政府会进一步紧缩货币供应，以便使纸币的价格回归到 1797 年银行暂停货币兑换之前的水平，所以人们普遍预期商品价格会进一步下降，农民、制造商以及商人都纷纷把前期库存的谷物和制造品全部抛向市场，导致市场在短期内充斥了大量商品。再加上英法拿破仑战争结束后，英国政府对企业进行了大规模减税，国内很多企业恢复生产，商品的供给增加，造成市场上商品数量供给进一步增加。

从商品的需求来看，阿特伍德认为，一方面由于英法拿破仑战争结束，政府对制造商生产的商品需求大幅减少，比如由于军事订单下降，英国黑色冶金业和煤炭工业出现了有史以来第一次生产过剩。1816 年，英国外贸出口需求也出现了急剧下降，对美国商品出口同比下降了 28%，同时，由于普通民众普遍的贫困和出于对经济衰退的恐慌，对商品的购买支出相比往年更少了。

阿特伍德认为以上三方面的原因同时作用，导致了 1816 年英国商品的价格暴跌，其中英国政府想要回归金本位制主动收缩货币是导致市场上纸币数量减少的主要原因，另外两个原因在很大程度上也是由这一原因引起的，因此，他强烈批评政府出台该法案，认为只有增加整个国家的货币数量，让商品价格止跌回升，整个经济才能马上摆脱困境。他写道："每当政府用所谓的货币来填充国家时，就会呈现出一片繁荣的景象；这主要是因为货币数量增加必然会导致商品价格普遍上涨；而商品价格普遍上涨必然会促进所有行业利润增长；而利润的普遍增长当然会给王国的每一种贸易带来刺激；而在一个贸易分支中的工人们生产一组产品，毫无疑问将消费同样多的其他种类的产品。这就是国家的繁荣确实只能归因于一个原因，就是交易媒介的普遍增加。"① 那么为什么增加货币会使经济马上走出衰退呢？他认为主要有以下两点：

一是增加货币能让之前低迷的商品价格迅速上升，从而提升人们对市场的信心。他写道："在所有商品的交易中，价格的走势决定于两个因素：市场上商品的供给数量以及市场上的货币数量，当后者的数量增加时，就像前者的数量减少一样都会增加商品的价格。"② 从这句话可以看出，阿特伍德信奉货币数量论，认为货币增加必然会导致价格上涨。而当价格上涨时，无论是农民、制造商还是商人都会减少之前低价出售商品造成的损失，甚至开始盈利，他们就会继续生产与经营，甚至能积累更多资本用于扩大生产与经营。价格的反转也会给人们带来信心，使他们相信经济形势正在朝好的方向发展，进而也会使他们的预期价格进一步上涨。在这种情况下，一方面，人们不再像之前那样担心价格持续下跌而在短期内大量抛售商品，正好相反，此时他们会惜售并囤积商品，市场上供给的商品也会相对减少，供给过剩的情况就会得到缓解，即便不再增加货币供应，价格也具备了自然上涨的内在动力。另一方面，一旦价格出现持续上涨，人们对生产经营的信心增强，农民、制造商以及商人就会扩大生产规模，增加人员雇佣，经济开始进入自我维持的持续发展过程，其结果就是："毫无疑问，通过发行纸币，新的货币将会进入人们所从事的各种商业活动，由此信心将会取代沮丧，国家的一般消费和贸易将得到恢复，工人将有效地就业；简而言之，富人将恢复到他们

① Attwood, Thomas. 1826. The Late Prosperity and the Present Adversity of the Country. In *Selected Economic Writings of Thomas Attwood*, ed. F. W. Fetter, London：LSE Reprints of Scarce Works on Political Economy, 1964, P. 42.

② Attwood, Thomas. 1816. The Remedy or Thoughts on the Present Distresses. In *Selected Economic Writings of Thomas Attwood*, ed. F. W. Fetter, London：LSE Reprints of Scarce Works on Political Economy, 1964, pp. 11 - 12.

之前的富裕状态，穷人获得的面包也将恢复到之前的数量。"①

二是增加货币能给市场提供更多的信贷，防止出现债务危机。当农民、地主、制造商以及商人出现资金不足，陷入循环债务危机或导致生产经营困难时，他们就能更轻易地从市场上借入资金渡过难关。他认为 1816 年的经济衰退很大程度上就是货币数量不足使整个社会陷入了循环债务危机，从而影响了正常的生产与消费活动。与马尔萨斯一样，在他看来，地主们的奢侈生活是稳定社会消费的主要因素，因为地主阶级在封建社会本身是一个庞大的阶级，他们不仅自身购买了整个社会生产的绝大部分奢侈产品，而且他们还雇用了大量的仆人，为了供养这些仆人，他们也需要从社会购买很大一部分产品，因此，在他看来维持地主们的奢侈生活对避免衰退非常重要。但地主们本身并不依靠自己的劳动取得收入，而是依靠出租土地取得租金收入。而在当时，由于农产品价格便宜，农民生产的谷物只能贱卖，不仅赚不到钱，还普遍出现亏损，支付不了地主的地租。地主们过惯了奢侈的生活，很多地主经常等农民还没支付租金之前就开始举债消费，等农民支付租金后，再偿还这些债务。所以如果农产品价格过低，农民交不起地租，地主就不能偿还之前的债务，他们就不得不缩减生活开支，解雇仆人，人们的收入普遍出现下降，制造商生产的商品就不好销售了。他写道："由于收到的租金延迟了或是减少了，地主不再能够支付他的债务，也就不能维持像他以前那样规模的开销以及服侍人员，至于通过抵押贷款的方式来获得资金也变得不可能，如果他的债务非常紧迫，而他的财产很少，为了获得资金，他可能不得不借入利率高达 15% 以上足以使人破产的高利贷，为了在今后偿还这些债务，他可能会给自己的仆人延迟支付或少支付工资，从所有能够削减开支的项目节约支出，这些改变对他来说是非常痛苦的，但对那些不幸的技术工人来说，他又是幸福的，这些技术工人由于工资减少，大量失业，他们的生活都更加艰难，整个社会的富裕逐渐地消失了，与财富一起消失的还有人们的舒适、自由以及穷人们的面包。"② 在他看来，在当时正是地主们应收的租金被拖欠或是减少了，因此很难偿还他们之前欠的钱，而经济中的货币数量不足使他们很难通过举新债来还旧债，一些地主被迫去借 15% 的高利贷，

---

① Attwood, Thomas. 1816. The Remedy or Thoughts on the Present Distresses. In *Selected Economic Writings of Thomas Attwood*, ed. F. W. Fetter, London: LSE Reprints of Scarce Works on Political Economy, 1964, P. 38.

② Attwood, Thomas. 1816. The Remedy or Thoughts on the Present Distresses. In *Selected Economic Writings of Thomas Attwood*, ed. F. W. Fetter, London: LSE Reprints of Scarce Works on Political Economy, 1964, pp. 29 - 30.

使得他们不得不大幅压缩他们之前的支出规模，以一切可能的方式来节约他的开支以偿还借款，这不仅造成了大量在地主家服务的佣人被解雇，而且之前的很多高消费也被抑制了，导致商人的很多商品无法像之前那样畅销，制造业主的订单也随之减少，整个经济陷入了衰退。

　　阿特伍德认为，要解决当时经济所处的困境必须要得到立法机构和政府的协助，而最有效的方式就是增加银行券的发行，他写道："如果这些帮助措施是增加银行券，我认为毫无疑问它是及时的和有效的，它将会给所有人都带来好处，并不会伤害任何一个人。"[①] 因为如果货币数量增加了，地主们向银行借钱就变得容易了，通过举新债来还旧债，然后等到他们收回租金之后再来偿还这些新债，他们就不用因借不到钱被迫通过缩减开支来偿还之前的借款，这样也就不会使整个社会的消费出现大规模下降，商人和制造商的生产经营也不会因此陷入困境。他写道："通过银行发行的贷款数量增加，地主就能够更顺利地清偿他到期的债务，并能使他继续他之前的支出，直到他收回租金。通过地主们偿还的这些债务，店主们就会变得富有，并能立即偿还制造商的债务；而制造商又会重新恢复他们的富裕和信心，并且被诱使雇佣更多的工人，以便来完成这些增加的订单，财产的持有者，当他们被迫出售他们的商品以筹集资金时来解除他们的债务时，也将能够避免这种毁灭性的牺牲；财产的购买者将会发现随着他们收入的增加他们也能够按照自己的偏好购买更多的商品。因此，各种财产的价值将立即上升，整个国家的工业生产力也会重新恢复正常运转，这些通过货款得到的货币，在实现这些巨大目的之后，将继续停留在流通领域，以支持因价格上涨和新增的财富所产生的额外的商业汇票和其他信贷的需要。"[②] 他还认为，如果这笔新增的货币不是借给了地主，而是借给了商人和制造商，也能给整个社会带来同样的好处。他写道："如果这些新增的货币提前被那些出具抵押物的商人和制造商获得，这将立即使他们能够偿还债务，并持有他们的财产，并在恢复信心和国家的一般消费之前使他们能够以有利于他们的价格处置其库存。这

　　① Attwood, Thomas. 1816. The Remedy or Thoughts on the Present Distresses. In *Selected Economic Writings of Thomas Attwood*, ed. F. W. Fetter, London：LSE Reprints of Scarce Works on Political Economy, 1964, P. 25.

　　② Attwood, Thomas. 1816. The Remedy or Thoughts on the Present Distresses. In *Selected Economic Writings of Thomas Attwood*, ed. F. W. Fetter, London：LSE Reprints of Scarce Works on Political Economy, 1964, pp. 30 - 31.

既会有利于他们自己，又不会伤害他人。"①

二、新增的货币会持续促进经济发展

阿特伍德还认为，这笔新增的货币一旦发行，受益的人不仅仅是那些首次得到它的人，因为在他看来，无论这笔新增的货币落在谁手中，只要它们处于流通领域，它们就在不断地执行着偿还债务的功能，使很多人都能从拖欠别人债务的急迫心情中解脱出来，整个社会就减少了很多复杂的债务纠纷，人们之间的信任感上升，商业的运转会变得更加流畅，人们对经济发展的信心就会增加。而如果没有这笔货币，就不能偿还这些债务以及在这之后所产生的良好结果。

为了更加形象地说明新增货币对经济运行产生的促进作用，他举了如下例子，假如经济中额外增加了 2 000 万镑货币，阿特伍德估算出当时人们普遍持有货币的时间大概为 1 周，则这 2 000 万镑货币在 1 周内就能完成 1 次支付，那么在 1 年中就能完成约 50 多次支付，如果这些钱全部用于清偿债务，则能解除约相当于这一新增货币数量 50 多倍的债务，这就能极大地解决全社会现存的债务规模；如果这些钱不用于清偿债务，而是去购买物品，也会使购买的物品达到类似的数额，这就能极大地解决社会产品供过于求的问题。他写道："如果我国每周增加 2 000 万镑，或者每周只增加 1 000 万镑用于债务支付和购买物品时，这将对我国的财产、贸易以及它的繁荣产生非常积极的影响。我们不应再听到难以获得抵押贷款，或难以通过抵押贷款筹集资金，或难以出售财产，或难以为劳工提供就业机会；所有这些，都是我国目前所面临的困境，这充分证明，增加流通媒介是有利的和必要的。"②

因此，他十分看重货币对一个国家经济发展的重要性，他把货币看成整个国家流通机制赖以运转和依赖的枢纽，甚至认为货币相对于整个经济实体

---

① Attwood, Thomas. 1816. The Remedy or Thoughts on the Present Distresses. In *Selected Economic Writings of Thomas Attwood*, ed. F. W. Fetter, London: LSE Reprints of Scarce Works on Political Economy, 1964, pp. 31 – 32.

② Atwood, Thomas. 1816. The Remedy or Thoughts on the Present Distresses. In *Selected Economic Writings of Thomas Attwood*, ed. F. W. Fetter, London: LSE Reprints of Scarce Works on Political Economy, 1964, pp. 32 – 33.

的作用就像太阳相对于宇宙，心脏相对于人的身体。[1] 他写道："正是纸币的大量发行拯救了这个国家：现在必须拯救这个国家，否则它就不会被拯救。增加纸币可以恢复雇佣工人的劳动和工人的面包，劳动力再次成为国家的力量和财富……纸币增加不久，每件事的整个面貌都变了，人们精神抑郁的痛苦被阻止了，信心和精力都恢复了，人们不再寻求把财富都转变为货币，它只是衡量财富的手段，他们会追求财富本身，这才是一个国家生存的根本，生产将重获解放。国外贸易，国内贸易，农业，制造业，商业，收入都迅速改善，并将持续改善。所有这些都将继续改善。直到劳动力的工资和土地的租金，资本的利润，又重新增加到它们应承担的整个国家债务和所有私人债务的比例。"[2] 而缺少了货币，整个国家的流通机制就不能正常运转，经济就会陷入困境。在他看来，正是 1816 年与 1817 年英格兰银行重新增发货币，才使 1816 年的衰退得以缓解。

第二节 货币可以熨平商业周期

一、阿特伍德的商业周期理论

阿特伍德在他那个时代就意识到了经济社会在发展过程中不可避免地会经历商业周期，他认为商业周期的产生普遍都是由于农产品的价格下跌引起的。在他看来，农业是制造业和商业的基础，因为农民与地主购买了大量的制造品，只有农业兴旺发达了，农民与地主的收入提高了，他们才能购买更多的制造业商品，制造业与商业才会兴旺发达；相反，如果一个国家农业衰弱，农民与地主的收入下降，他们就不能购买更多的制造业商品，制造业与商业就会陷入衰退，因此他认为绝大多数商业周期都首先起源于农业，然后波及制造业与商业。他描述了商业周期发生的具体过程，某种原因（比如说经济中货币数量减少）导致农产品价格下降了，农民的收入就会减少甚

---

[1] Atwood, Thomas. 1816. The Remedy or Thoughts on the Present Distresses. In *Selected Economic Writings of Thomas Attwood*, ed. F. W. Fetter, London：LSE Reprints of Scarce Works on Political Economy, 1964, pp. 11 - 12.

[2] Attwood, Thomas. 1819. ALetterto the earl of Livepool. In *Selected Economic Writings of Thomas Attwood*, ed. F. W. Fetter, London：LSE Reprints of Scarce Works on Political Economy, 1964, pp. 31 - 32.

至发生亏损，于是无法支付地主的地租，导致地主的收入也下降了。这会产生两方面的负面影响，一是农业的收益下降，投资农业的资金减少，耕种粮食的农田减少，导致下一轮农业粮食产量下降；二是农民与地主由于收入下降都会被迫减少日常消费支出，造成对制造品需求减少，制造商生产的产品出现过剩，也会被迫降低商品的价格，减少制造品的生产，解雇一部分工人，其经营利润会相应下降，工人的工资也会下降。由于工人的工资减少了，又会导致对农产品的需求下降，农产品的价格就会继续下行，农业就会继续衰退，荒芜的田地也就越来越多，农民与地主的处境也就越来越糟，对制造品的需求就会继续下降，制造主与商人的经营就会越来越困难，陷入破产的就会越来越多，失业的工人也会越来越多，如果没有政府的任何干预，那么这种螺旋式下行的经济衰退什么时候会到达最低点呢？阿特伍德认为，直到农业萎缩到生产的产量刚好只能满足人们的基本需要或者变得短缺为止，人们开始争先恐后去抢购粮食，导致粮食的价格开始回升，从事农业生产的农民收入开始增长，投资农业开始获得较好的收益，地租也开始上涨。于是一方面，人们开始重新开垦荒地，扩大农业投资，农产品的产量开始增加；另一方面，农民与地主由于收入增加了，都会扩大日常消费支出，增加对制造品的需求，制造品的价格也开始慢慢回升，制造商与商人的利益开始增长，他们也会扩大生产，增雇工人，工人的收入增加，反过来又会扩大对农产品的需求，农业的价格就会进一步上升，农业投资进一步加大，农产品的产量会进一步增加，如果没有人为干预，那么这种螺旋式上行的经济增长什么时候会到达最高点呢？阿特伍德认为，直到农业产量增加到极大超过人们的需求为止，农产品价格开始下跌，又开始新一轮的商业周期。不过在阿特伍德看来，一个完整的商业周期的持续时间会很长，他通过观察研究发现，农业的衰退波及制造业的时间一般为两年，并且一旦由农业延伸到制造业，对制造业造成的危机比农业要大得多，对整个国家将造成不可估量的损失，在他看来，这主要因为制造业产品比农业更具有需求价格弹性。他写道："财产价格的下跌造成了普遍的贫困和支出的减少。社会各阶层都被迫缩减开支，结果是，他们会放弃购买制造业商品，因为他们可以忍痛暂时不去使用，或者他们可以使用旧的或者修复已经坏的来勉强使用，对农产品的分配使用与制造品不同，它对人们维持生命是必不可少的，并且一旦被使用，就不会像制造品那样还可以通过修复再使用。"①因此，一旦人们被迫削减开支时，农产品作为维持人们生活的必需品，人们能够减少的购买的数量非常有限；必然会首先考虑减少制造品的购买，这就会导致工业品的需求较农产品下降更多，价格下降的幅度也会更大，制度业主与商人比农民和地主遭受的损失也就会更大。

二、1816 年英国的经济危机

阿特伍德认为，1816 年政府颁布的恢复黄金兑换的法案首先对当年的农业造成了巨大的冲击，导致农产品价格大幅下降，农民与地主的收入大幅下降，农业投资减少，农业已经正在陷入衰退，但他判断这只是处于商业周期的衰退前期，对制造业与商业的影响已经初见端倪，但还没有完全涉及制造业与商业，因为在他看来，无论是商业周期的衰退阶段还是复苏阶段，农业作为其他产业的基础都会率先受到影响，然后再经过约 2 年的时间才能涉及商业与制造业，他写道："在贸易重获繁荣之前，对制造业商品的农业消费必须首先恢复，但是这将需要 1～2 年的农业繁荣，才能使地主与农民重新恢复到之前的开支。"②针对这一危机形势，阿特伍德认为，如果政府不采取任何措施，危机不久就会全面降临至商业与制造业。他写道："如果任其发展，我认为当前发生在农业上的困境不久必然会发生在贸易上……而且可以肯定的是，发生在制造业上的价格萧条将比它现在或过去发生在农业上的价格萧条严重得多。"③到那时，将会导致制造业商品价格暴跌，大量的制造业厂商破产，工人失业，这将进一步加深农业的衰退，使经济陷入危机不断加深的循环，将商业周期引致危机的最底端，此时整个国家生产的农产品的产量将只能勉强维持人们生存，制造业与商业全面崩溃。此后，随着农产品价格的止跌回升，经济开始缓慢恢复，进入商业周期的上升通道。但这

① Attwood, Thomas. 1816. The Remedy or Thoughts on the Present Distresses. In *Selected Economic Writings of Thomas Attwood*, ed. F. W. Fetter, London: LSE Reprints of Scarce Works on Political Economy, 1964, pp. 41 - 42.

② Attwood, Thomas. 1816. The Remedy or Thoughts on the Present Distresses. In *Selected Economic Writings of Thomas Attwood*, ed. F. W. Fetter, London: LSE Reprints of Scarce Works on Political Economy, 1964, pp. 40 - 41.

③ Attwood, Thomas. 1816. The Remedy or Thoughts on the Present Distresses. In *Selected Economic Writings of Thomas Attwood*, ed. F. W. Fetter, London: LSE Reprints of Scarce Works on Political Economy, 1964, P. 41.

样的自然调整过程使整个国家遭受了巨大的损失，他写道："这将是英国最艰难的时刻，当猛烈的风暴被完全激起，我们所有外部战争的危险都不值一提。"① 对英国而言，其优势就在于它强大的制造业，如果制造业遭受了沉重打击，大量工人失业，英国将会失去世界强国的地位，在阿特伍德看来，这比战争带来的危害更大。

三、阿特伍德提出的解决方案

阿特伍德认为，由于经济存在商业周期，如果不对经济进行干预，经济就会自发衰退到全社会生产的产量仅够人们勉强消费甚至不够消费为止，整个社会将会出现巨大的产量损失，大量的工人、农业劳动者失业，农地荒芜，工厂闲置，制造业主和商人积累起来的财富也会逐渐耗尽。为了减轻商业周期对经济造成的严重损失，阿特伍德认为，政府就必须对经济进行干预，打破商业周期的循环，避免危机进一步发展，他写道："毫无疑问，在危机变得更严重之前，应当求助于某些人为的刺激，以降低整个系统不利因素的相互作用，从而有效控制与平衡这些不利因素的相互作用。"② 在他看来，政府阻止危机蔓延的最好方法就是增加货币供应，而最佳的时机就是在危机刚开始出现时，也就是只有农业受到影响，还没有传导至制造业与商业之时，这样就能将危机的损失降至最低。因为在政府货币增加之后，农产品的价格就会立刻止跌回升，农民和地主就不至于陷入困境，农业的发展也不会因为农业生产的利润下降受到影响，更重要的是农民和地主也就能够维持他们之前的开支，就不会影响制造品的销售，商人和制造业主也不会因农业衰退陷入危机，这样就在危机刚开始之时，就及时地把危机制止了，全社会不会因危机的蔓延造成巨大的损失。他写道："对我来说，毫无疑问，通过发行银行券，新的货币将会进入人们所从事的交易活动，整个系统的信心将会超过悲观情绪，整个国家的消费与贸易将会恢复，劳动力将会得到有效雇佣，总之，富人将会恢复他们的财富，穷人将会得到他们的面包。但是如果不采取这一类措施，更严重的灾难将会降临到这个国家……我所推荐的这个

---

① Attwood, Thomas. 1816. The Remedy or Thoughts on the Present Distresses. In *Selected Economic Writings of Thomas Attwood*, ed. F. W. Fetter, London: LSE Reprints of Scarce Works on Political Economy, 1964, P. 41.

② Attwood, Thomas. 1816. The Remedy or Thoughts on the Present Distresses. In *Selected Economic Writings of Thomas Attwood*, ed. F. W. Fetter, London: LSE Reprints of Scarce Works on Political Economy, 1964, P. 44.

治疗方案，我相信将会满足这些目标，除非它被采用得太晚了，因为它被设计为会同时对农业、制造业与商业起作用，在土地变得太贫瘠无法有效耕种之前立马恢复农业的生产力，同时，恢复制造业与商业的健康运行，使商人与制造业主能够自由地维持他们的工人，直到国家产生的新的消费消耗掉他们的存货，能为所有人提供足够的就业为止。"① 阿特伍德不断地通过写信把他的这些想法推荐给政府和议员，强烈呼吁政府不要为了实施黄金兑换方案而紧缩货币，当时英国的经济困境正是政府实施这一法案的结果，他认为政府实施的黄金兑换方案并不能达到稳定货币的目标，因为即便恢复了黄金兑换制度，人们还是会用纸币来进行商品交易，而不会使用黄金，这只能给人们一种心理上的安慰。

第三节　货币对经济的影响不会因对外贸易而减弱

一、传统观点认为高价格会削弱本国商品在国际市场上的竞争力

在当时，绝大多数经济学家都认为，一国货币增加会增加本国生产商品的成本以及本国商品的价格，导致本国商品的价格在国际市场上的价格同步上涨，这会削弱本国商品在国际市场上的竞争力，造成本国商品出口下降，进口增加，损害本国对外贸易。而阿特伍德却认为增加货币不仅不会影响一国对外贸易，相反，还会因为新增货币促进本国经济发展，从而带动对外贸易的发展。这一观点既与斯密、李嘉图等古典经济学代表不同，也与休谟等古典非中性学者不同，休谟曾提出，由于价格变化非常缓慢，增加货币后，商品的价格不会马上上升，而是需要一段时间商品的价格才能重新上涨到与新增货币保持平衡，正是在这段价格上升的空隙，货币会在短期内刺激一国经济增长。但休谟也提出，如果一国的货币越来越多，劳动力等成本会越来越高，本国物价最终也会越来越高，而国外的货币数量不变，国外劳动力等成本与商品价格也不会变，这必然会导致本国商品的价格相对国外商品的价格越来越贵，本国出口必然会减少，进口必然会增加，会降低本国商品在国

---

① Attwood, Thomas. 1816. The Remedy or Thoughts on the Present Distresses. In *Selected Economic Writings of Thomas Attwood*, ed. F. W. Fetter, London: LSE Reprints of Scarce Works on Political Economy, 1964, pp. 38 – 44.

际市场上的竞争力，这会在一定程度上抵销本国货币增加对一国经济的刺激作用。绝大多数古典货币非中性经济学家都接受休谟这一观点，认为正是这一机制导致增发货币对经济的刺激会减弱，从而使货币非中性效应表现得更不明显。

二、阿特伍德认为对外贸易不会减弱货币对经济的影响

阿特伍德不认同对外贸易会减弱货币对经济的影响的观点，在他看来，人们普遍认为英国的工资水平比外国高，英国的制造商在国际市场上就不能与外国制造商竞争，这个想法是不切实际的。他写道："一些人会认为，如果恢复货币贬值的状态，就会提高劳动力的工资，从而干扰我们对国外销售制成品。这些没有根据的论断最好用其他经济思想和经验事实考验的论断来回答。在给我们的制造业工人支付高工资的货币状态，同样也能使我们为外国进口商品支付高价格。"① 为了说明高工资不会影响对外贸易，他以英国和美国 1812 年与 1816 年间的贸易为例进行说明，他研究得出的结论是英国在 1812 年的工资要比 1816 年时高，但 1812 年英国出口美国的商品要比 1816 年便宜了将近 80%，且出口商并没受到任何伤害。他写道："在 1812 年，英国制造商生产成本为 70 英镑的商品，在美国能够换回面值为 100 英镑的汇票，但英国制造商现在（1816 年）必须在美国出售价值为 125 英镑的产品，才能获得 100 英镑的汇票，这在原来 70 英镑的基础上增加了 55 英镑，或增加了接近 80%。这还没有考虑到成本可能为 150 英镑与 200 英镑的商品只出售 125 英镑所造成的损失，因此，一个英国商人 1812 年在美国出售商品比现在（1816 年）便宜了接近 80%。而且 1812 年时工资高，而现在工资低。"② 同样，他通过调查发现，英国在与德国、地中海国家以及阿拉伯半岛国家的交易中得出在英国高工资时，出口商品反而便宜的现象。他写道："正如我从英美贸易得到的结论，在所有这些国家，英国制造业的利

---

① Attwood, Thomas. 1816. The Remedy or Thoughts on the Present Distresses. In *Selected Economic Writings of Thomas Attwood*, ed. F. W. Fetter, London：LSE Reprints of Scarce Works on Political Economy, 1964, P. 26.

② Attwood, Thomas. 1816. The Remedy or Thoughts on the Present Distresses. In *Selected Economic Writings of Thomas Attwood*, ed. F. W. Fetter, London：LSE Reprints of Scarce Works on Political Economy, 1964, pp. 27 – 28.

润可能是50%～100%。但英国在工资高时比在工资低时卖得更便宜。"①

另外，他认为，英国人的高工资不是由货币原因导致的，而是由他们昂贵的生活习惯造成的，反映了制造业的真正成本。如果真想降低制造业工人工资，从而降低制造业成本，就应该改变英国人的生活习惯，让他们生活更节俭些。但他同时也认为，这很难做到，一是没有任何可敬的英国人愿意这么做，因为这会降低他们的生活质量；二是人们的生活习惯一旦养成，就很难再发生改变。他还提出，就算英国人的工资因为其更加节俭降低了，它不会对英国出口产生预期的良好影响，甚至可能会产生相反的影响，这是因为在他看来，对外贸易是相互依赖的，一国进口越多，为了交换这些进口的商品，其出口的商品必然也越多；相反，一国进口越少，为了交换这些进口的商品，其出口的商品必然也越少。他写道："劳工工资对英国制造业在国外的销售没有任何影响，如果他们有的话，那就只能通过增加外国物品的内部消费来增加他们的进口，而这些进口物品只能依靠英国制造商的出口来支付，或者用金条来支付。"因此，英国人变得更节约也会减少外国奢侈品的消费，在同样的情况下，英国进口外国商品数量就减少了，而外国人依赖这些出口商品得到的货币来进口英国商品，其出口到英国的商品减少了，进口英国的商品也会相应减少。

因此在他看来，降低工资不能增加英国的出口，增加英国出口的方法主要取决于英国自身财富的增加以及英国人进口更多外国商品。他写道："没有什么能增加英国的出口，除非我们内部财富和人口的增加，使我们能够获得更多的外国奢侈品。"② 在他看来，增加货币就可以得到这一结果，因为增加货币能使英国摆脱当时的衰退，增加英国财富，使英国恢复到往日的繁荣，从而能进口更多的外国商品，外国人也就能通过这些增加出口到英国的商品购买更多英国产品，英国的出口也就会增加。所以他写道："一个国家的货币状态不会影响出口与进口，除了通过它的贬值能促使一国变得更富有，从而增加进出口，相反，它的升值会通过阻止生产与消费，降低一国总

---

① Attwood, Thomas. 1816. The Remedy or Thoughts on the Present Distresses. In *Selected Economic Writings of Thomas Attwood*, ed. F. W. Fetter, London: LSE Reprints of Scarce Works on Political Economy, 1964, P. 28.

② Attwood, Thomas. 1816. The Remedy or Thoughts on the Present Distresses. In *Selected Economic Writings of Thomas Attwood*, ed. F. W. Fetter, London: LSE Reprints of Scarce Works on Political Economy, 1964, pp. 28 – 29.

的财富，从而减少进出口。"①

他甚至认为，国外贸易只是国内贸易的延伸而已，因为在国外贸易中，本国出售商品给他国的同时，也从他国购买了商品，这与一国境内一个地区与另一个地区的交易实质上是一样的，在他看来，即使取消国外贸易，对经济而言，也只是产生短期不利的影响，而从长期来看，最终国内增加的贸易会填补这些减少的国外贸易，并不会产生不利影响，就像两个国家从来没有贸易交易一样，因此他非常反对当时一些经济学家把英国的经济强大归因于英国发达的对外贸易以及依靠对外贸易对他国的无情剥削。阿特伍德认为英国的强大完全是依靠英国人自己的聪明与勤劳。

第四节　增加纸币比增加金属货币更有利于经济发展

一、纸币作为流通媒介相比黄金的优势

与休谟，边沁以及麦克库洛赫等不同的是，阿特伍德认为增加纸币比增加金银货币能够给国家带来更多好处，在他看来，这主要是以下两方面原因：

一是增加纸币比增加金银货币更加容易，因为银行通过贴现债券或购买政府债券等方面就可以随时增发货币，花费的发行费用很少。但是对于金属货币而言，只能通过采矿、发展对外贸易等方式去获取，获取的难度及费用都比发行纸币大得多，而且必须经过相当长的一段时间才能获取。正如他所说："当前国家的形势已经很充分地证明，增加流通媒介非常有必要，并且增加纸币可能比增加黄金会更好一些，因为银行可以立即得到纸币，没有任何困难与成本，但是黄金不可能在不付出巨大困难与代价的情况下得到。当你从外国人手中获取它们时要花费很长时间。"②

二是纸币流通比金银货币流通更容易稳定一国的货币数量，一国发行的

---

① Attwood, Thomas. 1816. The Remedy or Thoughts on the Present Distresses. In *Selected Economic Writings of Thomas Attwood*, ed. F. W. Fetter, London：LSE Reprints of Scarce Works on Political Economy, 1964, pp. 28 – 29.

② Attwood, Thomas. 1816. The Remedy or Thoughts on the Present Distresses. In *Selected Economic Writings of Thomas Attwood*, ed. F. W. Fetter, London：LSE Reprints of Scarce Works on Political Economy, 1964, P. 33.

纸币一般只在本国境内流通，不能在外国流通，所以只有本国人会接受它，外国人一般不会接受。但是黄金不一样，因为它是世界公认的价值尺度与流通手段，它在任何国家都具有大致相等的交换价值。因此，如果一国国内货币不足，需要增发纸币，那么这些增加的纸币肯定全部都会留在国内，满足国内的流通需要，同样如果一国国内货币太多，需要减少纸币，银行也能很精确地收回一部分多余的货币，总之，在纸币流通环境下，一个国家就能精确地估量经济的货币数量。但是，如果一国国内货币不足时，政府通过增加黄金来满足货币需求，那么这些增加的黄金就不一定都会留在国内，它们有可能会被重新转移到外国。正如阿特伍德所说："它很可能会被再出口，以便购买进口商品，所有国家都愿意接受金条，但很少有国家愿意接受我们制造的商品。"[①] 他还列举了一个英国黄金外流的例子，当时，美国国内为了发行货币，需要大量黄金，但是美国国内的黄金数量很少，于是美国政府发行了大量的国债，而购买这些国债必须使用黄金，当时很多英国资本家都去购买这些国债，造成英国国内很大一部分黄金被转移到了美国，麦克库洛赫认为正是这些黄金流入到了美国，更加加剧了英国国内货币短缺，使英国经济陷入严重衰退。因此，他总结道："发行纸币会与增加黄金一样能缓解经济衰退，而且不会有任何困难或费用。它也将被限制在国内，并且更少地受国外影响。"[②]

二、金属货币不一定能比纸币更能防止价格的波动

斯密、李嘉图等很多经济学者都认为，金属货币流通比纸币流通更能保持物价稳定，阿特伍德不赞同这种观点，他认为一个国家无论选择金属货币充当流通媒介还是选择纸币充当流通媒介对该国的物价波动并无影响，他写道："在一国货币流通问题上，金属货币不一定比纸币能更好地充当货币基础，也不能更好地保护货币免受价值的波动……那些认为取消银行限制法案

① Attwood, Thomas. 1816. The Remedy or Thoughts on the Present Distresses. In *Selected Economic Writings of Thomas Attwood*, ed. F. W. Fetter, London: LSE Reprints of Scarce Works on Political Economy, 1964, P. 33.

② Attwood, Thomas. 1816. The Remedy or Thoughts on the Present Distresses. In *Selected Economic Writings of Thomas Attwood*, ed. F. W. Fetter, London: LSE Reprints of Scarce Works on Political Economy, 1964, P. 34.

去阻止货币波动的想法是非常错误的。"[1] 在他看来，商品价格易受波动主要有两方面原因：

首先，他认为货币价值的波动或者说商品价格的涨跌是人们主观意念以及心理反应的结果，主要与人们对市场的信心有关，而与货币的形态无关。如果经济中发生一些有利于经济发展的事件（比如货币数量增加等），人们就会主观预期经济将会朝好的方向发展，于是人们对市场充满信心，一个国家的经济就会繁荣起来，货币流通速度会自然加快，商业信用交易的规模会自然增加，这相当于间接增加了流通中的货币量，尽管增加的程度比较有限，此时，无论该国的流通媒介是采用金属货币还是纸币，该国商品的价格都会上涨，货币价值都会下降。反过来，如果经济中发生一些不利于经济发展的事件（比如货币数量突然减少等），人们就会主观预期经济将会朝坏的方向发展，人们就会对市场充满悲观情绪，一个国家的经济就会出现衰退，人们迫不及待地把手中的货物换成货币，货币流通速度下降，商业信用交易的风险增加，由这种方式交易的商品数量自然减少，这相当于间接减少了流通中的货币量，无论是金属货币还是纸币，该国商品的价格都会下跌，货币价值都会上升，而此时则需要政府不断增加纸币或金条，以提高商品的价格，帮助人们恢复信心，以抵销货币数量的自然下降对公共繁荣的致命影响。他写道："但是以金属充当货币与纸币一样容易受到这些波动的影响。这种例子见于继美国战争之后的货币行动中。没有什么能阻止这些波动，除非立法机构观察价格状况采用相应的预防措施，并根据货币的任何突然变化的需要提供或撤回纸币或黄金。"[2]

其次，阿特伍德认为现实中的很多交易都是通过商业汇票、借贷赊销、相互冲账等方式完成的，货币并没有充当商品流通的工具，只是起到了价值尺度的作用，此时，无论是纸币充当货币还是黄金充当货币都能同样发挥该功能，无任何差别。通常而言，这些交易方式最容易受经济形势变化与社会信用变化影响，如果经济形势好，社会信用高，人们都会充分利用这些方式提供的便利来交易商品，商品的价格就会上涨，而如果经济形势不好，社会信用环境变差，人们就会规避这些方式来交易商品，商品的价格也会上涨。

① Attwood, Thomas. 1816. The Remedy or Thoughts on the Present Distresses. In *Selected Economic Writings of Thomas Attwood*, ed. F. W. Fetter, London: LSE Reprints of Scarce Works on Political Economy, 1964, pp. 34 – 36.

② Attwood, Thomas. 1816. The Remedy or Thoughts on the Present Distresses. In *Selected Economic Writings of Thomas Attwood*, ed. F. W. Fetter, London: LSE Reprints of Scarce Works on Political Economy, 1964, P. 35.

因此，在他看来，现实生活中的很多交易只需要观念上的货币就行了，无论这种货币是纸币还是黄金，与其支付方式并没有关系，如果一个国家禁止使用商业汇票、借贷赊销、相互冲账等方式交易，而且规定该国所有的交易都必须通过纸币或金条进行，那么该国的商品价格将会有更大程度的稳定性，但只要允许借贷买卖、商业信用方式存在，它们必然会在人们手中不断转移，而且大部分商业交易都将通过这些转移来实现，价格的波动就不可能避免，而这些商业借贷买卖、商业信用的最终支付方式是黄金还是纸币并无影响。

因此，阿特伍德坚决反对当时以李嘉图为代表的主流经济学家的一些观点，即价格波动来源于货币数量波动，货币数量波动起源于 1797 年实施《银行限制法案》之后纸币的不可兑换，如果取消《银行限制法案》，恢复纸币的可兑换，就可以保证货币稳定，从而实现价格稳定。阿特伍德认为，阻止货币波动从而维持价格稳定的想法是非常错误的，根本不会起到任何作用。他写道："那些认为取消银行限制法案就可以消除货币波动的做法是非常错误的，正如我们在《银行限制法》通过之前的许多事件中所看到的那样，正如我们在其他不存在《银行限制法案》的国家中所看到的那样，货币的波动是自然发生的。假设银行明天恢复其现金支付，在一段时间内，他们肯定会对黄金有很大的需求；但是，一旦公众的胃口得到满足，公众的信心得到恢复，黄金就会从流通中消失，或者只会被用来买零用钱，而纸币的流通将保持现在的原样。不要以为一个习惯使用可兑换成黄金的纸币的人，在很长一段时间里，他们会因为使用黄金而不是纸币而烦恼。他们也许会立刻恢复到使用银或铜，或使用拉克帝蒙人的铁钱，这将是同样可以理解的，就像在公共信任和安宁的时候更喜欢使用黄金而不是纸币一样。但在公众信心和繁荣的时代，纸币总是比黄金更受欢迎。但是，一些特殊情况总是会引起对黄金的临时需求，而这种黄金不能立即供应，而且可能对国家产生最严重的恶果，除非通过立法明智地加以防范。这些规定对于满足公众暂时的需求是必要的。"① 因此，在阿特伍德看来，无论是否恢复可兑换，人们最终都会使用纸币来进行流通，在可兑换条件下，当发生像战争、银行普遍破产等重大不利事件引起银行挤兑时，会导致大量公众去银行用纸币兑换黄金，反而会引起货币数量不稳定，因为在他看来，在面临人们挤兑时，不用说普

---

① Attwood, Thomas. 1816. The Remedy or Thoughts on the Present Distresses. In *Selected Economic Writings of Thomas Attwood*, ed. F. W. Fetter, London: LSE Reprints of Scarce Works on Political Economy, 1964, P. 36.

遍存在的乡村银行，就算是英国实力最强的英格兰银行，无论它在公众面前证明它是多么富有以及它的偿付能力有多强，它也不能满足可以随时准备按要求以黄金支付他们尚未获得黄金而发行的纸币，以及那些银行通过购买证券而发行的货币，这些纸币至少在 2～12 个月的时间之后才能转换成黄金。阿特伍德也认为，总要有必要的防范措施以应对公众对银行的任何突然和普遍的兑换要求，否则就必定会引起致命的影响。而最好的办法就是政府出台类似《银行限制法案》之类的措施取消纸币兑换黄金，彻底打消人们可以用纸币兑换黄金的念想，也就能够从根本上阻止银行挤兑形成的货币不稳定问题。并且，缺少了《银行限制法案》的限制，政府还可以根据经济发展的需要更加灵活地变动纸币的数量，以此来熨平商业周期，使价格更加稳定，经济发展更加平稳。比如在 1816 年，英国商品价格持续下跌，经济严重不景气时，他就认为通过发行纸币，"商品的价格将会很快止跌回升，人们的信心将会很快恢复，整个国家的消费和贸易也将得到恢复，工人将有效地就业；简而言之，富人将恢复他们的富裕，穷人将恢复他们的面包"[①]。

正因为如此，阿特伍德对议会为恢复金本位制，不断紧缩货币，全然不顾由此产生的经济衰退行为感到非常愤慨。他写道："面对由 400 万银行券减少所产生的不幸与萧条，议会两院的委员会仍然冷酷并认真地提议迫使进一步削减银行券至千万英镑以上！这是非常不寻常的，两个委员会似乎认为，与降低黄金价格的重要目标相比，英国的生与死、繁荣与衰退都算不上什么问题。我会问委员会，黄金是为人制造的，还是人是为黄金制造的？"[②] 在他看来，政府为了使黄金价格从 4 英镑 10 先令的市场价格回归到 1897 年实施《银行限制法案》之前的 3 英镑 17 先令 10.5 便士标准，大规模缩减流通中的纸币的做法是完全错误的，会导致英国的经济陷入严重衰退，阿特伍德认为，金本位制的标准无论是每盎司黄金等于 3 英镑 17 先令 10.5 便士，还是每盎司黄金等于 4 英镑 10 先令，甚至是任何其他标准都对经济没有任何影响，进入市场流通的是纸币，并不是黄金，因此只要保持市场上纸币数量充足，物价稳定或是呈缓慢上涨的趋势，就会促进人们创造财富的动力。在他看来，财富是人们生产出来满足人们需求的物品，而不是黄金，因此只

---

① Attwood, Thomas. 1816. The Remedy or Thoughts on the Present Distresses. In *Selected Economic Writings of Thomas Attwood*, ed. F. W. Fetter, London：LSE Reprints of Scarce Works on Political Economy, 1964, P. 38.

② Attwood, Thomas. 1819. ALetterto the earl of Livepool. In *Selected Economic Writings of Thomas Attwood*, ed. F. W. Fetter, London：LSE Reprints of Scarce Works on Political Economy, 1964, P. 36.

要社会都创造出更多的财富，黄金的标准无论是多少并不重要，只要能保证市场上有足够的货币，黄金的标准变化也不影响财富的创造。因此，在他看来，既然市场上的标准已经变为每盎司黄金等于 4 英镑 10 先令，就必须维护这个标准或者按市场的选择自发变动该标准，不能为了回归到最初的 3 英镑 17 先令 10.5 便士标准而采用人为的紧缩货币措施。

第五节　阿特伍德对货币非中性的原因分析

一、货币数量变化能够改变人们的商业信心

（一）增加货币能通过增强人们的商业信心刺激经济增长

阿特伍德认为，信心对经济的发展非常重要，当人们对经济充满信心时，农民、商人、制造业者就会扩大生产经营规模，整个社会产量增长，就业增加，经济就会进入扩张周期，此时，劳动者的收入提高了，地主阶级预期自己的租金能够及时收回，社会各阶层也会相应扩大消费，使整个社会的经济在一个更高水平上仍然保持供求平衡。那么人们对经济的信心来源于哪里呢，阿特伍德认为信心主要来源于人的主观意念，如果经济中的货币数量增加了，价格水平上升了，就会在人的主观意念中形成经济正在向好的印象，以及这种向好的局面可以持续下去的预期，从而给人以信心。因此在他看来，价格是影响人们信心的重要因素之一，当价格上涨了，人们就会充满信心，农民、商业、制造业者就会扩大生产经营规模；相反，当价格下跌了，农民、商业、制造业者就会缩小生产经营规模。他在思考如何增加经济中的货币数量时，提出的办法之一是英格兰银行将贴现票据的期限从 2 个月扩展到 3 个月，他认为这样可以使英国的货币一下增长 1/3，其结果是："刺激将会抵达循环系统的心脏，会到达该国最偏远的角落。因此，心脏的离心力将增加，整个循环系统将会因此而运行；市场的信心开始恢复，人与人之间信任感增强，这正是市场信心的产物。"这段话从侧面反映出英国 1816 年的衰退导致了市场信心严重不足，而在阿特伍德看来，恢复市场信心是经济复苏的重要条件，而增加货币就可以做到这一点。在具体说明市场信心与市场价格以及经济发展之间的互动关系时，他还写道："每当出现这

种情况时，价格就会自然地上涨，而且涨得越高，就越有继续上涨的趋势，迫使银行继续增加货币供应，尽管这会违背银行董事会的意愿；如果在这方面遇到太大的困难，在高额的利益诱使下，也会迫使大量黄金从国外流入本国进入流通领域。市场信心一旦恢复，它就会在价格上涨中持续发挥作用，就像它所预期的那样，并迫使等量的货币或金条进入市场流通；这又反过来增加了人们的信心，并提高了价格，直到该国生产力累积的产量远远超过该国必要的需要。然后，又开始发生反转；人们对经济的悲观开始取代人们的信心；消费和生产的停滞将随之而来，整个国家充满生机勃勃的局面就会重新陷入屈辱和令人沮丧的局面，此时，人们对经济充满着失望，劳动者也会丧失报酬，这些都基于人们的意念所产生。"① 由此可以看出，阿特伍德把经济的繁荣及衰退很大程度上归因于人们的主观意念，因为人们对经济的信心产生于人们的主观意念，而信心的变化能直接影响农民、商业、制造业者的行为，这实际上是强调了信心在促进经济增长上的巨大作用。在他看来，市场信心与价格水平变化及经济发展存在相互促进关系，市场信心越高，经济活动越活跃，价格水平就越高，这反过来又增强了市场信心；相反，市场信心越低落，经济活动越冷清，价格水平就越低，这反过来又会挫败市场信心。一些经济学家对阿特伍德这种把经济发展建立在主观意念之上的观点进行了批评，他们认为经济的发展只依靠客观的经济条件，尽管他们中的一些人也认为经济的繁荣与衰退可能与当时经济中纸币数量的波动有关，但这仅仅只是流通媒介数量变化影响人们商业交易，从而影响经济波动的结果，但他们明确反对主观意念在决定经济发展中的巨大作用，不认为信心对经济发展能产生较大作用，对此阿特伍德反驳道："当人们认识到欧洲的每个国家现在都在发生类似的价格萧条，而且在德国战争结束时和美国战争结束时，英国也经历了类似的价格萧条，那时英国还不太了解什么是纸币制度，我认为那些人会承认，他们过于强调纸币制度对经济的影响，我们有可能一起找到真相。然而，在我看来，价格的状态主要取决于人的头脑的行为；每一件事情如果倾向于提高或降低价格，就会提高或降低价格。"② 因此，他之所以认为增加货币数量能够促进经济发展，就是货币增加后，会提高商品的价

---

① Attwood, Thomas. 1819. ALetterto the earl of Livepool. In *Selected Economic Writings of Thomas Attwood*, ed. F. W. Fetter, London: LSE Reprints of Scarce Works on Political Economy, 1964, P. 14.

② Attwood, Thomas. 1816. The Remedy or Thoughts on the Present Distresses. In *Selected Economic Writings of Thomas Attwood*, ed. F. W. Fetter, London: LSE Reprints of Scarce Works on Political Economy, 1964, P. 18.

格，从而改变人们对经济发展的意念，使之从过去萧条、衰败的认识转向经济回暖复苏的认识，人们对经济恢复信心，从而预期价格会进一步上涨，农民、商业、制造业者就会扩大生产经营规模，整个社会产量增长，就业增加，经济就会进入扩张周期。为了说明价格对信心的影响，他以税收为例进一步说明，他写道："我们发现，在所有国家，税收都会提高价格；而取消或预期取消税收则会降低价格。对财产征收货币税实际上提高了财产的货币价值，降低了货币的价值；并通过这样给予的信心和给工业带来的刺激，很可能价格上涨的幅度比征税的幅度会更高，从而使财产的所有者从征税中所获得的收益超过了损失，出于这个原因，我们经常发现一个国家在战争中经济非常繁荣，在和平时期却陷入了衰落。在英国的例子中，我们发现了这一原则，加上《银行限制法》的协助，使英国能够在承受沉重的战争税收负担时，甚至在所有对外贸易都被敌人的力量或影响所切断的时候。经济仍然保持繁荣。"[1] 因此，在他看来，只要能够使经济上涨，无论是增加货币，还是增加税收都能够增加人们的信心，人们预期价格会进一步上升，从而刺激全社会的生产经营活动，进一步促进经济增长。

（二）减少货币会通过消减信心阻碍经济增长

在阿特伍德看来，信心是一把"双刃剑"，当人们对经济充满悲观情绪时，农民、商业、制造业者就会缩减生产经营规模，整个社会产量就会减少，失业增加，经济就会进入收缩周期，此时，劳动者的收入减少了，地主阶级预期自己的租金不能够及时收回，社会各阶层也会相应缩减消费，使整个社会的经济会在一个更低水平上保持供求平衡。他认为当一个国家的货币突然减少时，整个国家的经济不仅会因为货币数量减少、商品价格下降引起经济下滑，而且由于商品价格下降会使人们对经济充满悲观情绪，信心受损，从而担心商品的价格会进一步下跌，农民和制造商就会减少生产，并大量抛售库存商品，造成短时间市场上商品大量过剩，从而加剧了商品价格下跌，加剧经济下滑。他写道："如果这1 800万镑或2 000万镑货币处于持续流通，并且它们全部都被用来保持该国的流通介质，那么很明显，如果它数量减少到一半，或1/4，那么它只能保持目前这种循环介质数量的一半或1/4；因此，正如我以前所说的那样，由于人们信心的下降贫困以及随着商

---

① Attwood，Thomas. 1816. The Remedy or Thoughts on the Present Distresses. In *Selected Economic Writings of Thomas Attwood*，ed. F. W. Fetter，London：LSE Reprints of Scarce Works on Political Economy，1964，pp. 18 – 19.

品抛售引起的商品过剩，各种财产的货币价值必然会在更大的范围内下降，小麦价格降至每蒲式耳 1 先令，劳动力价格降至每周 1 先令，以及所有其他物品的价格都会成比例降低，将是突然减少纸币有效流通的一个直接影响市场。这时，除非采取一些立法措施来抵销它。"①

二、固定费用

（一）增加货币在固定费用作用下对经济的影响

阿特伍德认为，货币能够影响经济的另一个重要原因是，当货币变化引起商品价格变化时，有一些固定费用支出却不会发生同比例变化，那么，货币变化必然会影响生产者的利润，从而影响他们的生产决策，整个国家的生产与就业也会受到影响。在他看来，当货币数量增加时，产品的价格会出现上涨，而企业需要支出的一些固定费用却不会与价格同步上涨，而是滞后于价格上涨，这样，商品的价格与成本之间的差额扩大，企业利润就会增加，而对他来说，这种额外利润的获得是货币产生刺激作用的关键。他写道："只要商品的价格保持在固定支出与花费之上，企业在维持甚至雇佣新的工人时就不会有任何困难，否则将会使我国的工业陷入困境。"②

（二）减少货币在固定费用作用下对经济的影响

相反，他认为如果银行紧缩货币，产品的价格会出现下跌，而企业需要支出的一些固定费用却不会与价格同步下跌，而是滞后于价格下跌，这样，商品的价格与成本之间的差额就会缩小，甚至有可能会低于后者，企业利润就会减少甚至会出现亏损。他写道："因为每个人的财产将只能卖更少的钱，但他们负担的税收和一些固定的支出却保持不变，显然会给他们带来损失。如果这种损失落到了财富生产者的身上，毫不意外，每一个人都不再去寻求财富，都会从现有的生产中退缩，避免生产更多产品，因为它将不再支

---

① Attwood, Thomas. 1826. The Late Prosperity and the Present Adversity of the Country. In *Selected Economic Writings of Thomas Attwood*, ed. F. W. Fetter, London: LSE Reprints of Scarce Works on Political Economy, 1964, P. 41.

② Attwood, Thomas. 1826. The Late Prosperity and the Present Adversity of the Country. In *Selected Economic Writings of Thomas Attwood*, ed. F. W. Fetter, London: LSE Reprints of Scarce Works on Political Economy, 1964, P. 42.

付它的生产所涉及的全部费用。"① 因此，他极力反对 1819 年由两院议会成员组成的委员会提出的通过减少纸币，回归金本位制的法案。他写道："委员会在谈到银行减少纸币发行时……如果农民、商人和生产商都适应了在新的货币数量下进行交易，那么谁能使他们需要支付的金钱债务、租金、税收、工资以及他们需要支付的其他固定费用都维持到同一标准呢？委员会似乎没有观察到所有的以货币表示的固定支出都是不变的，也正因为这些固定费用不能使它在新的货币数量下发生同比例调整，它们代表的真实负担增加了，并因此阻碍了一切有利于促进就业和社会生产的方式与动机。"② 因此，他认为，如果必须减少流通领域中的纸币，企业需要支付的金钱债务、租金、税收、工资等固定费用支出必须也要与商品价格保持同比例下跌，否则，"如果商品的价格都跌回到金本位制之前的水平，它们必然会低于这些固定费用支出，该国的工业就会消亡。如果那时，我们能在金本位制的冲击中挺过来，我们不得不苦于应对穷困以及各种不幸与混乱"③。

第六节 阿特伍德对通货膨胀引起
收入不公平分配的思考

与边沁、桑顿、麦克库洛赫等多数古典学者一样，阿特伍德也认为，货币供给的变化会造成收入再分配，他写道："英格兰银行有能力决定所有商品物价的高低，以及经济的盛衰，因而某一天它会迫使国家的财富流入到货币持有人和债权人手中，而在另一天，它会迫使国家的财富流入到财产持有人和债务人手中，如果他突然减少贴现，结果必然是财富流入到货币持有人和债权人手中。此时，小麦的价格可能会跌到每普尔只有 1 镑，劳动力的工资每周只有 1 镑，土地以及所有其他物品的价格只有当前货币价

① Attwood, Thomas. 1826. The Late Prosperity and the Present Adversity of the Country. In *Selected Economic Writings of Thomas Attwood*, ed. F. W. Fetter, London: LSE Reprints of Scarce Works on Political Economy, 1964, P. 41.

② Attwood, Thomas. 1819. A Letter to the earl of liverpool. In *Selected Economic Writings of Thomas Attwood*, ed. F. W. Fetter, London: LSE Reprints of Scarce Works on Political Economy, 1964, P. 42.

③ Attwood, Thomas. 1826. The Late Prosperity and the Present Adversity of the Country. In *Selected Economic Writings of Thomas Attwood*, ed. F. W. Fetter, London: LSE Reprints of Scarce Works on Political Economy, 1964, P. 42.

格的 1/10。"①但他认为不能因为扩张性货币政策会导致收入转移，就放弃这种政策，相反，与托伦斯的观点一样，他认为扩张性货币政策给社会在产出与就业上带来的好处要远大于它对收入分配所造成的不利影响，并且，在他看来，政府的首要责任是使人们能够摆脱饥饿，其次才考虑公平问题。他写道："使我们的货币制度适应于人们，而不是人们去适应货币制度，立法的首要义务是为人们提供面包，其次才是获得公平、和平与社会秩序。"② 因此，他极力反对边沁、麦克库洛赫等古典经济学家的主张，他们都认为通货膨胀给社会造成了严重的收入不公平分配，从而主张政府禁止采用扩张性货币政策。

第七节 阿特伍德的货币政策主张

一、货币政策能熨平商业周期

阿特伍德认为一国经济在发展过程中，会存在商业周期，如果政府不采取任何行动，放任经济自我发展，在商业周期的下降阶段，各种商品的价格呈下降趋势，人们对经济的信心不足，农业与制造业的商业活动会逐渐萎缩，整个社会的生产力将遭到严重的破坏，直至商业周期的最低点，一些顽强生存下来的农民、制造商生产的产量刚好只能勉强满足人们最基本的生存需求为止，此时全社会生产的产量出现紧缺，由于商品的供求关系由供过于求向供不应求发生了转变，商品的价格也会停止下跌，转向缓慢回升，农民、制造商以及商人开始有利可图，就会扩大生产经营活动，经济也缓慢开始恢复。在商业周期的上升阶段，各种商品的价格呈上升趋势，人们对经济的发展充满信心，农业与制造业的商业活动都会快速扩张，直至商业周期的最高点，整个社会生产的产品数量远超出人们的需求，商品的价格又开始下降，走入到商业周期的下行阶段，阿特伍德把上述经济发展与转变的过程看

---

① Attwood, Thomas. 1816. The Remedy or Thoughts on the Present Distresses. In *Selected Economic Writings of Thomas Attwood*, ed. F. W. Fetter, London：LSE Reprints of Scarce Works on Political Economy, 1964, pp. 10 – 11.

② Attwood, Thomas. 1816. The Remedy or Thoughts on the Present Distresses. In *Selected Economic Writings of Thomas Attwood*, ed. F. W. Fetter, London：LSE Reprints of Scarce Works on Political Economy, 1964, P. 11.

成经济自然变化的结果，同时他也认为这种依赖经济自身调整从而最终摆脱困境给整个社会带来的代价太大。他写道："这种状态的自然恢复过程的结果，就是农业与制造业产品产量的减少，或者用其他话说，就是饥饿与银行破产。"①

他认为，如果经济出现衰退时，在自然拐点出现之前，增加整个国家的货币数量，商品的价格就会止跌回升，整个经济就能马上摆脱困境，而不至于使萧条持续到产量下降至只能满足人们的基本生存需要这样严重的后果。他写道："人为的补救方式，或者说是一个国家需要求助的补救方式，如果这个国家对自己的利益持开放的态度，那么它就需要在此时被迫创造更多的货币。过了一段时间，当国家的一般消费和利益恢复时，额外的货币可以在没有给经济带来伤害或不便的情况下逐步收回；但如果突然减少了一个国家的生命血液，则不可能不会给该国带来最大的危险和痛苦。"②

二、反对回归金本位制

与斯密、李嘉图等主流经济学者不同，阿特伍德反对金本位制，它回顾了英国 18 世纪中下叶～20 世纪中上叶的经济发展史，得出结论："在我们所面临的所有困境中，纸币每次都拯救了我们，在所有的例子中，每次都是黄金使我们陷入了困境，然后是纸币使我国摆脱了困境。"③ 在 1897 年之前，英国已经建立了金本位制，阿特伍德认为，在该体制下，货币的发行严格受黄金的数量制约，而获得黄金太困难了，所以人们经常受困于货币数量的不足，政府也不能根据经济社会对货币的需求及时调节货币量，他写道："金本位制没有能力适应社会的需要和目的。它没有根据社会需要扩大或缩小现有法定货币数量的能力，当它应该扩张时，它却保持固定不变。它应该收缩的时候可能会膨胀；应该扩张的时候可能会收缩。简言之，在一个高度人为的社会状态下在任何方面都是令人失望的，它更符合在一个更加野蛮的

---

①② Attwood, Thomas. 1816. The Remedy or Thoughts on the Present Distresses. In *Selected Economic Writings of Thomas Attwood*, ed. F. W. Fetter, London: LSE Reprints of Scarce Works on Political Economy, 1964, P. 9.

③ Attwood, Thomas. 1826. Mr Attwood's sixth letter—On the comparative Merits of the English and Scottish Systems of Banking; and on the expediency of renewing the Bank Restriction Act. In *Selected Economic Writings of Thomas Attwood*, ed. F. W. Fetter, London: LSE Reprints of Scarce Works on Political Economy, 1964, P. 93.

时代的所有目的和目标。"① 并且一旦遇到战争、粮食减产等不利因素，人们大量去银行兑换黄金，就会导致银行破产，经济陷入危机。他特别赞赏英国 1897 年实行的《银行限制法案》，他认为正是得益于这一法案，英国经济很快摆脱了 1897 年的危机，并使得英国在 19 世纪初期即使在与法国发生战争时依然能保持繁荣，他写道："就英国而言，我们发现了这个原理，在《银行限制法案》的协助下，使英国在比任何其他国家都承受更加昂贵的战争负担之下，并且几乎所有的对外贸易都被敌人掐断了，它依然能保持繁荣。"② 在阿特伍德看来，《银行限制法案》使纸币停止兑换黄金，从而使纸币的发行摆脱了黄金数量的限制，发行变得更加灵活，可以根据人们的需要及时调节货币数量，从而使经济摆脱并避免了危机，发展更加平稳。

但战后，政府决心重新回归金本位制，在 1816 年英国议会颁布了金本位法案，准备逐步恢复货币可兑换制度，阿特伍德对此坚决反对，他认为正是这一法案的逐步实施才造成了英国 1816 年之后的价格持续下跌以及 1816 年、1819 年、1822 年以及 1825 年严重的经济衰退。对于恢复金本位法案造成的价格下跌，他写道："在 1821 年 4 月，我向农业委员会证明过，回归金属本位制的压力使货币收缩，货币收缩是农业困境和所有其他困难的根源。当一份清单被制作出来时，大约有 20 种不同物品的价格下跌，以及几乎 19 种不同的原因被用于解释不同商品价格的下跌。我坚持认为，价格下跌是普遍的，因此，它必须有一个普遍的原因，这种普遍的原因是流通媒介的收缩，它衡量所有商品的价格和价值。"③ 对于恢复金本位法案造成的经济衰退，他写道："如果我们不能从纸币中找到解救办法，我们一定会被迫经历一段不光彩的和平。在 1816 年，当社会的基础纸币体系逐渐开始让位给金本位制时，是黄金迫使纸币的数量开始收缩，从而

① Attwood, Thomas. 1826. Mr Attwood's sixth letter—On the comparative Merits of the English and Scottish Systems of Banking; and on the expediency of renewing the Bank Restriction Act. In *Selected Economic Writings of Thomas Attwood*, ed. F. W. Fetter, London: LSE Reprints of Scarce Works on Political Economy, 1964, P. 92.

② Attwood, Thomas. 1816. The Remedy or Thoughts on the Present Distresses. In *Selected Economic Writings of Thomas Attwood*, ed. F. W. Fetter, London: LSE Reprints of Scarce Works on Political Economy, 1964, P. 19.

③ Attwood, Thomas. 1826. Mr Attwood's sixth letter—On the comparative Merits of the English and Scottish Systems of Banking; and on the expediency of renewing the Bank Restriction Act. In *Selected Economic Writings of Thomas Attwood*, ed. F. W. Fetter, London: LSE Reprints of Scarce Works on Political Economy, 1964, P. 93.

使债务的偿还变得困难，大量劳动者失去工作。在 1819 年和 1820 年，又是黄金使王国一半的工人失业，使全国充满了各种阴谋和危险。1822 年，仍然是黄金降低了被监控的抵押财产的价格，并使得大量的农民和土地所有者都陷入了破产，在 1925 年，又是黄金再一次使我国陷入到了个流通媒介不足的困境。"①

那么为什么回归金本位制会导致经济经常陷入危机呢？阿特伍德认为，有多方面原因，首先最主要的原因是回归金本位制导致市场上纸币数量收缩，物价下跌，从事农业、制造业生产以及从事商业的人们所获得的利润就会下降，甚至出现亏损，持续的物价下跌还会使生产者信心下降，使他们减少投资，解雇工人，经济的未来发展也会受到影响。其次，当时的债权债务关系很多都是在纸币制度期间产生的，回归金本位制使得人们偿还债务的压力增大，对于那些负债经营的制造业主来说，物价下跌已经使很大一部分生产者出现亏损，还增加了偿还债务的压力，使他们不得不陷入破产的境地，全社会的生产会急剧萎缩。再次，纸币数量收缩使人们很难获得信贷，对于那些濒临破产的生产者来说，他们由于不能得到信贷资金以渡过难关，只能眼睁睁看着企业倒闭，对于社会的主要消费阶级地主而言，由于农产品物价下降使得他们不能按时收取地租，他们又不能像纸币制度时期那样轻而易举地借到钱财，他们只能被迫减少消费。因此在他看来，如果纸币在以前从来没有产生，社会上一直使用黄金作为货币，那么经济社会不会出现这么频繁的危机。但是一旦出现了纸币制度，再重新回归到金属本位制度，务必会对经济造成巨大的伤害。

三、主张根据经济发展的需要来发行纸币

对阿特伍德来说，充分就业是压倒一切的政策目标，价格上涨是实现这一目标的基本手段。他写道："只要王国里还有很多勤劳诚实的工人失业，假设这种就业不是偶然的，而是一般性的，我认为政府有责任继续使货币贬值，直到实现充分就业和普遍繁荣为止，这当然符合它的利益。"② 因此，

① Attwood, Thomas. 1826. Mr Attwood's sixth letter—On the comparative Merits of the English and Scottish Systems of Banking; and on the expediency of renewing the Bank Restriction Act. In *Selected Economic Writings of Thomas Attwood*, ed. F. W. Fetter, London: LSE Reprints of Scarce Works on Political Economy, 1964, pp. 93 – 94.

② Attwood, Thomas. 1816. Introduction. In *Selected Economic Writings of Thomas Attwood*, ed. F. W. Fetter, London: LSE Reprints of Scarce Works on Political Economy, 1964, P. xxii.

在经济达到充分就业之前，政府必须采用扩张性货币政策，恢复货币贬值状态，这将会恢复工业给予的回报，将会恢复信心，恢复构成一个国家商业繁荣的所有方面。从这一观点出发，他认为纸币制度要优于金本位制或者黄金与纸币共存的制度，因为人们可以根据经济形势的发展需要来控制纸币的数量，但金本位制或者黄金与纸币共存的制度则很难做到这一点。

在如何根据经济社会的需要发行纸币时，阿特伍德提出可以通过议会法案的形式命令英格兰银行根据需要买入或卖出长期政府债券。在他看来，自《限制法案》以来，英格兰银行开始逐步掌握了英国的货币供给，从而掌握了英国的经济发展方向，取得了有史以来从未有过的金融地位，成为整个国家的中心和运行的基础。如果它对商业票据的贴现增加，货币供给就会增加，物价就会上涨，就会给整个经济带来新生与活力，国家的消费、工业的生产力都会增加，人们的收入也会相应增加；相反，如果它对商业票据的贴现减少，货币供给就会减少，物价就会下跌，就会阻碍经济发展，人们的收入也会相应减少。此外，物价的变化还会引起收入的再分配，总之，在他看来，不仅一国的工商业发展会受英格兰银行货币政策的影响，每个人的财富也会受英格兰银行货币政策的影响。他写道："在当前英格兰银行比有史以来被记录的任何个人或者机构的权力都要大。它有权提高或降低所有商品的价格，使其处于任何程度的上升或萧条状态，从而在一天内迫使国家的财产进入金钱持有者和债权人手中，另一方面，迫使后者的财富落入财产持有者和债务人的手中，如果它突然收回它的贴现和预付款，那么其后果显然将几乎是将国家的财产全部转移到货币持有者的手中。小麦将大幅下降到每蒲式耳1镑，劳动力的工资将下降到每周1镑，土地以及所有其他商品都只值他们当前货币价值的1/10。"① 因此，在他看来，只要英格兰银行能够根据经济形势发行货币，就能够实现英国的价格稳定和熨平经济周期。但是，英格兰银行作为一家私人银行，它的运行以盈利为目的，根据经济的需要发行纸币并不能保证它会获得最大的利益，如何才能使它根据经济的需要控制货币呢，阿特伍德认为必须借助议会的力量，使英格兰银行在必要时根据议会的命令而不是董事会的决议来行事。他写道："发行这些货币最方便的方式是通过一项议会法案，使英格兰银行能够拿出 2 000 万镑纸币来购买收益率为

① Attwood, Thomas. 1816. The Remedy or Thoughts on the Present Distresses. In *Selected Economic Writings of Thomas Attwood*, ed. F. W. Fetter, London: LSE Reprints of Scarce Works on Political Economy, 1964, pp. 9 – 10.

3%的统一公债或其他政府证券。该法案应该根据议会的意愿持续有效，并可根据国家利益的需要继续、扩大或限制其运作。如果商品的价格上涨过高，该法案可能被撤回，银行被迫出售其全部或部分证券，这将通过减少纸币流通，迅速降低价格；如果价格下跌，危及国内的消费和贸易，该法案可能会进一步扩展并扩大其操作范围，从而迅速将价格提高到适当水平。因此，可以在国家货币中建立一个强有力的监管机构，对其所有业务进行固定和控制，并使价格状况具有永久性和稳定性，这可能不会通过任何其他手段来实现。通过借助于这一法案，商品的价格就能被固定下来，或者在很长一段时间只以一个很小的变化幅度增长，如果某个时候价格上涨过高的话，通过出售银行的长期国债收回流通中的一部分银行券，就可以降低价格，这样也可以迫使库存商品进入市场；如果它们跌得太低，通过重新购买国库券，增加的纸币发行将迅速提高到适当的水平，通过恢复对财产的信心，通过处置和使公众能够继续他们的支出，以及持有国家福利和安全所必需的财产库存。通过这种方法，可能会在很大程度上消除过高或过低价格的弊端；粮食收成太少或太多的影响也会被得到中和或管制，从而使每一年的价格差异变得很小。"① 从这一段文字描述中，可以看出，阿特伍德较早地产生了通过银行买卖债券控制货币数量，进而稳定物价与就业的思想，这一想法在当代被称为公开市场业务，是各国中央银行当前常用的控制货币数量的工具。从这一点来看，阿特伍德是现代信用货币体系的主要先驱之一。

四、主张设立一家中央银行来管理货币

在阿特伍德看来，实现英国充分就业与价格稳定的目标，必须要求英格兰银行能够根据经济形势来发行货币，因为在当时，英格兰银行在英国国内资金力量最为雄厚，垄断了当时伦敦的货币发行权，其他商业银行都在英格兰银行开设了存款账户，把一部分准备金都存放在英格兰银行，并且这些商业银行的债权债务可以通过英格兰银行进行统一清算，英格兰银行在当时实际上已经充当了中央银行的角色。但是，阿特伍德认为，英格兰银行作为一

---

① Attwood, Thomas. 1816. The Remedy or Thoughts on the Present Distresses. In *Selected Economic Writings of Thomas Attwood*, ed. F. W. Fetter, London: LSE Reprints of Scarce Works on Political Economy, 1964, pp. 53 – 54.

家私人银行，它的运行以盈利为目的，根据经济的需要发行纸币并不能保证它会获得最大的利益。相反，从理论上来看，由于董事会有权在任何程度上提高或降低商品的货币价值，它完全可以通过操纵经济中的货币量来获得更大利益，例如，在某一年内，通过减少货币数量，英格兰银行可以把全社会所有商品的价格降到非常低的水平，然后银行董事们在暗中购买大量商品；在下一年，通过增加货币数量，英格兰银行再把全社会所有商品的价格增加到非常高的水平，然后银行董事们在暗中销售之前购买的大量商品，通过这种频繁操作，阿特伍德认为，银行董事们可能会拥有比国王更大的财富，而不需要对他们的行为负责，而且政府也可能根本不知道原因，但这种做法造成了经济的周期性波动，在一些年份社会生产饱受痛苦与毁灭，另一些年份则投机盛行，不利于经济的稳定发展。

如何才能使它根据经济的需要控制货币呢？阿特伍德认为借助议会的力量，使英格兰银行在必要时根据议会的命令而不是董事会的决议来行事也可能会引发冲突，特别是在这些命令有可能会严重损坏英格兰银行利益的时候。因此他建议由政府成立一家能够发行货币的金融机构，无论亏损或者盈利，它都会根据议会的命令来改变经济中的货币数量。他写道："如果英格兰银行拒绝购买政府发行的债券来增加货币发行，尽管这种情况很少发生，议会就可以通过一项法案来创建一家专门的机构来发行政府货币，这种货币与英格兰银行发行的纸币具有同等的特权，可以起到与其相同的效果。"[1]这样，在他看来，无论是政府机构发行的纸币还是英格兰银行发行的纸币，只要他们进入到流通领域，他们将会对经济产生同样的刺激效果，而且与英格兰银行相比，政府成立的发行货币的机构将更能满足人们对纸币的需求。他写道："很可能政府成立的这个货币发行机构比英格兰银行能更好地充当政府的代理人，因为针对利润和损失，它不会产生任何的嫉妒或困难，因为它只需要向公共财政部汇报就行了。"[2]

总之，对阿特伍德来说，政府最应该加以防范的是纸币数量的不足而不是它的过剩，为了防止货币短缺，他建议英格兰银行应把国家利益放在首要

---

① Attwood, Thomas. 1816. The Remedy or Thoughts on the Present Distresses. In *Selected Economic Writings of Thomas Attwood*, ed. F. W. Fetter, London：LSE Reprints of Scarce Works on Political Economy, 1964, P. 52.

② Attwood, Thomas. 1816. The Remedy or Thoughts on the Present Distresses. In *Selected Economic Writings of Thomas Attwood*, ed. F. W. Fetter, London：LSE Reprints of Scarce Works on Political Economy, 1964, P. 54.

位置，有义务增加流通中的货币数量，直到王国的所有工人都达到充分就业的状态。对阿特伍德来说，充分就业是压倒一切的政策目标，价格上涨是实现这一目标的基本手段。他写道："只要王国里还有很多勤劳诚实的工人失业，假设这种就业不是偶然的，而是一般性的，我认为政府有责任继续使货币贬值，直到实现充分就业和普遍繁荣为止，这当然符合它的利益。"[①] 为此，为应付 1816 年经济危机，他多次写信给政府官员，规劝他们放弃回归金本位制，敦促政府恢复货币的贬值状态，以恢复工业的利润和生产者的信心。

第八节　对阿特伍德货币非中性思想的评述

一、阿特伍德货币非中性思想的重要意义

阿特伍德的通胀政策观点被很多人认为过于极端，即使是对其他信奉古典货币非中性的经济学者而言也是如此。约翰·斯图亚特·穆勒就明确反对阿特伍德的通胀主义，理由是他只是通过欺骗生产者，使他们产生名义价格的变化就是真实价格变化的幻觉，因此构成了一种欺骗和不道德的经济刺激方式。尽管如此，托马斯·阿特伍德的一些经济思想对之后的货币理论发展以及中央银行货币政策实践都产生了深远的影响，比如他提出的通过货币政策消除商业周期的思想，通过货币政策使经济达到充分就业的思想，通过买卖政府债券调节货币的思想，由政府出资建立中央银行的思想，以及反对金本位的思想，在当代很多经济学家的研究中，很多学者还将凯恩斯革命性的货币观点与阿特伍德这种早期反对金本位正统的货币观点进行比较。

二、马克思主义经济学视角下的阿特伍德货币非中性思想

阿特伍德关于货币非中性的另一机制是商业信心变化和投机行为的发

---

① Attwood, Thomas. 1816. Introduction. In *Selected Economic Writings of Thomas Attwood*, ed. F. W. Fetter, London: LSE Reprints of Scarce Works on Political Economy, 1964, P. xxii.

生。事实上，在麦克库洛赫那里，预期也起到了关键作用。麦克库洛赫的推理是，预期导致商品需求增长的后果是商品价格立即上涨，因而其利润暂时增长（实质上是利润在不同的资本中重新分配）从而导致生产扩张，于是投机行为发生了，产生了对借贷资本的需求。在阿特伍德看来，货币增发或减少，会导致价格增长或下降，从而导致信心增加或下降，并最终对产出产生影响。这一观点，有其合理之处。马克思也提出了类似观点，他曾引用图克的话谈到这一问题。他说："图克'用剩余资本的积累，即前几年资本缺乏有利用途时必然随之发生的现象，用贮藏货币的出笼，用对营业发展已恢复信心'，来解释这种现象。"① 马克思这里所指的现象是现代工业在其中运动的周转周期。马克思认为研究危机的经济学家看到了货币的供给与经济周期的关系，认为在经济恢复时期货币充裕不会产生投机，但随后继续增加货币则可能导致投机盛行，紧接着经济可能又发生衰退，导致货币发生稀缺。货币与经济繁荣和衰退的关系在古典经济学家那里实际上也变得十分清晰，但是阿特伍德没有看到尽管货币带来了商业信心，但同时也带来了资本主义市场经济条件下的投机行为发生。此外，阿特伍德没有区分货币与货币资本对经济影响的不同。事实上，是货币资本而不是货币本身才会使经济变得繁荣起来，也正是货币资本的冲击才会使经济从繁荣变得衰退。对此，马克思在《资本论》中分析指出："也可能有这种情况，即一种商品的供给可能低于平均水平——例如，在谷物、棉花等歉收的场合，可是对借贷资本的需求却会增加，因为人们指望价格会进一步提高而进行投机，而提高价格的最直接的手段，就是暂时从市场上撤走一部分供给。"② 也就是说，他们都是从对货币资本需求的角度展开分析，认为货币资本的供给与需求对生产和就业产生了较大的影响。但是，正是这种货币资本寻求利润的竞争而产生的自由流动调整了各产业之间产品的需求与供给，从而才使得社会再生产均衡。对于货币减少引起的波动和危机，马克思也提出了类似的看法。他说："在货币紧迫时期（经济危机时期——引者注），对借贷资本的需求，就是对支付手段的需求……只要商人和生产者能够提供可靠的担保，对支付手段的需求，就只是对转化为货币的可能性的需求。"③ 马克思进一步指出，在资本主义商品经济条件下，商品价值与使用价值的对立既然外化为货币与商品的对立，那么，经济危机就不可避免地表现为货币的危机。但马克思比麦克库

---

① 《资本论》第三卷，人民出版社 2004 年版，第 404 页。
② 《资本论》第三卷，人民出版社 2004 年版，第 582 页。
③ 《资本论》第三卷，人民出版社 2004 年版，第 583 页。

洛赫走得更远，马克思在分析了货币与经济危机的关系之后，还提出了下面的观点：资本主义经济危机表面上虽然表现为货币危机，但实际上是由资本主义制度造成的；资本主义经济危机的原因，不是信用和货币的缺乏，而是生产和消费的对立；商品价格下降仅仅是危机的具体表现，而不是危机产生的原因；把货币资本的缺乏和商品价格下降都说成危机的原因，犯了倒果为因的错误①。从这个角度去推理，阿特伍德货币政策的主张，即一味地通过增发货币促进增长是不妥的。

---

① 陈征：《〈资本论〉解说》第三卷，福建人民出版社 2017 年版，第 397～400 页。

第十二章　约翰·斯图亚特·穆勒的货币非中性思想

　　约翰·斯图亚特·穆勒（1806～1873），是一位著名的经济学家、思想家、哲学家、古典自由主义思想家，1806年5月20日生于伦敦，也是著名功利主义哲学家詹姆斯·穆勒的长子，在其父亲的引导下，约翰·穆勒3岁开始学希腊文，8岁开始学拉丁文、代数、几何，9岁遍读希腊史家的重要著作，10岁读完古希腊哲学家柏拉图和德摩斯提尼的原著。在少年阶段结束时，他已经具备了比大学毕业生还要广泛的知识；13岁时他开始自学经济学课程，先后阅读了李嘉图的《政治经济学及赋税原理》、亚当·斯密的《国富论》等名著。在自学过程中，经常同父亲就政治经济学的各种问题进行交谈，并将这些学习和谈话的内容写成笔记。其主要的经济学著作有《政治经济学若干未解问题》（1844年）、《政治经济学原理》（1848年），其中《政治经济学原理》成为第一本影响西方经济学教育达半个世纪的教科书，也奠定了他在经济学思想史上的伟大地位。哈罗德·J. 拉斯基曾指出："自从穆勒去世后过去的50年中，还没有出现一位学者，对同代人的思想的影响有像他那样深远。"[1]

　　在货币理论方面，除了其在《政治经济学原理》中的经典论述，他还发表了《纸币与商业危机》《货币的骗局》等论文，在货币对经济的影响上，他认为在可兑换制度下，如果增加的货币用于社会投资，确实会促进经济增长。此外，他还认为，增加货币一般会导致可贷资本增加，从而降低借贷利息率水平。而如果在不可兑换下，过度发行纸币则对经济百害而无一利，因此他特别反对阿特伍德提出的增加纸币能够通过提升商业信心，降低企业实际成本支出促进社会产出增长的观点，同时也反对休谟提出的增加货币能够通过价格刚性促进产出增长的观点，在批判他们的观点时，他提出了著名的"货币幻觉理论"，构成了古典货币非中性理论的另一个重要来源，

---

　　[1]　约翰·穆勒：《约翰·斯图亚特·穆勒自传》，商务印书馆1998年版，第4页。

穆勒认为，流通领域当货币过度发行时之所以对经济还会产生影响，是因为生产者与劳动者会产生货币幻觉，对于生产者而言，当货币数量的增加导致一般价格水平上涨时，由于货币幻觉，生产者错误地认为是相对价格出现了上涨，从而增加产出，但不久生产者必定会出现生产过剩，他自己也会缓慢意识到是一般价格出现了上涨，从而恢复到之前的产量。对于劳动者而言，当货币数量增加使名义工资上涨时，劳动者也会产生幻觉，误认为是自己的实际工资上涨了，会比之前更加勤奋地工作，当这些劳动者发现物价与工资同比例上涨之后，就会明白他的实际工资并没有变化，他就会停止提供额外的劳动，经济也会回到货币增加之前的状态。因此，在他看来，过度发行货币会导致商业周期，不利于长期经济增长。此外，约翰·穆勒还认为由增发货币引起的通货膨胀会导致社会收入不合理分配，正如他所说，用纸币替代金属货币能够使国家受益，但是，超过限度增发纸币，则会导致财富不公平分配。他对那些在通货膨胀中生活变得更加艰难的穷人，充满了同情心，而且他在其他一些著作中对公平分配的推崇和对社会主义精神的普遍同情态度，哈耶克称赞他更多地将批评的矛头指向了思想的专制而不是政府的行为。正因为如此，在货币政策上，他反对暂停货币兑换制度，主张松散的可兑换的货币政策，在这种可兑换制度下，银行随时应对民众用纸币兑换黄金，但不必为所有发行的纸币准备足额的黄金，在穆勒看来，松散的可兑换的货币政策不仅完全能够满足人们对货币的兑换，从而稳定物价，而且在这种制度下，货币政策的选择余地更大，比如当经济处于极度衰退时，为恢复经济，需要比较宽松的货币环境，如果此时黄金储备数量并没有增加，银行也可以通过贴现等信用方式增加一定数量的贷款，以刺激经济的复苏。

第一节 穆勒对货币非中性的描述

穆勒认为，在可兑换制度下，纸币只是替代金属货币流通，因此，经济中能够发行的纸币数量是由金属货币数量决定的，货币数量的发行不能超出贵金属数量太多，形成明显超发，否则会造成贵金属铸币的价格低于贵金属的价格，民众会将手中的纸币兑换成贵金属铸币，再将铸币融化成黄金，这样银行发行的超出贵金属储备的纸币又会回流银行，这种自发调整的机制使得在可兑换下纸币的发行必然受贵金属储备的限制，不会形成大量超发。

在不可兑换制度下，银行不用承兑已发行的纸币，当纸币大量超发时，即便纸币的价格明显低于贵金属价格，民众也不能用货币去银行兑换贵金属，超发的纸币缺少了可兑换条件下的"回流机制"，无论银行发行多少货币，必然都会停留在流通领域。在这种条件下，穆勒认为，可兑换制度下货币对经济的影响与不可兑换制度下货币对经济的影响完全不同。此外，穆勒还认为，信用制度的变化可以起到改变经济中货币数量的同等作用，从而对经济造成影响，当一个社会的信用制度越发达，很多商品的交易根本不用货币就可以完成，因此，当一个社会的信用关系扩张时，相对于经济中增加了一定数量货币，当一个社会的信用关系收缩时，相对于经济中减少了一定数量货币，对一个国家的经济发展会造成很大的影响，他认为，经济社会发生的商业周期绝大多数都是信用扩张与收缩造成的。

一、在可兑换制度下货币增加表现出的非中性

穆勒认为，在可兑换制度下纸币只是替代金属货币流通，因此，从原则上看，经济中能够发行的纸币数量是由金属货币数量决定的，但他也认为，由于民众并不确切地知道发行银行持有多少贵金属，也不知道发行银行到底多发了多少纸币，在一定程度上，银行超出贵金属储备发行纸币，只要不明显超出很多，并不会使纸币价值发生贬值，而如果是由一国政府来发行纸币，它需要的贵金属储备就更少了，因为政府比任何一家银行的信用都要高得多。但总体而言，穆勒认为，纸币发行数量还是受贵金属的储备数量决定的，当一个国家贵金属的储备数量增加时，发行的纸币就可以成比例上升；同理，当一个国家贵金属的储备数量减少时，银行必须紧缩纸币，使流通中的纸币同比例减少，否则就会导致物价上涨，黄金的价格高于金币的价格，人们就会用纸币去兑换金币，再把金币融化成黄金，市场上的纸币数量自然就会收缩，物价出现下降，直到黄金的价格与金币的价格相等为止。

那么，如果一个国家的纸币数量随贵金属的储备数量增加而增加发行时，对一个国家的经济会有什么影响呢？穆勒认为，这主要看所增加货币的用途，人们既可以把货币用于投资，也可以用于消费。如果货币被用于投资，就可以增加一国的资本积累，从而增加一国生产，提升一国就业；而如果是用于消费，则不会影响一国的产出与就业。他写道："一定时期内某一国家所拥有的流通媒介，部分地用于生产性的购买，部分地用于非生产性的消费；该国实际拥有的资本的多少，在很大程度上取决于用于这一方面或者

用于另一方面的比例。因此，如果只有非生产性的消费者手中的流通媒介增多，那么，现有商品储备的较大部分将被用于非生产性的消费，而较小部分将被用于生产性的购买。如果这种情况持续下去，则相当于资本的减少；反之，如果生产者手中用于经营的流通媒介增多，那么，该国商品的较大部分将被用作资本，而较小部分将被用于非生产性的目的。"① 因此，在穆勒看来，新增的货币如果是用于一国的投资，则会增加整个国家的资本积累，既给货币的发行者带来利益，又会为整个国家创造出更多的产出与就业，货币就会表现出非中性，并且，与马尔萨斯一样，他还认为，一般情况下，新增的货币会优先被生产者和商人获得，他写道："增加的钞票一般是先向生产者和商人发行，由他们用作资本。因此，国内的商品储备虽然不比过去多，但是其中由生产商和商人购得的份额增加了，因而当初用于非生产性消费的商品按照上述份额增加的程度转而用于生产，进而导致资本实际的增加。"② 因此，他实际上肯定了金银货币增加或者是在不超过金银储备数量的基础上增加纸币是可以增加一国产出与就业的。

此外，穆勒还认为，银行新增的货币如果不是用于消费，而是都转化为了贷款，经济中的贷款供给数量就会增加，贷款利率下降，从而促进社会投资增加，产量上升。穆勒的利率理论属于可贷资金理论，在他看来，经济中的真实利率取决于贷款的供给与需求，如果贷款的供给增加，贷款的需求保持不变，利率就会下降；反之，如果贷款的供给减少，贷款的需求保持不变，则利率就会上升。同理，当贷款的需求增加，贷款的供给保持不变，利率就会上升；反之，如果贷款的需求减少，贷款的供给保持不变，则利率就会下降。他认为货币数量本身并不会对利率产生影响，但货币的数量由少变多或者由多变少，就会对利率产生影响。如果银行随着黄金储备增加，增加货币供给，并且这一部分新增的货币不是通过购买而是通过贷款进入流通领域，则会引起利率下降。他写道："因此，由银行发生的通货增加时，在其增加的过程中，将趋向于降低利率，或者使利率保持下降的态势。"③ 他还以非洲及美洲发现金矿为实例，说明了货币增加能够通过增加贷款，从而引起利率下降。他写道："金矿的发现所造成的货币的增加也将产生相同的作用，如前所述，当新开采出来的黄金输入欧洲之后，他们几乎全部都附加在了银行的存款上，从而增加了贷款的数量，当银行将这些存款投资于证券

---

① ② 穆勒：《政治经济学原理》（下），华夏出版社 2016 年版，第 474 页。
③ 穆勒：《政治经济学原理》（下），华夏出版社 2016 年版，第 603 页。

时，则可以释放出等量的其他可贷资金，在经济状况一定的条件下，只有通过降低利率，才能使新增加的黄金找到投资机会，所以在假定所有其他条件不变的情况下，与不输入黄金的情况相比，只要黄金持续地输入，利率就必然会保持在较低的水平上。"①

但是他也认为货币数量的变化是一把"双刃剑"，一旦金银货币数量减少，或者增加的信用终止，收回纸币，则上述促进作用就会立即消失，相反的过程随之开始，首先表现为一国的投资的资金来源出现不足，一国的资本因为积累就会减缓，利率就会上升，产出与就业就会下降。

二、在不可兑换制度下货币增加表现出的非中性

穆勒认为，货币必须建立在可兑换制度之上，人们可以向银行自由兑换黄金的约束机制才能保证货币不会超发。如果是采用不可兑换的纸币制度，则纸币发行的数量必须小于可兑换制度下应该发行的数量，这样才能维持物价的稳定，给工商业提供一个稳定的价格环境。但他认为，在不可兑换制度下，由于货币发行方可以从货币发行中获取短期利益，因此它总是存在增发货币的冲动，最终货币不可能不超发，历史上几次发行不可兑换纸币的实践最终都出现了过度发行，最终也都因这一问题而失败了。

（一）两种不同情况下货币增加表现出的非中性

至于在不可兑换制度下货币增加对经济的影响，他认为要分情况进行考虑，如果通货不因纸币的发行而持续增加，而只是与等量的金银相当，则增发纸币的影响与纸币可兑换制度下完全一样，能够促进一国产出与就业增长；而如果发行的纸币数量在已经超过金银储备数量的基础上，继续增加纸币发行，就不再能促进一国产出与就业增长。他写道："货币的发行显然可以给发行者带来利益，因为在纸币被要求承兑之前，发行者可以把它作为真正的资本加以使用；而且，只要通货不因纸币的发行而持续增加，而只是与等量的金银相当，则发行者的利得是不会给任何人造成损失的，并且他使社会节省了消耗昂费材料的支出。但是，如果没有替代金银，即如果在原有通货的基础上增加发行纸币，而不是用纸币替代金属货币的一部分，则通货的全部持有者均会因通货的降值而遭受损失，损失的程度刚好与发行者获取的

---

① 穆勒：《政治经济学原理》（下），华夏出版社 2016 年版，第 603 页。

利得相当。实际上是发行者为获取自己的利得而向人们征税。"①

对于一些人认为，即便是过度发行纸币，那些因纸币增加发行而获得贷款的生产者和商人也会扩大投资，增加生产经营规模，整个社会的产出会因此增加。在穆勒看来，他们获得的利得并非整个社会生产的额外的产出，只不过是货币发行者侵占原有货币持有者的利益，由于纸币过度发行造成价格上涨，原有生产者能够购买的资本就会减少，因纸币增加发行而获得贷款的生产者和商人增加的资本正是原有生产者减少的资本，只不过，这些货币发行者并没有独占这部分利益，而是与这些生产者和商人一起分享了。

（二）不可兑换制度下超额发行纸币对经济产生的影响

阿特伍德主张采用不可兑换的信用货币制度，认为在这种制度下，政府能够根据经济的需要改变经济中的货币数量，使货币能够更好地促进经济发展。阿特伍德甚至反对金本位制，因为金本位制本质上属于可兑换货币制度，当纸币发行过多时，超出黄金储备的这部分货币会被人们拿到银行去兑换黄金，因此金本位制没有能力适应社会对货币需求的变化，具体而言，就是不能根据社会需要扩大或缩小现有法定货币数量的能力，当经济中货币应该扩张时，它却保持固定不变甚至出现收缩。当它应该收缩时，它却保持固定不变甚至出现扩张。在穆勒看来，阿特伍德的货币政策与约翰·罗的一样，都主张通过超额发行纸币来刺激经济。他强烈反对阿特伍德的货币政策，在批评阿特伍德的货币政策过程中，分析了不可兑换制度下超额发行纸币对经济产生的不良影响。

穆勒对阿特伍德提出的货币政策主张进行了嘲讽，在他看来，阿特伍德不考虑纸币是否过量发行，认为只要增加纸币就能促进产出与就业的观点是错误的，他写道："阿特伍德先生支持增加纸币，直到依靠发行的纸币养活了所有的人，这样每一个人都不会饿着肚子离开。他认为，这样的贬值直到使小麦的平均价格达到每蒲式耳 10 先令时就足够了；如果在实践中，任何工人宣布他仍然有胃口，阿特伍德先生就会建议继续增加纸币，直到达到所有人的饱腹程度。如果要使一个国家的人口达到足够的满足需要增加 2 倍或是 3 倍的纸币，在这个表现绅士的人看来，所有必须要做的就是使货币贬值得越多。"②

---

① 穆勒：《政治经济学原理》（下），华夏出版社 2016 年版，第 510 页。

② Mill，John Stuart. 1833. The Currency Juggle. As reprinted in Vol. Ⅳ of *The Collected Works of John Stuart Mill*，ed. J. M. Robson，Toronto：University of Toronto Press，1967，P. 190.

他认为阿特伍德之所以认为增加货币能促进经济发展，一是阿特伍德认为尽管纸币不是资本，但是能将资本带入更充分的就业。他断言，国家资本的很大一部分，特别是由建筑物和机器组成的那一部分很多是处于闲置状态的，因为缺乏足够的交换媒介来支撑的所有产品销售，而每一种商品的销售都是相互关联的，一种商品的出售会为其他商品的销售提供市场与需求；反之，如果一种商品的销售受阻，也就使其他商品的销售受阻，最终导致的结果就是全社会产品滞销。在他看来，缺少货币就像缺少了油，车轮不会转动一样。二是阿特伍德认为货币数量的增加以及随之产生的货币价值的下降不仅减少了制造商的名义税收，还可以减少其名义债务以及其他固定费用的压力，从而增加其利润，刺激其扩大生产与增加对劳动力的需求。而穆勒却认为少量的名义货币足以交换市场上同样多的商品，只是每一件商品的价格都会按一个较低的价格来进行交易，但对交易双方来说，完全能够产生与高价格一样的结果，因为对卖方而言，尽管他出售商品的钱名义数量减少了，但是实际数量并没有发生变化，对于买方也会基于同样的原因不会产生影响。穆勒认为唯一产生的影响就是在这些货币有了更高的实际价值之后，会损害债务人的利益，使债权人受益。他继续嘲讽阿特伍德："他不能意识到高价格本身没有好处，他不能从他的脑海中去掉高价格会导致'消费增加''需求增加'，从而刺激生产这种在他身上已经根深蒂固的思想。就好像用两张纸币支付一块面包比用一张纸币更能增加面包的需求量一样，就好像能把一双鞋卖两块抹布，而不是一块抹布，当每一块抹布的价值只有一半时，对鞋子的生产会有任何额外的诱因。"①

阿特伍德还用实例说明了他的货币政策主张，他认为1824~1825年期间英国的经济繁荣是英格兰银行扩大票据贴现、增加货币供应的结果，由于货币充足，物价上涨，英国经济各行各业都能流畅运转，到处都呈现出一片繁荣的景象，没有一个举止良好的工人失业。但在1825年，英国发生了农业歉收，大量黄金被输出到国外用于购买粮食，对英格兰银行的黄金储备造成了压力，以英格兰银行为代表的银行体系开始紧缩货币，于是诱发了1825年的经济危机。在他看来，如果1825年以及之后的年份，英国不紧缩货币，使价格一直能保持在1825年那样高，甚至不断上升，那么英国将一直会保持1825年之前的繁荣，不会发生1825年的经济危机，一切都会变得

---

① Mill, John Stuart. 1833. The Currency Juggle. As reprinted in Vol. Ⅳ of *The Collected Works of John Stuart Mill*, ed. J. M. Robson, Toronto: University of Toronto Press, 1967, P. 189.

更好。穆勒也对阿特伍德的上述观点进行了猛烈的抨击，穆勒承认，1824~
1825年，英国的就业率确实很高，并且几乎所有的建筑物和机器都没有处
于闲置状态，但他认为，这期间的繁荣是一种由投机引发的非正常与非理性
的繁荣状态，是由货币超发和信用泛滥引发的大量投机造成的结果，是不可
能持续下去的，短暂的狂热投机过后，必然会产生经济逆转，引发一段同等
程度甚至比之前繁荣程度更深的衰退，这也是穆勒认为在不可兑换条件下，
货币大量发行对经济必然会产生的影响，他写道："但是为什么1825年全
国所有的资本都处在这种异常的活动中，因为整个商业公众都处于疯狂的妄
想状态，在本质上是暂时的。因为不可能准确地调整生产者的运作以满足消
费者的需求，总是会发生一些商品或多或少是缺乏的，而另一些则是过剩
的，为了纠正这些混乱，社会经济的健康运行要求资本在某些渠道应该是大
量投入的，而在另一些渠道应该是逐步撤离的，但在1825年，人们想象所
有商品的供应与它们之前的需求相比，都处于缺乏状态，投机精神的一种不
寻常的延伸，伴随而来的是纸币与信用的大量增加，导致了价格的上涨，但
人们认为这不应该是由货币贬值引起的，每一个商人与制造商都被认为是由
于对他的特定物品的有效需求的增加而产生的，幻想存在一个现成的和永久
的市场，供他生产出的任何数量的商品都能进行销售。阿特伍德先生的错误
在于假设货币的贬值会使所有物品的需求急剧增加，从而增加它们的生产，
因为在某种程度上，它可能会对需求的增加产生一种错误的看法，这种错误
的看法会像现实一样导致产量的增加，但一旦幻想停止，就会产生致命的反
转。"① 在这段文字描述中，穆勒从货币幻觉这一新的视角说明了在不可兑
换条件下货币超发会对经济产生的影响。同样，穆勒认为1825年之后的经
济收缩也不是由货币收缩造成的，而是投机过后必然要经历的结果。他写
道："1825年之后的衰退并不是阿特伍德先生幻想的是由货币的收缩造成
的，主要原因是之前的繁荣是一种人为投机引起的虚假繁荣。货币的收缩是
衰退的结果，而不是原因。1825年之后，如此多的商人和银行家在他们的
投机中失败了，因此，如此多的人无法履行他们的还款义务，他们发行的纸
币变得毫无价值，并使所有其他纸币也失去了信誉。一张不可兑换的纸币可
能使这些债务人欺骗了债权人；但它们不会为市场多生产一块面包或者一码
布；因为人们的需求是商品，而不是纸币。他们中的许多机器，实际上，是

---

① Mill, John Stuart. 1833. The Currency Juggle. As reprinted in Vol. Ⅳ of *The Collected Works of John Stuart Mill*, ed. J. M. Robson, Toronto: University of Toronto Press, 1967, P. 190.

在那段非正常时期被生产了，这部分是他们现在无所事事的原因。"[1] 穆勒说明了由货币超发引起的投机行为尽管会引起一段短暂的虚假繁荣，但这是不可持续的，因为商品的价格不可能一直持续上涨，一旦价格停止了上涨，一部分人就会在投机中遭受损失，由于担心价格会开始回调，人们开始大量抛售商品，导致商品价格暴跌，此外，在投机行为引起的短暂虚假繁荣期间，制造商们误认为是对自己的商品需求增加引起的价格上涨，他们在这期间多生产了大量的机器设备，造成了之后大量机器设备过剩，为之后大量机器设备闲置埋下了祸患，这是他对阿特伍德提出 1825 年大量机器设备闲置问题的解释。

三、货币信用的增长能促进生产

（一）增加信用能够提升资本使用效率

穆勒认为，方式只是把某个人的资本转移给其他人使用，增加货币信用并不能增加整个社会的资本总量，但是信用能促使资本从低效率的使用方式向高效率的使用方式转移，从而促进社会产品的生产。在他看来，这种转移促进社会生产的形式主要有两种原因，一种原因是社会上有一些人存在大量闲置的货币资本，但他并没有利润率较高的项目去进行投资，而另一部分人获得了投资某些利润率较高的项目，但他们却苦于没有资本，于是有大量闲置货币资本的这些人会把手中的资本借给那些资本短缺但获得了投资某些利润率较高的项目的人，并从他们那里以取得利息率的方式分享投资利润。在这个转移过程中，经济社会的生产效率提高了，他写道："不过，虽然信用只是资本在不同人手中的转移，但是资本大体上而且本质上是向在生产中能够更为有效地利用资本的人的手中的转移。如果根本不存在信用，或者由于整体上的不安全和不信任难以实践信用，那么，占有或多或少资本的很多人，就会因为他们所从事的事业缺少必要的技能和知识，不能亲自监督它的使用，从而不能从资本中获利：他们的资金可能被闲置，或者在笨拙的谋利的尝试中被浪费和损失。现在，所有这些资本都可以以一定的利息出借并用于生产。这样的资本形成了每一个商业国家的很大的一部分生产性资源，而

---

① Mill, John Stuart. 1833. The Currency Juggle. As reprinted in Vol. Ⅳ of *The Collected Works of John Stuart Mill*, ed. J. M. Robson, Toronto: University of Toronto Press, 1967, P. 191.

且它们很自然地被吸引到那些业务量最大、掌握最有利使用资本的方法的生产者或者商人的手中……因此，虽然一国的生产性资金不会因为信用而增加，但是却会处于更为完善的生产活动状态。"[1]

（二）增加信用能够汇聚资本

另一种原因是信用能使不同时期内的小额资本汇聚起来，投资于一些生产效率更高的项目。他认为，一般而言，每个人手中在不同的时间段或多或少都会存在一些资本，在信用经济产生之前，这些资本要么出借的时间太短，不能满足借款人在时间上的要求，要么资本数量太少，相对于一些需要大量资本的人来说，实在是微不足道，大量分散在民众手中的小额资本无法贷出，造成资本的闲置与浪费，但自从有了银行这种信用中介机构之后，每个人就能够把自己在某一时间段内剩余的资本存放在银行，汇聚成数量巨大的资本，银行再将这些资本出借给那些需要大额资本投资的人，这样就使整个社会无数分散的小资本都用于了生产，闲置资本的数量大大减少了，另一方面，也保证了一些需要资本投资数额巨大的投资项目顺利实施。他写道："在没有储蓄银行的地方，谨慎的人必须随身携带足够的资金以满足偶然发生的各种需求，然而，现在人们可以不再自行保管这些资金了，而是把它托付给银行家。当这种习惯形成以后，当初闲置的多笔小额款项就会积聚在银行家手中；银行家根据经验可以决定，在一定的时期内需要保留多少准备金……于是，银行家可以将剩余的部分，即存款的绝大部分，借给生产者和商人使用。因此，虽然现在的资本数量实际上并没有增加，但是投入使用的资本数量却得到了增加，从而相应地增加了社会总产出。"[2] 但他同时也认为，信用只有赋予生产者与商人这些勤勉阶层时，才能起到上述促进生产的作用，如果是向非生产性的消费阶级提供信用，则不仅不会增加整个社会的产量，反而会损害社会的生产效率，因为这种信用方式并不像上述那样，由非生产性阶层转移给生产性阶层暂时使用，而是有可能相反，将本应用于生产性的资本用于了非生产性阶层的消费，造成整个社会资本数量的减少，从而引起产出与就业人数的下降。他举例说，如果某个商人赊销商品给某个土地所有者，约定贷款要在 5 年之后支付，那么，这笔资本在 5 年之内都会处于闲置状态，而如果地主能够立刻支付贷款，则这笔贷款在 5 年内就可以被

---

① 穆勒：《政治经济学原理》（下），华夏出版社 2016 年版，第 474~475 页。
② 穆勒：《政治经济学原理》（下），华夏出版社 2016 年版，第 475 页。

多次用于投资，数量相同的商品就会多次被生产出来，为社会创造出更多的财富。

（三）信用的增加也可能引发经济周期

在穆勒看来，经济中发生的某些商品的商业周期绝对多数都和信用的变化有关，当经济中突然出现某种商品短缺，引起某种商品价格上涨时，投机商就会利用各种信用关系来购买这种商品，造成这种商品的需求在短期内进一步上升，价格进一步上升，而人们普遍都具有从众心理，当发现这些投机商购买这些商品赚钱后，会有更多的人加入投机的行业，他们利用各种信用手段去购买这些商品，引起整个社会信用的急剧扩张，但是绝大多数商品的短缺不可能长期存在，其供给最终会出现增加，一些市场嗅觉极其敏感的商人发现商品的价格已经严重偏离正常水平，或者预期到这种商品的供给会出现增加使这种商品产生降价动力时，他们就会在价格下跌之前提前抛售之前囤积的商品，这时，商品的价格开始出现反转，由上升转向下跌，后进入的投机者开始出现亏损，一些投资商开始无法按信用的约定归还银行或是供应商的货款，银行与供应商也开始意识到风险开始收缩信用，人们不仅很难再从银行或供应商那里获取信用购买这种商品，而且银行与供应商开始催促前期的投机商归还因商业信用形成的借款，导致这些投机商被迫出售囤积的商品，于是在短期内大量前期囤积的商品会涌向市场，这种商品的价格必然会出现急剧下跌，甚至会跌落到商业周期发生之前的水平。在穆勒看来，如果没有商业信用，所有的交易都由现金交易，就不会形成商业周期，即便会出现商品周期，商品的价格上涨与下跌的幅度会小得多，因为，没有信用，只依靠投机商自己的资金，就不会在前期对商品产生如此大的需求，此外，在货币数量一定的情况下，如果人们都把手中的货币用于购买投机的商品，用于其他商品的支出必然会减少，但是，对绝大多数人来说，所购买的全部商品往往都具有一定的必要性，所以，大多数人都不会去占用本用于购买其他商品的支出来购买投机性的商品，使得人们用于投机的支出货币增长比较有限，但是，如果存在信用，人们可以在不减少其他支出的情况下，通过信用增加投机商品的购买，形成对商品需要的急剧增加，此外，当商品价格出现下跌时，如果没有信用，人们亏损的资金基本是自己的资金，他可以不用急于出售商品去归还借款，完全可以一直囤积商品等待价格回升后，再出售以减少损失，而如果是通过信用获取的投机资本，这些投机商面对受信方的催款，不得不到期抛售商品偿还信用借款，这必然会造成短期内商品供应大幅增加，价格急剧下降。他写道："今天，在不知信用为何物的社会中，所有这些结果都可能发生。某些商品的价格可能由于投机而上涨到最高限度，然后迅速地跌落。但是，如果没有信用这种东西，对于一般商品来说，这种情况就难以发生。如果所有的购买均使用现金，那么，对于一些涨价商品的支付就会使社会的货币以更大的比例流入这些商品市场，同时必然会从其他商品市场中退出，导致其他商品的价格的下降……总体来看，如果货币的数量保持不变，则人们就不可能在不减少对某些物品花费的条件下增加对其他物品的花费，但是，人们可以通过扩大信用做到这一点。当人们进入市场使用他们所期望的日后可能货币进行购买时，他们可以利用的货币量是无限的，而不再是有限的，于是，得到支持的投机活动可以在多种商品上展开，而不会妨碍其他商品活动的正常进行，它甚至可以在所有商品上都同时展开。"①

　　因此，他得出结论，信用通过增加资本、汇聚资本、优化资本用途等途径促进了一国资本积累，使其更具有活力，促进了社会产出与就业的增加，对一个国家而言，是经济发展必不可少的金融工具。但是过度使用信用以及将信用授予那些投机商人，则会引发剧烈的经济波动，引发商业周期。因此，他建议一个国家要合理使用信用工具，特别是要仔细甄别授予信用的对象及用途，防范信用经济带来的风险。

第二节　穆勒对阿特伍德与休谟货币非中性理论的批评

　　尽管穆勒认为在可兑换条件下，新增的货币如果用于一国的投资，会增加整个国家的资本积累，促进一国的产出与就业，货币就会表现出非中性，而且新增的货币如果转化为资本的供给，还可以促进利率下降，但他认为，这种刺激作用是不确定的，因为新增的货币也有可能用于消费，那样就不会增加一国的资本积累，也不会降低一国的利率，另外，穆勒认为，即便是新增的货币增加了一国的资本积累，降低了一国的利率，其对经济的刺激作用也只是短期的，如果超过了黄金数量大量发行货币，尤其是在不可兑换条件下大量发行货币，会造成物价在短期内普遍上涨，引起人们产生货币幻觉，从而形成经济波动。所以，穆勒并不认为增加货币会刺激经济发展，相反，

----

① 穆勒：《政治经济学原理》（下），华夏出版社 2016 年版，第 487 页。

他认为采用增加货币的方式刺激经济会引起经济波动，对经济产生不利的影响。基于以上观点，他对休谟与阿特伍德这两位主张采用货币刺激经济的古典经济学家提出的货币非中性理论及政策主张进行了批评。他写道："不可兑换通货的支持者所仰仗的另一种谬论是通货增多可以加速产业的学说，这种思想最初见于休谟的《论货币》一文，之后，又出现了众多的支持者，以阿特伍德为著名代表人物的伯明翰通货学派就是其中之一。"①

一、对阿特伍德货币非中性理论的批评

阿特伍德提出增加货币之后，形成的商品价格上涨不仅有助于人们对经济恢复信心，各行各业的人都会恢复或者是扩大生产，而且企业需要支出的税收、利息率等固定费用会滞后于商品价格上涨，这就会使企业实际支出的成本下降，利润增加，激发生产者扩大生产，因此整个社会产量增长，就业增加，经济就会进入扩张周期。穆勒对上述观点进行了反驳，他写道："我认为阿特伍德先生所描述的那种使一切从事生产的人焕发出巨大热情的东西，必然是生产者的一种期望，即期望用自己劳动的产品一般地换取更多的商品和更多的实际财产，而不是换取更多的纸片。但是，根据上述假设条件，这种期望一定会落空。因为，如果假定所有的价格都以相同的方式上涨的话，则没有人能够用自己的商品换得比过去多些的其他物品。与阿特伍德先生持有相同观点的人要想成功，就只有延长实际上的某种幻觉，使人们超常地努力工作才行，即使货币价格的上涨逐步加快，使每一位生产者感到他们所获得的报酬似乎也在相应地逐步增加，尽管实际上他们什么也没有获得。对于这一方案，除了需要指出它完全无法实行之外，我们无须再列举其他任何反对的理由。它打算让全世界都相信纸片越多就越富有，而且使人们永远不会发现，使用这种纸币却买不到比过去多些的任何东西。在物价极度上涨的每一时期，人们都没有犯过该学派如此严重的类似的错误。"② 由此可见，穆勒认为阿特伍德提出的增加货币能提高人们的信心，实际上是一些劳动者看到自己名义工资上涨之后，误认为是自己的实际工资上涨了，会比之前更加勤奋地工作，但增加货币一定会引起商品价格同比例上涨，当这些劳动者发现物价与工资同比例上涨或者上涨得更多之后，就会明白他们的实

---

① 穆勒：《政治经济学原理》（下），华夏出版社 2016 年版，第 508 页。
② 穆勒：《政治经济学原理》（下），华夏出版社 2016 年版，第 508～509 页。

际工资并没有变化，甚至下降了他们就又会回到货币增加之前的状态，不会提供额外的劳动，经济也会回到货币增加之前的状态。针对阿特伍德提出的增加货币供给能降低制造商固定费用的观点，穆勒并不反对，但他认为这样做会导致社会财富再分配，这种仅仅因为货币数量变化而非基于生产要素报酬产生的收入分配对利益受损的人来说是非常不公平的，他写道："如果诚实和信誉对于世界，特别是对于工业和商业来说并不重要的话，则可以认为这的确是一种利益。然而，很少发现有人提出应当设法让通货贬值，理由仅仅是掠夺原本属于国家的债权人以及私人债权人的一部分债券是值得的。具有这一倾向的每一种方案，几乎总是出于某些特殊的、偶然的原因才予以实施的。例如，需要对以前在相反方面所造成的不公平给予补偿等等。"① 此外，穆勒还认为，阿特伍德先生认为由增发货币促成的经济繁荣时期实际上是投机时期（如果采用可兑换通货制度，则在物价极度上涨的每一时期，一定会如此），例如，1822~1824年，英国经济快速发展，而1825年英国经济由盛转衰，并发生了严重的经济危机，阿特伍德对此的解释是，1822~1824年，英国经济快速发展是由于英国增加货币促成的，而1825年的经济衰退是由1825年英国货币急剧收缩引起的，如果1825年英国不收缩货币，英国就不会经历这次衰退，而穆勒则认为，1825年之前的一段时间的"繁荣"实际上是由大量投机行为形成的表面繁荣，这期间大量发行的货币无疑助长了投机行为，之后投机泡沫破灭造成了1825年的衰退，如果1825年英国不收缩货币，只会使投机泡沫吹得更大，最后泡沫破灭后，对经济的伤害也会越大，就像法国政府在约翰·罗的建议下，大量发行纸币，最终导致纸币一文不值，经济陷入崩溃一样，因此，他认为，1825年英国及时收缩货币避免了一场更大的经济危机，他写道："在此期间，投机者认为之所以他们能够变得更加富有，并非是因为高价位得以持续下去，而是因为高价位不再持续下去，而且因为在高价位持续时期实现利润的人发现，在价格回落之后，他们所拥有的数量较多的英镑价值却并没有任何损失。如果在投机即将结束时发行一种纸币，并使其数量能够维持涨价期间物价的最高水平，则最感失望的人莫过于投机者本人了。因为他们原以为通过及时脱手会实现一定的利润（以其竞争者的损失为代价，这些竞争者在投机者出售时买进，而在物价下降之后不得不卖出），但现在，这些将从他们的手中流失，他们

① 穆勒：《政治经济学原理》（下），华夏出版社2016年版，第511页。

除去可供点数的纸币多了几张之外一无所得。"①

二、对休谟货币非中性理论的批评

穆勒还对休谟的货币非中性理论进行了批评。休谟认为价格存在刚性，当经济中的货币数量增加之后，尽管最终导致的结果是引起商品价格的同比例上涨，但从货币增加到商品价格普遍上涨之间存在着一段时间间隔，在这段时间内，货币的增加会对经济起到促进作用，因为他认为增加的货币并不是平均分配给每一个人的，只有少部分人最先获取这笔货币，这些人就会立马去用它来获利，而常见的获利方式就是从事生产与经营，当更多的钱用于生产，整个社会的产出也会增加。此外，当新增货币用于从事生产与经营时，它需要比以前雇佣更多工人，而从节约成本的角度来看，商人们更愿意让现有的工人加班加点，支付给工人加班费，这比增加工人更合算，而工人们也很乐意加班加点，因为他们会比以前赚更多钱，就能吃得更好喝得更足来补偿额外的劳动消耗，当工人们拿着货币去市场上买东西的时候，他就会发现商品的价格还是和以前一样，但他却能购买更多数量和更高质量的商品了。工人们增加的消费支出也会带动其他行业的发展，比如农民发现他种的粮食比以前更好卖了，他们就会花更多时间去种更多的粮食，然后赚更多的钱，同样，这些农民也能以不变的价格在制衣商那里买到更多质量更好的衣服，因此，整个社会的产量都会因为货币数量的增加而增加。

穆勒对休谟的观点进行了批评，他认为，按照休谟的说法，如果价格存在一定的刚性，新增货币并不会使所有商品的价格同时上涨，而是依次上涨，那么先涨价的生产者会因此而获利，为了获得更多利润，他们有可能会扩大生产规模，而后涨价的生产者则会受到相应的损失，一些企业可能因此而破产，另一些企业为了避免更多的损失，可能会减少生产，对整个社会而言，先涨价的这部分人的收益正好是后涨价这部分人的损失，由先涨价的那部分企业扩大的生产也会被后涨价所缩减的生产所抵销，增加的货币不会对经济有任何的刺激作用。他写道："休谟认为，所有商品的价格不会同时上涨，因而，如果某些人在卖出他们需要出售的物品并获得较多的货币后，他们想要买进的物品的价格尚未上涨的话，则这些人就能够获取实实在在的好处，而且只有在及时把这些货币花出去时，才能获取这些好处。不过，似乎

---

① 穆勒：《政治经济学原理》（下），华夏出版社 2016 年版，第 509 页。

显而易见的是，与据此获取更多好处的每一个人相对应，一定会有其他一些人的利益遭受损失。如果像休谟所设想的那样，则受损者就是那些价格上涨最晚的商品的卖主；根据假设，这些卖主按照原价格将货物卖给通过新价格而获益的买主，这些卖主出售他们的商品只能获得通常数量的货币，而用这些货币却已经无法买到像从前那样多的某些物品了。因此，如果他们了解这一点，他们就会提高他们的价格，从而使买主们无法获得那种使其行业备受激励的得利；反之，如果卖主们不了解这种情况，只是当他们支出货币时才发现事已至此的话，那么，他们的劳动和资本的报酬就会低于正常水平；而且，在其他商人的行业受到激励的同时，似乎他们的行业会由于相反的原因而遭受挫折。"[1] 因此，他总结道，价格普遍持久地上涨，或者换言之，货币持续地贬值，如果不使某些人受损，就不可能使任何其他人获利。用纸币替代金属货币能够使国家受益，但是，超过限度增发纸币，则会导致财富不公平分配。

第三节　穆勒认为货币增长表现出的非中性只是短期的

穆勒认为货币增长表现出的非中性是非常短暂的，从长期来看，增加的货币都会转化成物价上涨，对产出增加不会有任何影响，但有可能会对整个社会的产出结构产生影响。在他看来，每个人在获得更多货币后，他的消费偏好可能会发生变化，从而对需求的产品种类、质量都会发生变化，制造商将会根据消费需求结构的改变生产出符合他们需要的产品，整个社会的产出结构就会发生改变，物价的上涨将会表现为：一部分商品的价格上涨得更多一些，而另一部分商品的价格将上涨得更少一些，但平均而言，物价的上涨应该是与货币数量的增加成比例的。而如果人们的消费偏好都保持不变，那么，整个社会产出的结构也不会发生改变，每一种商品的价格都将与货币数量增量同比例上涨。他写道："我们不妨仿照休谟的说法，假设某一国家中的每个人凌晨醒来时都发现在他们的口袋里多出了一枚金币。但是，这种情况涉及对于不同商品的需求所占的比例发生变化的问题。开始时，相对于穷人而言的奢侈品的价格的升高幅度，会比其他物品的价格升高幅度大些。因

---

[1]　穆勒：《政治经济学原理》（下），华夏出版社 2016 年版，第 510 页。

此，我们宁可假设，原来拥有 1 镑、1 先令或者 1 便士的每个人，现在突然分别增加了 1 镑、1 先令或者 1 便士。在这种情况下，所有类型的物品对于货币的需求都将增大，进而随之形成货币价值或者价格的增加。这种价值的增加对任何人都无利可图，除了需要使用较大的数目来计量镑、先令和便士之外，与以前相比没有其他任何的不同……并不能使任何人所购买的其他物品会比过去更多些。价格会以某一确定的比例升高，货币的价值则以相同的比例降低。应当指出的是，这一比例与货币数量增加的比例正好相等。如果流通中的货币总量增加了 1 倍，那么，价格也将升高 1 倍。如果，货币总量仅增加了 1/4，那么价格也将升高 1/4。"① 当然，穆勒也指出，价格与流通中的货币成正比是受很多因素限制的，比如，在每一时期每一物品发生了多次买卖，货币流通速度发生了变化，货币流入了证券市场或是新的信用方法用于商品交易等都会使商品的价格水平与流通中的货币不再成等比例变化。正如他所说："一般价格取决于流通中的货币的数量这一命题，仅在一定的条件下才能成立，即货币，也就是金银，是唯一用来进行交换的工具，而且实际上在每一次购买中都会转手……当信用介入并成为一种购买手段时，它显然不同于人们手中持有的货币。在后面，我们应该看出价格与流通媒介的数量之间的关系不再那么直接和密切。"② 他认为货币数量的增加促进价格同比例上涨，货币数量的减少促进价格同比例下跌，这是经济学最基本的原理，也是人们分析更加复杂问题的基础。

第四节　穆勒对货币非中性的原因分析

一、"货币幻觉"——混淆一般价格变化和相对价格变化

　　约翰·斯图亚特·穆勒开创性地提出了由混淆一般价格变化和相对价格变化产生的货币非中性，构成了古典货币非中性理论的另一个重要来源，也可以说是他首先识别出了这种特殊的货币非中性，他认为，流通领域货币数量的变动之所以对经济产生影响，是因为货币数量的变化会导致一般价格水

---

① 穆勒：《政治经济学原理》（下），华夏出版社 2016 年版，第 456 页。
② 穆勒：《政治经济学原理》（下），华夏出版社 2016 年版，第 459 页。

平的变化，而生产者错误地认为经济中的一般价格水平并没有发生变化，而是由于自己生产的商品的市场供求发生了变化，导致自己生产的商品价格发生了相应变化，从而使自己生产的商品价格与一般商品价格之间的相对价格发生了变化，于是变动自己生产的商品产量，如果所有的生产者都做出了这样错误的判断并且相应地调整自己的产量时，整个社会的产量就会发生变化。具体而言，如果经济中的货币数量增加了，穆勒认为这会导致经济中的价格水平整体上涨，而生产者被意外的货币增加和由此产生的一般价格水平上涨所愚弄，错误地认为经济中一般价格水平的变化并没有发生上涨，而是由于自己生产的商品价格上涨了，导致自己生产的商品价格与一般商品价格之间的相对价格发生了上涨，并把自己所生产商品的价格出现上涨看作该种商品社会供求发生变化导致的，要么是自己所生产的商品社会供给减少了，要么是自己所生产的商品发生了需求转移，对自己所生产的商品的需求增加了，基于这一判断，生产者为了获得更多的利润，就会增加自己所生产的商品产量，如果所有生产者都发生同样误判，并做出增加产量的决策，整个社会的产量就会增加。同样，如果经济中的货币数量减少了，穆勒认为这会导致经济中的经济水平整体下跌，而生产者被意外的货币减少和由此产生的整个经济范围的价格下跌所愚弄，把自己生产商品出现的价格下跌看成是它的市场供给增加了，或者整个社会所生产的商品发生了需求转移，对它的需求减少了，导致该商品价格与一般商品价格之间的相对价格发生了下降，基于这一判断，他为了获得最大的利润，就会解雇工人、缩小生产，当所有生产者都被这一表面现象所误导，做出解雇工人、缩小生产的决策时，整个社会的产出就会减少，就业也会下降。穆勒在其 1833 年发表的论文《货币的杂要》中，在解释 1825 年经济如何由盛转衰时，提出了这一理论。他写道："但是为什么 1825 年全国所有的资本都处在这种异常的活动中，因为整个商业公众都处于疯狂的妄想状态，在本质上是暂时的。因为不可能准确地调整生产者的运作以满足消费者的需求，总是会发生一些商品或多或少是缺乏的，而另一些则是过剩的，为了纠正这些混乱，社会经济的健康运行要求资本在某些渠道应该是大量投入的，而在另一些渠道它应该是逐步撤离的，但在 1825 年，人们想象所有商品的供应与对它们之前的需求相比，都处于缺乏状态，投机精神的一种不寻常的延伸，伴随而来的是纸币与信用的大量增加，导致了价格的上涨，但人们认为这不应该是由货币贬值引起的，每一个商人与制造商都被认为是由于对他的特定物品的有效需求的增加而产生的，幻想着存在一个现成的和永久的市场，供他生产出的任何数量的商品都能进

行销售。阿特伍德先生的错误在于假设货币的贬值会使所有物品的需求急剧
增加，从而增加它们的生产，因为在某种程度上，它可能会对需求的增加产
生一种错误的看法，这种错误的看法会像现实一样导致产量的增加，但一旦
幻想停止，就会产生致命的反转。"① 由此，还可以看出，穆勒认为这种由
货币变化导致的产出与就业的变化是暂时的，因为生产者不久就会意识到自
己所生产的商品价格的变化不是由供求关系变化引起的，而是由于全社会的
货币数量变化造成的，在这种情况下，所有商品的价格都同比例变化了，但
是每一种商品的相对价格却没有发生变化，于是，每一个生产者就会及时纠
正错误，将产量调整到货币数量变化之前的状态。

二、"货币幻觉"——混淆名义工资与实际工资的变化

在穆勒看来，由货币变化引起的生产者对一般价格和相对价格之间的混
淆同样适用于工人，使工人产生"货币幻觉"，从而使货币对经济活动产生
影响。在他看来，当货币数量变化时，各种要素的价格与商品的价格都会发
生同比例变化，作为劳动要素的价格，劳动者的名义工资就会与商品的价格
一样发生同比例变化，正如他所言："应当指出，这一比例与货币数量增加
的比例正好相等。如果流通中的货币总量增加了 1 倍，那么，价格也将升高
1 倍。如果，货币总量仅增加了 1/4，那么，价格也将升高 1/4。"② 但劳动
者并没有注意到所有要素与商品的价格都发生了变化，误认为只有劳动的价
格即工资发生了变化，导致其工资相对于其他商品价格发生了变化，从而改
变其劳动供求数量，使社会总产出发生相应变化。例如，当货币数量增加
了，各种要素的价格与商品的价格都会发生同比例上涨，但劳动者会误认为
只有自己的名义工资上涨了，其他要素与商品的价格并没有发生变化，使其
实际工资也提高了，在这种错误的认识下，劳动者就会更加努力地工作，愿
意提供额外的劳动，当每个人都产生这种幻觉时，所有劳动者都会愿意供给
额外的劳动，整个社会的产量就会增加。相反，当货币数量减少时，各种要
素的价格与商品的价格都会发生同比例减少，但劳动者会误认为只有自己的
名义工资下降了，其他要素与商品的价格并没有发生变化，使其实际工资也
下降了，在这种错误的认识下，劳动者就会情绪低落，减少劳动供给，当每

---

① Mill, John Stuart. 1833. The Currency Juggle. As reprinted in Vol. Ⅳ of *The Collected Works of John Stuart Mill*, ed. J. M. Robson, Toronto：University of Toronto Press, 1967, P. 191.

② 穆勒：《政治经济学原理》（下），华夏出版社 2016 年版，第 457 页。

一个人都产生这种幻觉时，所有劳动者都减少劳动供给，整个社会的产量就会减少。穆勒在其著作《政治经济学原理》一书中，在批评阿特伍德的货币非中性理论时表达了这些思想。他写道："阿特伍德先生坚持认为，纸币的增加所引起的物价上涨将激发每一位生产者的极大热情，并促使一国的全部资本与劳动都得到充分的利用，而且，在物价上涨幅度极大的所有时期，都将不可能出现这种情况。然而我认为阿特伍德先生所描述的那种使所有从事生产的人焕发出巨大热情的东西，必然是生产者的一种期望，即期望用自己劳动的产品一般地换取更多的商品和更多的实际财产，而不是换取更多的纸片。但是根据上述假设条件，这种期望一定会落空。因为，如果假定所有的价格都以相同的方式上涨的话，则没有人能够用自己的商品换得比过去多些的其他商品。与阿特伍德先生持有相同观点的人要想成功，就只有延长实际上的某种幻觉，使人们超常地努力工作才行，即便货币价格的上涨逐步加快，使每一位生产者感到他所获得的报酬似乎也在相应地逐步增加，尽管实际上他们什么也没有获得。我们无须再列举其他任何反对的理由。它打算让全世界都相信纸片越多就越富有，而且使人们永远不会发现，使用这种纸币却买不到比过去多些的任何东西。"[①] 由此，可以看出穆勒并不认为货币存在长期非中性，他认为增发货币对经济的刺激充其量只是暂时的，只是在人们错误地把名义变量的增加看成实际变量增加时，才会短暂地增加经济社会的产出，一旦人们明白，名义变量的增加是货币增加产生的结果，而实际变量并没有改变，货币对经济的刺激就会消失，并且经济还会因人们发现真相后减少劳动付出经历一段收缩，换句话说，一旦代理人正确地认为工资和价格上涨是名义的，而不是实际的，经济活动就会恢复到稳定的水平，但只有在经历了暂时的衰退之后，才能纠正通货膨胀引起的过度繁荣。这是穆勒创造性地得出的结论，当人们错误地把一般价格上涨看成相对价格上涨时，非中性既出现在误解的时候，也出现在纠正的时候。穆勒坚持认为，只有未被察觉或未被理解通胀才会产生真正的影响，这标志着他成为现代新古典学派的先驱。

三、强制储蓄效应

穆勒还提到了强制储蓄效应，他认为当银行发行纸币时可以增加一国资

---

① 穆勒:《政治经济学原理》(下)，华夏出版社 2016 年版，第 408～509 页。

本。如果发行的是可兑换纸币，纸币会取代硬币流通，这部分硬币会流到国外带回等价值的物品，而带回的物品如果用于国内生产，无疑会使本国的资本增加。而如果发行的是不可兑换纸币，则会通过强制储蓄的方式增加一国的资本。他写道："如果用纸币不可兑换的做法取代让硬币贬值的做法，那么，银行发行的纸币就是向每个持币者或有应收账款的人征税。因此，银行侵吞了其他人的一部分资金和收入，资金可能用于贷款，或为资金所有者自用，这部分原本由所有者使用的资金现在改变用途，用于贷款。收入或者积累起来，在某些情况下已经变成资本，或者用于消费：在后一种情况下，收入变为资本，因此，看似奇怪，货币贬值就是以这样的方式在一定程度上强迫人们积累。"① 不过，穆勒并不赞成通过强制储蓄的方式来增加一国资本，和边沁一样，他认为这会造成财产的不公平分配，使那些非生产阶级在通货膨胀中受损，用他的话说就是："这实际上不能掩饰货币的罪恶。尽管 A 将财产用于非生产性活动，但 B 不应该因为自己会将这部分资金用于生产性劳动而允许自己抢劫 A。"②

四、货币对利息的影响

（一）利息的来源与决定

穆勒认为，货币对经济的短期影响还可以通过利息反映出来。对于利息的来源，他认为是利润的一部分，在他看来，利润可分为风险的补偿、劳动的补偿以及对于资本本身的补偿三部分，分别称为保险费、监管工资与利息，在利润中扣除掉前两项后，就得到了利息，穆勒吸收了西尼尔的观点，认为它是资本家节欲的回报，而对于利息的大小，他传承了可贷资金理论的观点，即认为利率的大小取决于整个社会对贷款资金的需求与供给，他写道："资本的所有者能够从资本的使用者那里获得多少报酬，这显然是有关需求与供给的问题。在这一场合，需求与供给的意义和作用，与在所有其他场合的没有任何差别。利率的水平将使贷款的需求与供给彼此相等。按照这一利率水平，某些人想要获得借款的数额与其他人愿意提供贷款的数额刚好相等。"③ 如果供过于求，则利息将减少；如果供不应求，则利息将增加。

---

① 穆勒：《论政治经济学的若干未定问题》，商务印书馆 2015 年版，第 90~91 页。
② 穆勒：《论政治经济学的若干未定问题》，商务印书馆 2015 年版，第 91 页。
③ 穆勒：《政治经济学原理》（下），华夏出版社 2016 年版，第 594~595 页。

贷款的供给方主要是金融银行业主以及一些有闲余资金宁愿贷出资本不愿亲自从事生产经营的人，贷款的需求方主要来源于生产者、商人、政府以及地主阶级等，生产者与商人借钱主要是因为自有资金不足，导致生产经营资金短缺，贷款的用途主要用于生产；政府以及地主阶级借钱主要是自有资金无法满足当前的消费支出，贷款的用途主要用于非生产性消费。穆勒认为，贷款的需求与供给受影响的因素会更多，使得利息率波动频率相对一般商品价格更高些，因此，各大金融中心的利息率每天都是变化的，尽管如此，他认为经济中会存在一个自然利息率，该利率取决于市场处于风平浪静时，人们手中积累的不打算自己投入使用的资金以及社会的投资偏好，一般来说，这一自然利率在短期内不会变动，市场利息率则围绕自然利率上下波动。

（二）货币量的变动对利息的影响

穆勒认为，在任何假定情况下，"银行的纸币发行提高了该国可用于借贷的总的资本份额，因此利率必然下降"①。尽管穆勒得到了纸币发行与利息成反方向变化的结论，但他的分析过程比较复杂。他认为当流通中的货币数量发生变化时，会对利率产生两种相互对立的影响，一种力量会促进利率上升。另一种力量会促进利率下降。当流通中的货币逐渐增加时，货币会出现贬值，一方面，以货币形态表现的可贷资本数量就会减少，而流通中的货币数量减少并不会减少可贷资本的需求，由此造成的影响让利率上升。在穆勒看来，虽然人们借款的时候，借入的形式是货币，但人们借款的本质是资本，而资本是以商品、机器设备等实物形式存在的，人们实际上是想要借入一定数量的商品、机器设备等实际资本才借入货币的，因此，人们并不在乎借入了货币数量多少，只在乎借入的货币能够购买多少商品、机器设备等实物资产。当货币出现贬值之后，货币的购买力会下降，能够购买的商品、机器设备等实物数量就会减少，这意味着以货币形式存在的可贷资本总量也会减少。他写道："假定货币正处于降值的过程中，政府为偿付开支而发行可兑换通货。这一事实绝不减少人们对于实际贷款资本的需求，但是将减少实际可贷资本，因为这种资本只存在于货币形态上，它的价值因通货数量的增加而下降了。以资本计算的供给量减少了，但需求量却与过去相同；以通货计算的供给量与过去相同了，但需要量却因物价上涨而增大了。不管怎样，

---

① 穆勒：《论政治经济学的若干未定问题》，商务印书馆 2015 年版，第 91 页。

利率必然上升。在这种情况下，通货的增加确实对利率产生了影响。"①

另一方面，穆勒又认为，增加货币也会促进利息下跌。这主要是因为新增的货币如果没有用于消费，而是用于扩大发放贷款，则会增加经济中的可贷资本总量，在可贷资本需求不变时，利率就会下降。他写道："如果增加的货币不是通过购买而是通过贷款进入流通领域的，则上述作用将不足以与反向的作用相抗衡。在英格兰和大多数其他的商业国家中，通常使用的纸币都是由银行家，除去用于购买金银的那一部分之外，全部都是以贷款的方式发行的，因此，增加通货也就是增加贷款；在最初阶段，所增加的全部通货将使信贷市场扩张。若把增加通货看成增加贷款，则增加的通货便具有降低利息的倾向。"②

对于这两种完全对立的影响，增加货币时，哪一种影响更大一些呢？最终的结果会使利息如何变化呢？穆勒认为，一般而言，后一种影响要强于前一种影响，因为前一种影响的大小取决于新增的货币与已贷出的货币之间的比率，而后一种影响的则取决于新增的货币与全部流通的货币的比率，显然新增的货币与已贷出的货币之间的比率要小于新增的货币与全部流通的货币的比率，使得增加货币之后，最终会使利息下降。他写道："若把增加通货看成是增加贷款，则增加的通货便具有降低利息的倾向。通常，前一种倾向要大于后一种倾向。因为前一种倾向的作用取决于新增的货币与已贷出的货币之间的比率，而后一种倾向的作用则取决于新增的货币与全部流通的货币的比率。因此，由银行发行的通货增加时，在其增加的过程中，将趋向于降低利率，或者使利率保持下降的态势。"③ 他还用欧洲黄金输入与利息的变化证明了这一点，他通过研究发现，当从美洲开采出来的黄金大量输入到欧洲之后，绝大部分都被附加到了银行的存款上，形成了可贷资本，极大地增加了欧洲可贷资本总量，使得利息不断下跌，导致在那些黄金大量输入欧洲的年份，利息明显低于没有黄金输入的年份。他写道："在假定所有其他条件不变的情况下，与不输入黄金的情况相比，只要黄金持续地输入，利率就必然会保持在较低的水平上。"④

同样，如果流通中的货币数量不断减少，对利率也会形成两种对立的影响，一方面，货币升值会增加以货币形态存在的可贷资本总量，而人们对可贷资本总量的需求并不会发生改变，这就会使利率下降；另一方面，流通中

---

① 穆勒：《政治经济学原理》（下），华夏出版社 2016 年版，第 602 页。
② 穆勒：《政治经济学原理》（下），华夏出版社 2016 年版，第 602～603 页。
③④ 穆勒：《政治经济学原理》（下），华夏出版社 2016 年版，第 603 页。

的货币数量减少会造成以货币形态存在的可贷资本的抽离，使可贷资本总量减少，促使利率上升，在穆勒看来，后一种影响要强于前一种影响，因为前一种影响的作用取决于减少的货币与全部流通的货币的比率，后一种影响的作用取决于减少的货币与已贷出的货币之间的比率，显然减少的货币与已贷出的货币之间的比率要小于减少的货币与全部流通的货币的比率，使得流通中的货币数量减少的最终结果是促使利率上升。他写道："因为更多的黄金和白银流入信贷市场并具有降低利率的趋势，所以它们以任何可观的规模从一国流出，均将不可避免地使利率升高；即使这种流出发生在贸易的过程中，诸如在农业歉收时期为增加进口所进行的支付，或者恰如现在对于从世界各地以高价进口的棉布所做的支付，也是如此。用于完成这些支付所需要的货币，首先来自于银行手中的存款，并在此限度内削减了信贷市场的供给。"[①]

在民间，在古典经济学时期之前，很多人就认为增加货币能促进利息的下降，减少货币都促进利息的上升，认为货币数量的变动能够影响利息率，这一观点得到了大量从事工商业、银行业等经济实践人士的支持，而传统的可贷资本理论始终强调利息取决于可贷资本的供给与需求，而不是取决于货币数量的供给与需求，他们试图说明货币数量的变化与可变资本变化是两回事，货币数量的增加并不代表可贷资本的增加，因此否认了货币数量变化能促进利息反向变化的观点。而穆勒在坚持可贷资本理论的同时，进一步研究了货币数量变化与可变资本数量变化之间的联系，创造性地提出了货币数量变化会通过货币价值的变化与可贷资本绝对数量的变化两条相反的途径影响可贷资本总量的供给，并说明了货币数量变化通过货币价值的变化对可贷资本总量的供给的影响要小于通过可贷资本绝对数量的变化对可贷资本总量的供给的影响，使得货币数量的变化与可贷资本的供给最终呈同方向变化，与利息呈反方向变化，他的这一理论证实了民间广为流传的观点，即增加货币能促进利息的下降，减少货币能促进利息的上升。同样，穆勒的这一利率理论对瑞典经济学家维克赛尔以及英国经济学家凯恩斯的货币理论产生了深远的影响。

---

① 穆勒：《政治经济学原理》（下），华夏出版社 2016 年版，第 603 页。

第五节　穆勒认为增加货币会造成收入的不公平分配

与多数古典经济学家一样，穆勒认为过多发行纸币会导致收入再分配，相当于货币发行者向现有纸币持有者和固定收入阶层的人征收了一笔税，导致他们的实际财产价值和实际收入水平出现下降，他写道："除了几个可笑的例外，所有人现在都知道，增加发行不可兑换纸币会降低它的价值，相当于从所有拥有纸币的人身上，或有权得到任何固定金额财产或收入的人身上强制拿出一部分像赠送礼物一样无偿送给货币发行者以及应该支付固定款项的人。这就像白天一样清楚。"① 与边沁、麦克库洛赫等学者一样，穆勒认为这种无偿的财产转移是非常不合理的，它导致了全社会收入的不公平分配，因此他对这种政策深恶痛绝，这也是他强烈反对阿特伍德货币政策的主要原因。他写道："欺诈的实质内容太多了。然而，没有任何政治犯罪本身如此糟糕，但通过这样做可能会使情况更糟。去抢劫所有的债权人，无论是公共的还是私人的，在良心上就已经是足够坏了；但是，为了抢劫现有的债权人，赋予很多银行家无限发行纸币的权力，使纸币价值不断贬值，强制向社会征税，它就像公共掠夺者公司一样，把我们所有的财富都交到他们手中，并称他们是根据人们借款的意愿来发行的货币，他们提供的这种双重业务有利于贸易。"② 不过，他认为，过度发行纸币的结果最终将导致人们对它失去信心，不再接受它充分商品的价值尺度与流通工具，他写道："所有的金钱交易很快就会结束；几个月后，我们应该处于易货状态。没有一个人会拿钱来换取任何东西，除非他确信能在第二天之前把钱用出去。每个人都会开始估计他的财产，不是靠英镑，而是靠羊和牛。"③

---

① Mill, John Stuart. 1833. The Currency Juggle. As reprinted in Vol. Ⅳ of *The Collected Works of John Stuart Mill*, ed. J. M. Robson, Toronto: University of Toronto Press, 1967, pp. 184 – 185.

② Mill, John Stuart. 1833. The Currency Juggle. As reprinted in Vol. Ⅳ of *The Collected Works of John Stuart Mill*, ed. J. M. Robson, Toronto: University of Toronto Press, 1967, P. 189.

③ Mill, John Stuart. 1833. The Currency Juggle. As reprinted in Vol. Ⅳ of *The Collected Works of John Stuart Mill*, ed. J. M. Robson, Toronto: University of Toronto Press, 1967, pp. 189 – 190.

第六节　穆勒的货币政策主张

一、穆勒反对不可兑换的货币政策主张

在穆勒看来，金属货币的价值从本质上看取决于其生产成本，但由于受供给与需求因素变动的影响，其价值还围绕着供求关系上下波动，当金属货币供给增加，使其价值低于生产成本，则人们不再开采黄金，直到对货币需求增加，使其价值重新回到生产成本。同理，如果当金属货币需求增加，使其价值高于生产成本，则人们就会开采黄金，增加黄金供应，直到黄金的价值又与生产成本相等，而不可兑换纸币的价值完成则是由政府规定的，取决于政府发行数量的多少，发行数量多，其价值就低，发行数量少，其价值就高，因此，在穆勒看来，利用贵金属充当货币，货币的价值会受其生产成本制约，存在着价值稳定的基础。而对于不可兑换的货币而言，其自身的生产成本几乎为零，生产成本显然在其价值的决定中失去了意义，与可兑换的纸币相比，其缺乏价值稳定的基础，使其价值更易变动，由于政府可以决定发行不可兑换纸币的数量，所以其价值完全受人为因素影响。与金属货币不同，发行纸币几乎不需要任何成本，但政府却可以用它发行的纸币购买商品，获得与持有金属货币相同的收益，这样，政府总是存在超发纸币的冲动，特别是在它的财政处于困难时，尤其如此，正如穆勒所说："由于纸币的发行就是利润的源泉，因此，无论怎样，他们都怀有强烈的兴趣以尽可能多地发行纸币，毫无疑问，降低通货的价值可以使发行者获得直接的利益，而在政府的纸币作为通货的情况下也总是如此。"[1] 因此，在不可兑换货币制度下，很容易造成货币滥发，纸币贬值，物价下跌，在穆勒看来，货币大幅贬值既不利于开展正常的经济活动，也不利于社会的公平正义，只有可兑换的货币政策才能稳定物价，防止纸币超发。他写道："为了执行现有的合同，使所有未来的合同都建立在赌博交易的基础上，变得不切实际，人们无法判断他欠付的先令在付款时是值 1 分钱还是 1 英镑。"[2] 因此，他认为：

---

① 穆勒：《政治经济学原理》（下），华夏出版社 2016 年版，第 504 页。

② Mill，John Stuart. 1833. The Currency Juggle. As reprinted in Vol. Ⅳ of *The Collected Works of John Stuart Mill*，ed. J. M. Robson，Toronto：University of Toronto Press，1967，P. 185.

"这种权力无论授予什么人,都是一种无法承受的罪恶。流通媒介的所有变动都是有害的,它们搅乱了现有的各种契约与预期,同时,发生这种变动的可能性也使一切长期的金钱契约变得极不可靠。为自己购买或者给予别人100镑年金的人,不知道几年之后这100镑将相当于200镑还是50镑。这种麻烦,即便是由偶然事件引起的,但也已经很大;如果是由个人或者集团的随意处置而造成的,则其弊端更甚。"①

二、穆勒的货币政策主张

(一) 穆勒主张可兑换的货币政策主张

尽管穆勒坚决反对任何立法机构对货币的贬值,但他主张银行应具有自由发行货币的权力,具体而言就是根据经济需要不受限制地发行可兑换成贵金属的纸币的权力。穆勒认为只要维持货币的可兑换性,发行纸币就不会导致物价大幅波动,因为,在这种货币制度下,银行不具有增发货币的能力,它只能根据商品交易量的大小成比例地发行货币。不仅如此,穆勒还认为,多数地方银行家们也非常认同他的观点,他写道:"所有地方银行家在接受历届国会相关问题委员会的听证时都一致表示赞同。他们证实地方银行的发行额完全由各地的交易量以及支出的额度加以调节,并随着生产和价格的变动而变动,它们既不能超出交易量和支出额度所规定的限度增加发行量(否则,增发的钞票必然会立即回流要求兑换),也不能缩减发行额,否则,不足的部分必然会由其他源泉予以补充。"② 因此,他非常认同图克与富勒顿的观点,认为货币是内生于经济发展的,如果经济规模扩大了,货币会自然增加,经济规模缩小了,货币会自然减少,如果对货币的需求没有增加,则银行发行的货币也不会增加。为了进一步说明在可兑换制度下,不会造成货币超发,能够稳定物价。穆勒把经济运行分为两类进行分析。

一类是比较平静的经济运行状态,在这种情况下,生产商按照平时的产量生产商品,商人按照平时的销量进货,每个人都按照平常的营业额进行交易,或者随着销量的逐渐增加来逐步扩展自己的业务,但由于没有异乎寻常的销量增加,他们也不会异乎寻常地扩展自己的业务,因此,他们也不会从

---

① 穆勒:《政治经济学原理》(下),华夏出版社 2016 年版,第 504 页。
② 穆勒:《政治经济学原理》(下),华夏出版社 2016 年版,第 607~608 页。

银行获得多于平时的货款，在这种情况下，即便银行家们想增加钞票发行量扩大货款，他们也找不到理想的对象。就像英格兰银行为了支付红利，每3个月会增发一次货币，它们并不会长期保留在流通领域，因为新获得这些货币的人并不能在市场上找到额外的投资机会，他们会将这些货币又重新储存进银行，因此新增的货币并不会进入流通领域，流通中的货币也不会大量增加，物价也不会大幅波动。

另一类是充满投机的市场状态，这种市场状态在当时的英国时有发生，比如某种商品供给突然出现大量短缺，或是需求突然出现大幅增加，比如在英国与美洲刚开始通商时，对英国的商品需求大幅增加，英国国内的供给出现短缺，在这种市场环境下，由于预期价格会持续上涨，所有与该商品相关联的人都想扩展业务，生产者想增加产量，商人想囤积更多商品，这样，他们就需要更多的资金，必然会增加贷款需求，穆勒认为，在这些投机性购买中，商人们一般普遍都使用支票或是账面信用来获得贷款资金，即便是他们从银行那边获得了纸币贷款，一旦完成了交易，这些货币又会回流到银行，因此，如果在这种投机过程中，交易只限于商人与商人之间，是不会导致流通中的货币增加的。但是，如果制造商也大幅增加银行贷款，增加产量，就有可能会增加流通中的货币，因为制造商把从银行借来的纸币一部分用于支付工资，工人们拿着这些钱去购买生活用品，这些钱就会进入流通领域，物价就有可能上涨，但是由于政府已经禁止了5镑以下钞票的流通，因此，这极大地限制了钞票对工资的支付，也就进一步阻止了流通领域的钞票增加。就算是在投机的后期，进行投机的商人们仍然不愿意出售商品，而为了履行日常合约，他们需要向银行借入的资金越来越多，必然会导致一部分钞票进入流通，但是这些增加的货币也使投机商品的物价得以在高位再继续维持一段时间，这也相应会延长黄金的流出时间，当黄金持续流出导致银行感觉到会危及纸币的可兑换性时，银行必然会转向收回他的贷款，前期投入到流通的货币就会开始减少。因此，只要维持货币的可兑换性，无论经济是处于较平静的状态还是投机状态，都不会导致货币大量进入流通领域。

（二）穆勒主张可兑换的货币制度应具有一定弹性

1. 具有一定弹性的可兑换的货币制度

穆勒主张比较松散的可兑换的货币政策，在这种可兑换制度下，银行能随时应对民众用纸币兑换黄金，但不必为所有发行的纸币准备足额的黄金，他认为，人们不可能会在同一时间去用纸币向银行兑换黄金，特别是当像一国政府或是英格兰银行这样的国家银行具有良好的信誉，它们只需要准备一定比例的黄金就可以应付民众的兑换。另外，银行也没有必要要求纸币的数量的变动与贵金属数量的变动在时间与程度上都完全保持一致，因为在他看来，贵金属储备数量小幅波动非常频繁，并不会影响银行对纸币的兑换承诺，因此银行贵金属储备数量小幅减少或者小幅增加时，银行没有必要紧跟贵金属变动同比例减少纸币或是增加纸币，除非在短时期内，贵金属的数量急剧下降，威胁到银行的可兑换承诺，银行必须紧缩货币。在穆勒看来，松散的可兑换的货币政策不仅完全能够满足人们对货币的兑换，从而稳定物价，而且在这种制度下，货币政策的选择余地更大，比如当经济处于极度衰退时，为恢复经济，需要宽松的货币环境，如果此时黄金储备数量并没有增加，银行也可以通过贴现等信用方式增加一定数量的贷款，以刺激经济的复苏。

2. 穆勒对《1844 年银行特许法案》的批评

通货学派的经济学家们认为，物价的上涨都是货币超发引起的，因此为了稳定物价，必须稳定货币的发行，他们认为 1798 年银行被授予发行不可兑换的货币之后，纸币的发行就失去了控制，即便是 1819 年 7 月议会就通过了恢复纸币兑换的法案，要求英格兰银行从 1821 年 5 月 1 日起逐步恢复纸币兑换黄金的制度，但由于一些银行在没有足额黄金储备的情况下仍然会超额发行纸币，导致物价普遍上涨，纸币价格与黄金的市场价格背离，他们认为 1825 年的货币危机就是之前相对宽松的可兑换货币政策导致的结果，为了让纸币的发行与黄金储备更趋一致，1844 年奥弗斯顿爵士、托伦斯上校以及诺曼提出了一个管理十分严格的通货管理方案，该方案稍加修改后经议会通过，形成历史上有名的《1844 年银行特许法案》，又称"比尔条例"，该法案规定英格兰银行拥有自由发行任意数量货币的权利，但是对于英格兰银行基于购买证券发行的纸币不能超过 1 400 万镑，超出该限额发行的纸币必须有足额的金银储备，任何人在任何时间无论用多少纸币向英格兰银行兑换黄金，英格兰银行都要以 3 镑 17 先令 10.5 便士的价格卖出相应数量黄金，收回纸币；任何人在任何时间无论用多少黄金向英格兰银行兑换纸币，英格兰银行都要以 3 镑 17 先令 9 便士的价格买进黄金，发放相应数量纸币。同时，为了防止英格兰银行因自身利益在纸币发行上违反以上规定，英格兰银行被拆分为发行部与银行部，两个部门各自独立运行，以确保英格兰银行发行的纸币能够更加方便地兑换铸币。此外，该方案还收紧了其他银行的货币发行权，根据新的规定，这些银行发行的货币不仅必须持有足额的黄金储备，随时满足人们的兑换要求，还对每一家银行设定了纸币发行的最高限额。穆勒认为该方案是想要让纸币数量变动与贵金属数量变动在时间上与空间上完全一致，以此来限制流通中纸币的数量，让纸币完全成为金属货币的外壳，替代其进行流通，从而实现物价稳定。穆勒并不认同该方案，提出了以下几条反驳性观点：（1）在穆勒看来，通货学派把一切物价的变动都归因于货币变化是错误的，他引用图克在《价格克》中的观点："根据我的研究，从事实与历史的角度来看，在每一次显著的实例中，物价的上涨或者下跌都先于纸币发行量的增加或者缩减，因此，它不可能是纸币发行量增大或者缩减的结果。"[①] 也就是说，在有些时候，物价发生变化可能是货币因素以外的其他因素引起的，货币的变动可能是物价发生变化后的结果，而不是其原因，既然物价上涨并不是因货币引起，解决物价上涨的办法就应该去深入研究引起物价上涨的原因，并从这些原因中去找解决办法，而不是通过人们紧缩纸币来干预经济的自然运行。（2）穆勒坚信，在可兑换制度下，为了达到纸币的价值与贵金属的价值平均而言长期保持一致，只需要纸币能够即期兑换硬币即可，没有必要使要求纸币的数量的变动与贵金属数量的变动在时间与程度上都完全保持一致，因为在他看来，"无论通货是由黄金还是由纸币所构成的，其价值的变动均非取决于它的数量，而是取决于信用的扩张与收缩。因此，要确定何种通货的价值与贵金属的永久性价值最为接近，我们就必须明了，处于何种通货之下，信用发生变动的概率最小进而变动的幅度也最小"[②]。他通过观察后认为，随着金属通货数量的变动而变动的可兑换纸币制度，与没有如此严格地保持一致的可兑换纸币制度相比，将会使信用发生更为剧烈的变动，从而与纸币的价值和金属通货的价值背离幅度越大。这就是说，他认为，在数量上与金属通货最为一致的通货，并不是在价值上与金属通货最为一致的通货。（3）在穆勒看来，该可兑换方案过于严格，使得其对于经济的伤害可能会大于对经济带来的好处。在穆勒看来，要求纸币的数量变动与贵金属的数量变动在时间与程度上都完全保持一致会对经济造成严重的伤害。穆勒认为，并不是所有的物价上涨都是由货币超发引起的，还有一些其他原因，比如开拓了国外新的市场对本国商品需求急剧增加等因素也会引起物价上涨，在通货学派看来，只要物价持续出现上涨，黄金就会出现外流，国内黄金数量就会减少，银行储备的黄金数量也会

---

① 图克：《通货原理研究》，商务印书馆 1993 年版，第 85 页。

② 穆勒：《政治经济学原理》（下），华夏出版社 2016 年版，第 613 页。

相应减少，银行就必须收缩纸币，必要时还需要提高利率，以此来降低经济中的物价，促进黄金回流，以控制物价稳定。而在穆勒看来，在这种情况下收缩纸币完全没有必要，穆勒认为，物价的上涨是经济供求发生改变后自然形成的结果，并不是货币增发造成的，人为地紧缩货币，会影响经济自然运行的结果。

3. 一定弹性的可兑换的货币制度有利于实施更加灵活的货币政策

在穆勒看来，具有一定弹性的可兑换货币制度，不要求纸币的数量变动与贵金属的数量变动在时间与程度上完全保持一致，在这种制度下，银行发行的纸币只需要在长期内与储备贵金属保持一个安全比例，在短期内可以不必完全按照储备贵金属数量的变化而变化，有利于根据经济形势实施更加灵活的货币政策，例如在经济过度投机开始形成时期，商业信用借贷增加，整个社会流动性泛滥，需要银行减少贷款以抑制商业信用增长；经济过度投机与急剧回落之后，商业信用趋于枯寂，整个社会流动性十分紧张，需要银行增加贷款以弥补商业信用缺口，这样更有利于经济平稳发展，但如果银行的行为完全遵从 1844 年奥弗斯顿爵士、托伦斯上校以及诺曼提出的通货管理方案，银行的行为就会完全受制于贵金属储备数量，在面临市场上信用泛滥与信用枯竭时，很难实施以上逆向操作以维持信用的平稳性，从而促进经济平稳发展。他以英格兰银行在 1844 年之前危机期间发挥的作用进行说明，他写道："英格兰银行在商业危机期间也经常发挥出了非常有益的作用，即在其他一切票据和几乎所有的商业信用均相对失效的情况下，该银行总是发放贷款，对具有偿付能力的厂商提供贷款；如果英格兰银行拒绝提供这种贷款，那么这次危机必将更为严重。"① 但如果按照通货学派提出的严格可兑换的货币制度，在经济危机期间，黄金并不会立刻回流，英格兰银行的黄金储备并不会立刻增加，它就不能通过大量发行纸币的形式为经济社会提供大量的信用，大量制造商与商人，甚至一些乡村银行就得不到贷款援助，将会有更多的制造商、商人以及乡村银行破产，危机的程度将会更深，持续时间将会更长，对经济的破坏会更加严重，穆勒写道："在信用极度扩张之后发生的信用极度紧缩时期，对于信用给予及时的支持，是与新制度的原则相一致的。因为信用的异常收缩和物价的下跌必然会促使黄金的回流，而新制度的原则就是，只要金属通货增加，就允许甚至强迫增加钞票通货。但是，此项法律原则所鼓励的也正是这项法案的条款在这种场合所阻止的。因为法律

---

① 穆勒：《政治经济学原理》（下），华夏出版社 2016 年版，第 616 页。

规定，在黄金实际流入以前不允许增加钞票发行量。但是，在危机最为严重的阶段尚未过去以及它所造成的一切损失和破坏尚未完全达到顶点之前，黄金是绝不会回流的。由这种制度依据的理论所开列的药方，被这种制度的运行机制所禁止，进而导致多种目标无法及早实现。"① 为了再一次证明他的观点，他还以英国经济危机进行了说明，1844 年，英格兰银行把基准贷款利率降低至 2.5%，促成了 19 世纪中期的投机性繁荣，在证券市场上，股票市场价格上涨，到 1845 年铁路股票达到最高点。在工业领域，狂热的铁路建设，使得大量的投机资本涌入，拉高了原材料价格，在农业市场，由于爱尔兰马铃薯饥荒，英格兰小麦价格也涨到了 1817 年以来的最高价，1847 年英国小麦大丰收，其价格大幅下跌，利用远期合约买进小麦的粮商大幅亏损，人们对这些粮商开出的商业票据能否顺利承兑产生了怀疑，再加上各种融通票据大幅增加，导致货币市场上可疑品级的短期票据出现泛滥，人们对商业票据开始失去信心，市场开始出现流动性紧张，银行由于贴现了大量次级商业票据，后期大量商业票据无法承兑，导致银行出现巨额亏损，加剧了流动性紧张，市场上流动性开始出现枯竭，而英格兰银行在危机时期动用黄金储备救市的职责与"1844 年法案"相抵触，英格兰银行不能援助国内的银行，这些银行也停止了对商人和工厂主的信贷，大量商人与工厂主出现破产，从 8 月上旬至 10 月中旬，伦敦就有约 20 家一流商行倒闭，这 20 家商行的总资产超过了 500 万镑，所生股息约占全伦敦的 50%，而在工厂区，英国约有一半的工厂不能充分开工，大量工人被解雇，被迫流浪街头。最终，政府不得不暂停"1844 年法案"，在英格兰银行为市场注入大量流动性之后，危机才结束。在穆勒看来，在《1844 年银行特许法案》影响下，英格兰银行既不能阻止 19 世纪中期的投机性繁荣，又不能在 1847 年危机爆发时及时提供信用以缓解危机，最终不得不终止该法案才结束这场危机，这充分暴露了《1844 年银行特许法案》的局限性和更具弹性可兑换制度的优越性，因此，他强烈呼吁政府回归到 1844 年之前相对灵活的可兑换制度，并对政府暂停该法案表达了支持。

此外，穆勒认为银行在危机期间增发的货币并不会造成流通领域货币大幅增加，纸币的数量会同其他时期一样稳定，因此不用担心一定弹性的可兑换的货币制度下，银行逆经济风向操作会引起流通领域货币的大幅波动。他写道："如果英格兰银行接受这种贷款申请，则它就必须为此而发行钞票，

---

① 穆勒：《政治经济学原理》（下），华夏出版社 2016 年版，第 617 页。

因为实际上钞票是英格兰银行提供信用的唯一手段。但是，银行并不想使这些钞票流通，实际上它们也不流通。与过去相比，对于通货的需求并未增加；相反，根据我们所做的假设，物价的迅速回落必然会减少对于通货的需求。钞票一经投放，很快就会以存款的形式回到英格兰银行，或者锁在伦敦私人银行家的抽屉里。"①

第七节　对约翰·穆勒货币非中性思想的评述

一、穆勒货币非中性思想的重要意义

穆勒的货币理论对 20 世纪初即将到来的宏观经济学产生了重要影响，他们主要研究的问题是货币数量与实际经济的关系，维克赛尔、费雪方程式和剑桥方程式等都受到了穆勒的货币理论，尤其是货币数量论的影响。穆勒并不是传统经济学家所认为的那样，是一个严格的货币数量论者，而是认为货币数量论只有在严格条件下才会成立。因而，穆勒就发展出了一个非中性的货币理论。穆勒指出，在信用货币条件下，价格与通货之间的关系不能用数量论加以简单表述，事实上，他对坎蒂隆效应进行了分解，即货币数量增长运用在生产性消费和非生产性消费上的结果是不同的。穆勒清楚地看到，当货币注入消费品市场时，则导致了消费品市场价格变动，而当注入资本市场时，则会增加货币资本从而增加投资和生产。穆勒还开创性地提出了由混淆一般价格变化和相对价格变化产生的货币非中性，这种"货币幻觉"无论是在商品市场还是在要素市场上都存在，理性预期学派的代表人物卢卡斯正是吸收了穆勒的这一思想，提出了一个由预期之外货币变化引致的经济波动模型，最后卢卡斯得出了如下结论："在货币供给没能正确预期的前提下，货币在短期表现为非中性，并且这种货币冲击会造成经济波动，波动的传导机制是由于市场分割和货币政策的不透明造成的信息障碍，但在长期，随着理性经济人迅速调整错误预期，经济重新恢复平衡，货币表现为中性。"②

此外，穆勒非常敏锐地看到了一旦货币转化为货币资本，将会影响金融

---

① 穆勒：《政治经济学原理》（下），华夏出版社 2016 年版，第 617 页。

② Lucas，R. E. 1972. Expectations and the Neutrality of Money. *Journal of Economic Theory*，March，pp. 103 – 124.

市场的利率。按照穆勒的分析，当银行新增货币都转化为贷款时，将导致利率的下降。基于此，穆勒观察到了企业的融资过程与货币供给之间的关系，并通过融资过程把商品市场和金融市场的联系相互贯通。马克思在《资本论》中也引用了穆勒的这一观点。穆勒的理论还预示了凯恩斯的流动性偏好理论，这也是明斯基在发展凯恩斯的流动性偏好理论时特别强调的现金流问题。

二、马克思主义经济学视角下的穆勒货币非中性思想

首先，穆勒并没有货币价值，他认为货币价值是货币所能交换到的其他物品的数量，也就是货币的购买能力①，没有意识到金属货币的价值是在进入流通过程前，在生产过程中由其劳动时间决定的，而对纸币（包括银行券）来说，它们只是金属货币的代表，是种价值符号。他还陷入了货币供求价值论的怪论，认为货币的价值或者购买能力，首要地取决于需求与供给②。

其次，正如穆勒在经济学说史上实现了第一次大综合一样，他的货币思想也是一个折中的混合体，他一方面接受了惠特利、李嘉图、麦克库洛赫等的严格货币数量论观点，认为货币数量的变化会完全等比例反映在价格上，使它的价值发生等比例反方向变化，货币只是一层面纱，但另一方面，他又提出了"货币幻觉"的概念，认为预料之外的货币变化会导致人们错误地把一般价格变化视为相对价格变化，从而做出错误的生产决策，使货币在短期内呈现出非中性特征，然而，一旦经济体中多数人都做出了错误的生产决策，整个社会的产出结构显然会发生改变，货币的效应显然也不再会等比例反映到价格上，显然，穆勒并没有对"货币幻觉"之前货币导致的资源错配以及"货币幻觉"之后对资源错配的反向修正过程说清楚。对此，恩格斯指出："如果穆勒的全部政治经济学著作不是表现出一种在任何矛盾面前都毫不退缩的折中主义，那就无法解释他对于 1 镑银行券的这种特别的恐惧。一方面他在许多问题上赞成图克，反对奥弗斯顿，另一方面他又相信，商品价格是由现有的货币量决定的。因此他决不认为，在其他一切条件相同的情况下，每发行一张 1 镑银行券，就会有一个索维林回到银行金库里去；他担心的是，流通手段的量会增加，并因此而贬值，也就是说，可能使商品

---

① 穆勒：《政治经济学原理》（下），华夏出版社 2016 年版，第 453 页。
② 穆勒：《政治经济学原理》（下），华夏出版社 2016 年版，第 454 页。

价格上涨。隐藏在上述那种恐惧后面的无非就是这一点而已。"① 不过，他也指出，严格的货币数量论在信用货币体系下就不一定成立了，他认为，有了发达的信用制度，价格就不再按任何简单的方式依存于那种意义的货币数量，因为利用信用来购买商品并不是货币数量本身对一般价格水平发生作用，而只是支出在发生作用，这种支出同硬币和纸币数量变化并没有密切的联系，信用的出现从根本上改变了货币数量论，这也构成了穆勒对货币数量论的发展。

---

① 《资本论》第三卷，人民出版社 2004 年版，第 630 页。

第十三章　古典货币非中性理论
取得的辉煌成就

古典时期经济学家们就货币理论与政策展开的广泛争论促进了货币理论发展，他们从未形成"货币中性"的统一共识，相反，大多数古典学者都认为货币在短期是非中性的，在长期货币非中性也可能会存在，正如希克斯所指出的："在古典经济学家中，至少存在着两条线，一条线（粗略地说来，是以李嘉图与他的追随者为代表）坚持认为完全要按金属货币流通那样来调节纸币流通，另一条线（以我所见，这是以桑顿与约翰·穆勒为代表）主张对信用货币必须进行管制。"① 从本书的研究来看，货币发行的金属原则体现了货币中性的主张，货币发行的信用原则体现了货币非中性的主张。通过对前面各章一些古典经济人物货币思想的深入研究，我们发现他们至少揭示出了十种货币非中性的原因，并且这些理论成果几乎为现代货币非中性理论提供了重要基础，对 20 世纪以后的货币理论的演变与发展产生了重要影响。在本章中，我们再次对这些货币非中性思想进行了归纳与总结，以反映出古典货币非中性思想的整体框架。

第一节　价格刚性理论

1752 年，休谟在《论货币》与《论利率》两篇论文中系统研究了货币与经济的关系，这两篇论文也被认为是古典经济学家最早对货币与经济关系进行深入研究的论文，休谟本身是货币数量论的坚定支持者，认为货币数量的变化必然会导致价格发生相应变化，但是与他之前的经济学者不同的是，他还发现，货币变化的结果完全反映到商品价格变化上需要一段时间。而在这期间，货币的变化会导致产出与就业的变化，他写道："为了解释这种现

---

① 希克斯：《货币理论评论集》，牛津大学出版社 1967 年版，第 167 页。

象，我们必须考虑到尽管高价格是黄金与白银增加的必然结果，但并不意味着价格会立即上升，新增的货币流入社会各行各业需要一段时间，各行各业的人才能都感觉到货币增加的效果，起初没有任何改变发生，根据价格上涨的程度，首先是一种商品，然后是另一种，直到最后所有商品的价格都上涨了，英国所有商品与包括新增货币在内的所有货币重新达到一个合适的比例。我认为，只有在货币增加与物价上涨的间隙，金银量的增加才有利于提高人们生产的积极性，他只是在获取货币与价格上升的间隙或者说中间时期，新增的金银对工业才是有利的。"① 可以看出，休谟在当时已经发现了存在经济中的价格刚性现象，并且正是因为存在价格刚性，才导致增加货币会在短期内会促进产出与就业。此外，休谟还认为不仅增加货币会表现出价格刚性，减少货币同样会表现出价格刚性。如果一国货币不断减少，其商品价格最终会下降，与货币增加表现出的过程一样，在货币减少与商品价格下降之间同样存在一段时间，但在这段间隔时期内，生产者的生产积极性会下降，劳动者的工作积极性会受到打击，经济就会陷入衰退，他写道："一个货币正在减少的国家要比另一个货币不多，但是一直处于增长的国家衰弱与悲惨的多……这就像货币增加也存在间隔期一样。在货币减少的间隔期内，工人们生产积极性会下降……可以预见的是，贫穷、乞讨、懒惰都会随之而来。"②

　　进入 20 世纪以来，欧文·费雪与米尔顿·弗里德曼表达了与休谟几乎一致的观点，费雪把休谟所观察到的价格刚性现象用交易方程式 $MV = PQ$ 更加清晰地表达了出来，他提出，如果 V 是常量，货币存量 M 的变化会在完全改变价格之前对产量 Q 产生暂时影响。弗里德曼也认为，货币对名义收入的影响会首先体现在产出变化上，之后才缓慢体现在价格上涨上。他还以美国为例对货币变化影响产出与价格的具体时间长度进行了研究，结果表明，对价格的影响在大约 18 个月到 2 年后才出现，但在 5 ~ 10 年内，货币数量的变化主要影响产出，与休谟不同的是，欧文·费雪与弗里德曼都不赞成采用扩张性的货币政策来刺激经济，他们都坚信李嘉图以来的古典传统，认为在自由竞争经济中，价格的灵活调节会让经济处于充分就业的状态。因此，他们认为货币数量的变化只会引起产出与就业的非正常波动，扰乱经济

---

　　① Hume, David. 1752. "Of Money" and "Of Interest". In D. Hume, *Wrhitings on Economics*, ed. E. Rotwein, Madison: University of Wisconsin Press, 1970, pp. 37 – 38.

　　② Hume, David. 1752. "Of Money" and "Of Interest". In D. Hume, *Wrhitings on Economics*, ed. E. Rotwein, Madison: University of Wisconsin Press, 1970, pp. 39 – 40.

长期增长的自然路径。而且在弗里德曼看来，即便是由于价格刚性，经济会存在衰退的可能，也不适合采用扩张性货币政策，因为在他看来，在不同的环境下货币影响产出的时滞是不确定的，当政府实施一项扩张性货币政策时，可能在几个月甚至几年后才发生作用，而到那时，经济可能依靠自身的修复机制已经产生了回归均衡的动力。

而凯恩斯不仅继承了休谟的价格刚性思想，而且与休谟一样，在经济处于衰退时，主张采用扩张性政策来调节经济，这主要是在凯恩斯看来，古典充分就业假定在现实生活中是很难维持的，由于受边际消费递减、资本边际报酬递减、灵活偏好等因素的影响，经济会出现有效需求不足，陷入供过于求的衰退状态，而此时如果增加货币供给，则能提升有效需求，促进经济重新回归均衡。他写道："当货币数量增加时，若还有失业现象，则物价毫不受影响，就业量则随有效需求作比例的增加，而有效需求之增则起于货币数量之增；但当充分就业一经达到，则随有效需求作同比例之增加者，乃是工资单位与物价。"[①] 而在 20 世纪 80 年代兴起的新凯恩斯主义则在坚持原凯恩斯主义价格刚性假定以及货币政策有效性的基础上，试图去寻找价格刚性的原因，从微观上说明理性的经济主体为什么不随着总需求或其他冲击来调整工资和价格，以致使宏观经济出现产出与就业波动，曼昆、耶伦、阿克洛夫和帕金等新凯恩斯主义代表人物建立了很多模型来解释价格刚性形成的微观经济机理，最有影响力的有菜单成本论、厂商声誉模型和具有搜索成本的非对称反应模型。

第二节　工资刚性理论

在《对大英帝国纸币信用的性质与影响的研究》一书中，桑顿较早发现了在现实生活中存在工资变动滞后于商品价格变动的现象，并认为这会导致货币非中性。虽然在他之前，休谟也观察到了这一现象，他认为在货币刺激下，各行各业都开始进入景气扩张周期时，生产者并不会立刻给工人涨工资。但他并没有明确说明这会导致什么结果，而桑顿不仅明确提出了工资相比价格更难发生改变的事实，而且说明了由此产生的后果。因此，一些经济学者在对工资刚性理论进行溯源时，一般都认为是桑顿最先

---

① 凯恩斯：《就业、利息和货币通论》，译林出版社 2014 年版，第 256 页。

认识到了这一现象。

桑顿明确指出，由于工资的变动没有价格变动那么灵敏，因此，当货币增加导致物价上涨时，工资的上涨会滞后于价格的上涨，导致工人真实工资下降，对生产者而言，这意味着其销售收入上涨，而劳动成本却保持不变，利润必然会增加，从而刺激其扩大投资，增雇工人，整个社会的产量就会增加，就业就会提升。桑顿还意识到，只有当经济处于非充分就业时，增加货币数量才能刺激一国产出与就业增长。相反，当货币减少导致物价上涨时，由于工资的下降滞后于价格的下跌，导致工人真实工资上升，对生产者而言，这意味着其销售收入下降，而劳动成本却保持不变，利润必然会减少，企业就会缩减投资，解雇工人，整个社会的产量就会减少，就业就会下降，他写道："如果我们可以假设银行纸币数量的减少会永久性地降低所有物品的价值，并且公平地假设，也相应减少了工资的价值，那么，尽管这可能会对已经生产出的存货产生一些损失，但对制造商的未来生产并无任何影响。然而，真实情况很可能是银行纸币数量突然大幅度减少会造成一种不寻常的、暂时的萧条，并导致商品价格的下跌。但是，这种暂时的萧条可能不会引起工资率的相应下降；因为价格的下跌和萧条将被人们理解为是暂时的，而且我们知道，工资的变化并不像商品的价格那样容易变动。因此，有理由担心我们刚才所说的银行纸币数量突然大幅度减少带来的短暂萧条以及由此造成的价格下跌会打击制造业。"①

桑顿把工资刚性归因于劳资双方签订的名义工资合同，在合同中，制造业主及商人会规定在一段时间内需要支付给工人的工资，这一工资水平往往要经过很长的时间才会调整。他写道："随着形成当前纸币价值的减少，商品的当前价格会等比例上升。如果工人只得到与贬值之前相同的名义工资，那给他支付的实际报酬就减少了。之前签订的金钱合同，尽管是名义上的，也许在法律上需要强制履行，但履行起来并不公平。"②

在桑顿之后，马尔萨斯与托伦斯都提到了工资刚性，马尔萨斯认为，当农产品在需求增加或者货币增长带动下出现价格上涨时，劳动的货币工资以及资本的价格并不会成比例地上涨，这样，农业资本的利润就会显著上升，从而刺激农业投资。托伦斯指出在货币价值下降的很长一段时间内，资本家

---

① Thornton, Henry. 1802. *An Enquiry into the Nature and Effects of the Paper Credit of Great Britain*. London, Hatchard, pp. 82–83.

② Thornton, Henry. 1802. *An Enquiry into the Nature and Effects of the Paper Credit of Great Britain*. London, Hatchard, P. 188.

实际上支付的都是下降了的实际工资，因此在通货膨胀时期他们是受益者。

20 世纪 20 年代，庇古利用工资刚性理论解释了劳动力市场失衡的现象，在庇古的巨大影响力作用下，工资刚性理论开始广为人知，成为经济学界必须关注的一种经济现象。在庇古看来，如果工资能够灵活变动，失衡的劳动力市场就能随着工资的及时调整迅速回到均衡状态，但是由于在现实生活中货币工资存在刚性，使得劳动力市场在较长时间内都存在失衡的可能，这一结论实际上否定了萨伊定理。庇古还首次详细分析了名义工资存在刚性的原因，他认为是以下三个原因造成的：（1）企业主与工人之间的关系难协调及工会力量的强大；（2）重签工资协议的间隔时间长；（3）劳动者对物价变化不敏感。

与桑顿不同的是，庇古并不赞成利用扩张性货币政策来刺激经济，在他看来，工资刚性的强度决定了劳动力市场恢复均衡的快慢，但货币工资最终会调整到使劳动力市场恢复均衡，当经济达到均衡时，经济增长的动力决定于技术、资本、土地、劳动力等因素，而扩张性的货币政策不仅不会有助于劳动力市场恢复均衡，而且会增加工资刚性的程度，加剧经济波动。

20 世纪 30 年代，凯恩斯还接受了古典货币非中性思想中工资刚性与价格刚性的观点，并认为，在经济没有达到充分就业之前，由于存在大量闲置劳动力与其他经济资源，工资刚性与价格刚性表现得最为明显，此时，增加货币能够促进总产出回归到充分就业的水平。他写道："边际成本中之诸生产要素，只要尚未全部就业，便不要求货币之增加，在这种情形之下，则只要有失业现象存在，工资单位就不会变更，生产之报酬既不递增亦不递减。因此，当货币数量增加时，若还有失业现象，则物价毫不受影响，就业量则随有效需求作比例的增加，而有效需求之增则起于货币数量之增；但当充分就业一经达到，则随有效需求作同比例之增加者，乃是工资单位与物价。"[1] 凯恩斯把货币工资刚性的原因主要归因为受合同约束，他写道："社会上有一部分人士，其收入是由契约用货币规定的，例如利息阶级以及公私机关中之固定薪水阶级。假使货币工资不变，则在这批人与劳工之间，可以达到最大限度的、实际可行的公平办法。"[2] 与庇古不同，凯恩斯认为货币工资刚性并不是导致失业的主要原因，也反对政府实施伸缩性工资来解决失业问题，他认为在解决失业的问题上，两种方法会产生同样的效果，一种是在货

---

[1]　凯恩斯：《就业、利息和货币通论》，译林出版社 2014 年版，第 256 页。
[2]　凯恩斯：《就业、利息和货币通论》，译林出版社 2014 年版，第 230 页。

币工资不变的情况下增加货币，另一种是在货币数量不变的情况下减少工资，经典理论主张后一种办法，而凯恩斯主张前一种办法。

20 世纪 80 年代兴起的新凯恩斯主义提出了真实工资刚性概念，索洛、斯蒂格利茨、林德贝克、斯诺尔等用效率工资理论、局内人—局外人理论解释了存在真实工资刚性的原因。效率工资理论认为，由于工人的劳动生产率依赖于厂商支付的真实工资，削减工资就会损害其生产率，为了保持效率，厂商宁愿支付高于市场出清水平的真实工资。而在局内人—局外人模型中既得利益的局内人在调整工资时不会考虑局外人的利益，仅是为维护局内人的利益而变动工资；而辞退这些局内人则意味着增加企业成本，包括招募和辞退成本，如搜寻劳动市场的成本、广告和筛选成本、培训新雇员成本等，这就意味着局内人会利用他们的权力或其他优势来影响雇主的雇佣政策，使雇主减少对局外人的雇佣，局内人的权力部分决定了工资和就业决策，使真实工资具有刚性。与原凯恩斯主义一样，新凯恩斯主义也强调经济政策在绝大多数年份是重要的，主张政府采用货币政策来调节经济。

第三节 固定费用理论

马尔萨斯较早意识到经济中存在一些固定费用，在他看来当货币增加或者需求上升引起农产品价格上涨时，耕种农业的生产费用（包括名义工资）都具有一定刚性，不会随农产品的价格上涨而立马上涨，使得农产品价格与耕种费用之间的差额扩大，农场主耕种农产品的利润增加，从而刺激资本对农业投资，他写道："劳动价格最终提高到和谷物价格相适应的原有水平，二者都比以前高得多⋯⋯但是在这种变动过程中，劳动之外的一切其他资本开支绝不可能都在同一时间内增加，甚至最后也不可能按同一比例来增加。因此必然会出现这样一个时期，使农产品价格和生产费用的差异能扩大到大大地刺激农业的生产。"①

马尔萨斯之后，麦克库洛赫系统论述了固定费用理论，在他看来，一个社会存在的固定费用非常普遍，从民间到政府，分布在各行各业，种类繁多，并且支出数额巨大，他写道："当我们考虑一个国家无穷无尽、各种各样的固定金钱支付时，不仅包括作为支付公共债务利息的款项，还包括其他

---

① 马尔萨斯：《政治经济学原理》，商务印书馆 1962 年版，第 141 页。

政府支出的大部分，这些支出不能迅速适应货币价值的变化而调整，包括租赁农场和房屋应支付的租金，或者根据同等协议应缴的费用，抵押贷款和其他固定贷款的利息，支付给私人年金和牧师的款项，律师、医生的费用等等。很明显，这些付款总额必须是一笔非常庞大的数字。"① 他把整个社会人群分为勤劳阶级与非勤劳阶级，在他看来，社会上绝大多数的固定费用支出是由社会上从事生产的勤劳阶级支付给非勤劳阶级的，货币数量增加引起的货币价值下降提高了生产商品的价格，增加了勤劳阶级的收入，而他们支付给非勤劳阶级的费用却没有相应增加，这就会增加勤劳阶级的利润，促进他们扩大生产。他在描述这种费用刚性对勤劳阶级的影响时写道："制造商和商人对他们的货物支付同样的关税、同样的港口和市场税、同样的通行费、同样的商店和仓库租金、同样的资本借贷利率，而他们出售的商品价格却上涨了。"②

阿特伍德也提出了麦克库洛赫类似的观点，认为货币能够影响经济的重要原因在于货币变化引起商品价格变化时，有一些固定费用支出却不会发生同比例变化。尽管他没有像麦克库洛赫那样系统分析固定费用理论，不过他从正反两方面论述了固定费用对货币政策造成的影响，当货币数量增加时，产品的价格会出现上涨，而企业需要支出的一些固定费用却不会与价格同步上涨，企业利润就会增加，整个国家的产出与就业就会增加。他写道："只要商品的价格保持在固定支出与花费之上，企业在维持甚至雇佣新的工人时就不会有任何困难，否则将会使我国的工业陷入困境。"③ 相反，他认为如果银行紧缩货币，产品的价格会出现下跌，而企业需要支出的一些固定费用却不会与价格同步下跌，这样，企业利润就会减少甚至会出现亏损。他写道："因为每个人的财产将只能卖更少的钱，但他们负担的税收和一些固定的支出却保持不变，显然会给他们带来损失。如果这种损失落到了财富生产者的身上，毫不意外，每一个人都不再去寻求财富，都会从现有的生产中退

---

① McCulloch，J. R. 1852. *A Treatise on the Principles and Practical Influence of Taxation and the Funding System.* Longman，Brown，Green，& Longmans，P. 376.

② McCulloch，J. R. 1852. *A Treatise on the Principles and Practical Influence of Taxation and the Funding System.* Longman，Brown，Green，& Longmans，pp. 375 – 376.

③ Attwood，Thomas. 1826. The Late Prosperity and the Present Adversity of the Country. In *Selected Economic Writings of Thomas Attwood*，ed. F. W. Fetter，London：LSE Reprints of Scarce Works on Political Economy，1964，P. 42.

缩，避免生产更多产品，因为它将不再支付它的生产所涉及的全部费用。"①因此，他认为，如果必须减少流通领域中的纸币，企业需要支付的金钱债务、租金、税收、工资等固定费用支出必须也要与商品价格保持同比例下跌，否则，经济就会陷入衰退。此外，托伦斯也提到了固定费用的存在会造成货币对产出产生影响。由此可见，固定费用理论在古典时期已经相当流行，正如帕廷金（1969）所说，古典时期，"很多经济学者提出了成本变动的趋势比弹性的销售价格要慢"②，也就是存在一些相对价格而言固定不变的费用，使得货币供给与流通速度变动时能够对经济产生实际影响。

此外，托伦斯还专门从名义利率变动会滞后于价格变动的角度说明了由货币增长产生的通货膨胀会使真实利率下降从而刺激产出的思想，资本的雇佣者将会因为支付更少的实际利率成本而受益，这种观点本质上与上述提出的费用固定合同理论相一致。

20 世纪初期，费雪利用固定费用解释了商业周期，他认为当货币数量增加时，由于很多工资、利息、税收等固定费用的存在，使得企业成本支出慢于收益的上涨，这样企业可以赚更多的利润，从而刺激企业投资，他写道："货币贬值（价格水平上升）刺激经济，货币升值（价格水平下降）抑制企业。原因很简单，当生产者得到更高的价格时，他们一开始不需要支付相应的更高的成本，例如，工资和薪水是提前几个月或几年按合同确定的，不会上涨得那么快。起初，他们支付的租金和利息也会下降。这种重要费用支出变化滞后通常涉及总费用滞后于总收入。因此，利润、总收入超过总费用的部分最初往往会增加。相反，价格水平下降会减少利润。这些利润获得者就是工业的领航人，他们决定了经济的产量，因此，当价格上涨，利润增加时，工业就会扩张，商业呈现出繁荣，当价格下降，利润减少时，工业就会收缩，商业呈现出萧条。"③

在费雪之后，似乎很少有影响力的学者再用固定费用理论来解释一些经济现象了，这并不意味着这一理论已经从经济学界逐渐消失了。相反，在很多经济学者看来固定费用的存在在经济中仍然相当普遍，比如凯恩斯就注意到了固定费用的存在，只是经济中存在的固定费用的种类太多，经济学者一

---

① Attwood, Thomas. 1826. The Late Prosperity and the Present Adversity of the Country. In *Selected Economic Writings of Thomas Attwood*, ed. F. W. Fetter, London: LSE Reprints of Scarce Works on Political Economy, 1964, P. 41.

② Patinkin, D. 1969. The Chicage Tradion, the Quantity Theory, and Friedman. *Journal of Money, Credit and Banking*, 2（1）, pp. 46 - 70.

③ Fisher, Irving. 1928. *The Money Illusion*. New York: Adelphi Co. , P. 90.

般用名义利率刚性与名义工资刚性对该理论进行了替代，因为从某种意义上讲，利率与工资都是企业固定费用的一部分，当理论界用名义利率刚性与名义工资刚性去解释某种经济现象或者说明货币政策效果时，实际上用固定费用刚性去替代名义利率刚性与名义工资刚性也能得到同样的结论。

第四节　强制储蓄理论

边沁首次提出了强制储蓄理论，并用该理论解释了货币呈现非中性的原因，该理论认为，增加货币引起的通货膨胀能够将实际收入从高消费倾向的工薪阶层和固定收入领取者转移到有高投资倾向的资本主义企业家手中，以消费者的消费减少为代价提高了一国的资本积累，从而有助于提高一国的产出与就业水平。边沁把货币的用途分为两类，一类是商业性用途，主要用于购买劳动和生产性物质资本；另一类是非商业性用途，主要用于购买消费用品，边沁认为增加的货币如果用于购买生产性资本，就可以增加一国就业与产出，他自己把这一现象称为"强制节约"。边沁提出了两种"强制节约"的方式，一种是通过国家向公民直接征税，然后把这一部分税收转化为资本；另一种就是国家通过增加货币来直接购买生产性资本，从而增加一国的资本存量，以此来促进产出与就业增长，为什么增加的货币购买生产性资本可以增加一国的产出与就业呢？因为在边沁看来，生产性资本包含劳动和用于生产的物质资本，而如果新增的货币用于购买这些生产性资本用于生产，也就是用于购买劳动和生产性物质资本，从事劳动的人就会增加，物质资本总量也会增加，显然会促进一个国家的产出与就业的增长，在劳动和生产性物质资本这两种生产性资本中，边沁更看重新增货币对劳动的购买，他间接地表明，新增货币如果用于购买劳动，对产出的影响会更大，在他看来，劳动才是创造财富的源泉，而一个国家的劳动人数是有限的，但货币却可以无限增长，新增的货币只有去购买劳动，才能更有效地增加一国的总产出，一旦所有劳动都处于最合理的利用状态，再继续增加货币，整个社会能够增加的产量就很有限了。

马尔萨斯也提到了强制储蓄理论，认为增加货币会造成现有的货币在不同阶级之间被重新分配，从有闲阶级和依靠固定收入为生的人手中流入到农业家、工业家和商人手中，扩大了全社会投资，增加了全社会的资本积累，提升了全社会的资本收入比例，进而促进了全社会产出与就业的增加，从而构成强制储蓄。在马尔萨斯看来，强制储蓄效应是由新增货币的初始分配引起的，他通过观察发现，每次新增的货币流入既消费又生产的人（生产阶级）手中的一部分较大，而流入只消费的人（非生产阶级）手中的那部分较少，而流入到既消费又生产的人手中的这部分货币都转化为了资本，因此整个国家的资本存量增加，而当这些新增资本还没形成新的生产力，社会产量还没增加之前，新增货币形成的额外购买力导致市场上的购买竞争加剧，从而引起物价上涨，这种竞争使得只购买不生产的人（非生产阶级）无法购得以往那么多的商品，而对于既消费又生产的人（生产阶级）而言，在价格上升的过程中却仍然能获得以往那么多利润，甚至更多的利润，这样通过价格上涨也会将固定收入者的一部分实际收入转移给生产阶级，造成固定收入阶级的实际收入减少，而生产者的利润增加，这部分利润转化为资本，使得生产阶级用于再生产的资本也会增加，产出与就业也就会进一步增加。

桑顿也谈到了增发货币能引发强制储蓄效应，从而使货币呈非中性，他认为，当经济中的货币数量增加时，物价会上涨，而工人的工资却不会立刻发生变化，对于这些工人来说，相当于他们领到的实际工资下降了，他们的消费就会被迫减少，而对整个社会而言，生产的产品必然是一部分用于消费，剩下则用于储蓄，显然工人的消费减少了，整个社会的储蓄就会增加，相对于物价上涨后工人被迫减少的那部分消费被强制转化成了社会储蓄，最终被用于企业投资，增加了全社会的资本积累。他写道："这也必须承认，假设我们过度发行纸币，可能一段时间内会提高货物的价格，而劳动力的价格则可能保持不变，这样必然会引起产出增加；对于劳动者来说，根据这一假设，可能会被迫使消费更少的物品，尽管他从事与之前同样的劳动，但是，这种储蓄，以及由遭受同样苦难的社会不生产阶级收入下降所增加的额外的储蓄，将会导致同比例的苦难与不公平。这种假定也意味着承认我们正在争论的观点，即增加的纸币发行往往会提高商品的价格。"[1]

马尔萨斯在《对李嘉图关于黄金高价格解释的评论》一文中，把整个社会划分为生产阶级与非生产阶级，利用强制储蓄理论说明了货币数量变化对生产阶级与非生产阶级造成的影响，以及对整个国家资本积累的影响。他认为，当一国货币增加之后，会使流通媒介在不同阶级之间重新进行分配，其结果是生产阶级用于从事生产的资本增加了，非生产阶级用于消费的支出

---

[1]　Thornton，Henry. 1802. *An Enquiry into the Nature and Effects of the Paper Credit of Great Britain.* London，Hatchard，P. 264.

下降了。"相当一部分货币从闲置者和靠固定收入生活的人手中拿走,并转移给农民、制造商和商人,资本和收入之间的比例将大大改变,以利于资本;在短时间内,国家的产品将大大增加。"[1]

约翰·穆勒在《关于政治经济的一些悬而未决的问题》一文中,在分析银行发行不可兑换纸币时,利用强制储蓄理论说明了银行家的活动是如何将收入转化为资本的,他写道:"如果用纸币不可兑换(的做法)取代硬币贬值(的做法),那么,银行发行纸币就是向每个持币者或有应收账款的人征税。因此银行侵吞了其他人的一部分资金和收入。资金可能用于贷款,或为资金所有者自用,这部分原本由所有者使用的资金现在改变用途,用于贷款……收入转变为资本,因此,看似奇怪,货币贬值就是以这样的方式在一定程度上强迫人们积累。"[2] 之后该理论开始在更广泛的范围传播开了,对奥地利学派产生了深远的影响,在维克赛尔与米赛斯的著作中都能找到强制储蓄理论的影子。而哈耶克最终使该理论的影响达到了顶峰,他非常强调该理论的重要性,不仅在《强制储蓄理论的发展》一文中介绍了该理论的发展演变过程,而且他还利用强制储蓄理论解释了由货币数量变化产生的经济周期。在他看来,凯恩斯在《货币论》中也讨论了同样的问题,只不过他并没有使用强制储蓄这个术语,更喜欢用投资超过了储蓄这种模糊不清的语言来表达这种含义。

第五节 利 率 理 论

早在重商主义时期,洛克、约翰·罗、孟德斯鸠等就提出过货币数量变化影响利率的观点,约翰·罗从货币数量多的国家比货币数量少的国家利率水平低的现象出发,提出了货币数量增加会降低利率的货币供求利率论观点,货币供求利率论的观点在重商主义时期已经相当流行,但到了古典时期,这种利息理论被休谟提出的可贷资金理论替代,休谟在《利息论》一文中,认为利息率的大小取决于三个因素:一是借款的需求意愿。二是可供出借资金的大小。三是利润率的高低。如果整个社会借款意愿低,需求小,可供出借的资金多,利润率低,则利息率就低,他认为可贷资金与货币量是

---

[1] Hayek, Frederich A. Von. 1932. A Note on the Development of the Doctrine of "Forced Saving". *Quarterly Journal of Economics*, November 47, P. 128.

[2] 穆勒:《论政治经济学的若干未定问题》,商务印书馆 2015 年版,第 87 页。

两个不同概念，一个国家货币多，不一定可贷资金就多，而利率是由可贷资金的供求决定的，不是由货币数量的供求决定的，休谟关于利率的论述构成了古典利率理论的早期发展成就。斯密也同意休谟的观点，认为利率由资财（资产）的供求决定，而资产数量并不是由货币（纸币与铸币）决定的，货币只是充当该国借贷的手段而已，资财的数量是由特定部分的年产品价值决定的。当这年产品从土地或从生产性劳动者手中生产出来时，它就被指定当作资本使用，他还专门批评了洛克、约翰·罗、孟德斯鸠。之后，西尼尔用节欲来代替资本一词，认为资本来源于储蓄，储蓄来自节欲，为资本获得的利润提供了看似合理的解释。无论是休谟所说的可贷资金、斯密所说的资本，还是西尼尔所说的储蓄，都是同一概念，可供资金利率理论在整个古典经济学时期都占据统治地位。

尽管多数古典经济学家没有系统研究货币变动与利率之间的关系，但马尔萨斯、托伦斯等也感觉到了货币的变动能够引起利率的变动进而对产出产生影响。马尔萨斯在他研究货币的强制储蓄效应时写道："每次新发行的货币，不仅仅是流通媒介数量的增加，整个社会商品的分配也会被改变，大部分商品被分配到这些既消费又生产的人手中，一小部分被分配到只消费的人手中，就像我们经常把资本定义为国家积累与每年从事生产的那部分，增发钞票就会使国家资本增加，并且虽非绝对必然，但也几乎是必然地使利息率降低。"[1]

马尔萨斯最后总结道："这些结果，可以解释为什么价格的上升会与公众财富增加联系在一起，价格下降与国家财富下降联系起来。"[2] 可惜的是，马尔萨斯并没有深入研究货币变动引起利率变动的原因，只是猜测性地做出了一个判断，这种判断很可能是他对经济现象进行观察后得出的结论。

穆勒对利率的分析也是基于可贷资金理论，但与休谟、斯密等不同的是，他得出了银行纸币增加会促使利率下降的重商主义式的结论，这也构成了他对利率理论的发展，他认为在任何假定情况下，"银行的纸币发行提高了该国可用于借贷的总的资本份额，因此利率必然下降"[3]。穆勒认为当流通中的货币数量发生变化时，会对利率产生两种相互对立的影响，一种力量会促进利率上升，另一种力量会促进利率下降。当流通中的货币逐渐增加时，货币会出现贬值，一方面，以货币形态表现的可贷资本数量就会减少，

---

① 马尔萨斯：《政治经济学论文五篇》，商务印书馆 2016 年版，第 29～30 页。
② 马尔萨斯：《政治经济学论文五篇》，商务印书馆 2016 年版，第 31 页。
③ 穆勒：《论政治经济学的若干未定问题》，商务印书馆 2015 年版，第 91 页。

而流通中的货币数量减少并不会减少可贷资本的需求，由此造成的影响的利率上升。另一方面，穆勒又认为，增加货币也会促进利息下跌。这主要是因为新增的货币如果没有用于消费，而是用于扩大发放贷款，则会增加经济中的可贷资本总量，在可贷资本需求不变时，利率就会下降。穆勒认为，一般而言，后一种影响要强于前一种影响，因为前一种影响的大小取决于新增的货币与已贷出的货币之间的比率，而后一种影响的大小则取决于新增的货币与全部流通的货币的比率，显然新增的货币与已贷出的货币之间的比率要小于新增的货币与全部流通的货币的比率，使得增加货币之后，最终会使利息下降。

古典利率理论显然影响到了魏克赛尔，之后又影响到了凯恩斯。魏克赛尔在学说史上提出了著名的积累过程理论，他把利率区分为自然利率与货币利率，在他看来，自然利率是指借贷资本的需求与储蓄的供给相一致时的利率，相当于资本的预期收益率，显然魏克赛尔提出的自然利率就是指古典的可贷资金理论，而货币利率就是指银行实际放贷的利率。魏克赛尔认为，当自然利率与货币利率相等时，经济中的物价水平会保持稳定，而当自然利率与货币利率不相等时，经济中的物价水平就会出现累积性上升与下降。例如，当经济中的技术水平进步，对可贷资金的需求增加，自然利率（资本的预期收益率）就会上升，企业就会增加从银行的借款，扩大生产，这又会带动对原材料、土地、劳动力的需求，使得这些要素供给者收入增加，又会增加他们的消费，促进消费品价格上涨，这样就会形成生产品价格上涨—资本品价格上涨的积累过程，而要打破这种价格循环上涨的机制，就需要政府提升银行贷款利率，使自然利率与货币利率相等，价格才会恢复平稳，从而在学说史上魏克赛尔首次提出了通过调节利率来调节经济，进而维持物价稳定的思路，该理论使得处于分离的传统经济理论和货币理论融为一体，为政府干预经济提供了理论基础。

此后，魏克赛尔的货币理论对凯恩斯形成了巨大影响，凯恩斯把魏克赛尔的自然利率视为资本的边际效率，同时汲取重商主义时期的货币供求论观点，基于他提出的三大心理定律，否认了古典充分就业假定，创造性地提出了流动偏好理论，再从货币需求与供给出发，提出了供求利率理论，并提出了由中央银行通过变动货币供给影响市场利率，进而影响经济产出的政府利用货币间接调控经济的思路。

第六节 "货币幻觉"理论

古典学者还提出了由混淆一般价格变化与相对价格变化所引起的货币非中性效应，这种理论认为货币具有真实效果是因为货币数量变动会使一般价格水平变动，而单个生产者却把它误认为是自己产品需求增加从而引起相对价格变化的结果，并以此来对产量做出相应调整。早在重商主义时期，坎蒂隆就提出了相对价格变化概念。他认为从货币数量变化到物价发生变化之间，会经历很多复杂过程，使得货币数量变化对商品物价影响更趋复杂，不仅会造成整体物价发生变动，而且会使每一种商品的价格变动幅度可能也不一样。穆勒根据坎蒂隆对一般价格与相对价格区分，创造性地提出了"价格错觉"理论，最先用该理论解释货币非中性。在他1833年发表的《货币的骗局》中，在解释1825年经济如何由盛转衰时提出了这一理论。他写道："伴随而来的是纸币与信用的大量增加，导致了价格的上涨，但人们认为这不应该是由货币贬值引起的，每一个商人与制造商都被认为是由于对他的特定物品的有效需求的增加而产生的……这种错误的看法会像现实一样导致产量的增加，但一旦幻想停止，就会产生致命的反转。"[①] 当经济中的货币数量增加时，生产者并没有意识到所有商品价格都同比例上涨了，误以为只有自己所生产的商品价格上涨了，并错误地认为是市场对他所生产的商品需求增加了或是供给减少了，导致其商品价格上涨，于是他会增加产出，但不久他就会明白，是经济中的货币数量增加了，导致所有商品的价格同比例上升了，而不是市场对其商品供求发生了变化导致其商品的价格上涨，于是，他之前多生产的商品就会造成市场供给增加，产品销售遇阻，价格下降，利润不但没有增加，反而减少了，于是生产者就会减少商品的供给，最终生产商品的产量会回归到货币增加之前的状态。

在穆勒看来，由货币变化引起的生产者对一般价格和相对价格之间的混淆同样适用于工人。当货币数量变化时，穆勒认为各种要素的价格与商品的价格都会发生同比例变化，作为劳动要素的价格，劳动者的名义工资也会与商品的价格一样发生同比例变化，但劳动者并没有注意到所有要素与商品的

---

① Mill, John Stuart. 1833. The Currency Juggle. As reprinted in Vol. IV of *The Collected Works of John Stuart Mill*, ed. J. M. Robson, Toronto: University of Toronto Press, 1967, P. 191.

价格都发生了变化，误认为只有劳动的价格即工资发生了变化，导致其工资相对于其他商品价格发生了变化，从而改变其劳动供求数量，使社会总产出发生相应变化。他写道："阿特伍德先生坚持认为，纸币的增加所引起的物价上涨将激发每一位生产者的极大热情，并促使一国的全部资本与劳动都得到充分的利用，而且，在物价上涨幅度极大的所有时期，都将不可能出现这种情况。然而我认为阿特伍德先生所描述的那种使一切所有从事生产的人焕发出巨大热情的东西，必然是生产者的一种期望，即期望用自己劳动的产品换取更多的商品和更多的实际财产，而不是换取更多的纸片。但是根据上述假设条件，这种期望一定会落空。因为，如果假定所有的价格都以相同的方式上涨的话，则没有人能够用自己的商品换得比过去多些的其他商品。与阿特伍德先生持有相同观点的人要想成功，就只有延长实际上的某种幻觉，使人们超常地努力工作才行，即便货币价格的上涨逐步加快，使每一位生产者感到他所获得的报酬似乎也在相应地逐步增加，尽管实际上他们什么也没有获得。我们无须再列举其他任何反对的理由。他打算让全世界都相信纸片越多就越富有，而且使人们永远不会发现，但使用这种纸币却不能买到比过去多的商品。"[①]

20 世纪初期，受约翰·穆勒的影响，费雪提出了"货币幻觉"的概念，并分析了由"货币幻觉"导致的商业危机。在 20 世纪 50 年代以后，约翰·穆勒的这一货币非中性思想还直接被新古典经济学家卢卡斯所继承，在加入理性预期之后，成为新古典主义标志性的经济模型，产生了比古典时期更大的影响力。

第七节　信 心 理 论

桑顿认为当经济中的货币数量发生变化时，会影响人们对商业的信心，从而影响经济的发展。麦克库洛赫也认为，人们对未来经济发展的信心对促进当前经济发展非常重要，与桑顿不同的是，他更加强调货币数量变化引起人们信心变化，从而诱发各种投机行为，为经济周期理论的研究提供了基础。比如当经济中货币数量减少时，由货币紧缩造成的商品价格水平下跌可能会使生产者对未来经济增长缺乏信心，从而削减投资，少雇工人，使经济

---

① 穆勒：《政治经济学原理》（下），华夏出版社 2016 年版，第 408～509 页。

活动处于很低的水平；而由货币扩张引发的价格上涨，则会增加人们的商业信心，促进社会增加投资，扩大就业，使经济不断扩张，但他同时也认为，过度充满信心也会引发大量的投机活动，在促进经济短暂繁荣的同时，也会为经济长期稳定发展带来隐患，甚至导致经济危机。

与桑顿、麦克库洛赫相比，阿特伍德尤其强调通过增发货币来维持人们对经济发展信心的重要性。他认为当人们对经济充满信心时，农民、商人、制造业者就会扩大生产经营规模，整个社会产量增长，就业增加，经济就会进入扩张周期，此时，劳动者的收入提高了，地主阶级预期自己的租金能够及时收回，社会各阶层也会相应扩大消费，使整个社会的经济在一个更高水平上仍然保持供求平衡。"刺激将会抵达循环系统的心脏，会到达该国最偏远的角落。因此，心脏的离心力将增加，整个循环系统将会因此而运行；市场的信心开始恢复，人与人之间信任感增强，这正是市场信心的产物。"[1] 这段话从侧面反映出英国1816年的衰退导致了市场信心严重不足，而在阿特伍德看来，恢复市场信心是经济复苏的重要条件，而增加货币就可以做到这一点。在具体说明市场信心与市场价格以及经济发展之间的互动关系时，他还写道："每当出现这种情况时，价格就会自然地上涨，而且涨得越高，就越有继续上涨的趋势，迫使银行继续增加货币供应，尽管这会违背银行董事会的意愿；如果在这方面遇到太大的困难，在高额利益的诱使下，也会迫使大量黄金从国外流入本国进入流通领域。市场信心一旦恢复，它就会在价格上涨中持续发挥作用，就像它所预期的那样，并迫使等量的货币或金条进入市场流通；这又反过来增加了人们的信心，并提高了价格，直到该国生产力累积的产量远远超过该国必要的需求。然后，又开始发生反转；人们对经济的悲观开始取代人们的信心；消费和生产的停滞将随之而来，整个国家充满生机勃勃的局面就会重新陷入屈辱和令人沮丧的局面，此时，人们对经济充满着的失望，劳动者会丧失报酬，这些都基于人们的意念所产生。"[2] 在阿特伍德看来，信心还是一把"双刃剑"，当人们对经济充满悲观情绪时，农民、商业、制造业者就会缩减生产经营规模，整个社会产量就会减少，失业增加，经济就会进入收缩周期，此时，劳动者的收入减少了，地主阶级预

---

① Attwood, Thomas. 1816. The Remedy or Thoughts on the Present Distresses. In *Selected Economic Writings of Thomas Attwood*, ed. F. W. Fetter, London: LSE Reprints of Scarce Works on Political Economy, 1964, P. 10.

② Attwood, Thomas. 1816. The Remedy or Thoughts on the Present Distresses. In *Selected Economic Writings of Thomas Attwood*, ed. F. W. Fetter, London: LSE Reprints of Scarce Works on Political Economy, 1964, P. 14.

期自己的租金不能够及时收回，社会各阶层也会相应缩减消费，使整个社会的经济会在一个更低水平上保持供求平衡。

信心理论对经济理论的发展产生了广泛影响，几乎所有学派的经济学者都强调信心对经济发展的巨大影响，构成了经济学者分析经济问题的基本要素。与上述古典经济学家分析框架一样，一种理论认为货币导致的商业信心变化会诱发商业周期，在费雪、霍特里、米赛斯、魏克赛尔以及哈耶克等的经济周期理论中都能找到这种观点。另一种理论认为由货币提升的信心是经济发展的催化剂，凯恩斯在《通论》中用"动物精神"来描述企业家的投资行为，乐观和悲观情绪影响人们的预期，进而影响投资、消费活动，因此，当经济处于萧条时，他主张通过扩张性货币政策来恢复人们的商业信心，从而提升投资与消费，使经济迅速恢复到充分就业均衡。弗里德曼把1929~1931年美国经历的经济大萧条归因于美联储采取的错误货币政策，大萧条时期，大量银行出现倒闭，美联储本应及时干预，通过增加经济中货币数量来恢复公众的信心，但美联储偏偏默许了银行的倒闭，经济中的流动性出现严重短缺，严重挫败了人们的商业信心，最终酿成金融系统近乎完全崩溃的局面。

第八节 分 工 理 论

受斯密的影响，托伦斯认为劳动分工极大地提高了每一个劳动力的生产效率，这不仅提高了每一种产品的产量，而且由于分工创造出了很多新的产品，从而促使整个社会生产的产品得到了极大的丰富与提高。而他认为正是货币形式的不断发展和数量的不断增长带动了商业的发展促进了社会的分工，从而提高了整个社会劳动力的生产力。他写道："从上面的论述可以看到，货币促进经济发展的作用是显而易见的，第一，它节省了交易所需要的时间和劳动……在第二种作用中，通过更加精细的分工，它帮助每个人从他所从事的工作中获得了更多灵巧和技能，使各行各业的劳动力的生产能力达到惊人的程度，并促进不同的国家以及不同地区根据其气候条件和土壤的用途种植最适宜的产品，通过这两种方式，货币给全社会的财富带来了不计其数的增长。"[1]

---

[1]　Torrens，Robert. 1812. *Essay on Money and Paper Currency*. W. Heney，pp. 22 – 23.

此外，在托伦斯看来，当人类社会普遍接受金银货币之后，货币越多的国家，经济就会越发达，这主要是因为货币越多，对国内商品的需求就会越多，价格就会上涨，制造商和商人的利润就会增加，由于有了更多的剩余，再加上他们想赚更多的钱，制造商和商人就会扩大生产规模，购买更先进的生产工具，这样就会促进制造业企业内部的分工，进一步促进企业生产效率的提升，托伦斯所说的这些内容实际上构成了现代经济学规模经济理论的来源。而且，由于世界各国都逐渐接受把金银作为国际交易的统一形式，随着金银开采数量的增加，金银货币的数量也不断增长，国际间的商业交易因为有了更多货币数量也越来越频繁起来，各个国家基于土地最有效率的生产方式的地域分工就开始逐渐形成了。所以，从全世界的角度来看，金银货币的增加满足了人类社会商品交易规模扩大后对货币的需求，促进了各种产品根据它生产的绝对优势在世界范围内形成合理的分工，然后再通过贸易的方式交易各自需要的商品。

斯密与托伦斯所强调的货币促进分工理论为人们研究货币非中性问题提供了新的思路。该理论从微观层面强调企业生产规模扩大能够促进企业分工，从而提高企业的生产效率，实际上构成了现代经济学规模经济理论的来源。此外，虽然马克思与斯密和托伦斯关于社会分工与交换的关系存在较大的差异，显然，马克思与斯密和托伦斯的观点在货币是如何产生的这个问题上有相同之处，正是因为货币解决了交易的困难，从而也就解决了分工需要市场才能进一步扩大的瓶颈。杨小凯和黄有光提出了一个新古典货币内生模型，进一步拓展了古典框架内货币的产生和作用的解释，根据该模型，分工和专业化是货币产生的必要条件，一方面货币的出现是分工演进的一个结果，另一方面货币的出现又强化了分工，没有商品货币，高级分工就不可能实现，而纸币代替商品货币大大地提高了交易效率因而促进了分工和生产率。

第九节　创新理论

马尔萨斯在论述货币促进农业发展的作用中，也提出了货币能刺激创新的观点，从他的论述中可以看出其传导机制是：货币供给增加会引起农产品价格上涨，在生产费用和工资滞后于价格上涨时，耕种农产品的利润就会增加，从而促进农业资本家在农业改良、新修水利等方面进行投资，从而促进农业创新，提升土地的生产效率。他还用实例进行说明，在他看来，英国在

1793~1813 年，农业生产率得到了极大提升，其原因正是在这期间农产品价格持续上涨，促使大量资本投资于农业，通过耕种方法的改良等一系列创新促进了农业的发展，并且，农业生产率的提高提升了农业资本的回报率，给农业资本带来了大量利润，这些利润的很大一部分又形成资本积累，为农业扩大再生产提供了资本来源，进一步促进了农业发展。

货币促进创新的思想在 20 世纪流行的货币理论中几乎找不出该观点的痕迹，但是这绝不是一种假想的观点，近年来，在新古典货币理论的启发下，一些学者开始在内生增长理论框架内融入货币因素，考虑货币对产出的长期影响，这类模型一方面沿用了新古典货币增长理论分析思路，另一方面又从内生增长理论中汲取了灵感，有一部分就试图从货币刺激创新的观点来思考货币对经济长期增长的问题。

第十节　其他货币非中性的理论

托伦斯还提出劳动力数量会在发生通货膨胀时扩张，他认为价格的上涨侵蚀了像养老金领取者、房屋出租者这群固定收入阶层的真实收入，为了保证真实收入不变，可能会强迫他们去工作。托伦斯认为这些固定收入的人群中相当一部分是不劳而获的，他们依靠自己拥有的资本、土地等要素生活，并不是通过自己的劳动来获取收入，造成了整个社会劳动力的损失。而当这些固定收入阶层的处境在通货膨胀影响下变得更艰难时，为了维持家庭的必要生活开支或者维持他们原来的生活质量标准，他们必须更努力工作，甚至会迫使之前专门依靠领取年金、收租、放贷利息等不劳而获的固定收入阶层在收入明显下降，不能维持家庭支出的情况下，不得不加入到劳动大军中，增加整个社会的劳动人数，这样就可以为社会生产出更多的产品。他写道："除此之外，这些领取年金的人或者固定收入者发现他们的收入在社会中所处的位置一直在下滑时，为了避免这种不利情况长期持续下去，这将促使他们去寻求一些其他的努力，从而使那些整天无所事事，对社会总产量没有任何贡献的闲散人数减少，工业将受到两倍的刺激。"[1]

桑顿还认为生产者出于维持固定存货比例需要，也会导致货币在短期内有真实效应。桑顿认为增发的纸币如果首先被消费者获得，将会产生对现有

---

[1]　Torrens，Robert. 1812. *Essay on Money and Paper Currency*. W. Heney，P. 41.

商品更旺盛的需求，这就会导致企业常备库存的减少，这部分减少的库存不仅刺激原有工业企业扩大生产，并且，新增货币产生的旺盛商品需求也会为新增的制造业成长提供条件，这样，无论是原有工业企业扩大生产还是新增工厂都将新增大量资本，雇佣大量新工人，整个社会的生产能力和就业率都会增加。因此，新增的货币会同时刺激需求端与供给端，为社会创造更多的产出与就业机会。他写道："新增加的货币发行会对现存物品产生更快的需求，并在一定程度上促进更迅速地消费；更迅速的消费意味着对现有存货的减少，这就给新生工业提供了生命；为了弥补经济中原有工厂提供的库存不足，将会有更多新生工业产生并生产出更多库存商品，而新的流通媒介将以这种方式为自己创造更多新的就业。"①

以上的分析表明，从休谟开始，古典经济学家对货币与经济的关系进行了深入细致的研究，在众多古典经济学家的共同努力下，古典货币理论取得了丰硕成果，在这些成果中，除了李嘉图等少数经济学家外，大部分古典经济学家都认为货币在短期会影响经济，甚至在长期这种影响也可能存在，他们提出了至少 10 种货币在短期影响产出的非中性途径，构成了货币非中性理论的完整体系，对货币理论的发展产生了巨大影响，在马克思以及 20 世纪以后具有影响力的货币理论中，都能找到古典货币理论的痕迹。

---

① Thornton，Henry. 1802. *An Enquiry into the Nature and Effects of the Paper Credit of Great Britain.* London，Hatchard，P. 260.

第十四章　古典货币非中性思想
对马克思的影响

　　马克思在辩证唯物主义和历史唯物主义思想基础上批判性地继承了古典政治经济学，创立了科学的政治经济学理论体系。马克思在正确地区分具体劳动和抽象劳动的基础上创立了科学的劳动价值理论，并在此基础上阐明了价值形式发展的四个阶段，从而科学地阐明了货币的来源，进而说明了商品货币价值的重要来源，对古典货币数量论进行了深入的批判。随后，马克思在其价值理论基础上进一步阐明了货币的职能，并在此基础上进一步阐明了当货币执行流通手段、价值储藏和支付手段等功能时所具有的非中性特征。随后，马克思又在其剩余价值理论基础上，阐明了货币在剩余生产、流通和分配中的非中性特征。

　　这里必须指出的是，没有直接的证据表明马克思继承和发展了古典货币非中性理论，但是从马克思对货币问题的研究中，我们可以看到马克思对与货币非中性不相容的古典货币数量论和货币面纱观、通货学派和银行学派争论的评论，以及对魁奈古典货币宏观分析方法的采纳都表明马克思间接受到了古典货币非中性理论的影响。

第一节　马克思对古典货币数量论的批判

　　古典货币理论在李嘉图生活的时代发展到了极致，而且由于李嘉图在古典经济学中的地位，其货币数量论以及与此相关的货币面纱观在古典经济学中占据了主流地位。从李嘉图等的货币数量论出发很难发展出一个货币非中性理论，并据此分析货币对实体经济的影响。因而，要考察马克思对古典经济学货币非中性理论的继承和发展，首先必须阐明马克思对古典货币数量论的批判，以及马克思对古典货币非中性理论的批判。

一、对李嘉图货币数量论的批判

李嘉图继承了休谟的货币数量论，其要点是：制造货币的金银，是由劳动生产出来的，因而其必定有价值，且价值是由社会必要劳动时间决定的；商品的自然价格，是由商品价值和货币价值的比例关系决定的；其他条件不变时，流通中的货币数量越多，商品价格就越高；反之，则越低。但李嘉图否认了休谟提出的由货币缓慢扩散机制引起的"价格刚性"现象，更否认了休谟关于货币在时滞期间对产出和就业产生影响的观点，李嘉图所持有的货币数量论观点就是一种机械的货币数量观，在假定货币流通速度与产量都保持不变时，只能推论出货币中性的结论。

马克思在《政治经济学批判》和《资本论》中对货币数量论进行了深入的批判，马克思认为流通中所需要的货币量是由商品流通决定的，而不是由货币本身决定的。他写道："随着商品价格总额这样增加或减少，流通的货币量必须以同一程度增加或减少。"① 但是一些经济学家却是从相反的角度去认识这一问题，即货币数量论者就认为，是流通中的货币量决定了商品物价水平，因此，货币量多寡最终只会引起物价的增长而不会引起实体经济的变化，即使货币是非中性的，那也仅仅是一瞬间的事情，或者如卢卡斯所言只有在给人们造成物价水平上涨的"错觉"从而产生获取了更多利润的"错觉"的情况下，货币才是非中性的。

二、对穆勒—萨伊—李嘉图模型的批判

19世纪的经济学家中，李嘉图、穆勒、萨伊等经济学家描述的是实物交换经济，"货币是一层'面纱'，它可以揭去"②，这与重农主义"产品是由产品购买"思想之间的关系十分接近：重农主义的"所有购买的都被出售，所有出售的都被购买"到萨伊的"产品是由产品购买的"只差一小步。经济表所教导的核心是，货币只是交换的媒介，贸易本质上可被看作物物交换，产品的创造自动地产生收入，产品的分配使其进入另一生产的循环成为可能③。

---

① 《资本论》第二卷，人民出版社2004年版，第139页。
② 马克·布劳格：《经济理论的回顾》，中国人民大学出版社2009年版，第116页。
③ 马克·布劳格：《经济理论的回顾》，中国人民大学出版社2009年版，第16页。

穆勒认为，商品出卖者的目的是买回自己所需要的商品，从而卖者就一定会作为买者重新回到市场，也就是说供给会自动创造需求，买卖必然保持均衡。萨伊认为，生产的目的就是交换，一种产品一经卖出必然对另一种产品产生需求，产品的供给自然产生了对产品的需求，并且产品是由产品购买的，货币即"钱毕竟只是转移价值的手段"①，"只一瞬间起作用。当交易结束后，我们将发觉交易总是一种货物交换另一种货物。"② 所以，即使流通的货币短少也会发生产品与产品的直接交换，不会产品脱销。因此没有危机，也不发生供给过剩，更不存在有效需求不足。即使市场出现了局部的过剩，"则因为它的生产过多（指超过市场需求的产品——引者注），或因为别的产品生产过少。"③ 只要市场处于自由竞争状态，"生产手段自然会感受上述刺激流向空虚方面去。"④ 所以，"一种产品供给不足而另一种产品充斥过剩的现象，绝不会永久继续存在。"⑤ 萨伊进一步论证了穆勒这一思想，萨伊的论证后来被称为"萨伊定律"。而李嘉图是萨伊定律的忠实追随者，他在《政治经济学及赋税原理》中讨论"蓄积对于利润利息的影响"时，针对斯密关于"由于存在对可利用资本投资机会的限制而导致利润下降"的观点给予了批评，并肯定了萨伊的观点："关于这点，萨伊的说明最令人满意。"⑥

对此，马克思指出："有一种最愚蠢不过的教条：商品流通必然造成买和卖的平衡，因为每一次卖同时就是买，反过来也是一样。"⑦ 马克思又说："在这里，经济学辩护论者的方法有两个特征。第一，简单地抽去商品流通和直接的产品交换之间的区别，把二者等同起来。第二，企图把资本主义生产当事人之间的关系，归结为商品流通所产生的简单关系，从而否认资本主义生产过程的矛盾。但商品生产和商品流通是极不相同的生产方式都具有的现象，尽管它们在范围和作用方面各不相同。因此，只知道这些生产方式所共有的、抽象的商品流通的范畴，还是根本不能了解这些生产方式的本质区别，也不能对这些生产方式作出判断。任何一门科学都不像政治经济学那样，流行着拿浅显的普通道理来大肆吹嘘的风气。例如，让·巴·萨伊由于知道商品是产品，就断然否定危机。"⑧ 从这个意义上讲，货币并不是披在

---

① 萨伊：《政治经济学概论》，商务印书馆 1982 年版，第 143 页。
② 萨伊：《政治经济学概论》，商务印书馆 1982 年版，第 144 页。
③④⑤ 萨伊：《政治经济学概论》，商务印书馆 1982 年版，第 145 页。
⑥ 李嘉图：《政治经济学及赋税原理》，译林出版社 2011 年版，第 166 页。
⑦ 《资本论》第一卷，人民出版社 2004 年版，第 135 页。
⑧ 《资本论》第一卷，人民出版社 2004 年版，第 136 页。

实体经济之上的一层面纱。不仅仅是马克思，一些前古典经济学家和古典经济学家也认识到，当经济从自然经济发展到商品经济之后，"货币"必然产生，物物交换必然发展成为商品交换，由于货币具有流通手段，即能在经济中换取任何他想换取的任何商品（马克思称之为货币在质上具有无限性），所以重商主义者就认为财富就是货币本身，二者是同一概念。而诺思等古典经济学先驱者则认为："……批发商和零售商也同样要货币，就是说，因为市场停滞，他们要把他们经营的货物销售出去……没有比财富不断转手更能使国家繁荣的了。"① 因此，在商品经济条件下，尽管货币不是财富本身也不产生财富，但货币必不可少。在商品经济异常复杂的交易中，离开货币的经济是无法运转的，因为离开货币的交易中经济交易成本异常高昂。

在前面的章节中，我们已经指出，边沁就认为货币呈现非中性的一个重要原因就是货币首先成为计价物和交易手段，而当货币充当这些手段引起交易暂时紊乱，如货币并不按照其真实价值计量商品价值而导致的商品相对价格的紊乱，货币的非中性特征就显现出来；或者按照桑顿的观点，即使并不引起相对价格紊乱，但货币使得交易更方便、速度更快，从而生产和流通快速运转时，货币在这个意义上也会对产出与就业产生影响。因为尽管货币不是真正的生产要素而进入生产函数，但货币从这个意义上讲是可以作为制度变量或技术变量进入生产函数从而对生产和就业产生影响的，而马克思本人也正是从这个意义上进行分析的。马克思认为，当交换形式处于扩大的价值形式阶段时，交易变得异常困难，这就要求价值形式发展到一般价值形式，继而发展到货币形式。因而，毫无疑问，马克思也正是从这个意义上论证了货币具有非中性的特征。

第二节　古典货币非中性思想对
马克思货币理论的影响

现代经济学家在谈到货币非中性时，是在宏观的层面从总量的视角出发，或运用总量分析的方法分析货币与实体经济的关系。马克思本人并没有明确表明他对货币中性或非中性的态度，在一些地方马克思认为货币是中性的，而在另一些地方认为货币是非中性的。事实上，马克思是从微观经济分

---

① 《资本论》第一卷，人民出版社 2004 年版，第 144 页。

析视角出发，阐述货币职能及其在经济中的作用的。但是，马克思接受货币非中性思想的时候，大多数时候都从微观经济分析转向宏观经济分析，尤其是在分析阐述信用货币，以及建立在此基础上的信用投机等问题时。因此，本小节主要阐述马克思是如何采用古典货币总量分析、货币资本和信用投机等方法和理论来阐明资本主义经济中的货币非中性问题的。

一、马克思对古典货币总量分析法的继承

魁奈在其《经济表》中继承了布阿吉尔贝尔和坎蒂隆的"土地所有者消费决定一国国民收入"的分析传统，并且假定一国的货币资产等于一国的纯收入，而在一国年产品和总收入流通与分配开始时，全部货币量掌握在所有者阶级手中。因此，所有者阶级的消费即支出使得货币流向生产阶级和不生产阶级，并使得两大阶级之间的商品交换得以进行。因此，一方面，产品在各个阶级之间进行分配并形成各个阶级的收入，这个收入就被定义为国民总收入，它同样全部来自生产阶级，因为不生产阶级消费资料在物质形态上是由生产阶级提供的，而不生产阶级所生产并提供给所有者阶级的消费资料，也只不过是生产阶级提供的中间产品即工业原料的物质形态的转化。另一方面，两大阶级的原预付和年预付在价值上和物质上分别得以实现和补偿，消费与生产在量上与结构上保持均衡，以保证年再生产可以顺利进行，这就是魁奈国民收入—支出分析的框架，也是魁奈经济表的核心思想。

对于魁奈《经济表》中的货币分析，在西方经济学家看来，开创了萨伊定律的先河，因为西方经济学家认为，魁奈这里的货币仅仅是充当流通手段的货币。"《经济表》所教导的核心是，货币只是交换的媒介，贸易本质上可以看作物物交换，产品的创造自动地产生收入，产品的分配使其进入另一生产的循环成为可能。"① 尽管魁奈仅仅只是阐明了货币在社会再生产过程中起到流通手段的作用，但是魁奈在这里清楚地阐明了资金融通对社会再生产的重要性，为马克思社会总资本再生产和流通理论给予了方法论上的启示。马克思继承和借鉴了经济表中描绘的"货币流通"与"商品流通"和"资本流通"的关系，将经济表的形式改为再生产图式（方程式）。强调社会再生产过程是一个以货币为媒介的循环过程，货币流通引起商品流通不仅是收入分配机制，也是经济学意义上的再生产循环机制，因此货币流通是再

---

① 马克·布劳格：《经济理论的回顾》，中国人民大学出版社 2009 年版，第 16 页。

生产得以顺利进行的润滑剂。但与经济表中的货币思想不同的是，马克思更加强调货币的"内生性"。

二、马克思对古典货币资本观点的继承

早在重商主义时期，约翰·罗等就认为货币之所以会对经济产生影响，就是因为有了货币也就有了资本，他们把货币与资本等同起来，认为它们是同一样东西，只不过在这一时期学者普遍重视对流通领域的研究，把货币视为商业资本，进入古典时期之后，很多相信货币非中性的学者比如休谟、边沁等学者继承了重商主义货币资本的观点，不过相比重商主义，他们对这一观点进行了改良。首先，他们认为货币并不是天然就是资本，货币转化为资本是有条件的，比如边沁就认为货币用于商业性用途时才能转化为资本，而用于非商业性用途时就不能转化为资本，相比商业主义，他们意识到了货币不仅可以用于生产，还可以促进消费，只有用于生产时，才能发挥资本的作用。其次，他们还强调，货币流入不仅仅可以转化为商业资本，更重要的是可以转化为生产资本，并且强调货币只有在转化为生产资本之后，才能更大程度地促进产出与就业。

无论是重商主义还是古典时期的这种货币资本观点都对马克思的货币产生了影响，马克思使用商品和货币流通公式说明了资本主义商品经济。在《资本论》中，马克思认为资本家首先把货币当作预付资本分别用于购买物质生产资料（物质资本）与劳动力，形成不变资本与可变资本，两者结合后进行生产。在资本主义生产过程完成进入流通领域后，货币又转化成了商品资本，在商品出售完成，产品价值实现之后，劳动者获得维持劳动力生活资料的价值，资本家不仅回收了预付资本，还获得了工人创造的剩余价值，通过货币资本、生产资本与商品资本之间的循环，马克思清楚地揭示了资本家剥削工人的全过程，也就是在货币转化为不同资本形式的过程中，表现出了货币非中性性质，从这一点来看，马克思关于货币是一笔预付资本的观点，是对古典货币非中性思想的继承与发展。

三、马克思对古典货币危机观点的继承

在经济学说史上，麦克库洛赫较早产生了货币经济周期的思想。在他看来，增发纸币对经济的刺激作用将是短暂的，并且最终必然伴随一段经济衰

退。他认为在可兑换情况下，由货币增发引起的通货膨胀会诱导人们去银行兑换黄金，银行最终不得不收回这些增发的纸币；在不可兑换情况下造成严重通货膨胀的纸币最终会被人们抛弃。在以上两种情况下，经济又会因货币减少引发通货紧缩，对经济产生严重的破坏作用，前期对经济的刺激不仅会被后期的经济收缩所抵销，并且多数情况下后者产生的破坏作用会超过前者产生的刺激作用，因为在整个货币扩张与收缩的过程中会增添银行破产引发的额外的风险，他还把英国 1825 年发生的经济危机归因于货币发行过多诱发大量投机造成的。

　　受麦克库洛赫影响，马克思也分析了银行信用和信用投机问题，提出了自己的经济危机理论。正是从这个视角出发，马克思进一步讨论了货币与实体经济的关系。马克思指出，生产繁荣时期是信用投机的发展时期。马克思引用奥弗伦—葛尼公司的经理赛米尔·葛尼的话："1846 年，铁路所需要的资本数额特别大，但利息率并没有提高。小额资本聚集成大额资本，而这种大额资本是在我们的市场上用掉的；因此，大体说来结果是，投在西蒂货币市场上的货币多于从西蒂货币市场上取走的货币。"[①] 而这种过度的信用投机必然产生经济危机。马克思在讨论信用过度膨胀时，还曾引用利物浦联合银行董事李斯特的话："1847 年春，信用过度膨胀……因为实业家已经把他们的资本由他们的营业转移到铁路方面去，但还是想维持原有的营业规模。每个人当初也许都认为，他可以出售铁路股票获得利润，由此弥补营业上需用的货币。也许他已经发觉这是不可能的，因此，他在自己以前用现金支付的营业中，现在改用信用。这样一来，信用就膨胀了。"[②] 而"这种制度，像我们在以下的说明中将详细描述的那样，很快就发展成为一种专门为获得贷款而实行委托销售的制度。结果就必然造成市场商品大量过剩和崩溃"[③]。

　　从上述观点中我们清晰地看到，马克思对古典经济学货币危机、信用危机的影响进行了深入的研究，这些研究连同他对以李嘉图为首的通货学派的理论错误的批判，表明了马克思本人的货币非中性思想受到了主张货币非中性的银行学派的影响。在下面的分析中，我们将更加详细地阐述马克思的货币非中性思想。

---

①③ 《资本论》第三卷，人民出版社 2004 年版，第 463 页。
② 《资本论》第三卷，人民出版社 2004 年版，第 466 页。

第三节　《资本论》中的货币非中性思想

与马克思所采用的研究方法不同，马克思在《资本论》中采用了叙述方法，按照从本质到现象的叙述逻辑，首先分析简单商品经济，再分析资本主义经济。而在分析资本主义经济时，马克思依次分析了资本主义生产过程、包括生产过程的资本主义流通过程，以及包括生产过程和流通过程的资本主义分配过程，揭示了资本主义生产关系运动的规律。马克思的货币理论也采用上述分析，首先分析了货币的一般职能，再分析资本主义经济中的货币。

一、货币在商品经济中表现出的非中性

马克思认为，货币充当流通手段，商品与商品的交易就变成了商品与货币的交易，由此，"交换过程造成了商品分为商品和货币这种二重化"①。正是这种二重化使得货币具有现代西方经济学家所说的"非中性"。因为商品内部矛盾二重化之后，就可能造成买卖的分离，使得商品销售者出卖之后并不立刻购买，在金属货币充当本位币条件下，作为价值储藏手段而被储藏起来，从而无法完成 G—W 的运动，由此就可能对实体经济中的生产和就业产生影响。对此，马克思指出："当内部不独立（因为互相补充）的过程的外部独立化达到一定程度时，统一就要强制地通过危机显示出来。"② 马克思之所以指出，这里仅仅是发生危机的可能性，是因为在马克思看来，危机从可能性变成现实性还需要许多条件，而这些条件要在相对成熟的市场经济中去寻找。"因此，这些形式包含着危机的可能性，但仅仅是可能性。这种可能性要发展为现实，必须有整整一系列的关系，从简单商品流通的观点来看，这些关系还根本不存在。"③

马克思分析了货币作为支付手段又是如何影响实体经济的。马克思指出，当货币执行支付手段时就包含了一个"直接矛盾"，即在执行支付手段职能时，货币仅仅是充当观念上的货币，而实际支付时，货币"充当社会

---

① 《资本论》第一卷，人民出版社 2004 年版，第 149 页。
② 《资本论》第一卷，人民出版社 2004 年版，第 135 页
③ 《资本论》第一卷，人民出版社 2004 年版，第 135～136 页。

劳动的单个化身，充当交换价值的独立存在，充当绝对商品"①。马克思将这一矛盾引发的危机称为"货币危机"②。因此，货币并不是中性论者所主张的那样，仅仅是一种交易手段。马克思认为："这种货币危机只有在一个接一个的支付的锁链和抵销支付的人为制度获得充分发展的地方，才会发生。当这一机制整个被打乱的时候，不问其原因如何，货币就会突然直接地从计算货币的纯粹观念形态转变成坚硬的货币。"③ 由此引发生产危机和商业危机。由此可见马克思的货币思想从这个意义上讲也是非中性的。

必须指出的是，马克思的上述分析是在金属货币本位制度下进行的。可以想象，如果是在纸币本位制下，发生了这种意义上的货币危机，人们并不需要纸币这种"坚硬的货币"，而是商品本身，这一思想我们可以扩展为当今全球信用货币制度下的货币危机。还必须说明的是，货币作为支付手段和货币作为储藏手段之间的关系，"由于充当支付手段的货币的发展，就必须积累货币，以便到期偿还债务"④。而我们知道这将会对实体经济产生十分重要的影响。

二、货币在资本主义经济中表现出的非中性

而在分析货币与资本主义经济时，同样是按照从本质到现象的叙述逻辑，首先分析货币在剩余价值生产中的作用，其次分析货币在剩余价值流通中的作用，最后分析货币在剩余价值分配中的作用，并更进一步上升经济运行的层面，阐明了货币尤其是信用货币以及由此引起的货币危机和经济危机。按照马克思的叙述逻辑，在本节中，我们将依次分析马克思在阐述货币理论时，对货币与实体经济关系的分析，从中找到马克思的货币非中性思想。

（一）货币在资本主义生产过程中表现出的非中性

马克思对资本主义再生产过程中货币的作用的分析是建立在他的劳动价值论和剩余价值论基础上的。马克思与古典经济学家在劳动价值论上一个重大的区别，也就是理解马克思货币理论的着力点在于理解马克思关于"具

---

① 《资本论》第一卷，人民出版社 2004 年版，第 161 页。
② 马克思称货币危机有两种：一种仅仅是生产危机和商业危机的一个特殊阶段；另一种货币危机可以单独产生，只是对工业和商业发生反作用。这种危机的运动中心是货币资本，因此它的直接范围是银行、交易所和金融。参见：《资本论》第三卷，人民出版社 2004 年，第 162 页。
③ 《资本论》第一卷，人民出版社 2004 年版，第 162 页。
④ 《资本论》第一卷，人民出版社 2004 年版，第 166 页。

体劳动与抽象劳动""劳动与劳动力"两对概念的不同。它是马克思相对古典经济学的重大创新。货币在某种意义上是抽象劳动从而商品的价值外化，前面在讨论一般商品经济中货币概念的时候，已经进行了深入的、详细的分析，这里不再赘述。

李嘉图不能解决两个问题：一是不能在等价交换的原则下阐明利润（剩余价值）从何而来，二是不能阐明由于资本周转速度不同、资本有机构成不同而产生的不同的利润率。对于第一个问题的解答，马克思认为要区分劳动与劳动力这对概念，即劳动力仅仅是劳动的支出，是劳动者的体力和脑力。资本家购买的是劳动力而不是劳动，劳动力的使用价值在于他能创造出一个大于自身价值的价值，而资本家只需要付出一个等于劳动力价值的货币量就可以获得劳动力这种商品，并让工人创造大于他自身价值的价值，即剩余价值。马克思在这里对重商主义进行了批判，马克思认为重商主义者将货币等同于财富，虽然看到了货币在经济中所起的作用，但是又认为交易或商品流通就能产生财富这种看法是错误的。马克思认为财富只能是使用价值，使用价值是客观的，并且只能在实体经济中由生产要素通过生产函数的作用才能产生。在资本主义条件下，资本家并不需要剩余产品，而是需要剩余价值，即货币化的剩余劳动和剩余产品。而这里的前提则是，在一个以货币为媒介的商品流通经济中，首先必须获得货币（资本主义原始积累），并在市场上购买劳动力这一商品，才能在生产中将工人的剩余劳动凝结在商品中并在随后的交易中变换为剩余价值。因此，货币从这个意义上讲，即使仅仅充当流通手段，也不是中性的。

马克思解释了资本总公式所产生的矛盾，并解释了付出的 G 是如何变为 G′ 的。在他看来这主要是由于货币变为了货币资本。但是，他又指出，当货币变为货币资本，并不意味着货币的功能就消失了。货币的功能不但没有消失，而且现在货币还获得了新使用价值：充当资本并帮助资本家获取剩余价值的功能。因此，从这个意义上讲，货币显然就是非中性的而不是中性的，货币不仅仅是充当观念的货币而只是充当计价职能，还对剩余价值的获得起到了十分关键的作用，而资本家对剩余价值的无限追求才是资本主义经济向前发展的无限动力。马克思在《资本论》第一卷的分析中，可以看到，货币在资本原始积累、资本积累中也起到了十分重要的作用。

（二）货币在资本主义流通过程中表现出的非中性

接下来，我们继续分析马克思在《资本论》第二卷中对资本流通所起到的作用，并分析货币在这里所表现出的非中性的特征。众所周知，马克思在《资本论》第二卷是按照从微观到宏观，即从个别资本到社会总资本的叙述逻辑展开研究的。在论证单个资本循环和周转时，马克思对产业资本的循环的第一阶段（$G - W \begin{cases} A \\ P_m \end{cases}$）进行了深入的分析，认为此时的货币不是一般的货币而是充当资本的货币，其目的是要实现价值增殖。货币的基本职能就是为生产剩余价值做准备。马克思在随后分析资本循环正常进行的条件时，指出各种形式的资本必须在时间上保持依次继起性并在空间上保持并存性。这里就涉及货币资本必须要与其他两类资本保持一定的比例关系，从而才能克服生产与销售在时间和空间上的错位导致的购买、生产和销售的中断。

随后，马克思又分析了货币在资本主义再生产和扩大再生产中的作用。马克思专门罗列了一个章节，即"货币资本的作用"对货币资本在再生产中的作用进行专门研究。马克思指出，在考察单个资本循环时，货币显示出双重作用："第一，它是每个单个资本登上舞台，作为资本开始它的过程的形式。因此，它表现为发动整个过程的第一推动力。第二，由于周转期间的长短不同和周转期间的两个组成部分——劳动期间和流通期间——的比例不同，必须不断以货币形式预付和更新的那部分预付资本价值与它所推动的生产资本即连续进行的生产的规模之间的比例，也就不同。"①

关于第一点，马克思在这里很明确地指出，尽管货币具有推动生产的作用，但是实体经济并不等于货币经济本身。事实上，马克思在这里区分了货币资本与实际资本，即货币积累与实际积累的不同，货币的积累不等于实际积累。马克思说："资本执行职能的范围，生产的规模——即使在资本主义的基础上——就其绝对的界限来说，是由执行职能的货币资本的大小决定的。"② 正是从这个意义上，可以说马克思的货币理论表现出了非中性特征，而这正是现代经济增长理论和货币长期非中性观点持有者所赞同的。因为马克思阐明这一观点之后立刻分析指出，资本主义生产和再生产主要受到自然物质、劳动力、劳动组织等要素投入的影响，而不是由货币本身所影响。所以，货币资本"在转化为生产资本之后，包含着生产的潜力，这些潜力的界限，不是由这个预付资本的价值界限规定的，这些潜力能够在一定的活动范围之内，在外延方面或内涵方面按不同程度发挥作用"③。

---

①② 《资本论》第二卷，人民出版社 2004 年版，第 393 页。
③ 《资本论》第二卷，人民出版社 2004 年版，第 395 页。

关于第二点，马克思又有两处分析特别重要。首先，马克思认为，既然货币如此重要，那么一个完善的金融市场也是十分重要的。"在资本主义生产的基础上，历时较长范围较广的事业，要求在较长时间内预付较大量的货币资本。所以，这一类领域里的生产取决于单个资本家拥有的货币资本的界限。这个限制被信用制度和与此相连的联合经营（例如股份公司）打破了。因此，货币市场的混乱会使这类企业陷于停顿，而这类企业反过来也会引起货币市场的混乱。"①

其次，马克思还指出："必要的预付货币量的产生，是由于在较长时间内不断从社会取走劳动力和生产资料，而在这个时间内却不向社会提供任何可以再转化为货币的产品。"② 后来在《资本论》第三卷谈到商业信用、银行信用和生息资本的产生时，马克思谈到了类似的问题，即货币可以帮助生产者实现资源的跨期配置。而这一点正是萨缪尔森迭代模型要表达的思想。萨缪尔森认为，如果没有货币一个人想要把资源从年轻留到年老时消费是十分困难的，但是有了货币就可以实现这种资源的跨期配置，全社会的产出与就业也会受到影响，从这个角度来说，货币当然也表现出非中性特征。

（三）货币在资本主义分配过程中表现出的非中性

马克思《资本论》第三卷是分析经济运行层次特别重要的一卷。其中的一个原因就是马克思在这一卷从一个经济中的比较抽象的本质层次上升到了具体层次。因而，马克思在这一卷中较多地讨论了货币问题。我们从《资本论》第三卷第二十五章开始分析。这是因为在马克思看来，信用都是在执行货币的职能。马克思引用富拉顿《论通货的调整》的话说："几乎每种信用形式都不时地执行货币的职能；不管这种形式是银行券，是汇票，还是支票，过程本质上都是一样的，结果本质上也是一样的。"③ 西方马克思主义经济学家将此称为"信用的货币理论"。④

按照马克思的思路，信用货币的产生正是基于实体经济的再生产，这也是麦克库洛赫所持有的观点。马克思十分敏锐地看到，商业信用产生的原因在于资源的跨期配置，即各个企业和各个部门的商品生产时间和流通时间长

---

① 《资本论》第二卷，人民出版社 2004 年版，第 396 页。
② 《资本论》第二卷，人民出版社 2004 年版，第 397 页。
③ 《资本论》第二卷，人民出版社 2004 年版，第 455 页。
④ 苏珊·德·布朗霍夫：《马克思的货币理论》（下），载《政治经济学评论》2017 年第4 期。

短不一致，因而资本周转的时间就不一致，一些资本家出售商品时，另一些资本家还未来得及出售自己的商品，因此，一些资本家尚未有足够的收入进行购买，这时便产生了赊销性质的商业信用。

商业信用的一个重要特点是，通过商人与商人、商人与生产者之间的金融交易，实现再生产的均衡。"例如，纺纱业者 A 要向棉花经纪人 B 兑付一张汇票，棉花经纪人 B 要向进口商人 C 兑付一张汇票。现在如果 C 又出口棉纱（这是十分常见的现象），他就可以凭这张汇票购买 A 的棉纱，纺纱业者 A 又可以用这张由 C 支付得到的、要经纪人 B 自己兑付的汇票，来偿付经纪人 B。在这里，至多只有差额要用货币来支付。"① 但马克思紧接着指出："这种信用制度并不排除现金支付的必要。首先，支出的一大部分，例如工资、税款等等，总是要用现金支付。其次，例如 B 从 C 那里得到一张代替付款的汇票，但他本人在这张汇票到期之前就要向 D 兑付一张到期汇票，为此，他必须握有现金。一个如此完全的再生产循环，像我们上面假设的由棉花种植业者到棉纺纱业者，又由棉纺纱业者到棉花种植业者的循环，只能是一个例外，实际上这种循环总要在许多点上发生中断。"② 之所以出现这种情况，是因为再生产的多样性导致生产者之间不可能通过相互抵销的模式来完成。"例如，纺纱业者对织布业者的债权，就不能用煤炭供应商人对机器制造业者的债权来抵销；纺纱业者在他的营业中，对于机器制造业者，从来不会有相反的债权，因为他的产品，棉纱，从来不会成为机器制造业者的再生产过程中的要素。因此，这样的债权只有用货币来结算。"③ 货币既包括黄金货币，又包括银行券等，而银行券等信用货币正是基于此而产生的。马克思指出，当商业票据被拿到银行去贴现的时候，商业票据就起到货币的作用。因而，马克思又指出："就像生产者和商人的这种互相预付形成信用的真正基础一样，这种预付所用的流通工具，票据，也形成真正的信用货币如银行券等等的基础。真正的信用货币不是以货币流通（不管是金属货币还是国家纸币）为基础，而是以票据流通为基础。"④ 从而，我们可以推论银行券是以商业信用而不是以货币流通为基础的，这就决定了即将谈到的信用货币的生产和再生产性质。其实，按照马克思的研究，银行信用和信用货币是为了克服商业信用的缺陷而产生的（这一点在上文已经阐述，这里不再赘述），但同时银行信用和信用货币则是脱离了银行券可兑现这一

---

①② 《资本论》第三卷，人民出版社 2004 年版，第 543 页。

③ 《资本论》第三卷，人民出版社 2004 年版，第 544 页。

④ 《资本论》第三卷，人民出版社 2004 年版，第 450 ~ 451 页。

特征的。对此，马克思举例予以说明。银行券的流通既不以英格兰银行的意志为转移，也不以该行为保证银行券兑现而在地库中贮藏的金的数量为转移。"1846年9月18日，英格兰银行的银行券流通额为20 900 000镑，它的金属贮藏为16 273 000镑。1847年4月5日流通额为20 815 000镑，金属贮藏为10 246 000镑。所以，虽然贵金属输出了600万镑，但流通额没有缩小。"① 关于银行信用与社会再生产的关系，马克思专门指出："在商业信用的基础上，一个人会把货币贷给在再生产过程中需用货币的另一个人。但现在这一点是采取这样的形式：一部分进行再生产的资本家把货币贷给银行家，这个银行家又把货币贷给另一部分进行再生产的资本家。"② 西方马克思主义作家清楚地看到了这一点，他们在研究中指出："正是信用和银行体系的发展，一方面，迫使货币资本为生产服务（也就是说，使所有货币收入转化为资本），另一方面，又在周期的某一阶段，使金属储备减少到最低限制，使它不再能执行它应执行的职能。正是这种发达的信用和银行体系，引起了整个机体的过敏现象。在生产不够发达的阶段，货币贮藏少于或多于它的平均标准，相对地说是没有关系的。同样，另一方面，即使黄金流出的数量非常可观，但只要不是发生在产业周期的危机时期，就不会有什么影响。"③

第四节　马克思货币非中性思想的启示

以上我们分析了马克思关于货币非中性的基本观点，但是马克思的货币非中性并不局限于此，由于我们的水平和知识结构所限，马克思的货币非中性思想并未全部挖掘，本章的研究希望能起到抛砖引玉的作用。通过上述分析，我们得到下述启示。

第一，马克思对古典经济学货币理论变革成功的基础在于其方法论的变革。马克思的分析建立在辩证唯物主义和历史唯物主义基础上。如果没有马克思对方法论的变革，马克思就无法建立科学的劳动价值理论和剩余价值理论，也就无法科学地揭示剩余价值生产、流通和分配规律，从而就无法阐明

---

① 《资本论》第三卷，人民出版社2004年版，第595页。
② 《资本论》第二卷，人民出版社2004年版，第572页。
③ 苏珊·德·布朗霍夫：《马克思的货币理论》（下），载《政治经济学评论》2017年第4期。

货币对资本主义经济的影响。因此，我们在建立马克思主义货币经济学，以及中国特色社会主义政治经济学时，应从方法论入手，对我国社会主义市场经济条件下的货币经济现象进行客观深入的剖析。我们认为，这一方法论的基础显然应当是马克思主义的辩证唯物主义和历史唯物主义，以及建立在此基础上的逻辑与历史相统一等方法。

第二，建立马克思主义货币经济学，中国特色社会主义政治经济学应当立足中国实践，转换研究对象。马克思在《资本论》第一卷中指出，德国的政治经济学教授一直是"学生"，当法国和英国的反映他们现实资本主义经济关系的政治经济学理论作为"舶来品"输入后，在他们手中"却变成了教条集成，被他们用包围着他们的小资产阶级世界的精神去解释，就是说，被曲解了"①。而当德国的资本主义经济发展起来时，德国的经济学家又分成了两派，一类是聚集在庸俗经济学辩护论者巴师夏旗帜下的实践家，另一类是古典经济学综合派穆勒的追随者。因而，"德国人在资产阶级经济学衰落时期，也同在它的古典时期一样，始终只是学生、盲从者和模仿者，是外国的大商行的小贩"②。马克思对德国经济学发展状况的评述，再一次说明了创立和创新经济学理论必须要有其"生长的土壤"，同时，也向我们表明了，我们不能盲目地照搬这些"舶来品"。与西方资本主义经济体相比，我国目前正在建立和完善社会主义市场经济体制，从经济运行层面来讲，都是要发挥市场在资源配置中的决定性作用，那么，我们可以借鉴古典经济学和现代西方经济学中的货币理论，但是从社会性质来讲，我们要建立的市场经济是社会主义性质的，因此，这需要立足我国具体经济实践，对货币经济的一些基本和主要的问题，如货币层次划分、数字货币、人民币国际化、金融监管和金融深化、宏观调控等问题展开具体层次的研究。

---

① 《资本论》第一卷，人民出版社 2004 年版，第 15 页。
② 《资本论》第一卷，人民出版社 2004 年版，第 18 页。

第十五章　古典货币非中性思想对 20 世纪货币理论发展产生的影响

　　从前面内容的介绍中我们可以看出，从休谟开始，古典经济学家对货币与经济的关系进行了深入细致的研究，在众多古典经济学家的共同努力下，古典货币理论取得了丰硕成果，在这些成果中，除了李嘉图等少数经济学家外，大部分古典经济学家都认为货币至少在短期会影响经济，甚至在长期这种影响也可能存在，他们提出了十多种货币至少在短期影响经济的非中性途径，构成了货币非中性理论的完整体系。但是在 19 世纪末期逐渐占据正统地位的经典古典经济学采用"古典二分法"强行割裂了货币与实体经济的联系，并且用"货币面纱论"来形象说明货币对实体经济不会有任何影响，在经典古典经济学的广泛传播和影响下，这些货币非中性思想并没有被人们广泛认识。

　　进入 20 世纪以来，随着货币与经济发展的关系越来越紧密，由货币引起的经济波动越来越明显，人们开始不断质疑经典古典经济学的货币无用论，重新审视从约翰·罗以来的古典货币非中性思想，这些思想对古典学派以后的经济学家产生了巨大影响，很多理论被间接或直接吸收到他们的理论之中，以至于在 20 世纪以后具有影响力的货币理论中，都能找到古典货币非中性理论的痕迹。比如欧文·费雪在其专著《货币的购买力》中提出了货币周期理论，认为是名义利率刚性导致了经济周期，在银行信用扩张阶段，价格普遍上涨导致实际利息下降，促进投资和产出增加；而在银行信用收缩阶段，价格普遍下降导致实际利息上升，导致投资和产出下降，体现了古典固定费用理论。弗里德曼把休谟的价格滞后理论引进交易方程式 $MV = PQ$，提出如果 V 是常量，货币存量 M 的变化在完全改变价格之前会对产量 Q 产生暂时影响。凯恩斯在他出版的划时代著作《就业、利息与货币通论》中，提出了颠覆正统利率理论的货币供求利率论，重新回归到了重商主义时期的利率传统，凯恩斯还借用休谟的观点，认为经济资源在非充分利用时，增加货币价格不会与增加的名义货币量同比例增加，由此引起的真实货币供给增加能够降低利率，促进投资，从而提高国家的收入。此外，凯恩斯以及他的追随者们还借用古典刚性货币工资理论解释了由货币波动如何引起真实工资波动进而引起产出与就业波动的机制。米塞斯和哈耶克利用强制储蓄理论解释了经济周期的上升阶段，他认为经济周期的根源在于信贷变动引起的投资变动。银行信贷的扩大通过强制储蓄刺激了投资，一旦银行停止信贷扩张，经济就会由于缺乏资本而爆发危机。卢卡斯继承并发展了约翰·穆勒提出的混淆相对价格与名义价格变动的货币非中性理论，并认为经济波动的原因在于生产者把一般价格变动误认为相对价格变动，他和萨金特、华莱士等还借用了桑顿和穆勒把货币区分为预期货币与非预期货币的方法，区分预期货币与非预期货币对经济造成的影响。20 世纪 80 年代以来，以费希尔、泰勒和阿克洛夫为代表的新凯恩斯主义学派同原凯恩斯主义者一样，吸引了古典经济学家工资刚性理论，认为工资刚性的存在导致了市场的不完全，货币因此表现为非中性，与原凯恩斯主义与古典学派不同的是，他们更致力于寻找工资、价格刚性背后的原因。正如约翰·史密森所说："自休谟以来，尽管涌现了大量经济学著作和研究，而且货币体系已不再建立在商品货币的基础之上，但是，经济学家对于短期货币非中性之原因的基本认识，在过去的两个半世纪中并没有发生多大变化。"[①]　在本章中，我们将较系统地分析古典货币非中性思想对 20 世纪货币理论发展产生的影响。

第一节　古典货币非中性思想对费雪的影响

美国经济学家欧文·费雪（Irving Fisher，1867～1947）生于纽约州的少格拉斯，是 20 世纪初期伟大的货币经济学家，主要著作有《货币的购买力》（1913）、《商业周期几乎都是美元的舞蹈》（1917）、《货币幻觉》（1928）、《通货膨胀》（1933）、《百分之百的货币》（1935）等。在货币理论上，欧文·费雪最明显的贡献在于把古典时期货币数量论思想用 MV = PY 这一数学公式简单表述出来，但他并没有受经典经济学中"二分法"以及"货币面纱论"的影响，而是受古典货币非中性思想的影响，认为货币在短期是非中性的。他从两方面来说明了货币非中性：一是他受休谟价格刚性思想的影响，认为在短期内，当价格存在刚性时，货币数量的变化会导致产出

---

① 史密森：《货币经济学前沿：论争与反思》，上海财经大学出版社 2004 年版，第 60 页。

发生变化；二是他利用货币幻觉理论、刚性工资理论、固定费用理论等其他古典货币非中性思想解释了经济中常见的商业周期现象，认为经济中很多商业周期都是由货币价值变化引起的。

一、费雪提出了"货币幻觉"概念

费雪最先提出了"货币幻觉"的概念，其意思是人们习惯于用货币的名义价值来衡量他的收益，而不考虑货币的实际价值是否发生变化，当货币名义价值增加时，尽管其实际价值下降了，人们由于货币幻觉，还是认为他的收益增加了；同样，当货币名义价值下降时，尽管其实际价值上升了，人们由于货币幻觉，还是认为他的收益下降了。他举了一个例子对这个概念进行了说明，一战结束后，德国发生了严重的通货膨胀，而一名出售衬衣的营业员，只因为她出售1件衬衣的价格比1年前进货时高一些，她就认为自己赚钱了，在费雪看来，这个营业员实际上产生了"货币幻觉"，并没意识到通货膨胀给她带来的损失，他写道："她并没有获得利润，实际上她还亏了，她以为她获得了利润仅仅是因为她被'货币幻觉'欺骗了，她认为她年前购进衬衣的钱与我现在买这件衬衣时用的是同样的马克，就像在美国我们认为不同时间美元的价值完全相同一样，她实际上是用一个价值波动的马克单元来算账的，根据这个价值波动的马克单元，她确实赚钱了……但如果她把价值波动的单元转换成不变的商品单位来算，她亏得更多。"[1] 他还举了个例子，如果某人在一战前每股可以得到4美元的分红，而现在他能得到每股5美元的分红，可能我们会认为他的红利增长了25%，但是如果我们考虑到所分红的美元的购买力，就会发现真实的回报下降了12.5%。因为1914年的美元比1913年贬值了30%。在费雪看来，由于通货膨胀比较隐蔽，现实生活中绝大多数人都会像那位营业员一样产生"货币幻觉"。

在他看来，正是受这种"货币幻觉"的影响，货币价值的不稳定使生产者在通货膨胀期间不适当地扩大业务，并在通货紧缩期间不适当地收缩业务导致了商业危机。可以看出，费雪提出了"货币幻觉"概念与约翰·穆勒提出的"混淆一般价格变化与相对价格变化"概念略有不同，费雪提出了"货币幻觉"概念强调人们受货币名义价值上涨的欺骗，误把货币名义价值上涨看成是货币实际价值上涨。而约翰·穆勒提出的"混淆一般价格

---

① Fisher，Irving. 1928. *The Money Illusion*. New York：Adelphi Co. ，pp. 6 – 7.

变化与相对价格变化"是当所有商品价格同比例上涨之后，生产者误认为只有他生产的商品价格受供求变化出现了上涨，而其他商品价格并没有发生变化。但显然这两个概念具有明显的相似性，都强调人们受货币价值变化的欺骗导致盲目调整生产规律，从这一点看，费雪受到了约翰·穆勒的影响。

二、费雪对商业周期的解释

费雪利用"货币幻觉"概念以及古典货币非中性思想中常用的工资刚性，固定费用货币理论解释了商业周期，认为当货币数量增加时，由于很多工资、利息、税收等固定费用的存在，使得企业成本支出慢于收益的上涨，这样企业可以赚更多的利润，从而刺激企业投资，他写道："货币贬值（价格水平上升）刺激经济，货币升值（价格水平下降）抑制企业。原因很简单，当生产者得到更高的价格时，他们一开始不需要支付相应的更高的成本；例如，工资和薪水是提前几个月或几年按合同确定的，不会上涨得那么快。起初，他们支付租金和利息也会下降。这种重要费用支出变化滞后通常涉及总费用滞后于总收入。因此，总收入超过总费用的部分最初往往会增加。相反，价格水平下降会减少利润。这些利润获得者就是工业的领航人，他们决定了经济的产量，因此，当价格上涨，利润增加时，工业就会扩张，商业呈现出繁荣，当价格下降，利润减少时，工业就会收缩，商业呈现出萧条。"[1] 但费雪认为，企业在通货膨胀时期能够赚取更多的利润其实是产生了一种"货币幻觉"，因为从名义上看，赚得的货币数量确实比以前更多了，但是受通货膨胀影响，这些货币的购买力却下降了，因此他的真实利润可能并没有发生变化。他写道："由于通货膨胀，原材料和其他成本似乎比实际成本低，但在企业支付成本时，1 美元的价值要超过企业销售商品之后得到的 1 美元价值，因此原始成本中的美元和以后销售中的美元不是同一个美元，制造商被欺骗了，就像德国店主或奥地利造纸制造商认为他们赚了更多钱一样。许多制造商被如此明显的高利润所诱惑，扩大了他的产出，并扩大了自己的债务，结果发现，一旦潮流转向，他就会被过度扩张所毁。"[2] 同样在通货紧缩时期能够赚取的利润更少了也是一种"货币幻觉"，因为从名义上看，赚得的货币数量确实比以前更少了，但是受通货紧缩的影响，这

---

① Fisher, Irving. 1928. *The Money Illusion*. New York：Adelphi Co.，P. 90.

② Fisher, Irving. 1928. *The Money Illusion*. New York：Adelphi Co.，pp. 90 - 91.

些货币的购买力却上升了，真实利润同样也可能并没有发生变化，如果生产者不会产生"货币幻觉"，当货币数量变化引起物价上升或下降时，企业就不会根据物价上的涨跌来变动自己的产量。

因此，费雪认为商业周期是由于货币价值变化造成人们不合理的安排生产决策，要消除商业周期，必须稳定货币价值。

第二节　古典货币非中性思想对庇古的影响

庇古（Pigou，1877～1959）是英国著名经济学家，被认为是剑桥学派领袖马歇尔的继承人。他的著作很多，比较著名的有《福利经济学》（1920）、《产业波动》（1926）、《失业论》（1933）、《就业与均衡》（1941）等。庇古继承了经典古典主义传统，以完全竞争为假定条件，用真实变量来分析实体经济的均衡状态与资源的优化配置状态。但他接受了古典货币非中性中的工资刚性观点，并详细分析了工资刚性的原因，放弃了经典主义中关于充分就业的假定，并利用这一观点解释了劳动力市场不能达到均衡的原因，在他看来，当劳动力市场处于失衡状态，如果工资能够灵活变动，劳动力市场就能随工资的及时调整迅速回到均衡状态，但是如果货币工资存在刚性，劳动力市场则存在长期失衡的可能。此外，在庇古的失业理论中，当货币数量发生变化时，由于工资存在刚性，会造成本来均衡的劳动力市场偏离均衡，经济社会的就业率也会相应发生改变。

一、庇古的就业理论

（一）劳动力的需求函数

庇古认为，经济中的就业量是由劳动力的需求函数与劳动力的供给函数达到均衡时决定的。在凯恩斯看来，他最先精确写出了经典失业理论。他在分析劳动力的需求函数时，把整个工业部门分为两类，一类是在国内从事制造工资品和制造出口品（X 人），另一类是其他工业（Y 人），凯恩斯认为，这两类部门可以简化为工资品工业与非工资品工业，整个工业对劳动力的需求人数为真实工资的函数，而真实工资等于货币工资除以价格总水平，也等于总产出 F(X) 对就业人数 X 求导，在他看来，整个社会对就业的需求与真实工资呈反方向变化，也就是当真实工资上升时，企业对工人的需求会减少，反之，当真实工资下降时，企业对工人的需求会增加。

（二）劳动力的供给函数

在劳动力的供给上，庇古认为劳动力的供给也是真实工资的增函数，当真实工资上升时，愿意工作的工人增加，就业量上升；当真实工资下降时，愿意工作的工人减少，就业量下降。

（三）劳动力市场均衡

在已知上述劳动力需求函数与供给函数后，联立劳动力的需求曲线与供给曲线就可以得出真实工资率以及经济中的均衡就业水平。从庇古的话说就是："设在工人之间有自由竞争，劳动力又可以完全移动，则二者（即按工人所要求的真实工资率以及劳动力之需求函数二者）之关系甚简单。在这种假定之下，一定常有一种强烈趋势让工资率与需求情况互相适应，使得每个人都就业，若情况稳定，则实际上每个人确都就业，言外之意是说，若在任何时间真有失业现象，则此失业完全是因为需求情况继续在改变，而摩擦阻力使得工资不能即刻作适度的调整。"[①]

二、工资刚性对劳动力市场的干扰

在庇古看来，失业的原因主要是名义工资刚性的存在，在他看来，劳动力的真实需求在短时期内有极大变动，当资本工资存在刚性时，使得真实工资不能立刻调整到劳动力需求与供给重新平衡。比如假设当劳动力的供给函数保持不变，劳动力的真实需求在短时期内减少时，为使劳动力市场重新达到均衡，市场均衡真实工资水平应该下降，而由于名义工资刚性的存在，使得名义工资在短期内不会立刻下降，这样在劳动力市场就会出现供给大于需求，一部分人在现有工资水平下找不到工作，形成失业。他还引用了英国商务部的一份失业分析报告来说明他的上述观点，他写道："英国商务部最近分析这些因素时，提出了一个报告，其中有这样一段：'德国工会的标准工资率不像英国这样流行得广。因此，工人便有更大的自由接受工资比以往低的工作，萧条时期的情形尤其如此。因此，他们就可以更快地恢复职业，从

① 凯恩斯：《就业、利息和货币通论》，译林出版社 2014 年版，第 239～240 页。

而减低了工会会员的失业百分比……'在这个比较中，有一个简单而令人信服的客观教训，说明工资率弹性对于减少平均失业量方面有什么好处。"①很显然，他非常认可英国商务部的分析，认为德国工人的工资比英国工人的工资更具有弹性，失业受工资刚性干扰的程度也就小一些，劳动力市场更容易恢复均衡。

古典经济学者虽然提出了货币工资刚性的观点，但他们并没有详细解释其存在原因，庇古弥补了古典学者的这一缺陷，推动了工资刚性理论的发展。

（一）企业主与工人之间关系难协调以及工会力量的强大

在庇古看来，由于经济利益关系，企业主和工人都力求达到对自己有利的工资条件，使得在变动工资问题上很难协调，导致名义工资呈现刚性。比如，在萧条时期，企业主利润减少，要求减少名义工资，而工会组织会反对降低工资率的企图，其原因主要是他们恐怕一旦降低之后就很难提高。同样，当企业主在营业有起色时也会反对提高工资率，主要由于害怕将来要降低工资时会遇到同样的困难。他认为企业主与工人之间的关系与信任程度影响了工资刚性程度，他写道："这一因素发生作用的程度，自然主要决定于企业主和雇工相互的态度如何。如果敌对和不信任的精神占优势，则适当的工资变动便很少出现，而且必须经过许多周折才能出现。但是在互相忍让的精神较大的地方，以上所说的因素的力量便大都被摧毁了。"②

（二）重签工资协议的间隔时间长

庇古认为，重签工资协议的时间很长也是工资刚性的重要原因。为了协调企业主和工人之间的工资矛盾，一般而言，会存在某种解决分歧的机构，比如企业主与工人之间成立的委员会，在委员会的协调下，劳资双方签订新的工资协议，而每一个协议都可能需要 2 年、3 年甚至 5 年才制定，只有在合同期满之后，才能由任意一方提出重新召开工资协议的谈判会议。在这种情况下，工资必然会存在刚性。庇古写道："如果协议是一种裁定书的形式，规定了一种固定的单一标准工资率，那么在这种工资率下，工资每经过两年或三年之后也会一定变得有弹性，然而对于协议的原定时期中所发生的

---

① 凯恩斯：《就业、利息和货币通论》，译林出版社 2014 年版，第 36 页。
② 凯恩斯：《就业、利息和货币通论》，译林出版社 2014 年版，第 37 页。

劳工需求量的变动而言，却绝对没有弹性。"①

（三）劳动者对物价变化不敏感

庇古认为，对于普遍人来说，当物价开始缓慢上涨，一般人很难有所感觉，只有物价上涨到足够高时，他们才能感觉到，这一点与费雪的"货币幻觉"理论比较相同，因此，只要物价短期内不会大幅上涨，工人要求上涨工资的意愿就不会太强烈，这也造成了工资刚性。

三、庇古对商业周期的解释

庇古还用工资刚性解释了由货币引起的商业周期，他认为当货币数量发生变化导致货币价值发生变化时，劳动者的名义工资由于工资刚性固定不变，其真实工资就会发生改变，这也会引起劳动力市场的需求量与供给量发生变化，劳动力市场的均衡就会改变，而要使劳动力市场重新恢复均衡，必须使真实工资调整到劳动力供求重新平衡，但由于名义工资刚性，这种理想化的调整在实际中很难发生。他举例说："如果货币的一般购买力由于黄金供应减少而提高，那么以货币表示的劳动需求量，除开某种工业中以商品表示的实际需求量以相等或更大的规模同时扩大以外，在其他情形下都将普遍降低。如果我们注意一下用商品表示的对劳动的实际需求保持不变的工业，这一问题就可以弄清楚了。在这种情形下，假定企业主在发生变动以前愿意每周以 30 先令的工资雇佣 1 万人，现在则愿意每周以 28 先令的工资雇佣同样数目的人；而这 28 先令所能支配的商品和劳务的量和以往 30 先令所能支配的量完全相等，如果受到影响的工人对当前事实有充分的理解，他们就会明白现在的物价降低了，所以 28 先令的工资和物价未降低前 30 先令的工资完全相等。这样一来，除非他们能提出理由要求增加实际工资，否则就不会反对降低名义工资的提议。但是，工人不会理解当前的事情。他们和其他许多人的想法一样，只是通过货币来看问题，而不透过名义工资来看它所代表的实际工资，因而便相信工资从 30 先令降低到 28 先令就必然意味着经济状况的恶化，因此他们就反对减低，而他们的反对往往使工资率不能适当地根据劳工需求量加以调整。"② 在这种情况下，一些企业不得不减少雇佣工人，

---

① 凯恩斯：《就业、利息和货币通论》，译林出版社 2014 年版，第 38 页。

② 凯恩斯：《就业、利息和货币通论》，译林出版社 2014 年版，第 36～37 页。

使得劳动力的需求小于供给，劳动力市场上失业率上升，经济中产出也会下降。因此，在他看来，工人们经常通过名义工资而不是真实工资来看问题，使得劳动力的真实需求在短时期内发生变动时，真实工资政策不能即刻做出与此相适应的调整，构成了商业周期的主要原因，正如凯恩斯所说："经典学派之所以一向认为经济体系有自动调整之性质者，就因为假想货币工资有伸缩性；货币工资一有刚性，便把经济体系失调之过推在这刚性身上。"①

第三节　古典货币非中性思想对凯恩斯的影响

约翰·梅纳德·凯恩斯（John Maynard Keynes，1883～1946），现代经济学最有影响力的经济学家，被称为宏观经济学之父，他创立的宏观经济学与弗洛伊德所创的精神分析法和爱因斯坦发现的相对论一起并称为20世纪人类知识界的三大革命。他的经济思想深受古典货币非中性思想的影响，他吸收约翰·罗、桑顿、马尔萨斯等的观点，认为货币数量的变化可以通过改变利率来影响实体经济，并且，与休谟一样，他也认为名义价格存在刚性条件下，货币数量的变化在短期内会完全反映到产出变化上。更为重要的是，凯恩斯认为经济中的有效需求不足会导致经济会经常低于充分就业，在这种情况下，他主张中央银行通过货币政策来刺激经济，时至今日，这一观点还被各国政府普遍采用。凯恩斯的著作多与货币相关，主要的代表作有《就业、利息和货币通论》（1936）（简称《通论》）、《论货币改革》（1923）和《货币论》（1930）。可见他对货币理论的重视，一些学者认为，当前凯恩斯学派重财政政策，轻货币政策的倾向是误解了凯恩斯的经济理论，看来不无道理。

一、古典货币非中性思想对凯恩斯利率理论的影响

在凯恩斯之前，经典的利率理论认为，投资是利率的反函数，储蓄是利率的增函数，当经济中的投资与储蓄相等时，可以得出市场均衡利率，用他的话说就是："他们认为利率乃资本之边际效率表与心理上的储蓄倾向二者

---

① 凯恩斯：《就业、利息和货币通论》，译林出版社2014年版，第221页。

交互影响之结果。"① 不过凯恩斯不认同这种利率理论，他认为利率取决于货币的需求与供给，用他的话说，就是"利率乃是一种'价格'，使得公众愿意用现金形式来持有之财富，恰好等于现有现金量"②。凯恩斯的这一观点实际上也是受到了重商主义时期以及古典经济学时期利率理论的影响，早在重商主义时期，人们就产生了货币利率取决于供求的观点，比如约翰·罗就认为，货币供给增加会促进利率下降。凯恩斯在《通论》中就明确说明了他在利率上受重商主义的影响，他引用海克雪尔的一段话："重商主义者从来没有以为利率会自动调整，达到适宜水准；反之，他们反复申述，利率太高乃是抑制财富的扩张之主要障碍；他们甚至于知道，利率乃定于灵活偏好以及货币数量。他们所关切者，乃一方面减低灵活偏好，一方面增加货币数量，其中有几人还明白说出，他们之所以要设法增加货币数量，乃因为要减低利率。"③ 在古典经济学时期，马尔萨斯和托伦斯就提出过货币供求决定利率的观点，休谟最早提出了货币利率取决于可贷资金的需求与供给的观点，但他同时也认为货币数量增加不一定会引起可贷资金增加，约翰·斯图亚特·穆勒继承了休谟的观点，不过他认为，当货币数量增加时，可贷资金一般也会增加，所以货币数量增加时，利率也会下降，但到古典经济学末期，在经典的古典经济学描述中，利率变成了投资与储蓄的函数均衡的结果。而凯恩斯的利率理论显然是受到了约翰·罗、休谟、马尔萨斯、穆勒以及之后奥地利学派提出的利率理论的影响，并且，凯恩斯以这些利率理论为基础，首次为货币供求利率理论提供了一个完整的分析框架，使古典经济学时期，那些主张货币数量增加有利于降低利息的想法变得有理可循。并且，受古典货币非中性思想影响，凯恩斯也是一名忠实货币非中性思想的倡导者，通过该利率理论，凯恩斯认为，增加货币可以通过降低利率来促进投资需求，从而提升经济中的总需求水平，带动经济体中产出与就业增长。他的货币理论体现了货币非中性思想，完善了货币通过利率影响经济的途径。

---

① 凯恩斯：《就业、利息和货币通论》，译林出版社 2014 年版，第 142 页。
② 凯恩斯：《就业、利息和货币通论》，译林出版社 2014 年版，第 144 页。
③ 凯恩斯：《就业、利息和货币通论》，译林出版社 2014 年版，第 293 页。

二、凯恩斯的利率理论

（一）利率决定于货币的供给与需求

凯恩斯写道："货币数量与灵活偏好二者，乃是在特定情况下，决定实际利率之两大因素。"[①] 凯恩斯用灵活偏好来表示人们对货币产生的需求，在他看来，人们之所以放弃其他保存财富的方式，而选择持有货币，形成对货币的需求，主要是因为三种动机：一是交易动机，即需要现金，以备个人或业务上作当前交易之用。二是谨慎动机，即想保障一部分资源在未来之现金价值。三是投机动机，用他的话说，就是相信自己对未来之看法，较市场上一般人高明，想由此从中取利。这主要是指人们想抓住有利的有价债券购买机会来获利，当多数人预期利率会下跌时，债券的价格就会被预期在未来上升，人们就会用手中的投机货币购买债券，持有的投机货币减少，相反当有人预期利率会上升时，债券的价格就会被预期在未来下跌，人们就会卖出债券，持有的投机货币增加。在他看来，货币需求与利率之间存在反方向关系。他给出的理由有两点："第一，若利率降低，其他情形不变，则灵活偏好之起于交易动机者，将随利率之下降而吸纳较多货币。盖利率下降可使国民所得增加，若国民所得增加，则为交易方便起见、交易动机所需之货币量总得随所得之增加而增加——虽然增加比例不一定相同，保持充分现款以取得此种方便之代价（即利息之损失）也因利率之降低而减少。除非我们用工资单位而不用货币来衡量灵活偏好，否则当利率降低，就业量增大，以致工资率即工资单位之货币价值上涨时，交易动机所需之货币亦增加。第二，利率每降低一次，可以使得有些人对利率前途之看法与市场一般看法不同，故此种人愿意增加其货币持有量。"[②] 对于货币的数量供给，在凯恩斯看来，则是由中央银行决定的，当货币需求与货币供给相等时，此时的利率就是市场均衡利率。

（二）货币可以通过利率的变化来影响经济

在凯恩斯看来，货币是非中性的，因为人们可以通过货币数量的变化来

[①] 凯恩斯：《就业、利息和货币通论》，译林出版社 2014 年版，第 144 页。
[②] 凯恩斯：《就业、利息和货币通论》，译林出版社 2014 年版，第 147～148 页。

影响利率，从而影响经济中的产出与就业水平，比如当货币数量增加时，利率会下降，经济中的投资会增加，这就会拉动总需求的增长，从而为企业扩大生产提供了产品销路，他因此把货币当成刺激经济的饮料，不过，他认为在某些情况下，这杯饮料的刺激作用可能会很有限，他写道："如果我们由此推论，认为货币是一种饮料，可以刺激经济体系，促其活动，则我们必须记得，在此饮料发生作用之前，还有几重难关。"① 那么凯恩斯指的是哪几重难关制约了货币政策效果呢？他认为，一是当公众之灵活偏好比货币数量增加得更快时，利率就不会下降；二是如果资本的边际效率比利率下降得更快，即便利率下降了，投资也不会增加；三是物价上涨的程度如果上涨比例很大，也不会使利率下降；四是他还认为如果消费倾向下降了也会影响货币政策效果，因为即使利率下降使投资需求增加了，但消费倾向下降了使消费需求减少了，总需求有可能不会变化。此外，凯恩斯并不赞成毫无节制地增加货币来刺激经济，因为这会动摇社会信心，抵销货币增加对产出与就业带来的好处。

三、古典货币非中性思想对凯恩斯工资理论与价格理论的影响

凯恩斯还接受了古典货币非中性思想中工资刚性与价格刚性的观点，并认为，在经济没达到充分就业之前，由于存在大量闲置劳动力与其他经济资源，工资刚性与价格刚性表现得最为明显，此时，增加货币对经济的影响表现为，对产出与就业的促进作用大，对价格上涨的促进作用小，而一旦经济达到充分就业之后，各种经济资源都达到充分利用，经济中的价格刚性就消失了，增加货币对经济的影响表现为，对产出与就业的促进作用小，对价格上涨的促进作用大。鉴于凯恩斯主义在第二次世界大战之后广泛流行，短期名义刚性概念甚至被一些人错误地确定为"凯恩斯主义"独有的立场。

（一）工资刚性原因

凯恩斯非常认同货币工资刚性观点，他写道："货币工资常常具有刚性（rigid or sticky），比真实工资稳定，故工资单位（以货币计算）不容易下降。"② 凯恩斯把货币工资刚性的原因主要归因为受合同约束，他写道："社

---

① 凯恩斯：《就业、利息和货币通论》，译林出版社 2014 年版，第 148 页。
② 凯恩斯：《就业、利息和货币通论》，译林出版社 2014 年版，第 200 页。

会上有一部分人士,其收入是由契约用货币规定的,例如利息阶级以及公私机关中之固定薪水阶级。假使货币工资不变,则在这批人与劳工之间,可以达到最大限度的、实际可行的公平办法。"① 与庇古不同,凯恩斯认为货币工资刚性并不是导致失业的主要原因,也反对政府实施伸缩性工资来解决失业问题,他认为在解决失业的问题上,两种方法会产生同样的效果,一种是在货币工资不变的情况下增加货币,另一种是在货币数量不变的情况下减少工资,经典理论主张后一种办法,而凯恩斯主张前一种办法,他认为有伸缩性的货币政策比有伸缩性的工资政策会更有效,这主要是在凯恩斯看来,由于各行各业工人与企业家协调上的困难,实施有伸缩性的工资政策在现实中是行不通的,他写道:"除非在一个已经实行国家统治的社会之中,一纸法令便可改变工资政策,否则没有方法可使得各级劳动之工资趋于一致的减低。要达到这个结果,只能经过一组逐渐的、零星的、不规则的改变,而且恐怕还要经过几度劳资争执以后才能完成。此种改变方法,无论从社会正义看,或从经济权益方面看,都无可辩护;而劳资争执又是浪费的、不幸的,且在争执过程上,议价能力最弱者比之其他工人受害较深。"② 而用改变货币数量的方法,就容易得多,只需要中央银行实施公开市场政策或类似方法就可以办到,完全在政府的掌握之中。

（二）价格刚性原因

凯恩斯认为,当经济未处于充分就业时,经济中存在大量失业工人以及其他闲置经济资源,因此当增加货币数量使有效需求增加时,这些失业工人和其他闲置经济资源会竞相在现在的价格水平上得到雇佣,所以要素的买方不用提高价格,就可以购买到这些生产资源,这些生产要素的价格会相对保持不变,在这种情况下,企业的成本也不会变,企业出售商品的价格也就会保持相对不变。只有当经济逐渐达到充分就业时,生产资源供应变得紧张,要素的买方为了得到这些要素竞相提高价格时,要素的价格就会快速上涨,商品的价格也会相应上涨。

（三）工资刚性与价格刚性下,货币对产出的影响

凯恩斯在分析货币数量变化对物价与就业的影响时,就假定工资价格都存在刚性,他写道:"边际成本中之诸生产要素,只要尚未全部就业,便不

要求货币之增加，在这种情形之下，则只要有失业现象存在，工资单位就不会变更，生产之报酬既不递增亦不递减。因此，当货币数量增加时，若还有失业现象，则物价毫不受影响，就业量则随有效需求作比例的增加，而有效需求之增则起于货币数量之增；但当充分就业一经达到，则随有效需求作同比例之增加者，乃是工资单位与物价。"① 因此他得出结论，当存在失业现象时，供给有完全弹性，而充分就业达到之后，供给毫无弹性，他承认传统货币数量方程式在形式上是正确的，但他认为，经典理论根据该方程得出的货币数量变化与价格变化成正比是错误的，在他看来，应该根据经济是否处于充分就业来判断货币对产出与价格的影响，正确的表述应该是："有失业存在时，就业量随货币数量作同比例改变；充分就业一经达到后，物价随货币数量作同比例改变。"② 不过凯恩斯也认为，当经济未达到充分就业之前，货币数量的变化也可能会有一部分反映到价格上，越接近充分就业，对价格的影响越大，他写道："有效需求之改变，并不与货币数量之改变恰成同一比例。在这种情况下，有效需求之增加，一部分用在增加就业量，一部分体现在物价上涨上。"③

第四节　古典货币非中性思想对哈耶克的影响

弗里德里希·奥古斯特·冯·哈耶克（Friedrich August von Hayek，1899～1992）是奥地利生的英国知名经济学家，被称为奥地利学派的代表人物，1974 年诺贝尔经济学奖得主。哈耶克的货币理论深受古典货币非中性思想的影响，他尤其特别推崇"古典强制储蓄理论"，1932 年，他在《经济学》季刊上发表了《强制储蓄理论的发展》一文，系统研究了古典强制储蓄理论的产生、发展以及影响，他认为，是边沁最先提出了该理论，之后桑顿、马尔萨斯、穆勒等古典经济学家都应用该理论分析了经济问题，进入20 世纪，包括魏克塞尔、米塞斯、霍特里、庇古以及他本人等很多经济学者都深受该理论影响。

---

①② 凯恩斯：《就业、利息和货币通论》，译林出版社 2014 年版，第 256 页。
③ 凯恩斯：《就业、利息和货币通论》，译林出版社 2014 年版，第 256～257 页。

一、哈耶克货币经济周期理论简介

哈耶克在《物价与生产》一书中，把强制储蓄现象同庞巴维克的迂回生产理论、魏克赛尔的积累过程理论相结合，建立了一个货币经济周期模型，说明了货币是如何通过影响经济中的相对价格，从而引起产出发生波动的，他否定了经典理论提出的"货币面纱观"，认为货币数量的改变只影响一般价格水平，不会影响相对价格的观点。在哈耶克看来，货币对经济的影响主要是通过相对价格的变动而产生的。他指出："几乎货币数量的任何变动（无论它对物价水平影响与否）都总会影响相对价格，而且，决定生产的数量与方向的无疑是相对价格。"①

庞巴维克认为，随着社会生产力的发展和分工的不断深入，产品的生产开始变得更加迂回，即生产资料并不直接用于生产消费品，而是先将其加工成中间产品，然后再用这些中间产品生产更多的消费品。生产的迂回过程越长，即生产中间产品的阶段越多，分工就越细，生产出的消费品就越多。哈耶克吸收了庞巴维克这一理论，为了把迂回生产说明得更清楚，他在庞巴维克的基础上构建了"哈耶克三角"模型，并且还认为，在生产的扩张阶段，通常表现为生产的迂回过程变长；相反，在生产的收缩阶段，生产的迂回过程会变短。

二、哈耶克货币经济周期理论主要内容

（一）消费品与中间产品的比例划分

在哈耶克看来，即便商品的生产是一个迂回过程，最终消费品与中间产品在产量上会存在着一定的比例关系。在货币经济中，等于以货币表示的最终消费品总需求与各生产阶段的中间产品总需求之比。他写道："用于购买消费品的货币与用于购买中间产品的货币之间的比例，等于消费品的总需求与为连续生产所必需的中间产品的总需求之间的比例。而在均衡状态下，这一比例又必须反过来与一定时期内的消费品产量和同一时期内以前各阶段的

---

① Hayek, Frederich A. Von. 1935. *Prices and Production.* 2nd ed. New York：Augustus M. Kelley, P. 27.

中间产品产量的比例相一致。"① 当这种比例关系稳定时，经济维持均衡状态，当这种比例关系变动时，经济就会产生波动。那么哪些因素会导致这一比例关系发生变化呢？哈耶克认为当消费品与中间产品的相对价格发生变化时，这一稳定的比例关系就会受到破坏，经济就会产生波动。根据上述假定，当货币在最终消费品与中间产品之间重新分配时，将导致最终消费品与中间产品总需求之比发生变动，从而引起最终消费品与中间产品之间相对价格的变动，从而引起经济波动。

（二）自愿储蓄下的经济均衡

哈耶克分析了两种引起最终消费品与中间产品之间重新分配的情况，一种是自愿储蓄，另一种是由增加货币引起的强制储蓄。假定消费品与中间产品初始产出比例为 1∶2，消费品生产只有一个生产阶段，中间产品生产有四个生产阶段，经济处于均衡。

在自愿储蓄分析框架下，经济中的货币总量保持不变，消费者自愿减少消费，增加储蓄，这些储蓄被金融中介转移给企业进行生产，使得消费品需求减少，价格下降；中间产品的需求增加，价格上涨，两者之间相对价格发生改变，且越靠近原材料端的中间产品价格上涨得越多，越靠近消费品端的中间产品价格上涨得越少，在这种情况下，一部分生产消费品的生产资源将会转向中间产品的生产，并且中间产品的生产也会向原材料端转移，消费者的生产将会萎缩，还是保留一个生产阶段，而中间产品的生产将会扩张，生产的迂回过程会逐渐延长，由原来的四个生产阶段增加到六个生产阶段②，最终，随着分工的细化，投入资金的增加，消费品与中间产品的产出都将出现增长，但中间产品的产出增加得更多一些，它们将构成新的比例，假定为 1∶3。由于生产出的最终消费品增加了，最终消费品的价格会下降，消费者手中的货币虽然由于增加储蓄减少了，但消费品的价格下降会使他们较之前购买到更多的商品，经济会在这一较高产量水平上重新达到均衡，此时，中间生产过程分为六个阶段，消费品与中间产品之比为 1∶3。这也表明，在自愿储蓄下，原有的经济均衡在短期被打破之后又会自动重新建立新的均衡。

---

① Hayek, Frederich A. Von. 1935. *Prices and Production.* 2nd ed. New York：Augustus M. Kelley, P. 46.

② 哈耶克把这种生产阶段增加，迂回程度加深称为"资本化程度更高的生产"（more capitalistic-methods of production）的生产。相反把生产阶段减少，生产更为直接的方式称为"资本化程度较低的生产"。

这种由原有的均衡向新均衡过渡的过程，实际上就是分工的进一步细化，中间生产过程延长、生产效率提高的过程。

（三）强制储蓄对经济周期的影响

哈耶克紧接着分析了强制储蓄对经济产生的影响，假定经济中的货币数量增加了，在哈耶克看来，新增的货币既可以被用于消费，也可以被用于投资，其对经济的最终影响是不同的。假如这些新增的货币以贷款的方式最先流入到生产者手中，当现有的产量不变的情况下，无论是最终消费品还是中间产品，当货币数量增加时价格都会上涨，对于消费者而言，由于消费品价格上涨了，而其货币数量保持不变，能购买的消费品数量就会减少，形成了强制储蓄效应，相当于通过通货膨胀把一部分消费者的收入无偿转移给生产者进行投资。而对生产者而言，他们有了更多的货币，就会扩大对中间产品的需求，这就使得中间产品价格不但绝对地提高了，而且相对于消费品的相对价格也提高了。于是，与自愿储蓄增加产生的效果一样，商品的迂回生产过程延长，将由原来的四个阶段增加到六个阶段，由于生产由较低级的生产方式转向较高级的生产方式，消费品与中间产品的产出都将出现增长，但中间产品的产出增加得更多一些，它们将构成新的比例1:3，经济表现出繁荣状态。而且，只要信用继续扩张，货币数量继续增加，则这种过渡还将继续发生，经济亦将继续高涨。不过，根据哈耶克的分析，信用扩张因受黄金准备和其他条件的限制而不能无限持续，一旦货币停止增长，与自愿储蓄相比，经济也不会在此形成新的平衡，而是会恢复到强制储蓄未发生之前的原有比例1:2上去，中间产品生产阶段也会由六个恢复为原有的四个，这是因为生产者扩大投资是依靠强制储蓄，人们被迫减少消费形成的，并不是人们自愿的行为，他们的消费倾向并没有发生变化，随着生产规模扩大，人们货币收入增加，人们又会回到原有的消费标准，对消费品需求的增加，使得消费品价格相对中间品的价格上涨，当消费品价格的上涨幅度超过中间产品价格的上涨幅度时，低级生产方式的利润将增加，而高级生产方式的利润将减少。于是，人们不得不重新调整生产结构，用资本化程度较低的生产方法来替代资本化程度较高的生产方法，增加消费品生产，减少造成原材料端中间产品生产，生产过程重回到之前的四个阶段，另外两个被缩减的早期生产阶段出来的大量中间产品出现过剩，价格将会下跌，而且在哈耶克看来，

"中间产品的价格下跌将是累积性的"①。所以，哈耶克认为，由信用扩张引起的经济扩张，终将随着信用扩张的停止使经济陷入衰退。

假如这些新增的货币往往会以贷款的方式最先流入到消费者手中，在现有的产量不变的情况下，对于消费者而言，他们就会扩大消费支出，于是消费品相对中间产品价格不但绝对地提高了，而且相对价格也提高了。于是，生产者从事直接消费品的生产利润会更高，大量的早期生产阶段靠近原材料端的中间品将向消费端中间品转移，前期生产阶段靠近原材料端的中间品将会出现闲置，商品的迂回生产过程缩短，将由原来的四个阶段进一步减少，由于生产由较高级的生产方式转向较低级的生产方式，消费品与中间产品的产出都将出现缩减，经济陷入收缩。

因此，哈耶克提出了保持货币数量不变，以保持货币中性、实现经济均衡的政策主张。在哈耶克看来，要使货币保持中性，就必须使相对价格保持稳定；而要使相对价格保持稳定，就必须使货币数量保持不变。

第五节　古典货币非中性思想对弗里德曼的影响

弗里德曼于 1912 年生于美国纽约州的布鲁克林市，其一生致力于货币理论的研究，被认为是自凯恩斯以来，20 世纪最伟大的货币经济学家。他一生著作很多，大多与货币理论有关，其中比较重要的著作有《货币稳定方案》（1959）、《1867～1960 年美国货币史》（1963）、《通货膨胀：原因与后果》（1963）、《货币最优数量及其他论文集》（1969）、《货币分析的理论结构》（1971）。基于他在货币理论上所做出的突出贡献，1976 年弗里德曼被授予诺贝尔经济学奖。在整个 20 世纪 30～70 年代，凯恩斯经济学取代了正统古典经济学，占据西方经济理论的主导地位，古典二分法与货币数量论都被凯恩斯主义者抛于脑后，取而代之的是货币需求理论与货币利率传导机制，为了复苏古典货币数量理论，他把古典货币数量论进行了重新表述，将它改造成一种货币需求理论，他认为货币也是一种资产，与股票、债券和其他实物资产一样是人们持有财富的一种方式，人们对货币的需求取决于与其他资产相比，它能够获得的边际收益。在他的研究过程中，弗里德曼的货币

---

① Hayek, Frederich A. Von. 1935. *Prices and Production.* 2nd ed. New York：Augustus M. Kelley, P. 92.

思想深受古典货币非中性理论的影响，在古典货币数量论的研究过程中，他虽然继承了 PT = MV 这一货币数量论的基本形式，但他不再坚持正统古典主义的"货币面纱观"，以及经济总是处于充分就业的观点，而是认为经济存在非充分就业的状态，强调货币能够对实体经济产生巨大的影响。与费雪一样，他也吸收了休谟的观点，认为名义价格存在刚性，当货币的数量发生变化时，货币会对产出与就业产生影响。他还吸收了桑顿、穆勒等学者关于"预期"的经济思想，创造性地提出了适应性预期概念，区别了预期货币数量变化与非预期货币数量变化对实体经济的影响。总之，弗里德曼的货币数量论在继承传统货币数量说中的货币与价格之间长期关系的同时，也吸收了古典货币非中性的一些思想，这增强了货币数量论的适用性与可接受度，使得在遇到大萧条之类的经济衰退事件时，货币数量论不再毫无用武之地。

一、弗里德曼的货币思想实际上是对休谟货币非中性思想的回归

休谟早在 17 世纪，就表达过货币在长期呈中性，在短期因为价格刚性呈非中性的观点，他写道："一切东西的价格取决于商品货币之间的比例，任何一方的重大变化都能引起同样的结果——价格的起伏。看来这是不言自明的原理。商品增加，价格就便宜；货币增加，商品就涨价。反之，商品减少或货币减少也都具有相反的倾向。"[①] 同时，他又写道，"货币进入到整个国家的循环并且被所有人感觉到需要一些时间，起初没有改变发生"[②]，而正是在货币数量增加到物价水平上涨的中间间隙，货币促进了产出与就业增长。200 年后，弗里德曼表达了与休谟几乎完全相同的观点。在货币短期非中性上，他认为货币数量的增长率和名义收入的增长率之间呈正相关关系，但从美国、英国等发达国家的数据来看，这种影响存在平均长达 6~9 个月的时滞效应，使得这种关系表现得并不精确。但货币对名义收入的影响会首先体现在产出变化上，之后才缓慢体现在价格上涨上。他还对货币变化影响产出与价格的具体时间长度进行了研究，结果表明，对价格的影响在大约 18 个月到 2 年后才出现，但在 5~10 年内，货币数量的变化主要影响产出，在超过 10 年之后，货币数量变化的影响完全体现在价格变化上。可见，弗

---

① 休谟：《休谟经济论文选》，商务印书馆 2019 年版，第 38 页。

② Hume，David. 1752. "Of Money" and "Of Interest". In D. Hume, *Wrhitings on Economics*，ed. E. Rotwein，Madison：University of Wisconsin Press，1970，P. 35.

里德曼所谓的短期实际上包含了很长的时间。但是与休谟一样，弗里德曼也没能清楚地说明经济从短期扰动向长期情形过渡的具体细节，他只是说明了货币数量的增加会引起名义收入增加，但至于真实产出会增加多少，价格会上涨多少，以及产出什么时候开始收缩，他的研究结果也是相当模糊的。这也是为什么他的货币数量论被描述为"名义收入的货币理论"的原因，正因为他认为货币对经济的影响既存在时滞，又具有不确定性，所以弗里德曼坚决反对凯恩斯主义提出的逆经济风向调节经济的货币政策。

二、弗里德曼认为货币呈非中性的原因

在分析货币呈非中性的原因时，弗里德曼运用了"预期""价格刚性""工资刚性"等古典时期就提出的概念来进行说明，他认为，货币之所以在短期是非中性的，是因为有经济主体并没有很快意识到预料之外的货币增长率的改变所带来的经济影响，因而在他们考虑未来经济计划时，并没有充分考虑这种变化。这样就会使经济中的价格以及工资在短期内都具有一些名义刚性或者是货币幻觉，也足以解释短期非中性以及货币增长率的提高（降低）为什么会倾向于增加（降低）短期的产出。不过随着人们不断地加深对经济了解的程度，逐渐纠正之前的错误认识，预期最终会与现实经济运行相一致，之前产生的一些真实影响都将会逐渐消散，最终货币变化的影响全部转嫁到价格上，他还利用"适应性预期"模型推导出了这一过程。此外，他用他所提出的货币需求函数也得出了货币数量与利率之间呈反方向变化的结论。他认为，当货币数量增加时，人们会重新配置他的资产组合，减少持有货币，增加股票、债券等资产的持有量，这会造成股票、债券资产价格上涨，利率下降。显而易见，上述货币非中性观点与凯恩斯的货币观点有几分类似，正因为如此，帕廷金认为弗里德曼从本质上来看是一个凯恩斯主义者，但在货币政策实施上，却是一个保守主义者。

三、弗里德曼对货币非中性的实证分析

弗里德曼在《美国货币史》一书中对美国 1867～1960 年期间货币供给与产出波动之间的关系进行了系统分析，他发现这期间美国经历了 6 个经济严重衰退期，分别为 1873～1879 年、1893～1897 年、1907～1908 年、1920～1921 年、1929～1933 年、1937～1938 年，这些经济衰退期的平均持续时间

都只有 2 ~ 4 年，其中最严重的就是发生 1929 ~ 1933 年的大萧条。他的研究结果表明，尽管上述 6 个衰退时期衰退程度并不相同，持续时间也各不一样，但每一次衰退前后都经历过货币存量的显著减少，其中 1929 ~ 1933 年大萧条期间减少的程度最深，因此，在他看来，正是货币数量供给的变化导致了商业周期的发生，特别是在商业周期的衰退阶段表现得尤为明显。以大萧条为例，他写道："对凯恩斯主义理论提出质疑的另一个重要因素是重新审视货币历史，特别是在大萧条期间。当对证据进行了详细的审查，结果表明，糟糕的货币政策是导致危机加重的罪魁祸首。在美国，货币数量在 1929 ~ 1933 年减少了 1/3。这种货币数量的减少显然是造成衰退程度比以前更长、深度比之前更深的原因……这是美联储不当的货币政策导致的直接后果。1930 ~ 1933 年，大批银行出现挤兑和倒闭，美联储默许了这种行为，未能为银行系统及时提供流动性。"① 但他同时也发现，如果把研究时期延伸到 10 年以上，货币和真实产出之间就不存在明显的因果关系了，也就是说他并没能从货币数量与产出数量中找到货币变动在长期仍然能影响真实产出的证据。因此，他得出了一个重要的结论：美国经济的主要不稳定性是由货币不稳定所引致的，或者至少因货币的不稳定性而加大了经济的不稳定性。另外，在他看来，从长期来看，产出增长率是由生产技术、资本积累等因素决定的，他说道："产量变动首先取决于一些基本因素，如可以得到的资源、这个社会的产业组织、知识和技术的增长、人口的增长以及资本的积累等，货币变动和价格变动只能作为配角在其中发挥作用。"②

弗里德曼从以上的理论与实例分析中得出结论：产出的长期增长率并不受货币供给变化的影响，并且在价格相当稳定时期的增长率要快于价格波动较大时期的增加率。因此，在弗里德曼的政策建议中，他一直把价格稳定放在首要位置。他认为经济波动是政府错误的货币政策或是其他意外原因导致货币存量大幅波动造成的，他相信，只要政府实施一种与经济增长相适应的稳定货币供给政策，资本主义国家就不会发生大的经济危机。为了使价格水平保持稳定，货币存量的增长率必须满足新增产出和新增人口对货币的需求。曼根据过去的经验提出，为了保持美国经济长期价格稳定，货币存量必须每年增长 3% ~ 5%。

---

① Friedman, Milton. 1970. *The Counter - Revolution in Monetary Theory*. London: Institute of Economic Affairs, P. 176.

② 弗里德曼：《弗里德曼文萃》，首都经济贸易大学出版社 2001 年版，第 355 页。

第六节 古典货币非中性思想对卢卡斯的影响

卢卡斯 1973 年生于美国华盛顿州，是芝加哥经济学派与理性预期学派的代表人物，首次提出了理性预期理论并使之广泛运用于宏观经济学研究，深化了人们对经济政策的理解，并对经济周期理论提出了独到的见解。为表彰他对"理性预期假说的应用和发展"所做的贡献，1995 年他被评为诺贝尔经济学奖获奖者。卢卡斯一生著作比较多，涉及多个研究领域。在货币理论方面也取得了辉煌成就，比较重要的论著有《预期和货币中性》（1972）、《一个均衡的经济周期模型》（1975）、《产出—通货膨胀交替的一些国际证据》（1973 年）、《经济周期理论研究》（1981 年）。卢卡斯沿用了坚持古典主义的基本分析方法，以完全竞争和市场出清为假设，从微观个体最优化行为出发，加入理性预期假说，沿用货币主义的基本研究思路，推动了货币理论的发展，正因为如此，以他为首的理性预期学派也被称为第二号货币主义，他对"理性预期假说的应用和发展"做了较大的贡献。

一、古典货币非中性思想对卢卡斯的影响

与货币主义一样，卢卡斯的经济理论也以批评凯恩斯主义货币思想为己任，以回归古典传统为目的，但卢卡斯的货币理论也深受古典货币非中性思想的影响，尤其是吸收了古典经济学家约翰·穆勒提出的"货币幻觉"的理论，并在这一理论中加入了理性预期假说，通过标准化的数学模型分析了货币数量变化对产出与就业的影响。

早在 1833 年穆勒在《货币的骗局》一文中，就提出由于生产者与劳动者都具有"货币幻觉"，容易混淆一般价格变化和相对价格变化，从而做出非理性的生产选择，造成经济波动。当经济中的货币数量增加时，生产者并没有意识到所有商品价格都同比例上涨了，误以为只有自己所生产的商品价格上涨了，并错误地认为是市场对他所生产的商品需求增加了，于是他会增加产出，显然，所有人都这样做时，产品就会出现供给过剩，生产者就会明白，是经济中的货币数量增加导致所有商品价格上涨了，于是生产者就会减少商品的供给，最终生产商品的产量会回归到货币增加之前的状态。对于劳动者而言，当货币供给增加造成名义工资上涨时，劳动者由于"货币幻

觉"，会误认为只有自己的名义工资上涨了，其他要素与商品的价格并没有发生变化，使其实际工资也提高了，在这种错误的认识下，劳动者就会更加努力地工作，愿意提供额外的劳动，当每一个人都产生这种幻觉时，所有劳动者都会愿意供给额外的劳动，整个社会的产量就会增加，等他发现获得的实际工资并没有上涨时，他就会停止供给额外劳动，产出又会回到之前的数量。在他看来，这是货币在短期呈现非中性的主要原因。100 多年后，卢卡斯 1972 年在其著名的论文《预期和货币中性》中表达了近似的思想。

二、卢卡斯利用"货币幻觉"理论对经济波动的解释

与穆勒不同的是，卢卡斯受萨缪尔森影响设计了一个标准化的世代交叠模型，模型中有两类人，一类是年轻人，另一类是老年人，年轻人依靠供给劳动获得货币收入，老年人则依靠年轻时的储蓄来生活，假定人口增长率为零，则年轻人与老年人会以现有的人数永远交替下去。货币以政府对老年人转让的形式进入经济，其数量与以前每一次转让成比例，转让前的货币供给对所有人来说都是已知的，但转让后的货币在当期并不知道，直到下一期才知道。不存在遗产的继承及两代人之间的财政上的支持，货币持有人去世时，剩余的货币归还给政府，卢卡斯还假定整个经济由两个分开且互不交往的商品市场组成，其中老年人被交叉分配到这两个市场以便使两个市场的货币总需求相等，年轻人则被随机分配到这两个市场。

再假定经济中存在两种扰动源：一种扰动来自年轻人在两个市场的随机分布引起的相对需求变动，这种扰动会引起两个市场之间的相对价格发生改变；另一种扰动来源于货币数量随机变动引起的名义价格波动。在交易开始后，由于市场不存在任何形式的交流，某一特定商品的价格变化可能由相对需求变化引起，也可能由名义货币供给变化引起，在这种情况下，"价格只是不完全地传递这一信息，迫使经济机构猜测一种特定的价格变动是源于相对的需求变动还是源于名义的货币变动。这一猜测行为导致了货币的非中性"[①]。假如，这一冲击是由货币数量变动引起的，则货币作用于产出的过程如下：货币当局突然增加货币供给造成总体价格水平出现上涨，由于信息是封闭的，市场上的年轻人被迫判断他所生产的商品价格上涨是由需求扰动引起的相对价格上涨，还是由货币冲击引起的一般价格水平上涨。为保险起

---

① 卢卡斯：《经济周期理论研究》，商务印书馆 2000 年版，第 77 页。

见，年轻人会把它看作两种冲击共同造成的结果。由于年轻人误认为有一部分价格上涨是其所生产商品需求增加引起相对价格上涨造成的，而在相对价格上涨时，工人的真实工资一般会上涨，于是年轻人就会增加劳动供给，总产出增加。货币呈现非中性，但此时市场上的供给变化关系不会像相对价格变化所反映的一样，经过市场间的相互作用趋于平衡，年轻人在增加供给时发现自己的产品需求在收缩，在理性预期的作用下，他们会很快发现价格上涨是由货币变化引起的，于是就会减少劳动供给，总产出相应减少，经济恢复到货币供给之前的状态。在卢卡斯的理性预期假设下，经济人发现信息失真的时间会非常短，纠正错误也非常容易，且不需要为处理信息付出任何成本。经过一段时间上的延迟，产出和劳动供给将会恢复到货币供给以前的水平。对于以上过程，卢卡斯总结道："在货币供给没能正确预期的前提下，货币在短期表现为非中性，并且这种货币冲击会造成经济波动，波动的传导机制是由于市场分割和货币政策的不透明造成的信息障碍，但在长期，随着理性经济人迅速调整错误预期，经济重新恢复平衡，货币表现为中性。"[1]

可见，卢卡斯利用未预期货币供给造成的信息障碍证明了货币短期呈非中性、长期呈中性的结论，而这一理论模型实际上是对古典经济学家穆勒提出的货币非中性理论的重新表述。

此外，20 世纪 80 年代以来，以费希尔、泰勒和阿克洛夫为代表的新凯恩斯主义学派同原凯恩斯主义者一样，吸收了古典工资刚性理论，认为工资刚性的存在导致了市场不能连续出清，货币因此表现为非中性，与原凯恩斯主义与古典学派不同的是，他们更致力于寻找工资、价格刚性背后的原因。可见，古典货币非中性思想对货币理论的发展起到了深远的影响。

---

① Lucas, R. E. Expectations and the Neutrality of Money. *Journal of Economic Theory*, 1972, pp. 103 – 124.

结 束 语

  全书通过分析休谟、边沁、马尔萨斯、桑顿、托伦斯、阿特伍德、麦克库洛赫、穆勒八位重要人物的货币非中性思想，比较系统地回顾了古典货币非中性思想的发展演变过程，总结出了十余种货币影响产出的传导路径，分别是：（1）价格刚性效应（休谟）；（2）强制储蓄效应（马尔萨斯、边沁、桑顿、穆勒）；（3）工资刚性效应（休谟、桑顿、马尔萨斯、托伦斯）；（4）信心效应（桑顿、阿特伍德、麦克库洛赫、托伦斯）；（5）固定费用效应（阿特伍德、麦克库洛赫、马尔萨斯）；（6）利率效应（马尔萨斯、托伦斯、穆勒）；（7）创新效应（马尔萨斯）；（8）货币幻觉理论（穆勒）；（9）分工效应（托伦斯）；（10）维持存货比例不变效应（桑顿）。这些内容构成了古典货币非中性理论的基本框架与完整体系，对古典经济学之后的货币理论发展产生了重要影响，由此可以看出，古典货币理论并不像一些学者所声称的属于货币中性论，不能简单地将古典经济学与古典二分法等同起来。实际上，除了斯密、李嘉图、萨伊等经济学家外，绝大多数经济学者都认为货币是非中性的，尽管绝大多数人认为货币只是在短期影响产出与就业，但已足以帮助我们纠正对古典货币理论的错误认识。斯密、李嘉图经济思想的本质在于批评重商主义过于重视货币的倾向，引领人们从关注如何累积金银货币过渡到关注财富本身的增长，但从某种程度上讲，出现了矫枉过正，而遗憾的是这些经济学界权威式人物的观点主导了整个社会的观点，以至于古典时期产生的丰富的货币非中性思想被忽视了。比如人们通过阅读哈耶克和维纳的著作，才开始发现桑顿货币非中性理论的价值，其著作也才得以重新出版，之后通过对比他和凯恩斯在货币学说上的观点，桑顿才被许多人说成是凯恩斯学说的先驱。我们还通过理论追根溯源，从当代一些重要的货币理论中找到了更多古典货币非中性理论的痕迹，这更加突显了古典货币非中性理论的价值。这也说明，这些产生于100多年以前的理论，不仅在当前而且以后都能成为我们进一步研究货币问题的基础，而且还能为我们制定货币政策提供有益的参考。

　　遗憾的是，当前无论是新古典主义还是新增长理论，都把货币对经济的作用放在一个微不足道的位置，新凯恩斯主义也不如原凯恩斯主义那样突显货币政策的作用。这些主流经济理论的发展似乎正在去凯恩斯主义化，带有明显的去货币倾向，历史总是惊人的相似，这似乎又在重走古典主义去重商主义货币化的老路。特别是近年来随着电子支付的发展，有形的货币逐渐在离开我们的生活，人们逐渐开始进入一个无现金的社会，这似乎为一些主张货币中性论的学者提供了直接证据，但是，只要我们稍加思考，就可以看出，这些货币支付手段的变化都只是形式上的，而货币作为交易媒介的实质并没有变化，我们获取的收入，购买商品需要的支出都仍然是用货币来计价的，与有形的货币相比，在数量上没有任何的变化。凯恩斯的货币理论颠覆了传统真实的分析方法，他是一位更注重现实问题的经济学者，他认为资本主义经济体制本质上就是一种货币经济体制，因为企业开展业务的第一步就是必须拥有货币资本，继而发生的生产与销售都离不开货币，货币在经济体制中起到举足轻重的作用。他在《通论》中强调，货币必须作为"一个真实的决定因素进入经济体系"。尽管凯恩斯主义日渐衰落，但是经济发展的轨迹表明，货币中性的观点是站不住脚的，历史上几次大的经济危机的发生都与货币因素有着密切关系，而应付这些危机时，货币政策又被赋予了重任，在一些国家，或者某些时候其作用甚至超过了财政政策，正是由于意识到了货币的重要性，在货币领域取得了巨大的贡献才成就了像哈耶克、凯恩斯、弗里德曼这些经济学领袖式人物。

　　如果我们承认货币非中性的话，毫无疑问，古典货币非中性理论将会一直成为我们进一步研究货币问题的基础，并且还能为我们制定货币政策提供有益的参考。还必须提出的是，在本书提到的主张货币非中性的经济学者中，约翰·罗、坎蒂隆、桑顿、阿特伍德、麦克库洛赫等很多人都有在银行等金融机构工作的经历，在英国 18～19 世纪"金块争论"和银行学派与通货学派的争论中也呈现出这种规律，一般具有银行从业经验的学者更倾向于主张货币非中性，而没有任何银行经验的纯理论研究者往往倾向于主张货币中性，这也说明，货币经济的实际运行可能远比纯理论研究的学者所想的复杂得多，货币实践家们更容易观察和体会到这一点，而纯理论研究者很可能就忽视了大量细节性问题，而正是在这种错综复杂的货币经济关系中，货币对经济活动产生了影响，从这个角度来说，货币实践家的观点可能更贴近于现实经济规律，对我们而言更具有借鉴意义。当然，即使我们承认货币非中性，也并不意味着我们在货币理论研究与货币政策制订上可以照抄这些古典学者的观点。首先，不同学者提出的古典货币非中性的原因不同，其理论研究的侧重点与货币政策的含义明显不同，以上提出的十种货币非中性原因可以归为三类：第一类认为增加货币能够促进产出增长，主张通过渐近性增加货币来刺激经济（休谟、马尔萨斯、阿特伍德、托伦斯）；第二类认为货币增加会导致经济产生波动（穆勒）；第三类认为货币数量偏少会导致经济衰退，过多会引起通货膨胀（边沁、桑顿、麦克库洛赫）。可以看出，这些学者提出的货币非中性理论差异很大，我们不能简单地判断任何一种观点的对错，这些理论都是从经济实践中提炼出来的结果，所以我们必须根据实际经济运行情况来判断哪一种观点更符合现实，从而采取相应的货币政策措施。比如，在大萧条时期，显然是由于美联储放任大量银行倒闭造成经济中的货币流动性严重不足从而加剧了经济的衰退，这与阿特伍德的观点相一致，适宜的货币政策应该是采取阿特伍德的货币政策主张，增加经济中的货币量，缓解经济中的货币的流动性不足，增强人们对商业的信心。而2018年美国发生的金融危机，显然是美联储前期实行了过度宽松的货币政策助推了房地产等资产泡沫，之后突然紧缩货币导致泡沫破灭造成了危机，这与麦克库洛赫的观点相一致，货币显然加剧了经济的波动，适宜的货币政策应该是采取他的政策主张，维持经济中适宜的货币数量，防止货币数量大量增发引起的投机行为。其次，货币制度也在不断变革，从18世纪古典经济产生至今，人类社会经历了金本位制、信用货币固定汇率制、信用货币浮动汇率制，纸币早已取代黄金成为人们的主要支付手段，当然早在重商主义时期，罗就提出过这种想法并付诸实践，但正是因为他没有充分了解纸币与金银货币不同的运行规律才导致了他在法国发行纸币的失败，这也说明在不同货币制度下，货币的运行规律并不完全相同，货币作用于经济的方式也有区别，但这也为我们研究货币非中性问题提供了新的经济环境。但无论怎样，古典货币非中性理论已经突显了它的价值，就像物理学中光滑的平面是我们研究有摩擦平面的基础一样，古典货币非中性理论永远构成我们研究货币理论的基础。

此外，由于古典经济学是马克思经济学的重要来源，因而，古典经济学的货币非中性思想也构成了马克思货币非中性思想的重要来源。本书研究成果的价值不仅在于重新梳理了古典经济学货币非中性理论，还在于为我们研究马克思主义货币非中性思想以及马克思主义经济学提供了重要的历史材料，从而也为构建中国特色的经济学理论框架和理论体系提供了有益的借鉴。但囿于本书研究对象和研究范围的限制，本书尚未对上述问题进行详细阐述和研究，但这构成了我们下一步研究的基础和起点。

参考文献

[1] 陈岱孙、厉以宁：《国际金融学说史》，中国金融出版社 1991 年版。

[2] 陈征：《〈资本论〉解说》第三卷，福建人民出版社 2017 年版。

[3] 大卫·李嘉图：《李嘉图著作和通信集》第 3 卷，商务印书馆 1977 年版。

[4] 多恩布什、费希尔：《宏观经济学》，中国人民大学出版社 1997 年版。

[5] 樊苗江、柳欣：《货币理论的发展与重建》，人民出版社 2006 年版。

[6] 樊苗江：《论重商主义的货币理论及其与现代货币理论争论的关系》，载《南开经济研究》2002 年第 2 期。

[7] 弗里德曼：《弗里德曼的货币理论结构——与批评者商榷》，中国财政经济出版社 1989 年版。

[8] 弗里德曼：《弗里德曼文萃》，首都经济贸易大学出版社 2001 年版。

[9] 顾海良：《马克思的〈资本论〉及其经济学手稿》，载《武汉大学学报（社会科学版）》2003 年第 6 期。

[10] 汉森：《凯恩斯学说指南》，商务印书馆 1963 年版。

[11] 胡代光、厉以宁、袁东明：《凯恩斯主义的发展与演变》，清华大学出版社 2003 年版。

[12] 胡寄窗：《中国经济思想史研究方法论歧见》，载《学术学刊》1986 年第 3 期。

[13] 加尔布雷思：《神秘的货币》，河南人民出版社 2002 年版。

[14] 杰格迪什·汉达：《货币经济学》，中国人民大学出版社 2005 年版。

[15] 杰文斯：《政治经济学理论》，商务印书馆 1984 年版。

[16] 凯恩斯：《货币论》（上），商务印书馆 1986 年版。

［17］凯恩斯：《货币论》（下），商务印书馆1986年版。

［18］凯恩斯：《就业、利息和货币通论》，译林出版社2014年版。

［19］凯温·D. 胡弗：《新古典主义宏观经济学》，中国经济出版社1991年版。

［20］坎蒂隆：《商业性质概论》，商务印书馆2014年版。

［21］劳伦斯·哈里斯：《货币理论》，中国金融出版社1989年版。

［22］李嘉图：《政治经济学及赋税原理》，译林出版社2011年版。

［23］廖尧麟：《坎蒂隆效应与古典货币理论中的货币非中性》，载《南开经济研究》2002年第4期。

［24］刘潔敖：《国外货币金融学说》，中国展望出版社1983年版。

［25］刘易斯：《货币经济学》，经济科学出版社2008年版。

［26］柳欣：《资本理论：价值、分配与增长理论》，陕西人民出版社1994年版。

［27］柳欣：《资本理论：有效需求与货币理论》，南开大学经济研究所，1996年。

［28］卢卡斯：《经济周期理论研究》，商务印书馆2000年版。

［29］陆晓明：《货币供给、货币需求与价格：西方货币数量论研究》，北京大学出版社1991年版。

［30］罗承熙：《货币理论探索》，中国社会科学出版社1987年版。

［31］罗尔：《经济思想史》，商务印书馆1981年版。

［32］洛克：《论降低利息率和提高货币价值的后果》，商务印书馆1982年版。

［33］马尔萨斯：《政治经济学论文五篇》，商务印书馆2016年版。

［34］马尔萨斯：《政治经济学原理》，商务印书馆1962年版。

［35］马格努松：《重商主义经济学》，上海财经大学出版社2001年版。

［36］马克·布劳格：《经济理论的回顾》，中国人民大学出版社2009年版。

［37］《马克思恩格斯全集》第13卷，人民出版社1962年版。

［38］《马克思恩格斯选集》第34卷，人民出版社1972年版。

［39］《资本论》第二卷，人民出版社2004年版。

［40］《资本论》第三卷，人民出版社2004年版。

［41］《资本论》第一卷，人民出版社2004年版。

［42］梅耶：《货币、银行与经济》，上海人民出版社1994年版。

［43］米塞斯：《货币与信用理论》，上海人民出版社 2018 年版。

［44］穆勒：《论政治经济学的若干未定问题》，商务印书馆 2015 年版。

［45］穆勒：《政治经济学原理》（下），华夏出版社 2016 年版。

［46］琼·罗宾逊：《资本积累论》，商务印书馆 1965 年版。

［47］萨伊：《政治经济学概论》，商务印书馆 1982 年版。

［48］史密森：《货币经济学前沿：争论与反思》，上海财经大学出版社 2004 年版。

［49］苏珊·德·布朗霍夫：《马克思的货币理论》（下），载《政治经济学评论》2017 年第 4 期。

［50］图克：《通货原理研究》，商务印书馆 1993 年版。

［51］维克赛尔：《利息与价格》，商务印书馆 1959 年版。

［52］希克斯：《货币理论评论集》，商务印书馆 1967 年版。

［53］休谟：《休谟经济论文选》，商务印书馆 2019 年版。

［54］亚当·斯密：《国民财富的性质和原因的研究》上卷，商务印书馆 1972 年版。

［55］亚当·斯密：《国民财富的性质和原因的研究》下卷，商务印书馆 1972 年版。

［56］亚当·斯密：《亚当·斯密关于法律、警察、岁入及军备的演讲》，商务印书馆 1962 年版。

［57］伊特维尔：《金银本位主义的争论》，引自《新帕尔格雷夫经济学大辞典》第一卷，经济科学出版社 1992 年版。

［58］伊特维尔：《托伦斯》，引自《新帕尔格雷夫经济学大辞典》第四卷，经济科学出版社 1992 年版。

［59］伊特维尔：《资本、信贷和货币市场》，引自《新帕尔格雷夫经济学大辞典》第一卷，经济科学出版社 1992 年版。

［60］约翰·罗：《论货币与贸易》，商务印书馆 2009 年版。

［61］约翰·穆勒：《约翰·斯图亚特·穆勒自传》，商务印书馆 1998 年版。

［62］约翰·史密森：《货币经济学前沿：争论与反思》，上海财经大学出版社 2004 年版。

［63］约瑟夫·熊彼特：《经济分析史》第 2 卷，商务印书馆 2010 年版。

［64］Akerlof, G. A. 1982. Labor contracts as partial gift exchange. *The Quarterly Journal of Economics*, 97 (4).

[65] Akerlof, G. A. & Yellen, J. L. 1987. Rational models of irrational behavior. *The American Economic Review*, 77 (2).

[66] Artis, Michael J. 1984. *Macroeconomics*. Oxford: Clarendon Press.

[67] Attwood, Thomas. 1816. *Introduction in Selected Economic Writings of Thomas Attwood*, ed. F. W. Fetter, London: LSE Reprints of Scarce Works on Political Economy, 1964.

[68] Attwood, Thomas. 1816. The Remedy or Thoughts on the Present Distresses. In *Selected Economic Writings of Thomas Attwood*, ed. F. W. Fetter, London: LSE Reprints of Scarce Works on Political Economy, 1964.

[69] Attwood, Thomas. 1817. Prosperity Restored: or Reflections on the Cause of the Present Distresses and on the Only Means of Relieving Them. In *Selected Economic Writings of Thomas Attwood*, ed. F. W. Fetter, London: LSE Reprints of Scarce Works on Political Economy, 1964.

[70] Attwood, Thomas. 1819. A Letter to the earl of liverpool. In *Selected Economic Writings of Thomas Attwood*, ed. F. W. Fetter, London: LSE Reprints of Scarce Works on Political Economy, 1964.

[71] Attwood, Thomas. 1826. Mr Attwood's sixth letter—On the comparative Merits of the English and Scottish Systems of Banking; and on the expediency of renewing the Bank Restriction Act. In *Selected Economic Writings of Thomas Attwood*, ed. F. W. Fetter, London: LSE Reprints of Scarce Works on Political Economy, 1964.

[72] Attwood, Thomas. 1826. The Late Prosperity and the Present Adversity of the Country. In *Selected Economic Writings of Thomas Attwood*, ed. F. W. Fetter, London: LSE Reprints of Scarce Works on Political Economy, 1964.

[73] Ball, L. & Romer, D. 1990. Real rigidities and the non-neutrality of money. *The Review of Economic Studies*, 57 (2).

[74] Barro, R. J. 1977. Unanticipated money growth and unemployment in the United States. *The American Economic Review*, 67 (2).

[75] Bentham, Jeremy. 1801. The Institute of Political Economy. In Vol. Ⅲ of *Jeremy Bentham's Economic Writings*, ed. W. Stark, London: George Allen & Unwin, 1954.

[76] Checkland, S. G. 1948. The Birmingham Economists, 1815 – 1850. *The Economic History Review*, 1 (1).

［77］ Clower, R. W. 1965. The Keynesian Counter – Revolution: A Theoretical Apprasial. In Hahn, F. H. and F. , R. Brechling (eds.): *The Theory of Interest Rates*, London: Macmillan.

［78］ Corry, B. A. 1962. *Money, Saving, and Investment in English Economics*, 1800 – 1850. New York: St. Martin's Press.

［79］ Dimand, R. W. 2005. David Hume and Irving Fisher on the Quantity Theory of Money. Brock University, St. Catharines, Ontario L2S 3A1, Canada.

［80］ Eagly, R. 1974. *The Structure of Classical Economic Theory*. New York: Oxford University Press.

［81］ Fama, E. F. 1980. Banking in the Theory of Finance. *Journal of Monetary Economics*, 6 (1).

［82］ Fetter, Frank W. 1965. *Development of British Monetary Orthodoxy* 1797 – 1875. Cambridge: Harvard University Press.

［83］ Fischer, S. 1977. Long Term Contracts, Rational Expectations, and the Optimal Money Supply Rule. *Journal of Political Economy*, 85 (1).

［84］ Fisher, Irving. 1923. The Business Cycle Largely a Dance of the Dollar. *Journal of the American Statistical Association*, 18 (144).

［85］ Fisher, Irving. 1928. *The Money Illustion*. New York: Adelphi Co. .

［86］ Fisher, Irving. 1963. *The Purchasing Power of Money*. New York: Augustus M. Kelley.

［87］ Foster, J. L. 1804. An Essay on the Principle of Commercial Exchanges, and More Particularly of the Exchange Between Great Britain and Ireland: With an Inquiry Into the Practical Effects of the Bank Restrictions (Vol. 8). J. Hatchard.

［88］ Friedman, M. 1995. The role of monetary policy. In *Essential Readings in Economics*. London: Palgrave.

［89］ Friedman, M. 1956. *The Quantity Theory of Money: A Restatement in Studies in the Quantity Theory of Money*. Ed. Milton Friedman. Chicago: University of Chicago Press.

［90］ Friedman, M. 1970. *The Counter – Revolution in Monetary theory*. London: Institute of Economic Affairs.

［91］ Friedman, M. & A. Schwartz. 1963. *A Monetary History of the United States: 1867 – 1960*. New York: National Bureau of Economic Research.

［92］ Fullarton, J. 1845. On the Regulation of the Currency. London: John Murray.

［93］ Glasner, D. 1989. *Free Banking and Monetary Reform.* New York: Cambridge University Press.

［94］ Glasner, Friedman, M. &A. J. Schwartz. 1963. *A Monetary History of the United States*, 1867－1960. Princeton: Princeton University Press.

［95］ Gordon, R. J. 1984. The short-run demand for money: A reconsideration. *Journal of Money*, *Credit and Banking*, 16 (4).

［96］ Hawtrey, R. G. 1928. *Trade and Credit.* London: Longmans.

［97］ Hayek, Frederich A. Von. 1932. A Note on the Development of the Doctrine of "Forced Saving". *Quarterly Journal of Economics*, 47 (1).

［98］ Hayek, Frederich A. Von. 1935. *Prices and Production.* 2nd ed. New York: Augustus M. Kelley.

［99］ Hayek, Frederich A. Von. 1941. *The Pure Theory of Capital.* London: Routledge.

［100］ Hayek, Friedrich A. 1931. Richard Cantillon. *Journal of Liberatarian Studies*, Vol. Ⅶ.

［101］ Hicks, J. R. 1937. Mr Keynes and the classics; A suggested interpretation. Econometrica. *Journal of the Econometric Society.*

［102］ Hicks, J. R. 1967. *Critical Essays in Monetary Theory.* London: Oxford University Press.

［103］ Hoove, Kevin D. 1988. *The New Classical Macroeconomics: A Skeptical Enquiry.* New York: B. Blackwell.

［104］ Hume, David. 1752. "Of Money" and "Of Interest". In D. Hume, *Whitings on Economics*, ed. E. Rotwein, Madison: University of Wisconsin Press, 1970.

［105］ Johnson, H. G. 1964. *Money*, *Trade*, *and Economic Growth.* London: Allen and Unwin.

［106］ Joplin, T. 1832. An Analysis and History of the Currency Question: Together with an Account of the Origin and Growth of Joint Stock Banking in England. Comprised in a Brief Memoir of the Writer's Connexion with These Subjects (No. 27417). J. Ridgway.

［107］ Keynes, J. M. 1930. *A Treatise on Money.* London: Macmillan & Co..

［108］ King, L. P. K. 1804. Thoughts on the Effects of the Bank Restrictions (Vol. 8). Cadell and Davies.

［109］ Laidler, D. 1981. Monetarism: An interpretation and an assessment. *The Economic Journal*, 91 (361).

［110］ Laidler, D. 1988. British monetary orthodoxy in the 1870s. Oxford Economic Papers, 40 (1).

［111］ Laidler, D. E. W. 1987. Thornton, Henry. In *The New Palgrave: A Dictionary of Economics*. Vol. 4.

［112］ Laidler, D. E. W. 1990. *Taking Money Seriously and Other Essays*. London: Philip Allan.

［113］ Leijonhufvnd, A. 1968. *On Keynesian Economics and the Economics of Keynes*. London: Oxford University Press.

［114］ Levhari, D. & Patinkin, D. 1968. The role of money in a simple growth model. *The American Economic Review*, 58 (4).

［115］ Link, Robert G. 1959. *English Theories of Economic Fluctuations 1815 – 1848*. New York: Columbia University Press.

［116］ Lucas, R. E. 1995. Understanding business cycles. In *Essential Readings in Economics*. London: Palgrave.

［117］ Lucas, R. E. 1972. Expectations and the Neutrality of Money. *Journal of Economic Theory*, March.

［118］ Marget, A. 1938. *The Theory of Prices*. New York: Prentice – Hall.

［119］ Marshall, A. 1920. *Principles of Economics*. London: Macmillan & Co.

［120］ Marshall, A. 1929. *Money, Credit and Commerce*. London: Macmillan & Co.

［121］ McCulloch, J. R. 1831. *A Treatise on the Principles, Practice, and History of Commerce*. Baldwin & Cradock.

［122］ McCulloch, J. R. 1852. *A Treatise on the Principles and Practical Influence of Taxation and the Funding System*. Longman, Brown, Green, and Longmans.

［123］ McCulloch, J. R. 1858. A Treatise on Metallic and Paper Money and Banks: Written for the Encyclopaedia Britannica. Adam and Charles Black.

［124］ Mill, J. 1826. Elements of political economy. Baldwin, Cradock, and Joy.

［125］ Mill, J. 1833. The Currency Juggle. As reprinted in Vol. Ⅳ of *The Collected Works of John Stuart Mill*, ed. J. M. Robson, Toronto: University of Toronto Press, 1967.

［126］ Minskey, H. P. 1986. *Stabilizing an Unstable Economy*. New Haven: Yale University Press.

［127］ Monroe, A. E. 1924. *Early Economic Thought, Selections from Economic Literature Prior to Adam Smith*. Cambridge: Harvard University Press.

［128］ Muth, J. F. 1961. Rational expectations and the theory of price movements. Econometrica. *Journal of the Econometric Society*.

［129］ O'Brien, D. P. 1970. *J. R. McCullch: A Study in Classical Economics*. New York: Barnes and Noble.

［130］ Papademos, Lucas & Franco Modigliani. 1990. *The Supply of Money and the Control of Nominal Income*. New York: North – Holland.

［131］ Patinkin, D. 1969. The Chicage Tradion, the Quantity Theory, and Friedman. *Journal of Money, Credit and Banking*, 2 (1).

［132］ Peake, C. F. 1978. Henry Thornton and the development of Ricardo's economic thought. *History of Political Economy*, 10 (2).

［133］ Pigou, A. C. 1917. The value of money. *The Quarterly Journal of Economics*, 32 (1).

［134］ Pigou, A. C. 2013. The economics of welfare. Palgrave Macmillan.

［135］ Pigou, A. C. 2013. Theory of unemployment. Routledge.

［136］ Ricardo, D. 1951. *The Works and Correspondence of Dauid Ricardo*, Vol. 3. Cambridge: Cambridge University Press.

［137］ Robbins, Lionel C. 1958. *Robert Torrents and the Evolution of Classical Economics*. London: Macmillan.

［138］ Robbins, L. 1968. *The Theory of Economic Development in the History of Economic Thought*. New York: St. Martins Press.

［139］ Robbins, L. 1976. *Political Ecomony: Past and Present*. New York: Columbia University Press.

［140］ Robert, L. H. 1987. Henry Thornton: Seminal monetary theorist and father of the modern central bank. *FRB Richmond Economic Review*, 73 (4).

［141］ Sargent, T. J. & Wallace, N. 1976. Rational expectations and the theory of economic policy. *Journal of Monetary Economics*, 2 (2).

［142］ Say, J. B. 1821. *A Treatise on Political Economy.* London： Longmans.

［143］ Schumpeter, J. A. 1939. *Business Cycles*： *A Theoretical, Historical and Statistical Anlysis of the Capitalist Process.* New York and London： McGraw – Hill.

［144］ Sims, C. A. 1980. Comparison of interwar and postwar business cycles： Monetarism reconsidered. *The American Economic Review*, 70 (2).

［145］ Skaggs, N. 1995. Henry Thornton and the development of classical monetary economics. *Canadian Journal of Economics*, 1212 – 1227.

［146］ Skaggs, N. 2003. Thomas Tooke, Henry Thornton, and the development of British monetary orthodoxy. *Journal of the History of Economic Thought*, 25 (2).

［147］ Solow, R. M. 1957. Technical change and the aggregate production function. *The Review of Economics and Statistics*, 39 (3).

［148］ Solow, R. M. 1956. A contribution to the theory of economic growth. The Quarterly Journal of Economics, 70 (1).

［149］ Steuart, J. 1767. An Inquiry into the Principles of Political Economy, The Works, Political, Metaphisical, and Chronological, of the late *Sir James Steuart*, Vol. 2, London, 1805.

［150］ Thornton, H. 1802. *An Enquiry into the Nature and Effects of the Paper Credit of Great Britain.* London： Hatchard.

［151］ Tobin, J. 1965. Money and economic growth. Econometrica. *Journal of the Econometric Society.*

［152］ Tobin, J. 1969. A general equilibrium approach to monetary theory. *Journal of Money, Credit and Banking*, 1 (1).

［153］ Tooke, T. 1844. An Enquiry into the Currency Principle. London： LSE Reprinted Series, 1959.

［154］ Torrens, R. 1812. Essay on Money and Paper Currency. W. Heney.

［155］ Torrens, R. 1816. Letter to the Sun Newspaper. April 23, 1816.

［156］ Warburton, C. 1966. *Depression, Inflation, and Monetary Policy*： *Selected Papers*, 1945 – 1953. Baltimore： Johns Hopkins Press.

［157］ Wheatley, J. 1803. Remarks on currency and commerce (Vol. 7). Cadell and Davies.